增订本

批评与自恋

读书与写作

苏力 著

北京大学出版社
PEKING UNIVERSITY PRESS

君子和而不同,
小人同而不和。

《论语·子路》

目 录

读书乐　新版序　I
初版序　I

逮谁批谁

在学术史中重读瞿同祖先生　003
历史・理论・方法　015
法律与文学的开拓与整合　027
法律文化类型学研究的一个评析　055
《解释学法学与法律解释的方法论》评议　072
读《走向权利的时代》　076
学术批评的艰难　088
礼失而求诸野　093
范愉教授报告的评论　096
驿外断桥边　102
读《乡土中国的司法图景》　107
《理论法学的迷雾》（修订版）序　112
要一点理论自信　115
中国司法中的政党　121
福柯的刑罚史研究及其理论贡献　150
关于中国法律史研究　175
超越《不过如此》　179
我喜欢的10本书　185
如何研究中国的法律问题？　188

不务正业

费孝通、儒家文化和文化自觉　199

较真"差序格局"　223

《新乡土中国》序　242

发现中国的知识形态　248

经济学帝国主义？　257

社会转型中的中国学术传统　264

如何思考中国社会科学的自主性？　271

需要中国的法律学术批评　275

到前方去　277

形成中国的学术共同体　278

如何深入学术批评和对话？　281

追求不可替代　285

走马挑刺　292

翻译中的制度问题　298

真实的谎言与真诚的谎言　306

喜欢什么期刊？能有什么期刊？　342

敝帚自珍

关于"本土资源"的几点说明　347

关于法治的本土资源　351

《阅读秩序》序与跋　358

《20世纪的中国：学术与社会》（法学卷）前言　366

你看到了什么？　372

"上载"与"下载"　378

法学研究的对外开放　381

序四篇　384

丰富对法律的理解　390

法学的前沿？　392

法学的借鉴与发展　394

《送法下乡》及其他　398

就《走不出的风景》答《华商报》记者问　403

谈转型背景下的中国司法　412

对话苏力：什么是你的贡献　422

读书乐
新版序

十多年过去了，目的和追求都没有与时俱进，就想实践生动的学术批评。因此书名也就没改。

但这一版其实有很大的增补和调整。篇目只增加了1/3，篇幅增加则超过了1/2，由于删了几篇收入其他文集中的书评，全书新增文字则超过了2/3。"逮谁批谁"批的人更多了，包括更多尊敬的前辈、同辈以及一些年轻学者。由于自己写的文字也多了，自我辩解或解说也多了，"自恋"的范围也就扩大了。还有四篇访谈或对谈文字，谈的是自己的书或研究，也收入这一编。

而且，还不甘心自我蜷缩在法学圈内，作为读者，我也时不时上相关地界溜达溜达。不仅关注其他相关的学科，也关注了学术批评以及西学中译等学术制度问题，甚至问津了一部很少人听说更少人问津的电影。会有人认为，这该属于法律与文学（电影）。但我批评的切入角度，并非法律与文学，而是社会学或人类学的，是广义法学研究的。我关心的也不仅是影片呈现的婚姻家庭制度，也关心社科法学人研究制度时，或是阅读相关社科法学文献尤其是所谓田野经验研究时，应时刻注意并一定要灵活使用的分析方法问题。其他两编的一些文字中也有这种对方法的关注。我将这些相关文字单独一编，名为"不务正业"。

苏 力
2017年5月28日于北大法学院陈明楼

初版序

本来想把过去十年里我译书、读书和写书之后留下的一些文字汇成一个集子。蒋浩先生说太厚，读者看着不方便。于是一本书就拆成了两本。一本都与自己的翻译主要是波斯纳法官的著作有关，因此叫做《波斯纳及其他》。这一本则分别与自己读书和写作有关。其中有些文章曾收集入其他文集，这次为了凸现学术批评，省略了就可能不足以展示学术批评的多样进路，所以又收进来一些，还请读者原谅。

本书分为两编，第一编基本上都是书评，尽管有的是作为代序。由于这些文字大都以批评为主，似乎"逮谁批谁"。第二编则主要是自己著作的序和跋，少量则是为北大法学院的一些编著写的序，还有一些是对自己著述中某些问题的解说或辩解；多少有一种敝帚自珍的"自恋情结"。因此有了两编的题名。

其实，把这些文字汇集起来就是一种"自恋"的表现。尽管说起来不好，但是，自恋不就是自爱吗？在如今这个世界上，即便是在学术上，自爱一点，有什么不好？再说，也不是每个人想自爱就都能自爱的。

但是，将这些文字汇集起来，最主要的原因是，我想推进中国法学的学术批评。我认为中国法学界的学术书评就总体而言实在很差。不但绝大多数书评往往流于唱赞歌，而且相当老套。往往是"主题新颖""材料丰富""结构合理"最后加上"瑕不掩瑜"的半页。许多为他人著作写的"序"也大都如此。除了作为一种变相的商业广告，实在是有它不多，缺它不少，不利于中国法学界在竞争中发展。尽管近年来，这种状况略有好转，但主流没有变化。而且还有少量批评爱上纲上线，爱猜测作者的政治态度，而不是关心作品和作品的问题和思路，不关心学术问题;近年来甚至有学者只关心"学术道德",这实际还是关心政治,不关心学术。

书评差的原因很多。有政治上的原因,因为批评曾经被政治玷污,至今在法学界还有这种习性残留,包括在年轻一代身上。这一点我在本书收入的《需要中国的法律学术批评》一文中已有简论。但鉴于这个年代毕竟已经过去20多年了,相比其他某些学界,法学的学术批评仍然相对落后,因此可能还有一些更隐性的重要原因。我想大致是,第一,法学界是另一种熟人社会,因此熟人社会中"多栽花,少栽刺"和"拉不下脸"等不成文规范就会支配这个学术社区。第二是法学的学术传统不够,至少我没看到老一辈法学家写的有分量的长篇法律学术书评;没有人带,而"文革"遗风还有,因此一写,不是"歌功颂德",就是"上纲上线"。

针对第一个原因,因此,就必须有人以学术为重,坚持"君子之交淡如水",从身边开始逐步展开说理的、对"书"不对人的学术批评,逐步建立一种与现代工商社会、陌生人社会和法治社会相适应的个人主义的学术人际关系。学界应当确立一个我们共同追求的目标,一步步向前迈进。其次,法学界一定要有一些"傻冒",愿意为了这个目标冒犯一下目前学界的熟人社会规范,犯一犯这个忌讳,哪怕是损失了些什么;而一旦忌讳犯多了,也就不成忌讳了,就觉得平常了。到那时,大家批评起来就会自在多了,就不会为一句不好听的话甚至个别字眼而交恶。孔夫子倡导的"君子和而不同"就是这样一种传统。而且,从社会发展的多元化和异质化趋势来看,这也是势在必然。在学术上,我们不可能也不应当回到"同仇敌忾""万众一心""思想统一"的年代了。

我愿意做这样的学界"傻冒"。事实上,过去十年来,我在法学界一直坚持一种批评的学术态度,坚持一种相对边缘化的学术立场,或多或少在法学界有点"异端",甚至"怪胎"。左者觉得我"右",右者觉得我"左";好"洋"者觉得我真"保守",好"土"者觉得我太"西化"。其实这些标签都不适用,因为这都是政治性的或潜在的政治性的,而我的立场和追求一直是学术的。这本书里的文字就是证据——我有立场,也讨论政治性的话题(例如书中关于毛主席著作的半篇书评),但我不是从政治切入的,你从中找不出一句上纲上线的批评文字,也没有什么流行的政治术语。

我一直在学术上批评了许多朋友,有些甚至很严厉,交往越多、越深的朋友往往还越严厉。书中有许多"铁证",例如对高鸿钧、贺卫方、梁治平、夏勇、许明月、杨念群、张志铭以及郑永流等的批评;有些还是第一次暴露出来的"罪证",例如对梁慧星、梁治平、邓正来、徐忠明的著述的批评。说实话,每一次(包括这一次)这样做我都有点忐忑不安,生怕不经意的或自己认为正常的学术批评文字伤害了这些朋友,甚或被人利用了,甚或朋友不能理解,因为毕竟人们的立场不同,感受力也不同。但为了改变中国学界特别是法学界的风气,为了中国法学的发展,也只能请多包涵了。我相信,十年后,再回头来看这些批评文字,又算得了什么呢?

针对第二个原因,是要努力写出好书评,写出一些可供模仿的"范本",形成一些大致的格式,这也是我多年来的一个追求。要声明的是,"范本"不是"经典",范本只是小学生的描红本,是《应用文大全》,是《如何写英文信函》。

这样的书评并不一定好写。书评要写得好,首先要尊重被批评的书和文。不仅要读,而且要读得细致,要努力理解和体会作者的追求和匠心。否则就可能只是书评者自己发议论,与被评的书没有什么关系,看或不看都成。说实话,我写一篇像样的书评,常常比写一篇文章还费劲,因为写书评首先要清楚人家的思路和理路,而自己写文章只要清楚自己的思路就行了。当然,其他写字作文的基本规范也要遵循,要写得明白、清楚、平实,千万别同作者比学问,掉书袋,那不是写书评,而是争高下。最后,批评的标准不是你的或人类的终极理想,而是现有的学术传统——是否推进了这方面的理解,是否有更充分的说服力。

这样写书评也可以分为几类。第一类是针对人家的理论思路提出批评。这需要读懂被评的文章或书籍(甚至多本书),而且必须放在作者遵循的学术传统中,批评者才可能厘清作者的思路和问题,提的问题才可能打到要害,即使赞赏也才能体会到作者的用心。在这本书中,就有一些这样的书评,不仅有对中国学者的(例如对梁治平的两篇解释学的文章、对夏勇主编的书、邓正来的文章以及杨念群的书的批评),也有对外国学者的（例如对哈耶克的批评）。这样的书评最难，最花时间。第二类则是针对作者书中的某个问题或某一点，"攻其一点，不及其余"（表扬也是如此）。例如对梁慧星、郑永流、徐忠明、许明月的批评，对刘燕、贺雪峰的表扬，都属于这一类。这是稍微偷懒一点的办法。但无论批评还是表扬，都只关注学术思路和论证逻辑，关心其观点的经验性，不关心被评论的书文的结论与我自己的观点是否相投。批评和表扬都一定要令自己信服，要拿出证据来，要尽量与人为善把对方往好里想，尽量多体谅人家写作的时间、地点和对象，考虑作者的难处。这种批评看起来有点"面"，但实际上骨子里是更强悍——如果我事先都已经把作者你可能的后路都想到时，你还有什么后路呢？第三类书评是借书、文中的某一个问题发表自己对中国法学界存在的问题的某些感想，特别是在评外国学者的书。这样处理的理由，在于我自己是中国读者，我的书评面对的也是中国读者，这可能是勾连中外法学的更好途径。但这种书评仍然不容易写好。因为固然感想人人都有，但书评者必须要有自己的发现，还必须找到自己的切入点，提出一些可能只有自己才可能看到的，或——即使别人也看到了——至少只有自己才会这样表述的感想。你的文字中必须有你自己。

为了有效交流，除了要有一点自己对于问题的独立学术思考外，还必须在一些思想之外的地方"用心"，在书评的结构、表达方式和文字上，甚至要有书评者个人的体悟、风格和特点。要有文字的分寸感——哪怕是写作时激情如潮。要注意，这种分寸感并不是说什么话都留三分，那不是分寸感，而是"乡愿"。真正的分寸感是好就说好，不好就说不好，一定要说到位，包括到极端——如果必要的话。只有这样，才是你写的书评，才是你对这本书或这篇文章的评论，才可能不重复他人，同时也不或少重复自己，而只有每个批评者都坚持这种标准，中国法学界的学术批评才有所累积，才能够发展起来，形成一个建立在学术理解基础之上的学术批评的传统。

此外，我也期待着他人对我的学术批评。

在我还是孩子的时候，看到父亲有一枚闲章，上面刻着大小不一但看上去非常和谐的、奇拙的三个阳文篆字——"读书乐"。父亲的许多书上都盖着这枚章。多年之后，尽管我读的书籍类型有诸多流变，但我一直并日益感受到这种快乐——包括挑刺的快乐,并且用笔记录下这种快乐。

我将这本书献给我的父亲——他已经故去将近五周年了。是他将我领上了这条幸福快乐的道路。

苏 力
2003 年 7 月 26 日凌晨于北大蓝旗营寓所

逮谁批谁

在学术史中重读瞿同祖先生

26年前的春天,"大四",撰写毕业论文,有关中国法律思想史,我阅读了新版的瞿同祖先生旧作《中国法律与中国社会》[1]。总体感觉"好",与当时读过的诸多中国法律史、法律思想史教科书甚或学术著作不同,讲道理,有味道。将近10年后,在美国,偶然阅读了瞿先生的英文著作,《清代地方政府》[2],同样的感觉。会同改革开放以后的其他著作,它们大致确立了我喜欢的那种法律(而不是法律史)学术著作的直觉标准。但为什么,一直没有深究。直到前几天,瞿先生去世,《中国社会科学》的编辑告诉我,并希望我写些什么,才把这两本书重新翻了一遍;才有了这篇短文。

在中国,即使在学界,公开场合,纪念前辈的常规方式是高度的——因此难免过度——人品和学术赞扬,而且秩序不能颠倒。这很好。但这不是学术纪念;还常常会令年轻学子误解了人品与学术成就之间可能有或没有的因果关系。我试图改变一下这个常规。我从未见过瞿先生,只能集中着眼于瞿先生的这两本著作,试图在中国近代以来法律史研究的学术传统中探讨瞿先生著作的贡献;特别想冒昧地在更开阔的视野中,基于学术,探讨一下瞿先生作品的局限,理论的、方法的,不仅与他个人有关,而且与他的时代有关。这种看似不合常情的文章也许会比"先生之风,山高水长"的赞美更令我们的学术前辈欣慰——毕竟,学术是他们奋斗了一生的事业;学人最渴望的其实

---

〔1〕 瞿同祖:《中国法律与中国社会》,中华书局1981年版(原版1947年,以下简称《法律社会》)。

〔2〕 Chú Túng-tsu, *Local Government in China Under the Chíng*, Harvard University Press, 1962;瞿同祖:《清代地方政府》,范忠信、晏锋译,何鹏校,法律出版社2003年版(以下简称《地方政府》)。

是理解，而不是"粉丝"。

特　点

尽管还有其他著作[3]，这两本书无疑是瞿先生的代表作，是他在我这一代以下的中国学者中影响最广泛的著作。之前已有不少学者针对这两本书各有所分析评论。[4]但若不是以单本书，而是以学者，作为分析考察的单位，我有以下发现。

瞿先生对中国传统社会的法律制度做了除经济关系之外的全面的社会整体分析。《法律社会》侧重考察中国古代的非正式社会制度与正式法律的关系，从社会组织和意识形态层面考察法律；关注点集中在家族、社会分层（瞿先生名之"阶级"）和社会意识形态（包括巫术、宗教和政治法律思想流派）。《地方政府》侧重于考察上层建筑中（地方）政治与正式法律的关系，可以说是从政治组织层面考察清代的法律。两书研究对象不重合，学科视角也不相同，但相辅相成，展现了瞿同祖先生眼中和思考中的传统中国的政治、法律与社会。但民间和国家的分界并不截然，特别是在古代中国，因此两书都研究了在功能意义上重叠、指涉却不重叠的位于现代定义的"社会"或"国家"之边缘，介于今天看来明确的政治法律制度与民间制度规则之间的诸多社会现象。在前书中，这主要是家族以及儒、法思想，在后书中则主要是"长随""幕友"和"士绅"这三类本不在、也无法纳入传统官僚体制但显然又是传统政法治理的重要参与者。这也是该书最给我启发的章节。瞿先生因此展示了很显著的整体主义研究进路，这在之前的法律史学者中没有，

---

[3] 瞿先生的著述，可参看："附录7：瞿同祖先生学术著作-讲稿目录"，《清代地方政府》，同上注，页417—418。

[4] 例如，梁治平：《身份社会与伦理法律》，载《读书》1986年3期；常安：《对一例学术史个案的考察——兼谈〈中国法律与中国社会〉的范式突破及启示》，载《法治论丛》2003年2期；陈发良、郭丁铭：《法史学研究的里程碑——读〈中国法律与中国社会〉有感》，载《甘肃政法成人教育学院学报》2006年4期；徐忠明：《思考与批评：解读中国法律文化》，法律出版社2000年版；范忠信：《译读瞿同祖先生的〈清代地方政府〉》，载《环球法律评论》2004年4期；陈杰人：《大视野中的小官——读瞿同祖〈清代地方政府〉》，载《法律与生活》2004年18期；李凤鸣：《清代县级政权的实态考察——〈清代地方政府〉书评》，载《法律书评》辑3，2006年。

当代中国法史学者中也很少能始终有效贯穿这一思路。今天的学者可能将此归结为自瞿先生年轻时的社会学教育背景（理论），但我认为更可能来自他看到和感受到的作为整体的中国社会（经验）。

整体分析需要研究对象的整体性；这不是天然给定的，而是研究者的思想构建。针对研究的问题，瞿先生汇集和重组了历史提供的大量材料。鉴于瞿先生的研究材料都来自历史，许多后辈学者趋于把瞿先生的著作视为法律史（编年史）研究；但这是一个错觉。他的两个研究都是韦伯所谓的"理想型研究"。他拒绝了传统史学（或看似）以时间作为构建研究对象的天然。通过抽象，有所为有所不为，他放逐了时间，放弃了细部变化，建构了自己的研究对象——作为整体的中国。这一点，瞿先生说得很清楚。《法律社会》"将汉代至清代二千余年间的法律作为一个整体"[5]；而《地方政府》"选择以整个清代为研究对象……［力求］发现清代行政统治的一般模式、特征……开放性描述地方政府的结构"[6]。

如此构建研究对象的理由在于瞿先生的功能主义法律观和社会观：法律回应了整体社会之需求。因此，在他笔下，中国法律不再是之前或之后许多法律史著作那样的编年史，不只是最高统治者的命令；他的中国法律几乎与王朝更替或常规的政治发展无关。这种整体主义并没忘记或忽略法律的变化（例如他关于"同姓不婚"的历代实践或地方实践的分析），但在时间中发生展现，却与时间无关。瞿先生充分展示了，这些法律的实践变化说到底回应了社会的变化。瞿先生充分实践了对学术问题、研究对象、理论、分析单位的自觉，而这是许多后代中国法律史学者非常缺乏的（包括许多追寻和模仿瞿先生的学人）。许多学人常常只关注如何在前人的法律史研究范式内，在史料上、细节上或表达上有所推进；其贡献主要是传承。

贯穿瞿先生研究之始终的大致基于经验的中国本位。所谓中国本位，并非固守中国传统的学术命题、学术表达或学术分类，或是对中国的强烈偏爱。在书中，我们可以感到，瞿先生是在一种"世界可比"的框架中分析中国法律、政治和社会。他在著述中不时引用当时外国学者

---

[5]《法律社会》，页2。
[6]《地方政府》，页3（省略了着重号）。

的各种研究成果，同中国经验对比；当中国史料或经验不足之际，他也曾以论代史，用外国经验研究成果或理论来勾连空缺或作为替代（最典型的表现在《法律社会》中关于早期复仇的概述）；但总体而言，在他笔下，一是中国是作为整体展现自身的，因此才有可能以家族而不是以国家为中心来讨论法律；因此二，中国也就不是作为西方历史和经验的异端，中国特点不是作为他厌恶批判（恨）或痛不欲生（爱）或两种情绪混合的荒谬或错误展示的。他始终注意贴近他从史料中看到以及在他的时代也许还能比较强烈感受到的传统中国的社会现实，努力展示了他关切的这些制度如何同中国社会在功能上紧密纠缠，不舍不弃。他不是没有主观好恶，但经验本位和中国本位使他获得了一种今天看来学术上的公允，甚至在一定程度上超越了我后面将分析的当时的社会意识形态对他的影响。事实上，在我看来，正是他的《法律社会》引发了改革开放后的那一代法学人重新理解、反思和表述传统中国法律的努力。

两书的整体观和可比性也都展示了瞿先生力求沟通古今和中外的持续努力。这其实是广义的传统中国法学研究进入20世纪后必然、也必须经过的，有时甚至是痛苦的蜕变。除了上面提及的研究进路和视角外，还表现在他对史料的运用，也表现在瞿先生的叙述和论证中，及其隐含的相当明确的读者意识。与之前的法律史著述的读者不同，《法律社会》的预期读者不是生长在传统中的中国仕人和学人，而是转型中国的学人，甚或大多不是学人，而是未来的学人——正日益脱离传统中国社会的年轻学子；有鉴于此，他必须展示作为传统中国法律之依据的传统中国社会，这是理解前者的社会语境。

《地方政府》一书关注的则主要是西方社会的英语读者，绝大部分是学人或学子，他们熟悉相关的理论，懂得学术研究的价值无涉，但对清代传统中国缺乏基本的了解，因此作者更关注如何把这部分读者带入传统中国社会语境。考虑到读者，瞿先生后一书的写作围绕主题强化了叙述、论证和相关背景介绍，而较少断言。

比较两书对中文史料的使用，可以发现，《法律社会》还有传统史学注重材料的痕迹，较多诉诸基于事件的史料展示，以求说服更相信史料的中国读者反省、反观，促使读者理解法律与社会的关系，使读者不再受制于历代的"法条"。《地方政府》则大量运用比较一般性的描述，较少使用有关个别事件的文献，许多文献资料甚至被转换成了图表，表达更为"现代化"了。这不只是学术的深入或学术表达的转变，它更反映了作者力求、并在一定程度上成功沟通了古今学术和中西学术。这种"讲理"也为瞿先生赢得了更多的也许是他当年未预期的当代中国读者。

社会学背景使瞿先生深刻理解了历朝历代的字面法律与社会实践中的法律之间存在巨大差距，理解了"法律"这个词的指涉在中西语境中并不重叠，因此他更关注非规范性法律文献，力求从个案、判例和其他相关记事不仅核实了正式法律规则在中国社会中的实际状况，展示了官方文献未予记录的非正式的法律或实践中的正式法律，把许多"非法律"变成了法律。他把"法律"这个概念具体化了，语境化了。这两个研究可以说是最早的同时也是比较成功的法律交叉学科研究。在自己的时代，他比较好地追求了一种社会科学趋向的法律史研究。

贡　献

瞿先生的所有这些学术特点，其实也就是贡献。但这些可能都不能算实质性的发现或贡献，更多的还是对中国学术传统的改变和丰富，以及中国传统智慧的现代表达。为了充分说明这一点，有必要把瞿先生放在自沈家本以来的中国法律史研究中来考察。

沈家本的重要法律史著作是《历代刑法考》[7]，它汇集了丰富的历史记载，特别是官方文献，展示了从上古到明代我国刑法制度的沿革流变，特别是其中的《汉律摭遗》22卷，对材料征稽探隐发微，力求穷尽，引用了大量汉代人的说法来解释汉律，使得今天的人大致可以了解已被当时人遗忘的汉律。但今天看来，该书以及稍后问世但同样被认为具有总结性和代表性的法律史著作，程树德的《九朝律考》[8]，贡献都主要在于中国法制史官方资料的汇集和整理，主要沿袭的是孔子"述而不作"的传统。他们没有或看似没有什么理论兴趣，他们的兴趣

---

[7] 沈家本：《历代刑法考》，张全民点校，中国检察出版社2003年版；该书初版时间据李贵连教授考证大致是在1928或1929年间（李贵连：《近代中国法制与法学》，北京大学出版社2002年版，页480）。

[8] 程树德：《九朝律考》，中华书局2006年版（1927年初版）。

主要限于记述正式法律制度的流变。除了专门研究中国法律史者外，今天一般读者很难有兴致阅读这类著作，哪怕是名著，是经典。

沈家本和程树德是19世纪的学人，其著作的主要预期读者是专门家或传统政治家（帝王将相或仕人），并非写给年轻学子。他们力求传达的是政治经验，是判断，而不是学术智识，必须借助的是读者的政治经验和悟性，而不是读者的理论思维。因此，处在近代以来"三千年未见之大变革"中，他们的伟大著作受到当代大众读者的"冷淡"几乎难免。但也不要全埋怨时代，或寄希望于时代，因为并非新世纪的学人就一定属于新世纪，就会有新学术，就一定能"长江后浪推前浪"。与瞿同祖同出生于20世纪，仅比瞿年长7岁，有着与瞿先生看似非常相近的教育（包括留学）背景的杨鸿烈先生撰写的、同被法律史学界视为名著的《中国法律发达史》[9]就是一个典型的例子。尽管使用白话文，甚至杨著开篇第一句就引用了西方学者，也完全以西方近现代法学和法律部门分类切割了中国历代法律制度：每章先概述一下该朝代的政治背景，而后按法典（立法）、法院组织、诉讼法、刑法总则分则、民法总则分则、法律思想、法学家等题目分别阐述。只要读几页，读者就会发现，除了编撰方式和白话文外，杨鸿烈的整体思维方式和表达方式都更多属于沈和程的学术世界。这是又一本"编年史"的法律自身的发展演变史。除了借用了一些来自西方的新术语、命题和概念外，你无法深刻感受到杨鸿烈先生自己的问题和思考，有的大致是西方法律框架的中国材料组织。尽管同代，杨鸿烈先生与瞿同祖先生却生活在两个学术时代和学术世界。

如果把眼光延展到今天，我们会发现，借助于今天中国高校法学教育体制、教科书和人才培养体制，沈、程以及特别是杨的编年法律史研究模式、史料组织方式和表达模式在很大程度上一直在延续[10]；变化的只是简单化的通俗化，增加了一些现、当代社会的一些关键词或流行表达。读者或学生从中也许能感到中国法律史的悠久或知识的浩瀚，却

---

[9] 杨鸿烈：《中国法律发达史》，上海书店1990年版（原版1930年）。

[10] 最典型的并最有代表性的，可参看，张晋藩主编：《中国法制通史》（十卷本），法律出版社1999年版。

很难感到中国法律人曾经的智慧、理性或知识的力量。但恐龙（古老和庞大）不足以引发普通研究者的尊敬。相反，瞿同祖先生没有撰写教科书，学术著述也较少，没有指导过研究生（没有弟子），因此没有直接的传承，但自1980年代以来，他的著作和研究进路主要通过学术市场，潜移默化地影响了一代不限于法律史的法律学人，获得了相当广泛的自发的社会影响，出现了一批或多或少地追求瞿同祖范式的研究著作。[11]

正是在这一中国法律史研究的学术时间背景下，我们可以看出，瞿同祖先生的贡献几乎——夸张一点——令人有"拔地而起"或"横空出世"的感觉。上一节分析的他的著作那些特点实际是近年来日益增多的、看似有点另类的法律史或"法律文化"研究的先声。

但就研究的总体深度和水平而言，在我看来，似乎还没有超过这两本书，至少没有超过《地方政府》。可以以梁治平先生的两本出色著作为例。1991年初版的《寻求自然秩序中的和谐：中国传统法律文化研究》（以下简称《和谐》），不管有意无意[12]，都可以说是瞿先生《法律与社会》的一个当代版：试图在总体文化上把握中国法律和文化的特质。1996年出版的《清代习惯法：社会与国家》则可以说是《地方政府》的一个微缩或聚焦的当代版，是一个个案的实证研究。但我曾在其他地方中指出[13]，前一本书的问题在我看来是过于看重中国文化的特质，过于注重中西文化的"辨异"，把中国法的特点视为中国文化的体现。尽管更为细致和全面，但在我看来，这本书的说服力可能略逊于瞿先生的分析，关注点也不如瞿先生集中。后一本书可视为《地方政府》的同类研究，但无论运用的材料还是分析的细密或展开的格局，都比《地方政府》略显单薄和简单。一个不具决定意义、许多人会怀疑、却无法无视的证据是，根据中文社会科学引文索引的数据，过去近20年间的被引证次数，《法律社会》超过了《和

---

[11] 这类研究日益增多。最典型的是梁治平20世纪80—90年代间的研究，其主要代表作为：《寻求自然秩序中的和谐：中国传统法律文化研究》，上海人民出版社1991年版；以及《清代习惯法：社会与国家》，中国政法大学出版社1996年版。这类研究日益增多。

[12] 启发和影响梁治平的显然不仅限于瞿同祖的研究。对他的学术思想和风格影响更大的可能是费孝通的《乡土中国》以及黄仁宇的《万历十五年》（中华书局1984年版）。

[13] 苏力：《法律文化类型学研究的一个评析》，载《学术思想论丛》，辽宁大学出版社1997年版。

谐》[14]，也因此超过了目前我搜索过的任何活着的中国法律史学者的学术专著。在这个意义上，瞿同祖先生的著作经受了时间的考验，仍然不可替代。

局　限

这种情形，其实未必能令瞿先生欣慰，相反更可能令瞿先生遗憾。因为这部分证明了今天中国法学研究在某些方面还没超越前人。应当超越。而且，在重读瞿先生的著作后，我感到，从今天学术发展水平来看，这种超越也有可能。瞿同祖先生的著作其实存在一些明显的局限，尽管可以把这些局限归结到时代和学术传统。但不管怎么说，前人的顶峰都应成为我们学术的出发点，而不是学术生涯的目标。

核心问题是理论解说、论证的不足。瞿先生的著述是社会科学导向的，两书"导论"或"引言"中对研究对象的构建和说明，关心经验材料而不是法律条文，这都是强有力的证明。在他的时代，他是注重理论论证的，改变了那种以资料见长、"让资料说话"的传统人文史学风格。但今天看来瞿先生的两本著作，特别是《法律社会》，仍有传统史学的痕迹，注重史料，论证简单，没有充分展开其中隐含的理论寓意，因此还是缺乏这些研究本可能具有的更大的理论魅力。例如，瞿先生充分展示了传统中国家族关系与法律的密切关系和许多细节，但没有探讨一个更确定也更深入的理论命题：到底是家族支持了法律，还是法律支持了家族？为什么在中国传统社会，家族和法律之间的关系会表现如此？这是中国文化的特点还是农耕社会的特点？家庭在传统中国仅仅是血缘意义的家庭，或同时还是借助血缘关系的经济组织或政治组织？若家庭同时是传统中国最基本的社会组织的政治单元，那么法律支持家庭特别是家族难道不就是支持传统的政治统治？书中没有细致提出、辨析和把握这些非常实在的经验命题，没提出更深刻的理论命题和阐述，因此在后辈学者的印象中，瞿先生的作品常常被理解为一种比较大而化之

---

[14] 根据中文社会科学引文索引（CSSCI）的1998—2016年的数据，《法律社会》引证次数为525，《和谐》为315次；2003年中译出版的瞿著《地方政府》被引284次，1996年出版的梁著《习惯法》为355次。

的"法律文化"研究，引发了许多后辈学者的不同程度的效仿[15]，并非偶然。《地方政府》一书在这方面有了较多改善，不仅引证史料少了，更多了概括，而且把地方财政等因素纳入了分析，成为地方政治实践的主要结构性变量，但总体感觉还是描述胜过分析。例如先生发现清政府对因过失"出罪"或"入罪"的官员给予的惩处不同[16]，这本来很有理论意义，但瞿先生并没细究为什么。这还仅仅是其中一例。

理论的不足在于他的社会结构功能分析不够完整。在这两本书中，尤其是《法律社会》，他基本上都没讨论社会经济生活，因此必然省略了在结构主义社会学分析中本不可省略的经济生产方式与社会、法律和政治之间的互动影响。由于缺了这一块，家族与法律之间或阶级与法律之间的关系看起来像是赘述（tautology）。例如，他展示了在传统中国社会，法律的功能是服务家族，但家族的功能又是什么？看起来似乎是"文化"。正是在这里，瞿老给后辈学人留下了"中国法律文化"的潜在命题或领域。

可以把瞿先生同费孝通先生比较一下。他们同年出生（1910年）、同校（燕京大学）、同专业（社会学本科和研究生），毕业仅相差一年（费1933年和1935年本科和硕士毕业，瞿1934年和1936年本科和硕士毕业），还同样有较长时间的留学背景。费孝通先生的《乡土中国》并没有引证大量古典文献资料，甚至根本没集中讨论法律，但费老从社会经济切入，对包括传统中国家族和礼法在内的社会分析阐释，整体上更有理论说服力，对中国法学（而不仅是法律史）研究的影响也更广泛，甚至对今天中国社会法律的发展仍有强大的解说力和预测力。我不是比较两位学术前辈的贡献高下，而是借此表明，在20世纪的学术转型中，理论思路对资料重组和学术阐发具有何等的重要意义。占有资料最多的计算机本身不能贡献学术。

---

[15] 除了梁治平外，又请看，张中秋：《中西法律文化比较研究》，南京大学出版社1991年版；范忠信：《情理法与中国人——中国传统法律文化探微》，中国人民大学出版社1992年版；陈晓枫：《中国法律文化研究》，河南人民出版社1993年版；武树臣：《中国传统法律文化》，北京大学出版社1994年版；马作武：《中国古代法律文化》，暨南大学出版社1998年版；徐忠明：《思考与批评：解读中国法律文化》，法律出版社2001年版。

[16]《地方政府》，页213—214。

理论不足，意识形态就会或多或少地或潜移默化地成为学术理论的替代。[17]这一点在《法律社会》的第二个主题，社会阶级与法律的关系的分析讨论中相当显著。瞿先生一生远离政治意识形态，今天也没有学者认为瞿先生的著作中有意识形态。但回头来看，该书的第3和4章关注中国传统社会注重阶级的命题在史学界至少是有争论的，基本被否弃了。[18]瞿先生为支持其主题而引用的文献资料，数量和解说也颇为牵强。他试图论证传统中国法律支持了各阶级的不同生活方式。首先用饮食为例，但他只写了短短的四行半字，所引的资料都是先秦的，没有任何后代的资料[19]；这何以证明整个传统中国社会在饮食上有强烈的阶级限制，而且是法律的？其他关于衣着服饰等规定（限制）尽管引证的资料颇为丰富，但其他学者完全可以给出更强有力的功能性解说，并且已有外国学者对类似现象给出过更多是信息经济学的解释。[20]

但"阶级"成为瞿先生组织相关法律与社会之资料的主题并不是瞿先生自己的理论"差错"。很大程度因为"阶级"（阶层）从社会学诞生以来一直是该学科的重要甚或核心概念之一；民国时期，在热血青年学人中，以阶级眼光看中国社会和历史有天然"政治正确"的意味，在当时不少史学研究中也颇为流行。[21]一旦从这个角度看，苛刻如我，甚至会说，瞿同祖先生之所以围绕"家族"来分析讨论传统中国的法律和社会，也可能反映了20世纪30—40年代青年知识分子、自觉追求甚或不自觉的主导意识形态。想想当时流行的《家》《春》《秋》《雷雨》等等批判传统家族和家庭的小说和戏剧。

指出这些以及其他不可能在此——指出的问题，并不是批评我尊敬

---

[17] 意识形态因此有时具有学术转换的强大功能。"意识形态势是具有符号意义的信仰观点的表达形式，它以表现、解释和评价现实世界的方法来形成、动员、指导、组织和证明一定的行为模式和方式，并否定其他的一些行为模式和方式。"戴维·米勒、韦农·波格丹诺主编：《布莱克维尔政治学百科全书》，邓正来等译，中国政法大学出版社1992年版，页345。

[18] 例如，钱穆（以及其他一些）先生就不认为传统中国社会是一个强调阶级或身份的社会。参考，钱穆：《中国历代政治得失》，三联书店2002年版，页171—172。

[19]《法律社会》，页139。

[20] 参看，〔美〕理查德·A. 波斯纳：《正义/司法的经济学》，苏力译，中国政法大学出版社2002年版，页240—241。

[21] 可参看，张鸣：《民国的三个面相》，载《读书》2008年10期。

的前辈学者，身处20世纪中国剧烈社会变革和学术转型时期，任何学者都不可能甚至不应该脱离其社会和社会局限。没有学者能够坐在上帝的位置上观察和写作。问题在于学者的研究是否以及在多大程度上超越了时代的局限，以及对我们更重要的，是如何超越的。正是在这一点上，瞿老的研究表明，尽可能贴近生活，贴近经验，坚持学术的逻辑，才可能部分挣脱流行的意识形态前见对学术的影响。这一点已经为许多伟大思想家的经验所验证。

而且，如果历史地、语境地看，我所分析的这些所谓"局限"甚至未必是局限，也可能是优点。例如较少理论分析和阐述可以避免强加于人，因此作者把更多的想象、思考和理论概括的空间留给了读者；对史学或经验研究而言，这也许更是优点。而学术作品受时兴的意识形态或理论话语的影响，在另一意义上也可以说反映了瞿先生对时代新思想的敏感，在某种意义上表现的也可能是勇于学术挑战。我们不苛求前辈学者。更重要的是，我们或许由此可以得出一个政治不正确的结论，是否受意识形态影响并非一项研究有无学术价值的标准。有意迎合意识形态当然不是学术，但刻意追求无意识形态说不定恰恰是在迎合某种意识形态。即使是站在上帝位置上写作，在宗教信仰上或意识形态上，也会与佛教或伊斯兰教或无神论者格格不入。

启　示

瞿同祖先生去世了，他履行了他的学术使命，但有许多大小学术问题仍然值得我们反省和深思。

自清末以来，中国学术的转型今天仍然在继续。如果瞿先生的路子是对的，那么他例证了：第一，应当坚持从社会科学的进路重构对中国社会和法律的理解。这并非排斥传统的人文解释学，但相对而言，社会科学的传统在现代中国根基还不深，从这一角度对中国传统文献的整理很不够，需要加强。社会科学至少提供了一种新的处理历史材料的新进路。第二，尽管需要强化法律的职业训练，但同样需要法律的交叉学科研究中国社会，需要强化经验研究，把法律嵌入到中国社会中来理解。在这个层面上看，瞿先生的启示不应限于法史学，其意涵遍及所有的部门法学。第三，应尽可能地在开阔的国际学术视野中，以中国问题为本位来研究，尽可能贴近中国的现实，贴近生活中的法律，中国经验本位不会降低学术的质量和贡献，关键是是否真的是研究，是否有能力。第四，中国学术同世界的接轨不是放弃研究中国问题或用西方概念范畴"套"中国，而是要把中国经验一般化、学术化、可交流化。在这四个方面，并且不止这四个方面，瞿先生都是现代中国法学界杰出的学术代表之一。

　　瞿先生在学术上是始终进取的。他社会学出身，却首先在法律制度史上有所贡献；52岁出版《清代地方政府》，标志着他的领域进一步扩展。可以想见，这每一步拓展，都要求他新的努力和付出。值得注意的是，他的努力并不是为了扩展而扩展，不仅仅是研究领域或学科的扩展，如同我在第一节中分析的，这种扩展始终围绕着从整体上把握中国社会的追求，因此看似互不相关的研究成果在深层次是互补的。这种选题的眼光和自我要求体现的不仅是学人的自我追求，而且是学术的眼光和智慧。瞿先生的学术作品并不多，但凭着其作品的质量，在现有的、不利于其学术成果传播的学术体制中，他靠着其作品本身赢得了高度的学术声誉。这些都是值得我们重新理解什么是学术，什么是事业。

　　最后一点感触是在撰写此文之际才变得日益清晰。我以及还有不少学人对于前辈学人和他们的学术著作的评价，往往会停留在初次阅读时（即使多次重读）的好恶直觉，关注的往往停留在这些作品处理的那些表层问题。还不大习惯或缺乏能力把前辈学者和他们的作品放在一个学术传统中，放在历史背景中，细细品尝，严格解剖，关注其方法论，其视角，以及所有这些与社会思潮的关系。我们的阅读理解的方式应当不断丰富，特别是对那些优秀的作品（不仅是学术）。如果喜爱到最后仅剩下赞美、捍卫和固守，放弃了深入理解，就不可能有学术，就不可能有体贴入微的批评；而没有这种对学术前辈的不断审视，在什么意义上，我们可以说已经恢复和建立了学术传统？承继了前辈的事业？我们又怎么可能推进中国的学术？

　　谨以此文悼念瞿同祖先生。

2008年10月12日于北大法学院科研楼

历史·理论·方法
——读梁慧星《民法解释学》

近年来,法学著作的出版日益增多,一方面给人一种繁荣的感觉;然而,另一方面,作为法学人,我和一些朋友又深感法学界的学术氛围并不浓。在大量出版的法学著作中,真正可读并耐读的著作却很少。我常常有"法学研究还没有真正上路"的感觉。我知道这是一个会得罪很多人的概括。然而,我还是不愿太世故了。问题在于,为什么会有这种感觉?如何改变这种状况?去年,在中南政法学院时,一些朋友谈起了法学界的这种现象,认为现在许多所谓的"专著"常常不是专著,而是变更书名的重复,无论在体系上还是论述方式上都缺少新意,甚至完全没有新意;即使是比较好的学术著作,也往往在汇集关于某个问题的各种观点之后,几乎不加分析和论证地提出作者的观点。就目前看,法学的发展并没有与法学书籍的出版数量成正比。

面对这种状况,法学界的一些学者以各种方式试图提升法学。一位朋友说到徐国栋曾提出一条衡量学术著作的最基本的"硬杠杠",大意是,只有以法学教科书的第三级标题为研究题目的著作才能"入围"专著。这条杠杠也许过于机械,但我觉得这确实是不得已而为之的一条颇为有效率的划分学术专著的最起码的标准。如果真正贯彻起来,至少在目前是可行的和有某些效果的;在某种程度上,可以引导或迫使法学界的人士,使他们因种种原因不得不写"专著"时对自己有所限制。

更重要的方式则是学者自己的努力,以他们个人的自觉努力,包括著作和介绍,作出某种示范。正是在这个背景下,梁慧星先生近年来的努力是引人注目的,而《民法解释学》就是他的诸多努力中的一个,获得了较好的评价。[1]

在这部著作中,梁先生依据了相当多的国内外有关解释学和法律解释学的著述[2],分三编介绍和讨论了法律解释特别是民法解释的历史、理论和方法。在体例上,基本完成了一个有外在结构的体系。此外,尽管梁在该书《序言》中称"发表私见很少",但在某些章节中,还是融入了他多年来研究民法问题的一些心得体会。同时,由于这是——据我所知——多年来中国内地学者出版的第一部系统介绍和研究法律解释的著作,因此具有不可替代的地位。

但本文不想成为一篇以书评为形式的广告。我不打算在此复述梁著中的观点,也不可能就该书所讨论的实质性问题展开"商榷"(那将需要更多的时间和篇幅)。我只打算分析指出该书的一些不足。我的讨论集中在两个问题上,一是全书的结构,特别是本书三编之间的逻辑联系和结构上的松散;批评这一点,是鉴于这一点是目前国内法学著作中最突出的毛病之一。指出这些问题,不仅是为了引起法学界的自觉,更重要的,对我本人也是一种告诫和反省。与第一个问题有关,第二,我想简单讨论作为解释方法的民法解释学可能遮蔽的解释学问题,并在这一分析批评的过程中重新勾连作者在此书中未能令人信服地展示的解释方法和解释学理论之间的联系。

为什么历史?为什么理论?

前面提到,《民法解释学》有外在的结构,这既是赞许,但也是一种批评。尽管此书的三编分别讨论了民法解释学的历史、理论和方法,但在我看来,这只是划出了一个研究的领域。换言之,这部著作主要是靠研究对象来构成的,而不是依据学者研究的理论思路来建构的。因此,读完此书的一个明显感受,就是该书缺乏一个明确、完整的思想脉络,缺少一根组织材料和论述的主线。作者只是展示民法解释学在欧洲

---

[1] 梁慧星:《民法解释学》,中国政法大学出版社1995年版。此书初版印刷4000册,到1996年4月又再次印刷4000册。有关的书评,可参见,李友根:《法律解释:法治的观念与实现途径》,载《南京大学法学评论》,1996年秋季号,页206—208。

[2] 梁慧星:《民法解释学》,序言,页2。

各国是如何发展的，就解释问题欧洲学者们曾提出过哪些理论观点，在法律解释上提出过哪些方法。但我不知道作者为什么提出这些问题，这般组织此书，将这三个题目如此联系在一起。是因为这些问题都涉及法律解释这个题目呢？还是因为作者所依据的那些法学著作都提到过这些问题？我觉得作者没有深入思考这些问题。

比如说，为什么首先介绍民法解释学的发展历史，这个历史介绍对下面两编的论述有什么架构或引导作用，作者在历史编中没有提供这方面明显的或隐含的线索。历史编似乎只是对一些有关法律解释的历史事实叙述，除了侧重谈论了民法解释的历史和各国各派思想家的观点，填补了一些有关的事实外，我没有看出这一编对于全书是重要的，甚或不可缺少。因此，我也就很难读出它与一般的法律史或法律思想史的教科书有什么不同；看不出这些历史材料是如何提出和构成了民法解释学的理论问题，如何演化出或构成了民法解释学的方法，或是对作者关于民法解释的观点有什么必要和不可替代。我的这些标准当然有点高，但是这是因为我对梁先生有更高的期望。

同样的问题也展现在理论编。作者介绍了一些学者关于解释的观点，但是有这些观点并不重要，重要的是要梳理这些观点，提几个有意思的问题，然后在方法编的讨论中能贯穿作者在理论编中发现的问题和认定的理论，同时也能对前一编的历史回顾构成某种程度上的论说呼应。但是没有。

我读此书，总的感觉这三编各自成立，甚至有些章节都可以各自成立。由于全书缺乏一种有机的照应和联系，因此，读起来缺乏兴味。对这一点，作者本人似乎也意识到了，因此，在序中作者就建议从事法律实务的人先读第三编。[3]

为什么会出现这种现象？我认为，很重要的一点就是作者将历史、理论和方法三者割裂了。历史似乎是一堆既定的材料，它告诉我们的是过去发生过什么。历史不仅是这些。历史是一种资源，人们了解历史或希望了解历史是因为它对自己有用，除了满足最简单的人类好奇心之外，人们总是在历史中发现某种启示，帮助人们重新理解和回答他的现

---

[3] 梁慧星：《民法解释学》，序言，页2。

在和未来，帮助他作出种种决策。在这个意义上，没有"纯粹的"历史，没有脱离人的理解的历史，一旦进入学术著作，那个历史必定是而且也应当是解释者构造的历史。对于学者来说，如果谈及历史，历史就应当成为他提出学术问题和回答学术问题的资料，而不是简单地对已知的历史事件的叙述。注意，一个并非历史学家的好学者并不必须精确、完全地（其实这两个词从来就只是一种修辞，任何人都不可能做到）了解过去发生过的一切事，而在于他/她能否依据现有的或他/她个人发现的资料独具慧眼地提出对自己所在学科或更多学科有意义的新问题，并给予某种更具解释力的解说。在这个层面上，历史不可能同理论分离。但也因此，在一部学术著作中，有时，有没有对历史的回顾甚至不重要；甚至，我要说，对于历史的无知或错误，也不必然降低一部学术著作的价值。[4] 只是，如果要涉及历史，那么历史就应当成为学者提出学术问题和回答学术问题的材料，经他思想理论的熔炉锻炼后焕然一新，并同他的著作形成一个整体。

这就涉及学术著作如何处理他人理论的问题。从上面的分析来看，对各家理论观点的介绍实际上可以视为另一种方式在作者面前呈现的历史。这种说法，不仅因为哪怕是当代的学术观点一旦提出，就已成为历史，对于研究者来说，与其他历史没有重大区别；而且因为，许多所谓的"当代的"理论观点不过是历史上的诸多观点在新境遇中的重现。因此，无论是历史还是理论对于学者来说提供的都只是一种理论构架的限制、指导，同时也是一种资料，一些信息。这种观点，其实就是梁先生著作中谈及的一般阐释学的基本观点和原则之一。

《民法解释学》一书结构上存在的问题恰恰就在这里，历史被作者写成了一种过去的既定，看不出对作者理解今天的法律解释有什么意义，理论也被作者当做与所讨论的核心问题——法律解释学方法——无关的一种背景。作者在第六章中花费了 6 节 43 页的文字（占全书的 1/8）之后，在第七节又用两页文字指出一般解释理论与法解释学的差

---

[4] 例如，韦伯关于中国社会宗教的分析，如今已经为许多学者提出挑战，但是韦伯仍然是 20 世纪最重要的思想家之一。又比如，昂格在《现代社会中的法律》对中国古代法律的概括也显然是一种臆造，但是这似乎并不妨碍他的这本书的基本逻辑。

别,并原则上承认一般解释理论有指导意义之后[5],在讨论法律解释方法时,作者实际上就将这些理论束之高阁了。我们看不到一般解释学的理论对于民法解释有何种指导意义,特别是在方法层面。因此这些理论,在书中变成很刺眼甚至有点累赘的一部分。我感到,作者似乎希望表明这些理论与解释方法有关,却没有向读者显示如何有关。一旦谈到解释方法时,就忘了前面的理论,又回到复述传统的解释方法。

"先定后审"——判断先于解释

然而,这种复述不但没有多少理论推进,而且会遮蔽许多法律适用中必须注意的问题。以下几节就将集中讨论作者介绍传统解释方法时被遮蔽的一些因素。

作者在书中指出:"民法解释学的解释对象是法律文本,即……所谓法源包括制定法、习惯法、判例法和法理;解释的目的……不只是限于对法律文本的理解,而是将法律文本作为解决待决案件的准据,即法律适用。"[6]在阐述法解释学之特点时,作者则更明确地指出"法解释学的解释对象为法律文本,即国家立法机关制定的成文法规范及习惯和判例规则。……以法律适用为目的"[7];目的则是为了获得作为司法判决之大前提的法律规范。[8]尽管梁先生认为,由于近代社会的变迁,社会学解释也得以接受为法律的解释方法,但是他坚持认为,法律解释主要是发现法律条文中的含义,无论是文义解释还是体系解释、法意解释、当然解释、合宪解释、比较法解释;只有在一些特殊情况下,才允许例外地作出反于法律文义的解释,但此解释结论仍必须符合法律目的并与整个法律秩序精神一致。[9]

---

[5] 梁慧星:《民法解释学》,页147以下。
[6] 梁慧星:《民法解释学》,页164。
[7] 梁慧星:《民法解释学》,页148。
[8] 梁先生承认现实生活,任何国家的法律文本都不可能是完全的,都会有遗漏或难以涵盖的问题,因此需要发现法律或补充法律。但是,他把全部法律适用过程,无论是发现法律还是补充法律,都归结为广义的法律解释。并进而将法律解释的主要问题实际上被归结为:为了解决具体案件而进行的获得作为裁判大前提的法律规范的努力。梁慧星:《民法解释学》,页192—193;213。
[9] 梁慧星:《民法解释学》,页246。

然而，关于法律解释的这一解释显然违背了该书前面谈及的关于一般解释学的启示。按照一般解释学的原理，法律解释不可能仅仅解释作为判决之大前提的法律规范，而必然涉及解释作为小前提的法律事实，且这两种解释会不断交错并互相影响。

许多法理著作都提到法律适用是一个三段论的过程。[10] 但如果我们不是从这种规定或学术想当然出发，而是考察法官和律师的实践[11]，我们就会发现，在所有适用法律的过程中一直伴随着解释。[12] 当遇到一个有争议的司法问题时，律师或法官首先遇到的问题是什么，往往是这个争议是否属于某法律的管辖。律师和法官会依据他们的初步判断试图将这个争议划归或划出某法律的管辖。当确定此案争议——比方说——是一个民法问题之后，然后才有可能出现法律的技术性解释问题。

至少在一部分案件中，由于法官和律师的长期经验，这个判断似乎是"一下子"（人们的心理过程无法精确描述，无法以时间来衡量，因此会让人们感觉法官是"一下子"，至少从行为主义的观察是如此）就作出了，似乎完全没有什么解释问题；至少法官和律师都不感到这里存在法律解释的问题。在他们看来，这个案件的法律适用就应如此，天经地义。但是这种天经地义感来自他们长期的职业经验，不是先天的。当年他们初次接触司法时，如同今天这样天经地义该适用某条或某些法律的案件也许曾令他们感到有"解释"之必要。这就如同围棋高手和新手之间的差别。围棋高手下棋时有很多步可能是他们沉思分析的结果，但至少也有些时候，只是他们感觉这一步"点好"——常年的训练使"解释"不再必要。初学者也可能走出这一招，但往往是他分析"解释"的结果。"解释"和"推理"的过程不是一切人都需要的，可能随人变化。这一点，我暂且打住，后面我将回到这个问题，并展示它的重要性。

---

[10] 关于法律推理，可参看，例如，〔美〕E·博登海默：《法理学——法哲学及其方法》，邓正来、姬敬武译，华夏出版社1987年版，页478。

[11] 这个"和"字重要，许多法理学著作之所以趋向理想化，之所以伽达默尔将法解释学归结为一般的哲学阐释学不可能成功，重要的一点就是忘记了法律解释不仅是法官的任务，而且也有律师的参与。

[12] 当然许多时候并不显现出这个解释问题，因而不构成法解释问题；原因我将在后面论及；同时这也许值得我们对法解释学的对象重新界定。

还有些案件，即使是经验老到的法官和律师，也无法很快认定这是否构成一个民法问题，或构成了什么样的民法问题，应适用哪些法律。这些案件常常是法官和律师不常见或先前根本没见过、没想过的案件。但有时，对某些法律人来说，甚至追求此案适用其它看来牵强但可以牵强的法律。这时，法律解释的问题就会突现出来。但即使在这里，首先遇到的仍不是法解释问题，而是判断问题。至少要判定这个问题可能落在——比方说——民法范围内，或应当也可以落在民法范围之内，技术性的法律解释才可能发生。若判定这个问题根本不构成可司法的法律问题，法解释问题就不会发生。必须强调，这类情况对初学法律的人来说，会很多。

因此，在法律适用的问题上，无论如何首先突现出来的都是一个或一些判断，一个似乎与解释不直接相关的问题。但判断是解释发生的前提条件。当直接适用法律时，是因为判断排除了法律解释之必要；当案件争议被排除在法律之外时，是判断排除了法律解释之可能；当案件争议被认定应当由某法律来解决、但如何适用或适用哪一条不清楚时，这个应然判断才引出了法律解释之必要。因此，尽管判断本身不是或不等于解释，但解释得以发生，恰恰因为有了这些解释者本人都忘记和忽视的判断。从法解释学的结构来看，这个先定判断是一个先决条件。[13] 传统的技术性法律解释往往忽略了这个判断问题，似乎解释问题是从解释之际开始的。这正是德里达批判的那种遮蔽。他指出，一切存在都是以那些不存在作为自己存在的前提，正是通过压制那些被视为或被理所当然当做不存在的存在，所谓的存在才得以突现；真正的批判性理解必须将那些已为人们习惯视为不存在的东西发掘出来，将之与那些习惯被视为存在的并列，指出它们之间的相互依存。[14] 用《旧约全书》《诗篇》中的一句话来说，那就是"匠人所废弃的石头反倒成了墙角的奠基

---

[13] 依据伽德默尔的哲学阐释学：理解是从前见、偏见开始的，而前见的英文——prejudgment——的字面翻译就是"在前的判断"。有关哲学阐释学，请看，〔德〕汉斯-德奥尔格·加达默尔：《真理与方法》（上册），洪汉鼎译，上海译文出版社1992年版。

[14] Jacques Derrida, *Of Grammatology*, trans. by Gayatre Chakravorty Spivak, John Hopkins University Press, 1976.

石"[15]；王弼的说法则是"以无为本"；或者说，因为判断才界定并构建了法律适用的域。也仅在这个意义上，我认为"信仰高于理性"——信仰（判断）界定了理性（分析理解）的范围。这一分析表明法律适用意义上的那种法律解释也无法脱离法解释学。如果不讨论这种建构法律解释或适用领域的判断，只关注法律适用意义上的方法，得出的法律解释理论必定重大残缺。

法律解释与大前提

传统法解释学，也即梁先生说的法律适用，认为所谓法律解释主要是对法律文本的解释（发现法律和补漏被作为例外），就是要发现法律适用的大前提。事实上，只要注意观察法官或律师的实际操作，就会发现：一旦认定有解释问题发生了并应当为某法律所统管，他们的解释一定不限于对所谓的大前提（法律文本）的解释。

如果说这时有一个法律解释发生了，那么这个解释过程往往可分为两部分。一部分是剪裁有关争议的事实使之大致地适合某个大前提，例如美国联邦最高法院大法官把人工流产问题首先剪裁为个人私隐问题或自由问题，因此可以将之归入权利法案的某个或某些条文下面；另一部分则是反过来，在兼顾具体争议之事实的条件下，扩展或缩小（解释）有关法律条文或其中的某某关键词，使这一条文能够包容或排除这一具体争议。

理论层面的抽象周旋往往使人不得其要旨，还是让我们举梁先生曾经讨论过的一个例子：地方报纸转载当地电视台的节目预告表，是否侵犯知识产权？[16]在这里，尽管法院可能遇到的第一个正式的、外显的法律问题是法律对此有何规定？但就电视台这一方来说，第一个问题是一个主观感觉和判断：我的权利是否被侵犯了；只是在这一判断的基础上，它才可能提出诉讼，才可能去寻找可能相关的法律支持自己有某种受法律保护的知识产权。由于它发现著作权法并没明确规定节目预报表是或有"知识产权"，它的主观感觉以及与之相伴的种种激情会形成一

---

[15]《诗篇》118篇第22句。
[16] 梁慧星：《电视节目预告表的法律保护与利益平衡》，载《法学研究》1995年2期。

个关于自己有"权利"的判断，然后借助理智将自己的"权利感"剪裁为法定的知识产权。[17]它会论证编制节目预告表是一种创造性的精神劳动，是产品，会带来收益，这种收益应属于编制人却为被告方占有了；它还会努力区分预告表不是新闻消息，或不是严格意义上的新闻消息，或至少具有双重性质，因此应受到版权保护；它还会对著作权法的有关条文作出某些解释，证明有关条文实际是保护或应保护节目预告表的。[18]审理案件的法官也会大致如此。在接到这一诉讼时，法官首先也会是一系列基本判断，原告的分析论述是否有点道理（无需很有道理），这种"权利"是否应当保护，能否大致挂上知识产权的边，这种权利是否过于细碎，是否值得保护。只有在大致肯定这些判断时，他才会诉诸某个在他看来可能相关的法律条文，并开始"解释"这个条文，使之能适用于电视节目表。

因此，我们发现，即使承认给定争议是个法律问题后，只要有关这个问题的法律在律师和法官看来是不清楚的，那么无论是律师和法官都不直接也不可能直接去发现大前提，即有关的法律，而必须是在给定案件的事实指导下去发现所谓"可适用的法律"，也即梁先生在其著作中已经指出但没有给予更多分析这种"找法"的现象。[19]显然，这里不是单刀直插大前提。如果还一定要用三段论的术语来说，这时反倒要靠小前提来寻找大前提。事实上，这一过程可能比这还要复杂，律师和法官会在案件事实和有关法条之间反复多次，试图构建一种他们认为结果对自己最有利且能为法官乃至法律人大致认可的大前提与小前提之间的"紧密"联系，特别是当法律事实与有关法条之间没有一目了然的关系时。因此，我认为，法解释学主要涉及大前提的说法不能成立。

---

〔17〕 许多学者都曾经深刻地指出所谓"权利"感是一种生物本能的理性表述。例如，〔美〕理查德·A. 波斯纳：《法理学问题》，苏力译，中国政法大学出版社1994年版，页416及其注30所引文献。休谟和尼采也有类似的论述，休谟认为理性是情感的奴隶，而尼采说"内心种种激情的角逐，最后，有一种激情支配了理智"。（〔德〕弗里德里希·尼采：《权力意志——重估一切价值的尝试》，张念东、凌素心译，商务印书馆1994年版，页113。）

〔18〕 参见，孟勤国：《也论电视节目预告表的法律保护与利益平衡》，载《法学研究》，1996年2期。

〔19〕 梁慧星：《民法解释学》，页192。

第二，这也表明，法解释学的通过发现大前提（法律条文）的语义来发现适用于小前提的法律的说法也可疑，因为从经验上看，这种关系更可能相反，是因小前提的存在，并了解了小前提，才使人们发现了可适用的法律。尽管从传统法解释学的逻辑来看，大前提在先，小前提在后。

第三，这还表明，即使先期判断（即是否存在某个法律问题）之后有了解释的问题，这个解释也不仅仅是，甚至主要不是对大前提的解释，使之适用或不适用于这一争议，而且是，有时甚至主要是对小前提即对法律事实的解释，使该争议事实属于或不属于大前提中的某个项。例如，知假买假追求双倍返还的"消费者"是否《消费者权益保护法》中规定的消费者。

第四，最违反传统法解释学信念因此也最具颠覆性的是，在一个案件的司法是一个判断和解释反复交错的过程，但从根本上看，最后适用或不适用某法律并不是解释的结果，而必定是一个基于各种相关信息的判断的结果。换言之，是先有判断，然后才找到可适用的法律。在这个意义上看，法律文本不是法律适用的基石（这种说法字面上是一种语言矛盾），法律仅仅被用来支撑这一判断，因此主要起了正当化的作用。

如果说前几个结论还可能接受的话，那么最后这个结论则显然是我们已为传统法理和法解释学格式化了的大脑不能接受的。然而，只要我们不是过分意蒂牢结，过分相信先前的理论已指出了正确方向，因此我们的任务并非是填补先前理论留下的空白或使之精致化的话，我们就不应匆忙拒绝这个分析结论。

解释法律？如果是，那么法律是什么？

让我们把眼光盯住现实生活，看一看现实中的法官和律师是如何运用法律的。首先是律师，律师在代表当事人时是如何运用法律的？律师的基本目的就是在对自己不构成损害的情况下尽可能为当事人谋求利益，只要有一丝无罪的可能，他就会作无罪辩护；只要有一丝轻罪的可能，他就会作轻罪辩护；只要有一丝无需赔偿的可能，他就可能作无需赔偿的答诉；当赔偿不可避免时，他会尽可能减少赔偿额；如果有可能获得赔偿的可能，他就会在给定条件下不择手段地获取赔偿，获取最多的赔偿。这里在先的是基于各种信息的利益判断的，法律则是用来支持这一判断和主张的手段。

就法官来说，也是判断在先，但是在另一层面。在需要法律解释的案件中，我们必须注意这不必然是法律本身需要解释，是法官只是面临对一个该制度要求他来解决的争执，是法官自己认为法律需要解释。[20]他之所以作这种解释而不作出那种解释，是因为他认为这种解释更好，至少更言之成理；这个社会在一定程度上更认可他这种解释。为什么"公园禁止攀折花木，自然摘果伐干更在禁止之列"？[21]如果放弃特定的社会生活语境，我们无法理解为什么这是一种当然的解释。为什么当法律规定子女继承遗产中的子女应当包括非婚生子女和过继子女（至少在历史上有的国家和民族，甚至有些著名的人文主义启蒙思想家、法哲学家，当年就不接受这种扩大解释）？[22]法官之所以接受这种解释而拒绝了那种可能的解释，这必定是因为法官（以及社会的其他人一般都）已判定这种解释的社会后果更好，更能为人们接受。只有在这样一个社会中已经形成的智识常规框架中，这种扩大的或限制的解释才能言之成理，才能成为一种"当然"解释。因此，一段文字的解释，一个条文的解释，甚至一个语词的解释，表面看来是一个逻辑的过程，实际上最终还是为特定社会的非话语机制决定的。[23]这个社会关于善与恶、允许和禁止、可欲和不可欲、神圣和世俗、理性和非理性、科学和荒诞、类似和迥异的一系列规则构成了潜在的社会推理结构，制约了法官推理的"当然"和"应然"；如果我们不加反思，有时就看不到这些解

---

[20] "是法官认为法律需要解释，而不是法律需要解释"，这里的"此在"问题常常被法学家忽视，他们常常认为这两种表述等同。

[21] 例子来自梁慧星：《论法律的解释方法》，页53。

[22] 例如，康德，这位被西方法学界视为最伟大的人道主义的启蒙思想家在《正义的形而上学因素》一书中就认为，"一个非婚生的孩子是法律之外的孩子……因此他也就不受法律的保护。这个孩子偷偷摸摸地钻进了这个共同体（与禁止性物品很相似），因此其存在及其毁灭都可以忽略（因为按照权利他是不应以这种方式形成的）"。转引自，[美]理查德·A. 波斯纳：《法理学问题》，苏力译，中国政法大学出版社1994年版，页426注36。

[23] 关于这一问题的分析，福柯有极为精辟的分析。参见，Michel Foucault, *The Archaeology of Knowledge*, trans. by Alan Sheridan, Panthom press, 1972.

释中隐含的矛盾。

因此，我认为，在法律解释时，无论是律师还是法官，对他们起作用的首先并不是文字含义，而是他们期望的结果和判断；任何解释都要受这种期判指导。如果法官和律师因种种因素（包括公心和私心）认为某种解释结果不可欲，他们就会舍弃那种会导致不好结果的法律解释和法律适用（包括不适用），就会试图发现将导致可接受结果的法律适用或法律解释。当几种解释字面上同样成立时，一般说来（假定他们追求公正），他们选择的总是那种在他们看来社会效果最好的解释，在这里，对结果的考虑是选择的标准，解释本身不是标准，而只是必须顾及的有关合法性的因素之一。

如果接受以上的分析，这就意味着法律解释一定不仅限于法律文本，甚至不限于眼前具体案件的事实，而是一个涉及法律文本、案件事实、法官责任以及制度等许许多多法治因素的思考和判断活动。在这个层面上，法律解释与其他政策决定其实没有太大的区别。但从另一个侧面来看，又有重要的区别，这个区别就是法律解释是在作为制度的法律的限制条件下作出的。这些限制条件决定了法律解释不同于其他的决策解释。这些制度因素包括，制定法、法官的地位责任、司法程序、诉讼方式，等等。因此那种将法律解释仅视为对法律文本的解释，视为解释方法，即使加上某些例外的情况下的造法和补漏，也仍然略显狭隘。

1996年11月26日于北大蔚秀园

法律与文学的开拓与整合[*]
——冯象对法律与文学的贡献

> 不是一切努力都没有结果，
> 也不是一切努力都有结果；
> 不是最努力的就一定最有结果，
> 更不是努力就有一个确定的结果。
>
> ——旧作[1]

冯象是近年来中国法学界，但不限于法学界，引人关注的一位学者。[2]迄今为止，他已经出版了一本译著，一本英文著作，四本中文著作。[3]六本著作中，除了最早的译著，有5本都关注或涉猎了法律与文

---

[*] 原载于，《法律书评》辑4，北京大学出版社，2006年；初稿曾提交浙江大学法学院、北京大学法学院和《中国社会科学》编辑部联合召开的"法律与人文"研讨会（2005年10月20—30日，杭州）。

[1] 苏力：《法学研究规范化、法学传统和本土化》，载《中国书评》，1995年3月总第4期（文字略有改动）。

[2] 《政法笔记》出版后有一系列评论；例如，苏力：《从政法的视角切入》，载《文汇读书周报》，2004年3月5日，版9；刘星：《政法实践的故事——读冯象〈政法笔记〉》，载《南方周末》2004年4月1日；谌红果：《槛内槛外的叙说——冯象〈政法笔记〉读后》，载《法律书评》3期，法律出版社2005年版；王怡：《从"政法"到宪法——读冯象〈政法笔记〉》，载《新京报》，转引自 http://www.law-lib.com/flsp/sp_view.asp?id=948；陈永苗：《送美国法下乡？》，载《新京报》，转引自 http://www.law-lib.com/flsp/sp_view.asp?id=949。《创世纪：传说与译注》2004年10月出版后，很快就登上了学术类图书的排行榜（2004/11/2－11/8）（《新京报》图书排行榜，载《新京报》2004年11月19日）。

[3] 译著，《贝奥武甫：古英语史诗》，三联书店1992年版；英文著作，*Intellectual Property in China*, Sweet & Maxwell Asia, 1997, 2003；四本中文著作，《木腿正义——关于法律与文学》，中山大学出版社1999年版；《玻璃岛——亚瑟与我三千年》，三联书店2003年版；《政法笔记》，江苏人民出版社2004年版；以及《创世纪：传说与译注》，江苏人民出版社2004年版。

学这个领域。

我曾在一些地方，针对我所关心的法律与文学的理论问题，就冯象的研究有所评论[4]，但这些零散的分析评论不足以充分展示冯象的法学思考及其贡献。首先，冯象的写作领域相当广泛[5]，但他的一些主要著作似乎与法律没有什么明显的外在关系，甚至他的许多著述，无论是题材还是领域，相互之间似乎也没有直接的关系。[6]其次，冯象在法学领域的研究，相对于当代中国的主流法学研究，是比较新颖的。不仅他的理论思考的深度超越了许多学者，其理论命题之表达也与主流的表达方式有相当的区别，除了文学化的表达（例如寓言、隐喻）外，甚或为追求一种有效交流，他似乎有意采取了一种距离化和陌生化的叙述论证策略，因此，令不少读者在赞美之余，又感到其著述过于凝练乃至有些艰涩，甚至"有些失败"。[7]但是，尽管讨论的问题广泛，但与许多专长于某一领域的法学人不同的是，冯象是位有开阔学术视野以及系统理论追求和融贯、深入思考的作者。如果要理解冯象的法学思考和学术贡献，就必须把这些论著作为一个整体来考察，努力发现隐含在这一系列著述中的基本理论线索。

这需要一种理论的构建。因此，本文不是对冯象在著作中明确表达的观点的重述和归纳，而是一个读者对冯象思想的梳理和阐释。我将集中关注冯象直接涉猎法律与文学的一本半著作，《政法笔记》和半本《木腿正义》，偶尔，我也会涉猎《玻璃岛》和《创世纪》。我不打算展开讨论冯象研究的一些具体结论或他的评论，而只是试图在中西的法律与文学研究中，讨论冯象的贡献以及不足。这种建构自然难免误解，甚

---

[4] 苏力：《从政法的视角切入》，同前注2；以及《法律与文学——以中国传统戏剧为材料》，三联书店2005年版。

[5] 注2所列冯象的书以其内容，都是证据。但常为人们忽视的一点是，冯象其实更是法学界最早展开严肃学术批评的学者之一。他对龚祥瑞先生主编的《法治的理想和现实》以及对郑成思先生的英文著作《中国知识产权的实施：主要案例与评论》的批评（均见于《木腿正义》）不仅有理有据，锋芒犀利，是严格的学术批评，而不是学术道德或政治的批评；最重要的是，批评的对象都是当时或当今中国法学界的顶尖人物。这一点在法学界是开先例的。

[6] 例如，《玻璃岛》和《创世纪》。

[7] 例如，苏力：《从政法的视角切入》，同前注2；谌红果：《槛内槛外的叙说》，同前注2。

至可能有某些强加。尽管如此，我还是认为这一工作值得。它将不仅系统化冯象的学术贡献，而且就这种系统化本身，对于当代中国法学研究和学术批评也具有某种示范意义。

双重语境

要理解一个人的学术贡献，必须将之置于一个学术传统或学术语境中。

由于历史的原因，对于冯象来说，乃至对于与他同代中国法律学人来说，这个学术语境一定是双重的。一是冯象与我们的研究和写作共同分享的当代中国法学语境，在转型中国社会中正在发展并不断回应社会需求的法学传统。对于本文的读者来说，这个语境是我们熟悉的，尽管由于过去近30年的改革开放，今天中国的法学语境在一定程度上已经同国外的法学，近年来特别是美国的法律和法学，交织在一起。外国法学不仅构成了中国法学发展的一个重要背景，同时也是刺激中国法学想象力的一个重要来源。[8]但我不打算从展示这个传统的现状进入，否则会使本文离题万里。但必须在此提一笔的是，冯象的学术首先是在这一传统中展开的，并汇入了中国当代法学的传统。

本文实质分析的切入口是冯象置身的另一个传统，一个更具体的语境，即美国的法律与文学这个领域。冯象在美国学习生活多年，广泛游走于各个学术流派，在我看来，对冯象法律学术思想影响最大的可能是批判法学[9]；但由于他之前的学术训练和背景，有学术贡献的却是在法律与文学的领域。鉴于法律与文学总体而言不为中国学者所熟悉，要看清这一点，经此进而看清冯象在当代中国法学语境中的意义，我就必须，尽管在其他地方我已经有所介绍[10]，再次简单勾勒美国法律与文学这一领域的现状。

---

[8] 有关过去20多年来英文法学著作的中译一个回顾，可参看，苏力：《当代中国的法学著作翻译》，载《清华法学》辑3，清华大学出版社2003年版。

[9] 参看，后注39，76—77以及相关正文。此外，冯象对法律经济学也是熟悉和了解的（《木腿正义》，页2）。

[10] 苏力：《孪生兄弟的不同命运》，载《比较法研究》，2002年2期。

法律与文学是1970年代初期在美国兴起的一个学术运动。[11]经过30多年的努力，到目前为止，这一领域大致形成了四个亚领域。第一，"文学中的法律"；主要研究文学作品中的法律故事，探讨其中隐含的一般性的和部门法的法理问题。在我看来，这方面的研究成果是最具启发性，并且成果最丰富的。[12]其次是"作为文学的法律"；这又可以分为几个方向，一是研究司法判决书和法律故事，将之视为一个文本，研究其中的修辞和结构；另一是在法律解释中适用诸多文学解释理论，试图发展一种统一有效的法律解释理论。第三是"有关文学的法律"；这主要涉及有关文学的言论自由、诽谤侵权和知识产权问题。这其实是一个涉及文学作品规制的传统法律领域。第四是"通过文学的法律"。除强调文学作品的教化作用外，这一领域主要试图运用文学的手段来强化法律的表达，"从分析转向叙事和比喻"，作为一种新型法学文献的基础。[13]按照波斯纳的分类，其中大致可以分为叙事体法学和有关司法的传记作品两类。

这四个亚领域都取得了重大进展。但法律与文学运动存在一些重大缺陷或疏漏。

首先，法律与文学直到目前为止基本还只是一个领域，缺乏一种有效的理论整合。"文学中的法律"的主要分析框架往往是传统法理和广义的法社会学（law and social sciences）；"作为文学的法律"主要倚重的是文学批评理论和解释学；"有关文学的法律"借助的则主要是传统的法律教义学和法理；而"通过文学的法律"则主要倚重了叙事学和修辞学。因此法律与文学是一个非常松散的领域，目前还无法作为一个学科来发展。尽管法律与文学当年是要抵抗法律经济学，但如今法律经济学的解说甚至在一定程度上侵蚀了法律与文学的领域。[14]而且，随着文学的边界扩展，包括了各种艺术，这个领域变得几乎日益松散，越来越

---

[11] 可参看，〔美〕理查德·A. 波斯纳：《法律与文学》（增订版），李国庆译，中国政法大学出版社2002年版，特别是"引论"。

[12] 波斯纳在增订版（2版）《法律与文学》中第一编"文学中的法律"就占了全书一半篇幅，而讨论其他三个次领域的三编占了另外一半。

[13] 参看，〔美〕理查德·A. 波斯纳：《法律与文学》（增订版），同前注11。

[14] 苏力：《孪生兄弟的不同命运》，同前注10。

难整合。在美国，如今有一些法学院甚至设立了法律与表演的课程。[15] 若继续下去，有可能成为一个大杂烩。

其次，法律与文学的某些选择后来被证明是失误的，没有发展前途，并且已经，或很快会，消亡。已经证明的是运用文学解释理论来解释法律的努力。[16] 看来不会有前途的则是现在的"通过文学的法律"中的法律叙事学。因为，无论这种文学表达多么高超，从长远看来，都无法作为一种学术来发展，文学表达是高度个性化的，表达的内容也千奇百怪，各个表达之间很难有一个统一的框架来予以通约，难以比较，因此，很难说未来会有什么理论上的推进和发展。

第三，文学的高度地方性使得法律与文学的研究成果很难在不同文化之间予以借鉴和利用。法律与文学，特别是"文学中的法律"和"通过文学的法律"，往往涉及解说或写作具体文本；这些文本数量众多，各有文化背景，表达也高度个性化，不仅外国学者一般无法参与，本国学者也常常没有时间通读，一旦各自阅读的文本不同，相互之间必然无法展开有效讨论，许多所谓的研究因此不可能有一般的理论意义，也更难在不同文化间推广展开。法律与文学的研究就很可能仅局限于学者专家之间自娱自乐。

法律与文学作为一个学科面临着挑战。但在我看来，尽管一直针对中国问题，自觉置身于正在形成和发展的中国法学传统，冯象近年来的学术实践却自觉不自觉为这一领域，特别是当代中国的法律与文学研究和发展，创造了一种新的可能。

自觉的实践

在当代中国，冯象的学术实践经历使得他在法律与文学领域具有，总体而言，任何其他法学学者都无法相比的优越学术能力。自幼的家庭教育背景使得他在进入大学之前，不仅爱好文学，熟悉大量中西文学作品，最重要的是，与当时相当多的文学青年相比，他已经有了一种学术

---

[15] 冯家明：《提高表达能力，改善法庭形象：美国律师纷纷学表演》，载《环球时报》，2005年8月19日，页22。

[16] 参看，〔美〕理查德·A. 波斯纳：《法律与文学》（增订版），同前注11，页Ⅱ。

的兴趣。[17]"文革"结束后,他先后在中国和美国诸多名校经受了严格、系统的英国文学和法学的训练,不仅熟悉西方文学作品和西方文学批评理论、解释理论,对法学理论也有颇多理解。自耶鲁法学院毕业之后,他一直在香港和美国从事知识产权法的教学和法律实务,因此长时间从事了"有关文学的法律"。冯象本人从事过文学创作,至今仍不时有少量文学评论。[18]事实上,即使他近年的一些著作也仍然有文学创作的因素,例如《玻璃岛》关于亚瑟王传说的研究,以及他对《圣经》的重译和写作。这些著作不时会涉及法律问题,因此可以说是"通过文学的法律"。此外,许多学者,无论法律槛里槛外的读者,都感到,即使冯象的一些比较纯粹的法学论文,其叙述也带着一种很特别的味道,其意象、语言表达乃至文章结构方式都非常"西化",与当代中国的其他法学学者有相当明显的区别。

这些因素使得冯象的研究代表了当代中国法律与文学研究的最高水平。表现的领域非常广泛。让我列举一些:

文学中的法律

对于中文学术圈来说,冯象不仅是最早并且"可能是最系统的"涉猎这一领域的中文作者之一[19],而且从一开始,由于他的学术功底,他的研究就更为深入、细致并且自觉。一个例子就是他的《秋菊的困惑和织女星文明》一文。[20]此文是对我的《法治及其本土资源》[21]的书评,但同样分析了我在书中分析过的电影《秋菊打官司》。冯象的分析是理论的和学术的;他根本没有关心许多学者曾借着这部电影展开的有关法治的意识形态争论和宏大话语[22],他关心的是秋菊之困惑的社会、

---

[17] 《玻璃岛》,页167;《政法笔记》,页274。

[18] 例如对小说《废都》以及华裔美国诗人哈金诗作的评论。均见于,《木腿正义》,页198以下。

[19] Zhang Wanhong, "Symposium: Failure of the Word: The Orphan of China: Law and Literature in Contemporary China", 26 *Cardozo Law Review* 2497, (2005), p. 2507.

[20] 《木腿正义》,页18—26。

[21] 苏力:《法治及其本土资源》,中国政法大学出版社1996、2003年版。

[22] 例如,江帆:《法治的本土化与现代化之间——也说秋菊的困惑》,载《比较法研究》,1998年2期;李立泉:《法律资源不必"本土化"》《中央政法管理干部学院学报》,1998年6月;以及谌洪果:《秋菊在路上——也说〈秋菊打官司〉》,载http://www.dooranddoor.com/news/32/200567201237.htm。

历史和意识形态建构。因此，如果说我是无意间闯入了法律与文学领域，那么冯象则是有备而来，并且视野非常开阔（此文还讨论了一部美国电影《接触》）。事实上，冯象的几乎每一个重要研究都大量触及了西方文学文本。

作为文学的法律

如前所述，美国学者在这一领域本来试图将文学的解释方法运用于法律，把法律事件视为文学故事，或是把法律文本视同文学文本；并且直到1990年代初，都比较"热"。[23]冯象没有踏上这条后来证明是没有前途的法律解释之路，一种看起来很创造性但骨子里非常技术化的道路。从接受美学或读者反应理论的——一种在我看来实际是社会学的——视角出发，文学阅读和理解都已经被视为一种读者的活动[24]，延伸到法律上，由于直接的利害关系，很自然，法律的解读就更可能成为法律解释者的一种策略选择。冯象认为，由于法律的实践特点，因此，法律文本和立法者意图之间原有的关系实际被消解了，法律的解释无法还原或固定立法的原意，相反解释要不断参照阅读在先的其他解释，在无穷尽的阅读延宕中获取正当性和权威性的资源。[25]但冯象没有因此走到"作者死了"和"意义消解"这一点。从福柯有关作者的社会功能主义视角和分析[26]中获得启发，冯象提出了作者、立法意图以及诸多法律关键词在社会中的制度功能，分类和驯服。例如，全国人大的立法不论其实际重要性和效力如何在法学中统称为"法律"，而国务院各部委制定的成文法不论其实际效力如何则只是"规章"，这里的"作者"不仅起了分类作用，指挥了法条主义法学家和法律家的想象，更重要的是这意味着一种权力关系和驯服。冯象在这一方面没有更细致的讨论，但这些洞察和分析都为法学研究，特别是法律解释的研究提供了一种新的可能。

---

[23] 例如，Sanford Levinson and Steven Mailloux eds., *Interpreting Law and Literature*, *A Hermeneutic Reader*, Northwestern University Press, 1988.

[24] 〔美〕斯坦利·费什：《读者反应批评：理论与实践》，文楚安译，中国社会科学出版社1998版。

[25] 《木腿正义》，页21。

[26] Michel Foucault, "What is an Author?" in *Foucault Reader*, ed. by Paul Rabinow, Pantheon Books, 1984.

冯象还敏锐指出，"在前'现代'和非西方的法律传统中，法理的要义几乎总是糅合着比喻和叙事而阐发的"，法律文本的策略"都少不了讲故事"。[27] 正因此，冯象的许多文章都坚持实践了这种作为文学的法律。在关注当代中国法律/社会问题的前提下，冯象充分利用他对前现代文学故事和解读策略的熟悉，将当代中国的法律问题同前现代故事勾连起来，展示了对这些法律事件的一种"文学的"解读。典型的如《性贿赂为什么不是贿赂》中对法律不干涉性道德的解读；在《所多玛的末日》对区分道德责任与法律责任的解读，以及关于正义女神的研究（《程序是正义的蒙眼布》）。[28]

有关文学的法律

冯象在这方面的研究最多。除了《中国的知识产权》这本教科书外，他撰写一系列短文讨论与知识产权直接相关的或是与广义的言论表达自由相关的法律问题。例如在"案子为什么难办"中，批评了我在一篇文章[29]中将言论自由视为优先的观点，认为当——比方说——言论自由与私隐权发生冲突之际，裁判者的任务是"针对具体的利益矛盾考虑权利配置的策略"，"以权利的名义划分双方背后斗争着的势力的消长范围"。[30] 又比如关于"孔夫子的名誉权"，关于通过文学作品诽谤（《诽谤与创作》）以及关于色情作品（《大头一硬，小头着粪》）等文章都讨论了文学作品的法律规制问题。[31] 此外，冯象还撰写了一批看上去仅仅有关知识产权的论文，例如关于鲁迅的肖像权，关于版权制度以及关于盗版侵权问题等。[32] 这些文章有较多的迷惑性，如果仅仅视为有关文学的法律，会很不充分。我会在第四节讨论其中的理论寓意。

通过文学的法律

这主要是一个实践问题。他系统的努力，如《玻璃岛》和《创世纪》，尽管其中涉及的不仅仅是甚或主要不是法律的问题。但在其他直

---

[27]《木腿正义》，页19。
[28] 均见于，《政法笔记》。
[29] 苏力：《〈秋菊打官司〉的官司、邱氏鼠药案和言论自由》，载《法治及其本土资源》，页174以下。
[30]《政法笔记》，页32以下。
[31]《政法笔记》，页191—210。
[32]《政法笔记》，页58以下。

接讨论法律的著述中，冯象也一直注意文学的表达，注意故事性、意象、隐喻和叙述风格。例如，《从前没有律师的时候》就像是（或就是）一则寓言[33]，而《送法下乡与教鱼游泳》中教鱼游泳的意象[34]也令人余味无穷，这些都获得了学人的好评。[35]

据此，可以说冯象是最自觉地从事了法律与文学研究的一位研究者，并且他的研究涉及该运动的每个亚领域。

但如果因此认定冯象只是一个法律与文学运动的移植者或进口商，那就大错特错了。[36]如同我一开始就指出的，中国法学语境不仅是冯象无法摆脱的，事实上也是他自觉追求置身的。只要看一看冯象的法律与文学研究，尽管有许多西方的资料和表达，却完全不像一些看起来很"本土"的法学著述——标准的外国设计（理论或理念），中国材料（问题和解决方案）。促使冯象提出问题和写作的都是中国的问题。《性贿赂》一文中运用了西方的文本，但是性贿赂却是近年中国引发人们关注的问题；正义女神来自西方，像章学也是西学，但讨论的核心问题则是中国近年来争执很多的程序和程序正义问题。冯象交杂使用了中西的材料，但他完全不是那种在中国炒外国，在外国炒中国的学者。其次，冯象的著作中运用的大量西方文学艺术材料不只是肤浅、粗略或流行的，《大宪章》或《安提戈涅》，波斯纳、霍姆斯、丹宁、德沃金或博登海默等；他使用的一些西文材料即使在美国的法律与文学研究中恐怕也属首次，例如《性贿赂为什么不算贿赂》中涉及的皮普斯日记[37]，例如关于正义女神的像章学。[38]不仅材料新，思路也是新的。冯象赞同法治，但没有将之高度意识形态化，相反总是持一种冷静的态度，对那些高调的"大词"或"说法"甚至不时予以简洁、机智、辛辣且令人

---

[33]《政法笔记》，页7—9。
[34]《政法笔记》，页129。
[35] 刘星：《政法实践的故事》，同前注2；王怡：《从"政法"到宪法》，同前注2；湛洪果：《槛内槛外的叙说》，同前注2。
[36] 确有学者有这样的误解，请看，陈永苗：《送美国法下乡?》，同前注2。
[37]《政法笔记》，页101以下。
[38]《政法笔记》，页144。

警醒的揶揄。[39]他没有学术贩子的那些学术政治策略的考虑。他的研究领域是确定的,他的关切从整体来说,是人类的,只不过触媒是中国的经验。

然而,最能说明这一点则是,冯象对法律与文学的两个亚领域做出的——也许是不自觉的——贡献。

不经意的开拓

如果仅仅从学术角度来看,美国的法律与文学中至今没有"作为法律的文学"令人不可思议。首先,这里几乎有一系列可以不断变换排列组合的语词(法律/文学,以及通过/关于/中),因此完全可能从这种不断的排列组合中获得启示,去发现或创设一个新的、可能的法律与文学的亚领域。例如从"文学中的法律"得出"法律中的文学";从"关于文学的法律"得出"关于法律的文学";从"通过文学的法律"得出"通过法律的文学";以及从"作为文学的法律"得出"作为法律的文学"(事实上,我对冯象研究的这一概括就首先来自这一文字游戏)。当然,这些可能的语词组合仅仅是提供了启示,提供了考察和发展这一学科的一种可能的视角,这些看起来合理、逻辑的语词组合,在真实世界中,不一定有真的指涉或有意义。例如,"关于法律的文学"与"文学中的法律"这两个短语看起来各自成立,但在真实世界中,你就很难划分其边界;若有差别,也只是程度上的,而不是本质的。《窦娥冤》涉及的是文学中的法律还是关于法律的文学?只是"作为法律的文学"没有这类问题。

其次,尽管无论在中国还是西方都一直有人怀疑文学的教化作用

---

[39] 例如,对法治,"一旦地狱建成法治,下不下地狱便无所谓了"(《政法笔记》,页9);对程序正义,"程序越是精巧繁复,贪官污吏越有可乘之机"(《政法笔记》,页157);对于法律职业,"法律[……]还在努力学习争取成为资本的语言和权势的工具"(《政法笔记》,弁言,页3);对法学教育,"美国直到帝国主义的初级阶段,作律师也不要求法学院学历"(《木腿正义》,页7);对普法,"教鱼游泳""法盲……是建设法治的先决条件和必然产出,是社会法治化以后我们大多数人的名字"(《政法笔记》,页129,70;又请看《木腿正义》,页24)。

或，推广开来，怀疑文学的社会控制作用[40]，但无论是中西的精英还是民众都一直承认文学作品会对人们的行为（暂且不谈改变人的思想和道德观念）有正面的或负面的影响力。孔子之所以编撰《诗经》，称其"思无邪"[41]，可以推断的前提或前提之一就是顾忌到阅读可能带来的正面和负面社会后果；柏拉图的《理想国》中之所以要放逐诗人，只是他认为文学可能"诱使我们漫不经心地对待正义和一切美德"。[42]尽管现代以来，对文学艺术作品的政府规制从总体上说大大减弱了，但各国至今仍在不同程度上保留了事先的或事后的规制，这意味着正式制度，以及背后的相当数量的民众，都承认文学影响社会秩序的力量。并且，无论是保守派还是激进派，都有不少学者不同程度地主张强化政府在这一方面的规制。[43]

事实上，第三，在一些"通过法律的文学"的主张中，在强调文学的教化功能的学者那里，已经隐含了"作为法律的文学"；波斯纳甚至曾明确提到了开创这一亚领域的可能。[44]

也许由于这一问题复杂性，由于涉及有关文学的法律，由于涉及言论自由，或由于与此相关的文献目前数量还太少、缺乏核心的理论命题，以及最可能的是，由于要维系"市场资本主义意识形态的'终点'"，总之，到目前为止还没有出现这样一个亚领域。[45]

---

[40] 例如，王尔德说过"没有道德或不道德的书，只有写得好和写得不好的书"；奥登则称"诗［即文学］不会使任何事发生"。均转引自，〔美〕理查德·A. 波斯纳：《法律与文学》，页 405。中国人也一直有所谓"开卷有益"之类的说法。

[41] 《论语·为政》2。

[42] 柏拉图：《理想国》卷 10，郭斌和、张竹明译，商务印书馆 1986 年版，页 408—409。

[43] 保守派就不说了。激进的则有女权主义者，可参看，〔美〕凯瑟林·A. 麦金农：《言词而已》，王笑红译，上海三联书店 2004 年版。现代自由主义者，则请看，Cass R. Sunstein, *Democracy and the Problem of Free Speech*, Free Press, 1993; "Academic Freedom and Law: Liberalism, Speech Codes, and Related Problems", in *The Future of Academic Freedom*, ed. by Louis Menand, University of Chicago Press, 1996, pp. 93-118.

[44] 〔美〕理查德·A. 波斯纳：《法律与文学》，页 407。

[45] 因此，为什么没有这个亚领域，这本身是法律与文学领域的一个很值得研究的问题。也许冯象已经给了我们一个提示："必须……首先检讨文学和法律最基本的对应关系，即两者在法治的话语实践中相互依存的策略性位置。……只有先回答了这一'知识考古'的问题，法律与文学才有可能进入人们认真对待的（而非修辞性和自问自答的）批判者的角色。"（《木腿正义》，页 24）

但是，基于中国的历史和现实的经验，通过一系列著述，尽管是不自觉地，作为一个学术研究对象，冯象已经比较系统地提出了一系列基本命题，构建了这一亚领域及其基本问题。[46]大致可以概括为：

第一，法治不仅是授予或剥夺权利的国家机器运作，而且表现为意识形态的法律或法治意识，后者同样具有甚至是强大的社会控制的作用并支撑着前者的运作[47]；

第二，意识形态宣传、广告与文学艺术的边界并非本质的、稳定的，而是不确定的，是历史构建的[48]；

第三，文学艺术因此常常是法律的社会控制的一个重要组成部分，"法治不可能真的无视文学的教化（和反教化）之功"[49]；

第四，由于意识形态的重要性，甚至，在特定时期，当教化占了社会控制的主导，而法律相对边缘之际，一个国家最重要的宪法性文件也许不是其公布的宪法文本，而是指导文学艺术的意识形态方向的文件（例如，在1949—1978年间的中国，是《老三篇》和《在延安文艺座谈会上的讲话》）[50]；

第五，法律与文学各自在社会控制的相互关系地位是流变的，支配文学与法律各自地位的是一个社会的政法策略调配，因此必须对各个社会的政法策略——法律与文学的相对关系——予以无情的研究，必须超越资本主义为我们界定的法治的边界。[51]

应当指出，对这些命题，冯象大多没有展开系统的论述。有些，由于随笔化的表达，冯象只是提出了论断；有些则由于文学化（寓言、隐喻）的表达，往往淹没在其叙述文字中。此外，据我有限的阅读所知，除了第四、第五条外，这些命题并非冯象独创，相当一部分已为先前的

---

[46] 注意，这并不意味着冯象支持或主张用或强化文学作为社会控制的工具；我这里的分析仅仅表明冯象看到了，在现实生活中，文学客观上具有这种作用。

[47] "权利还是用来解释、宣传、生产和消灭［法定权利］的那一套套理由、理论、辩论和标准的总归宿。通俗地说，就是意识形态。"《政法笔记》，页11。

[48] 特别是，"'生活中的美好事物永存不变'"，《木腿正义》，页27—32。文章分析的是艺术与广告的区别，但原理是相同的。

[49] 《木腿正义》，页25。

[50] 参看，《木腿正义》，页26。

[51] 《木腿正义》，页24。

学者提出并为政治家实践[52];有些命题,例如意识形态的制度功能,在当代的其他学科学者那里,也有了异曲同工的阐述。[53]第四条尽管新颖,甚至可能令许多法学家不快,却有大量的中外历史经验和当代实证材料支持[54];最典型的,例如,中国1949—1978年间的经验。而有关第五条,冯象做了比较多的研究,表明了在当代中国,法治是如何在走向社会治理的中心位置之际把文学的教化挤向了社会治理的边缘。[55]

也必须指出,这些命题一般都有争议,有些长期有争议。但这不重要;重要的是,冯象在他的一系列论述中将这些命题整合起来了,因此,在我看来,他在不经意中构建了这一领地,为法律与文学的这一亚领域的展开创造了一种可能。学者完全可以沿着这一思路分析当代社会的一系列有关法律与文学的现象。事实上,正是在冯象的启发下,我曾在其他地方,沿着这一思路展开了对中国传统戏剧的社会控制功能的分析。[56]

不自觉的重构

冯象的另一个创新是——同样是不自觉地——基于中国的、自1980年代改革开放以来有关知识产权纠纷的经验,通过在《政法笔记》的《法盲与版权》等论文中的分析论述,他大大扩展了,事实上有可能重构,目前由美国学者研究界定的"通过文学的法律"这一亚领域。

为什么说是重构?我们必须了解一下"通过文学的法律"的研究现状。如前所述,现有的"通过文学的法律",特别是法律叙事学大多侧

---

[52] 最经典的,也许是最早的系统论述,可见,马克思、恩格斯:《费尔巴哈》,载《马克思恩格斯选集》(第一卷),人民出版社1972年版。

[53] 例如,阿尔都塞:《意识形态和意识形态国家机器(研究笔记)》,载《哲学与政治:阿尔都塞读本》,陈越编,吉林人民出版社2003年版;〔美〕道格拉斯·C. 诺思:《经济史上的结构和变革》,厉以平译,商务印书馆1992年版,页50。

[54] 这一点在中国文学艺术作品中格外明显。俄国学者巴赫金就曾经有过这样的概括,认为中国古典文学作品的基本问题是理想的人应该是什么样的,而基本的形象是完美之人的形象。见巴赫金:《中国文学的特征及其历史》,载《文本·对话·人文》,白春仁等译,河北教育出版社1998年版。又请参,苏力:《法律与文学》,同前注4。

[55] 《政法笔记》,处处。

[56] 苏力:《中国戏剧与正义观的塑造》,载《法学》2005年9期;以及《作为社会控制的文学与法律》,载《北大法律评论》,卷7,北京大学出版社,2005年2期。

重于以文学的感人方式来强化法律的表达，尤其是那些弱势群体的一些与法律和司法有关的感受，刺激读者更加生动地意识到受压迫的人们的苦难[57]，希望生产出更多的"从分析转向叙事和比喻"的法学文献。尽管有一些文献具体分析了法律叙事的技巧[58]，但是，总体而言，法律叙事学家不太讨论有别于其他表达手法的文学技巧，因此律师和法官无法像学习文学技巧那样研究法律叙事技巧来改善他们的写作。[59]

因此，目前主流的法律叙事学的发展、成果和前景是非常可疑的。它可能使得这类法律叙事文献成为法律和道德说教，但一旦沦为说教，其影响力就注定可疑。不仅如此，波斯纳还曾就此指出了法律叙事的其他问题。例如，如果这类文献试图反映弱势群体的困境，试图有效影响立法，那么这类叙事就应当有代表性，而不应仅有典型性，要有相对精确的因果关系辨析以及相应的政策建议，而这些都是叙事性法律文献难以完成的。即使叙事作品能打动人，但正如麦金农指出、并为波斯纳引证的："故事本身不会提供独立的道德洞见"；"故事会打破成见，但是成见也是故事，而故事中可能充满了成见。……作为一种方法，讲故事的最大危险是变成谎言"。[60]此外，法律叙事还有过分情感化的问题，但感情真挚热烈并不意味着正当和正确——希特勒对犹太人和共产党人的仇恨，为德意志开拓疆土的激情，难道是虚假的吗？[61]因此，这类成果只能作为一种法律叙事文体，即使具有启发性，却很难作为一种理论模型推广适用。

如第二节所述，冯象的一些著述是属于法律叙事学类型。尽管拓展了法学著作的表达方式，但我不认为学术上非常重要。我认为重要的是冯象的一些研究知识产权法领域发展变迁的文章。依据中国过去20多年来的社会实践和法律经验，冯象首先把文学以及相关的这一领域，而

---

[57] Susan Sage Heinzelma and Zipporah Batshaw Wiseman ed., *Representing Women: Law, Literature, and Feminism*, Duke University Press, 1994, pp. 357-8.

[58] 例如，Richard A. Posner, *Cardozo: A Study in Reputation*, University of Chicago Press, 1990, p. 42; Robert A. Ferguson, "Story and Transcription in the Trial of John Brown", 6 *Yale Journal of Law and the Humanities* 37 (1994).

[59] 〔美〕理查德·A. 波斯纳:《法律与文学》，页465。

[60] 转引自，〔美〕理查德·A. 波斯纳:《法律与文学》，页470。

[61] 这一段的概括，请看，〔美〕理查德·A. 波斯纳:《法律与文学》，页461—476。

不是一部或几部文学作品,视为法律进入当代中国社会的一个主要渠道,一个现代法律与传统政法制度争夺的场域,通过这一场域,逐步改变了整个社会的法律与文学相互关系位置,形成了新的政法格局。

最典型反映了这一分析的是"法盲与版权"一文。[62]这一文章探讨的是现代知识产权制度是如何通过表面上的法律不溯及既往而实际上的法律溯及既往将昔日无明确知识产权的利益予以产权化的。与此文观点类似,但分析更进一步细化的,还有《鲁迅的肖像权》《从卡拉OK与人体写真想到的》等。[63]冯象认为,这些具体纠纷都反映了当代中国社会转型以及法制改革的一个核心问题,即如何用后来的法律来处理"前产权"时代的"历史遗留问题",如何在现代社会中不断创造并转换为那些可由法律界定权利的新财产。例如,在没有知识产权制度的时代,集体创作的京剧《沙家浜》,到了今天就有了一个无法回避的署名权问题,因此出现了在原来的政法制度下不存在的"历史遗留问题"。这是由于社会转型、利害关系,人们开始对"前版权"或"前产权"时代的一些行为、言论、物品和社会关系有了或争取有新的理解和想象,因此这些新理解就有了新的政治伦理关系。解决冲突的主要法律措施就是私有产权的"溯及既往"。冯象指出,"版权每回溯历史一次,便是一次历史的忘却和改写;为了给作品'恢复'作者、替版权'找回'业主,我们必须'依法'(即依私有产权)重新想象集体/个人、创作/执笔和革命文艺/作品之间的全部政治伦理关系,必须将自己的亲身经历忘却,改写成'历史遗留问题'"。如果把这里的"版权"改成更一般的"产权",我们就可以发现冯象这些评论的一般意义了。也许正因此,冯象才可能一下子跳到一个往往令人难解的更一般的命题,也是一个隐喻:"现阶段政法策略的法治化一刻也离不开版权,因为以'神圣'的产权和契约言说的法治,只有靠不断忘却和改写历史才能自圆其说,成为大写的'理性'而劝人皈依。"[64]

只要看看中国当代的产权制度改革,就会发现,冯象基本将这一模

---

[62]《政法笔记》,页58以下。
[63] 均见于《政法笔记》。
[64]《政法笔记》,页65。

型一般化了，成了产权明晰的基本模型，可以用来分析不仅是无形资产而且是其他有形资产的私有化。当年村民"凑份子"搞起来的集体企业，其产权明晰不正是依据后来的政策和法律，遗忘了许多人的亲身经历，重新想象当年的一些社会财产关系而发生的吗？在这个意义上，有关这些文学艺术作品的版权确定就成为当代法律进入社会的一个基本渠道，也是现代法治意识（产权意识或权利意识）进入社会并普遍确立和正当化的一个渠道。这是完全不同的一种通过文学（抽象的文学或文学领域）的法律。或者说，在一种想象和象征的意义上，或在一个更高抽象的层面上，冯象把整个人类社会的财富创造都想象为或视为一种文学艺术作品，版权与产权的概念区分因此已不再重要。

如果说版权回溯标志着对社会中已有财产的重新想象和分类，那么在《鲁迅的肖像权》一文中[65]，冯象进一步辨识了中国当代"私有产权的成长的方向和新拓的边疆"。冯象精细地辨析了"[一般意义上的]死者肖像权"（诉权）与"[已去世的]鲁迅肖像权"（产权）；辨析了"某一具体的鲁迅肖像生出的产权"（传统的版权）与"[一般性的]鲁迅肖像权"（其实是目前中国民法还未予以明确认可的"商标权"，是名人人格的完全商品化、商标化）；进而指出，在一般人看来仿佛是传统知识产权纠纷的"鲁迅肖像权"案，其实是原告要求法院创设一项新的产权或特权。

在《从卡拉OK与人体写真想到的》中[66]，作为该文的一个副产品，冯象也进一步展现了版权是如何种植进入人体写真（"肖像权仍归本人[被写真者。——引者注]……版权属于摄影师（作者）或其雇主"）。当然，此文的主题是，会同《生活中的美好事物永存不移》一文[67]，展现了知识产权战略和法律的发生，以及这一发生发展在当代中国社会中呈现出的吊诡：品牌/商标战略需要知识产权法律制度的保证，品牌竞争导致大众化偶像的产出，由此出现仿真消费，而仿真消费带来的消费伦理势必影响人们对知识产权制度的实际态度，从而引发商

---

[65]《政法笔记》，页71以下。
[66]《政法笔记》，页87以下。
[67]《木腿正义》，页27以下。

标和品牌的侵权。

冯象的这类研究看起来很像是一种知识产权的研究。但只要稍微仔细一点，敏感一点，我们就会发现冯象的这些研究与传统的知识产权研究完全不同。与一般的知识产权法律人的关切完全不同，冯象关心的并非，在这些具体案件中，谁是知识产权的合法享有人。这个问题，对于冯象的这些研究来说，似乎完全不重要；重要的是，作为话语的法律，作为意识形态的法律，作为法学院课本上的法律，作为移植的法律，作为法律人的法律，是如何变成社会中实践的法律，成为"法盲"们必须接受的真理。这是一个法律从话语变成实践进入社会的过程。

如果从这个角度切入，我们才能理解，冯象讨论的另外一些与知识产权无关的问题，例如县委书记的名誉权问题，私隐权问题，其实与知识产权案件中的法律运作逻辑是一脉相承。他延展了这一知识产权的分析模式于社会的其他问题。尽管没有文学，但法律话语进入社会言说和实践的逻辑一样的，都以类似的方式重新界定了一些本来好像已经确定的想象和关系（例如县委书记与落水儿童的关系），都在执行着整个社会的政法策略的转变。这印证了冯象有关知识产权回溯战略是法治的一种一般战略的判断；它也许突显于知识产权领域，却不限于知识产权领域。

因此，冯象实践的"通过文学的法律"与美国学者撰写的那种"通过文学的法律"关注完全不同。冯象关心的是作为现代法治寄生、繁衍、拓展的广义的文化领域，而不是作为有关的法律意识、经验和情感之表达的文学作品。这一转变如果不可能完全替代法律叙事，那么也为重构"通过文学的法律"这一亚领域创造了一种新的可能性。

社会学的"法律与文学"？

一旦确认了他在这两个亚领域的学术开拓和创新，冯象就必定在一定程度上重新界定了法律与文学这个领域。恐怕不仅如此。在这一节，我甚至试图论证，冯象的努力有可能为未来的，或者是中国未来的法律与文学研究提供一个（并非唯一的）新的（尽管并非"真正的"）整合框架。但这个框架的基础不是文学，甚至也不是法学，而是一种广义的社会学或法律社会学。冯象的研究似乎已指向这一方向，并暗暗指向了法律与文学领域的一个重大问题。

　　法律与文学领域太松散，一直是这一交叉学科发展的一个问题。[68]波斯纳的努力为这一松散的领域提供了一个框架，主要是经济学、社会学和实用主义；比起许多学者的各自为战的、过分依赖联想乃至相当牵强的研究[69]，波斯纳构建的这个领域不仅更齐整，也有了更强的说服力；提供了一个整合的基本框架。但整合得还不够。如前所述，特别是由于"通过文学的法律"的展开（包括了司法传记），"作为文学的法律"的扩展（例如表演），使得这一领域越来越庞杂，似乎所有的法学研究都可以进入。可以想见，甚至诊所教育和模拟法庭，由于其必须有某种表演的成分，也许明天都可以纳入法律与文学的麾下。如今还有哪些法律部门没有文本？没有故事？没有历史？不需解释？又有什么样的社会生活中不能发现一些可以同法律勾连起来的问题？在这个意义上，又有什么叙事不算是一种法律的叙事？照此发展下去，法律与文学就可能与法学相互替代了。但版图的扩大不一定意味着帝国的巩固和长久，而很可能意味着崩溃。如果法律与文学还能作为一个有意义和有活力的学科，而不是一个人人可以上来杂耍几把的场子，那么它就必须在一定程度上有别于其他的法学研究，必须提供一些其他类型的法学研究不能提供的、比较独到也比较标准化的产品。这就意味着必须重构法律与文学这个学科，有所取，更重要的是有所舍。

　　正是由于这一点，我认为，冯象的努力就有了一些特别的意义。尽管冯象本人未必意识到，也未必有此追求，但如果我们重新回顾一下我

---

[68] "直到最近，法律学术研究和文学学术研究还都只是自主的领域，各自拥有具体的、范围狭窄的、互不重合的文本体系（在文学学术研究中是文学经典，在法律学术研究中是从法规、宪法规定和司法意见到文章和专著的一系列文本——都是由律师写的），这些文本要通过使用特定的、狭隘的方法论才能掌握。文学文本处于法律学者的视野范围之外，法律文本也处于文学学者的视野范围之外。……这个领域也充斥着错误的论题、带有偏见的解释、肤浅的争论、轻率的概括和表面化的理解。这一点并不能够将其从精确科学范围以外的绝大多数学术领域明显地分离开来。"（《法律与文学》，页5—6）

[69] 例如，Thomas Grey, *The Wallace Stevens Case: Law and Practice of Poetry*, Harvard University Press, 1991年。如果不是有格雷自己作为写者以及他的研究对象斯蒂文思这位作者"兜底"，我真不知道，格雷的分析如何能称之为一本著作。甚至历来善于理论整合的波斯纳也难免这样的问题。在《法律于文学》（页1—4）导论中，波斯纳分析了《霍华德庄园》一段对话与律师论辩的相似之处，尽管精彩，但与法律的关系相当牵强，至少无需同法律联系起来。

在前三节的分析,就会发现,冯象开拓的"作为法律的文学"(指出了文学的社会控制和教化/普法功能)和他重构的"通过文学的法律"(指出了版权回溯对社会和法治转型的核心意义),以及他分析的"作为文学的法律"的一支(法律关键词对各类社会关系的分类、整合和驯化功能),实际上都在宏观地考察法律和文学现象;尽管理论的来源不同,却都是一种广义的社会学视角;并且从总体上看,其结论都是一种社会学的概括。即使他的一些表达是相当文学化的,其论证逻辑却是社会科学的,即不关心语义,而是关心后果,他真想回答的问题都不是一般的文本(包括法律文本)问题,而是转型中国社会的问题。支持这一判断的最重要证据是冯象一本书的书名,《政法笔记》,可以说是对他主要著述的一个最精当的概括。他的法律与文学的研究都是这一政治、法律和社会视角下的产物。

冯象的这一研究思路,至少与之前波斯纳笔下的"文学中的法律"的研究——无论是关于复仇文学的研究,还是对法律不公正的文学控诉,无论是对文学作品中自然法和实证法的演变和功能的分析,还是对文学反映的现代世界中法律困境的剖析[70],无论讨论的是前国家的治理,还是研究初民社会的法律[71],甚或是对法律修辞的社会效果分析[72]——有了内在的相关性和逻辑的一致性,因此是兼容的。这些讨论都从相对宏观的层面研究法理问题和文学现象,因此可以纳入广义的法律社会学研究。冯象若是坚持从这一视角切入,基于广义的社会学的理论进一步整合将法律与文学领域是可能的。

当然不是法律与文学研究的所有问题和成果都能由这一理论视角整合。无法整合的,例如法律叙事学、法律的文学解释的某些问题,以及一些更具体的知识产权、文学作品侵权问题,我认为可以暂时放逐,或

---

[70]〔美〕理查德·A. 波斯纳:《法律与文学》,第1编;其中关于自然法与实证法的冲突,又请看,〔美〕理查德·A. 波斯纳:《法理学问题》,苏力译,中国政法大学出版社2002年版,第13章第1节。

[71]〔美〕理查德·A. 波斯纳:《正义/司法的经济学》,苏力译,中国政法大学出版社2002年版,第5—8章;〔美〕理查德·A. 波斯纳:《超越法律》,苏力译,中国政法大学出版社2001年版,第14章。

[72]〔美〕理查德·A. 波斯纳:《超越法律》,苏力译,中国政法大学出版社2001年版,第24章。

留待更专门的部门法来研究。

这样的一个整合有可能促使这个领域真正转变为一个以法律与文学现象为材料的法学理论研究，形成一些相对抽象和概括的法学基本理论问题。例如，文学作品中直接或间接揭示了人类社会中哪些基本的法律问题？文学作品是如何思考和回答这些问题的？这些问题有什么变化？为什么在文学中法律的形象总是不好的？文学作为社会控制是可能的吗？在什么层面和程度上？通过什么途径？大致需要什么样的社会条件？关键词在文学和法律中社会功能之异同？等等。由于这些问题相对抽象和基本，因此即使是研究的材料不完全相同，也会令诸多学者有可能在一个相对齐整的平台上从事可交流的研究，展开可比较的竞争，形成一个互相交流的学术共同体，形成这一学科可通用的学术判断标准。这样的一个转变不仅可能从根本上改变目前法律与文学研究只能附着于西方经典或古典而带来的相对封闭的现状，促使它逐步转变为一种在不同文化之间可交流的一般理论；而且可能真正作为一种理论法学提供一些其他理论法学研究难以替代的产品。

或者，冯象（和/或其他喜好法律与文学的学者）可以在已为他改造和开拓的这一领域内继续拓展，基于对中国问题的关注，坚持关于政法策略转换或中国社会转型的其他宏观研究视角，同样可能获得重大进展，填补目前中国法学这类研究的稀缺。而在国际学术领域，则可能形成独具风格的法律与文学的研究，或法律与文学的中国学派。

问　题

在广义的社会学基础上对法律与文学这一领域予以整合，这一建议其实并不仅仅来自我对法律与文学这一领域以及冯象之贡献的反思，有一部分则来自我在阅读冯象作品中察觉的一些问题，有些问题在目前美国的法律与文学研究中同样存在。而我认为，以社会学或社会科学为基础，或者更多吸收一些社会学的研究方法，有可能推进法律与文学的研究。

首先，基于中国当代社会的法治经验，冯象在一系列著述中都突出强调政法策略的转变，但是他未能深入探讨有哪些社会因素促成了这一战略的转变。尽管没有明言，冯象给人留下的印象似乎这仅仅是或主要是由于执政者的策略选择，尽管他的一些文章也分析了商品化对社会的强大影响。如果我的这一印象不错，那么我认为这一回答可以深入探讨，可以更多从社会学的角度。我在其他地方对此问题的猜想和分析是，随着经济的发展，财政力量的增强，国家通过政治法律治理能力的增强，因此，通过文学的意识形态控制可以并且实际上也变得相对边缘化了。[73] 而且，如果把文学这个概念作一种牵强的理解，乃至包括宗教文化，那么这就是一个普遍性的命题，甚至可以解说近代以来随着国家的兴起而发生的宗教的衰落。

当然，我不认为我的这一猜测和判断比冯象的分析判断更"真"或更为准确。我只是认为，冯象是否可以从这样一个社会学角度来考察，把整个社会作为一个相互强化和支持的结构，由此可能会对我们理解政法策略的转变有更多帮助。我甚至不认为冯象应当转而从事这一方面的研究，相反，冯象完全可以、也应当坚持发挥自己的所长。因此，我指出这一点，只是试图表明，冯象的努力已给其他学者留下了很多有待研究的有意思的问题，他不仅创造了更大的研究空间，而且创造了更大的想象空间。这也表明值得继续社会学视角的研究。

其次，我强调以广义的社会学为基础，还因为，我感到，尽管眼光犀利，熟悉学术论证，甚至熟知统计分析[74]，但冯象的专业和训练还是令他更擅长形而上的和逻辑的分析考察，在某些时候则忽略了这些逻辑结论和关系在经验上是否可靠。有学者就已经指出了这一点。[75] 确实，在许多文章中，冯象都表现出了法律人和文学人应具备的对事实的敏感，但他总能迅速从逻辑上发现某一社会现象中隐含的法律吊诡。例如，在"秋菊的困惑"中他指出了法治叙事和反叙事、普法与法盲的吊诡；在《鲁迅肖像权问题》中，他指出了普通法救济的虚构和吊诡，特别是中国当代立法和法律变革的吊诡；在《腐败会不会成为权利》中，他指出了社会的反腐败呼声与在法庭辩论中"腐败似乎成了一种'权利'"的吊诡；在

---

[73] 苏力：《在中国思考法律与文学》，载《法学前沿》，法律出版社2003年5期；《作为社会控制的文学与法律》，载《北大法律评论》，同前注55。

[74] 冯象有一系列专门的短文讨论这类问题，例如《法学的理想与现实》《功亏一篑》和《论证过程中论据的真实性和相关性》，均见于《木腿正义》。

[75] 谌洪果：《槛内槛外的叙说——冯象〈政法笔记〉读后》，页25。

《公正婚前财产、标价拾金不昧之类》中,他指出了以爱情为基础的爱侣型婚姻理想与婚前财产公证意味的"性契约"之间的吊诡;在《法盲与版权》和《鲁迅肖像权问题》中,他指出了在产权稳定与产权不断回溯从而忘却和改写先前的政治伦理关系和产权关系之间的吊诡;在《所多玛的末日》和《县委书记的名誉权》中,他指出了政治体制改革强调官员政治责任与因政治责任法律化带来的官员道德责任日益削减之间的吊诡;在《小头一硬,大头着粪》中,他指出了女性袒胸露脐、似乎着装禁忌越来越少的"文明"与禁止街头膀爷、似乎着装禁忌日益增加的"文明"之间的吊诡。这些展示和分析非常犀利、简洁、对比强烈,令人警醒。我怀疑这受了批判法学——特别是邓肯·肯尼迪——的风格的影响[76];但除了——假定——受批判法学的影响外[77],我认为这更可能主要源自冯象深厚的、主要是人文的天分、素养加训练,使他有这种逻辑思辨的能力、偏好或习惯。

从经济学上看,这种能力、习惯或偏好其实意味着,对于冯象来说,在做出判断时直接诉诸直觉、思辨和"理性"的费用要比经验考察的费用更低(包括更便利)。这一般来说不是问题;只是在那些只有通过经验考察才能予以判断的问题上,放弃经验考察就会有误判或简化因果关系的风险;当这种风险概率较高时,我们就会称其为轻率。

一个比较典型的例子有关仿真消费与侵权泛滥的因果分析。冯象的论证逻辑是,知识产权战略要求创造偶像,偶像生产会导致仿真消费,但仿真消费本身又会破坏偶像,颠覆知识产权制度赖以形成的基本规范(尊重产权),最终导致知识产权侵权的泛滥。这种因果关系是全新的,在概念层面符合逻辑,这也再一次展现了冯象确实很善于发现社会现象

---

[76] 可参看这一风格的肯尼迪最经典的两篇论文,Duncan Kennedy, "Form and Substance in Private Law Adjudication", 89 *Harvard Law Review* 1685 (1976); "The Structure of Blackstone's Commentaries", 28 *Buffalo Law Review* 1979, pp. 205-382。

[77] 在我看来,冯象是目前华人世界中唯一真正接受了并且实际运用了批判法学思想和方法的法学家。批判法学是他的法学思想实质性观点的主要来源之一,同时对他的法学论证方式也有重要影响。可以说,批判法学既成就了冯象的分析,也使得他的分析留下了一些弱点。当然,为了主题的集中和凝练,本文仅在此点到为止。关于批判法学,可参看,Mark Kelman, *A Guide to Critical Legal Studies*, Harvard University Press, 1987; 以及, David Kairys, ed., *The Politics of Law, A Progressive Critique*, 3rd ed., Basic Books, 1998.

中的吊诡。在论证这一逻辑关系时，冯象也注意到了经验事实，他把"人体写真"和"卡拉OK"之流行视为仿真消费的两个典型实例，用来勾连上下的论证。

因此，关键就在于这样一个经验的问题："人体写真"和"卡拉OK"是否仿真消费？冯象给出的经验证据不令人信服。他的这一逻辑联想来自"浏览'新浪网'的国内新闻"（着重号为引者所加）——"广州靓女写真挤爆影楼"[78]，以及他了解到国内民众有唱卡拉OK的癖好。但这些证据不可靠。倒不是因为今日中国一些言论受限，加之市场竞争，社会新闻常常危言耸听，因此我怀疑这则新闻的夸大其辞，甚至仅仅是为推销写真摄影。一个重要的常识是，一个现象之所以能够成为社会新闻，登上报纸，常常恰恰是因为其稀少，如果真的如同记者所言"挤爆影楼"，我很怀疑这一则新闻是否还可能见报了——满街的盗版光盘几乎从来上不了社会新闻。此外，在广州这个当时人口已接近千万的城市[79]，又有什么事不会发生？在21世纪之交这一天，有些靓女以写真来留住自己的青春，并非不可思议。这种现象10年前也许不会发生，发生了也不会张扬，因此如今确实可能受到了某些明星写真摄影的启发，但问题是，这些靓女的写真摄影真的是出于模仿或崇拜某些明星吗？难道不可以解说为一种自恋吗——青春靓女比起同龄男子总是更多一些自恋的？难道不能解说为一种标新立异的新时尚？[80]甚或解释为，在一个禁忌开始松动的社会中，有人理性消费着一种因犯禁而获得的快乐和刺激呢？[81]而且，如果人体写真是受仿真消费意识形态的影响，为什么中国大陆的同龄普通男子没有挤爆影楼，尽管国外、香港甚至大陆的男明星都有这样的写真集在中国大陆出版？[82]或者，如果是城

---

[78] 《政法笔记》，页92。

[79] 《广东发布人口普查第二号公报，广州市人口近千万》，载《人民日报·华南新闻》，2001年4月16日，版1。

[80] 这是一种社会学的解说，认为追求时尚是现代社会的产物，反映了人们开始更多面向未来并开始追求标新立异。参看，Ian Robertson, *Sociology*, Worth Publishers, 1977, p. 518.

[81] 将犯禁视为一种理性的消费，这种经济学的解释最典型地可以追溯到，Gary Becker, "Crime and Punishment: An Economic Approach", 76 *Journal of Political Economy* 169 (1968).

[82] 据我在网上的简单搜索就得知，中国大陆目前就有胡兵、陆毅、孔令辉、佟大为、田亮等各类男明星出过或正在出写真集；至于港台男明星就更多了。

市白领知识青年女性——不论什么原因——更爱仿真消费（以人体写真为代表），那么从逻辑上说，知识产权的基本规范在这一特定群体的心目中一定受到了更多侵蚀或颠覆，因此，可以推定在当代中国她们会更多侵犯知识产权；但据我的观察，现实情况完全相反，无论制作、贩卖、销售乃至最多消费盗版光盘、书刊或其他假冒名牌产品的，往往以刚进入城市的文化水平较低的中年蓝领男性居多。注意，我并不是要推销我的"自恋说"或/加"时尚说"或/加"犯禁愉悦说"；我并不认为这些"说"比冯象的"仿真消费说"更有道理。冯象可以轻易通过区分而避过这些经验材料的锋芒。我的全部论证只是想说，即使人体写真真的很热，它是否是因偶像崇拜而发生的"仿真消费"，与冯象提出的前因后果之间有无联系、联系有多大，是不确定的。

以卡拉 OK 作为因偶像崇拜而发生的仿真消费也面临着类似的质疑。我相信，冯象很可能从来没有卡拉 OK 过；我也只是在学院年终聚会时"卡拉"过两声。据我的观察和听说，人们卡拉 OK 的目的极为复杂。有单位年终聚会娱乐的，包括想听听某人的"五音不全"；有纯粹个人和朋友娱乐的；也有恋爱者借机表达爱意的；有名为"联络感情"实是为谋求利益的；也还有只是作为去歌厅找"三陪"的借口和通道的；却几乎没有因崇拜歌星卡拉 OK 的。用偶像崇拜来概括卡拉 OK 如果不是断然错了，至少也简单化了。至少，这里有一个有待经验调查的事实问题。而一旦如果以写真摄影和卡拉 OK 作为"仿真消费"之例证难以成立，此后的分析和论证哪怕再言之成理，都不可能令人信服。侵权泛滥与仿真消费有因果关系，这确实是一个逻辑上可能的解说，却不必然是真实的解说。

请读者注意，我不是说仿真消费与知识产权侵权泛滥没有因果关系，我认为冯象提出了一个很有意思也很新颖的研究角度，因此我赞同就这一猜想进行经验研究。我所说的只是，冯象给出的经验证据不能或还没验证他的这一猜想。更重要的是，借助这个例子，并非冯象著作中唯一的例子，我想指出，在冯象的这种政法视角下的法律与文学研究中，可以也应当更多吸纳社会科学的经验考察，这会令更多言之成理的研究更持之有故。

第三，尽管我非常喜欢冯象的言简意赅、生动活泼的文字。但任何收益都要支付代价。正如波斯纳所言，有些优秀的作者也会同时是糟糕的作者；因为过于凝练的作品常常会不必要地令人难以理解。[83]冯象的文字就是如此。冯象的论证方式常常比较简约，喜欢用意象、故事、寓言、隐喻来替代细密的论证，因此有诗性的跳跃。一个典型的例子，就是在《版权与法盲》中，从版权回溯一下子就跳到了版权回溯是当代法治策略转型的核心这样一个高度抽象概括的命题。尽管给人印象强烈，充满魅力，给读者留下了很大思考的空间，但如果这个空间太大，就会让读者找不到北了。事实上，已经有一些读者因此误解了冯象。[84]

对于冯象这样的兼通中西的学者，这一点可能尤为重要。一些语词在西方文化中与一些故事、意象已经有了稳定的甚至是"独一无二、排斥其他一切可能同它竞争的"的联系（几乎可以说是某种"商标"），在中文世界中则可能尚无稳定指向或有与西方文化不同的指向；当这些语词进入中文世界，一种可能就是，这些语词就会漫游起来，读者会不知所云，也就很难有流畅、融贯的理解。[85]

这当然不是要求冯象改变自己写作风格的充足理由。我不建议他改变，特别是当妨碍他的学术和文字风格之际。毕竟作者不必照顾所有可能的读者，而读者也应想一下自己是否未注册的旁听生。毕竟还有另一种可能，即这种努力可能会扩展中文的表现力，有些阅读阻障会激发人们的想象，促使人们认真阅读。但若是从冯象追求的向"中国的普通读者"有效传达他的思考这一目标而言[86]，在某些不损害他自己的各种基本追求的前提下，我认为在某些方面他可以做适度的交换。要进行这种交换，更多采纳社会科学的理论表达会有益。

注意，尽管冯象当了靶子，有些问题却可能是包括美国的法律与文学的研究者共同面临的，甚至问题还不只这些。因此上面这些建议的意义就不局限于冯象了。

---

[83]〔美〕理查德·A. 波斯纳：《超越法律》，页482。
[84] 例如，陈永苗就怀疑冯象是否想"送美国法下乡？"（陈文的标题），王怡则认为冯象是在主张"从'政法'到宪法"（王文的标题），他们都在一定程度上把冯象弄拧了。陈、王二文，均见前注2。
[85] 例如，今天所有的中国文科大学生可能都知道维纳斯是爱神，可是雅典娜的意味就不那么清楚了。
[86] "我想[……]跨出门槛去，为中国的普通读者写一本书，谈谈新旧政法体制衔接转型中的一些法律问题"（《政法笔记》弁言，页2—3）。

结 语

冯象的学术贡献再次表明，中国经验是我们推动学术发展的宝贵资源。在我看来，冯象之所以能够比较鲜明地提出了"作为法律的文学"，并且重构"通过文学的法律"，都与他长期的中国生活经验紧密相连。如果不是在中国，如果不是经历过"文革"和"上山下乡"，如果不曾长期生活在一个一直强调"文以载道""诗言志"、文学的功能在于"团结人民，打击敌人"的社会中，如果不曾细细读过、甚至能够大段背诵《老三篇》《关于正确处理人民内部矛盾的问题》以及《在延安文艺座谈会上的讲话》，冯象就很难敏锐地提出"作为法律的文学"的那一系列深刻命题。同样，如果不是经历了或集中关注了改革开放以来的中国经验，不仅仅是有关知识产权法律制度发展的经验，冯象也不大可能提出并实践他的那种"通过文学的法律"。

冯象的贡献不仅表明了中国经验的特殊性，更重要的是冯象表明了将中国经验一般化的可能性。这种可能性的实现需要才华，需要能力，但在我看来，首先需要的是对中国经验的关注和学术实践。

这也就是为什么，在本文中，我多次使用了"不自觉"或"不经意"来概括冯象的学术贡献，最多是加了一个"也许"来予以限制。一些读者可能会认为，这个词贬低了冯象的努力，反映了本文作者心灵深处的"狐葡情节"？[87] 在他们看来，"不自觉"就是说冯象的贡献只是出于偶然，只是幸运；"自觉"则意味着作者有崇高且坚定的理想和追求，因此人格高大。我不这么认为。不仅因为对学术成果的评价从来都是社会的，与学者的主观意图没有关系——"作者死了"；无论赞扬的还是批判的"诛心"之论都是拙劣的批评。而且，这就是我阅读以及同冯象的交往获得的印象。无论是开拓"作为法律的文学"，还是重构"通过文学的法律"，都不是冯象事先想好了才展开的。作为一个深谙学术之理的人，他不会主题先行；一个在自己每本著作的作者简介中都自

---

[87] 确有人这样认为，大意是：苏力之所以欣赏冯象，因为苏力做的冯象都能做，而冯象做的苏力做不到。

称"从兄弟民族受'再教育'凡九年成材"的人[88]，他看破了学界红尘；甚至也许因为他曾经的学术沧海，与当今绝大多数中国法学人相反，他既不膜拜法学，甚至不喜好法律。[89]他不是刻意追求创新的学者，不是野心（或雄心）勃勃的人。

当然，这也只是解说了我可以用，却没有解说为什么我一定要用，"不自觉"这个词。可以不用，如果不是因为有其他考量的话。这个考量在于，我力求传达学者在研究之际的真实心态，不仅不希望"抬高"冯象（其实这是次要的），重要的是不想误导了读者，特别是误导了那些有志于学术的年轻读者。在中国社会中，一直有一种根深蒂固并仍在继续的错觉，似乎能否取得有价值、有贡献的研究成果与作者的意图、心态有关，一定是真诚的主观意图或美好的理想图景的产物。冯象的经验，以及其他许多伟大学者的经验[90]，甚至更多的反面经验[91]，都告诉我们，根本不是那回事。如果主观意愿和理想图景一定或更可能带来有价值的成果，那么我相信，今天中国的各个学科就根本不会是如今这个样子；近代以来，我们又什么时候缺乏过宏图大志、雄心勃勃、信心百倍的青年学子——即使在，甚至就在，"大跃

---

[88] "作者简介"，《木腿正义》及其他著作，封2。

[89] 这一点在他的著作中屡屡流露。例如，冯象曾列举了四位学术恩师，并称"自从学法律，就再没有遇上这样学富五车而风流倜傥的老师和同道了（着重号为引者所加）"。"法学院真正的训练……只在第一年那五门基础课。二三年级……能逃课请尽量逃"（《木腿正义》，前言，页6，7）。冯象列举的自己最喜欢最常读的书——"不上架的书"，《史记》《共产党宣言》《圣经》和《神曲》，其中没有一本是严格意义上的法律书（《政法笔记》，页272）。

[90] 请回想一下牛顿的名言："我不知道别人是怎么看我的，我觉得自己就像是一个在海滨玩耍的孩子，不时地拾到了一些光滑而美丽的贝壳"（着重号为引者所加）。

[91] 在中国历史上，例如"悬梁刺股"，例如"凿壁偷光"，例如"映雪夜读"，例如"囊萤夜读"，例如"程门立雪"等诸多勤奋读书的故事中，那些故事的主人翁，我们大多记不得了，记得的只是这些故事，这表明这些可能是当时最勤奋的学生后来并没有成为当时最杰出的学者。甚至，我怀疑，如果不是因为这些故事，我们是否还能记得这些人（苏力：《也许正在发生》，页216）。

进"和"文革"的时代?[92]

重要的学术贡献往往是——如果不总是的话——在一个学术传统里,无功利的、几乎完全基于偏好的、不一定非得长期的、也不一定非得艰苦的努力"之中"(并非"之后")偶然碰到的;有时碰到了,自己也未必清楚或能说清楚。因此其他学者的批评、争论、理解、分析和阐发才是必要的。[93]这也许是冯象的不经意的学术贡献给正在形成的中文学术共同体的一个启示,一个很人文或许还有点神秘意味的启示?!这也是撰写本文的一个基本理由。

2005 年 8 月 22 日初稿于西宁
10 月 6 日二稿于北大法学院

---

[92] 关于大跃进时期以及"文革"初期青年学人的学术雄心的资料很多。可参看,陆键东:《陈寅恪的最后 20 年》,三联书店 1995 年版。大跃进时期,北京大学中文系 55 级同学,"在批判所谓资产阶级学术权威基础上",集体编写并在著名出版社出版了一部《中国文学史》(北京大学中文系文学专门化 1955 级[集体编著]:《中国文学史》,人民文学出版社 1958 年版)。当时轰动全国,受到广泛赞扬,被奉为革命新生事物的典型。中央领导又是接见,又是嘉奖;许多同学也是"傲气十足,不可一世"(张毓茂:《忆杨晦先生》,载《沈阳日报》,2002 年 8 月 26 日);同类的还有,北京师范大学中文系 55 级学生[集体编著]:《中国民间文学史》(初稿),人民文学出版社 1958 年版。

[93] 一个最典型的例子有关"科斯定理"。不仅"科斯定理"这个名称来自另一位经济学家斯蒂格勒,而且当年的著名辩论中,连科斯本人对自己的观点都"不敢肯定了",首先明白并站起来让其他辩论者明白的是经济学家弗里德曼。有关的故事,请看,张五常:《经济解释:卷 3,制度的选择》,花千树出版公司 2002 年版,页 46—47;《五常谈学术》,花千树出版公司 2000 年版,页 197—198;以及《凭栏集》(第 3 版),一周刊出版有限公司 1993 年版,页 115—116。

法律文化类型学研究的一个评析*
——《法律的文化解释》读后

> 同样的行动并不总是有同样的名,赋予任何行动一个不同于其自身时代和其民族习惯有的名,都是不公正的。
> ——莱辛[1]

> 在研究法的发生史的过程中,"法的目的"应当是最后探讨的课题。……一件事的起因和它的最终的用途、它的实际应用,以及它的目的顺序的排列都全然不是一回事;……在[ ]重新解释与正名的过程中,以往的"意义"和"目的"就会不可避免地被掩盖,甚至被全部抹掉。
> ——尼采[2]

尽管《法律的文化解释》[3]中收录了三篇外国学者的论文,但主要集中了该书编者梁治平的一些文章,是编者多年来不懈追求"用法律去阐明文化,用文化去阐明法律"[4]的一个理论性总结,是对他自己这种努力的方法论再反思;在我看来,也基本完成了他所追求的对中国传统法律的独特的文化研究的理论构架。应当指出,这种构架的完成并不如同中国目前法学界的许多追求体系的著作那样,仅仅依赖于对研究

---

* 原载于《学术思想论丛》辑2,辽宁大学出版社1997年版。
[1] Gotthold Ephraim lessing,转引自,Peter Winch, *The Idea of A Social Science and its Relation to Philosophy*, Routledge & Kegan Paul, 1958,扉页。
[2] [德]尼采:《论道德的谱系》,周红译,三联书店1992年版,页55—56。
[3] 梁治平编:《法律的文化解释》,三联书店1994年版。以下简称为《解释》。
[4] 梁治平:《法辨》,贵州人民出版社1992年版,自序页1。

领域的"跑马占地"、重新定义或对研究对象的重新组合，也不是凭空虚构，而是基于对当代的中西学术相关学科的传统比较广泛、细致的梳理和辨析。在我看来，这可能是中国过去 10 多年来理论法学研究中，最有学术自觉、注重学术传统、因此也最具有学术个性和学术分量的一本著作（而不是之一）。

这种评价，在许多人看来，可能太不节制了，特别是对于乐于且有意使用"可能""也许"或"似乎"的本文作者来说。然而，这种评价是有分寸的。本文主要从编者本人的四篇文字入手，头两节将分析其研究的视角、进路在法律文化研究上的理论构建意义，后两节对这一研究进路和方法可能存在的局限性，以及该书中一些论文中实际体现出来的问题作一些分析和批评。

一

借用作者在论文《法律的文化解释》的开篇语式，可以说，现在有许多种法律文化的研究，而作者的文化研究是其中的一种。1980 年代中期以来，中国知识界出现了文化热，人们提出种种关于文化的定义，并进行各种各样的"文化"研究。法学界也同样如此。然而，在轰轰烈烈之后，究竟留下了什么实实在在的东西，很难列举。至少在法学界，法律文化的研究往往是对已有学术研究成果的一种重新包装，使之得以作为自己的研究发表、销售的一种方式。一些对古代思想家、学派的法律思想或古代法律制度的研究仅仅因为贴上了一个文化的定语就变成了法律文化的研究。由于没有独特的研究视角，这种法律文化研究不可能构建其独有的研究对象，显然，也就不可能真正推进学术发展。在另一类法律文化研究中，特别典型地表现为所谓的比较法律文化研究，文化成了一种掩盖学术能力缺乏的大旗。研究者往往仅仅指出中西差别或古今差别，然后就用文化这个概念解释了差别。这样一来，文化就变成了一个百试不爽、打遍天下无敌手的武器，同时又是一个随时可以退身坚守的阵地（若要问"为什么有这些差别"，回答是"文化"）。究其原因，除了研究者的浮躁之外，很重要的是因为 1980 年代以来人们开始习惯使用的"文化"概念没有严格界定，是一个西方学者称之为"剩余"

的概念,一切无法明确分辨的因素都被包括或都可以包括在其中。一些研究者在使用这一概念时,甚至将其涵盖人类的一切精神的、物质的成果和活动,因此包括了一部或全部政治、经济、社会、制度、风俗、习惯、文学、历史、思想以及其他可能包括的社会现象。这种几乎无所不包的"文化"概念(我更愿称之为一个"范畴",一个与自然相对应的最高概念)当然很有解释力,但也因此丧失了解释力。难怪在"文化热"之后,我们并没有发现文化研究的兴起对中国社会的理解有多少推进、深化或拓展,或在理论上有多少新颖之处。

梁治平的学术研究也是起步在1980年代中期,也许同样是这种"文化热"启动了他的学术感触。他早期的作品,集中汇集为《法辨》一书,其中部分文字也染有这种文化热的影子。但随着他自己研究的深入,他逐步在实践中突破了这种轰轰烈烈的氛围,追求一种学术化的文化界定,完成了一个作为著作内容之标签的法律文化研究到作为一个学术进路和方法的法律文化研究的转变。

那么,什么是梁治平的法律文化概念呢?简单说来,可以说就是梁治平引用的格雷·多西的"安排秩序观念"[5],或者是克利福德·吉尔兹的由人"自己织成的意义之网"。[6]在梁治平看来,每一种文化都体现了一种安排秩序的观念,不同的文化体现的是不同社会中发生的独特的安排秩序的观念。因此,梁治平在中国古代法研究上反对简单套用目前已通行的一些西方概念、命题。梁治平的研究可以说从一开始就努力从外观上或功能上的"同"中求文化之异,是一种文化类型学的研究。正是这种视角和研究进路,以及他的认真,使作者的研究在众多"法律文化研究"中显示了其独特点。他不是一般地发现中西在法律制度上、规定上的异同,而总是紧紧扣住在这些外观上的差异、类似或相同背后的世界观、秩序观和价值上的差异,扣住中西"法律"之异同与其各自思想文化传统的内在联系。

本书收录的《法辨》一文是一个概念辨析的范例。通过对中国文化中"法"这个概念的细致的历史辨析,同时以西方"法"的概念作为

---

[5]《法律的文化解释》,代序页2。
[6] 同上书,页7。

对比的参照系，梁治平指出，中西历史上的"法"概念分别体现了不同的安排秩序的观念。尽管近代以来我们已经习惯以"法"来对应英文中的"law"，但这只是一种翻译、中西交流的必需和不得已。至少在历史上，中国的"法"并不等同于"law"，因为在这些概念背后所隐含的中西世界观、价值观和秩序完全不同，尽管在功能上可能有某些相似。在梁看来，如果忘记了这一点，用现代的、西方的"法"来套用、理解古代的"法"，实际上是在按照西方观念重新改造已经成为历史的中国法律制度。他的这个研究，不仅在当时是卓尔不群的，甚至至今也没有多少研究者真正理解。[7]这显示了作者穿透语词对历史和文化传统的把握。本书收录的《礼法文化》一文是另一个具体的研究法律制度的例子。这篇文章探讨了在功能上起到"私法"或"民法"之作用的中国古代的"礼"为何在文化层面上不能概括为——如同某些中国法律史学者所做的或试图做的那样——"私法"。在作者看来，关键在于"礼"代表的或体现的是中国古人对秩序的一种安排，中国古人的这一"意义之网"与现代人的"意义之网"不同。梁治平的法律文化研究希望通过对中国古代法律史的细致研究，来发现支撑中国古代法律制度和思想安排秩序的独特观念；并在理解这种安排秩序观念的同时，反思传统中国的法律制度和思想。这一思路，被他概括为"用法律去阐明文化，用文化去阐明法律"。反观起来，他的中国法律史研究的代表作《法辨》《追求自然秩序中的和谐》[8]在不同程度上都体现了或追求了这一学术理想。

如果仅就文化研究来看，这种"辨异"的努力不算特殊，自西学东渐以来，许多中国学者就在哲学或更宽泛的层面上进行过。但以法律史为基本材料（这就区分了法律文化研究和一般的文化研究），特别是在对西方法律传统有比较细致和真切了解的基础上，而不是基于某些臆

---

[7] 不少学者常常将梁治平关于中国古人对法之界定的分析误解为他对中国古代法的界定。这种例子很多，例如，俞荣根：《历史法哲学——法的智慧之学》，载《中外法学》，1992年1期，页37、69；夏勇：《走向权利的时代》，夏勇等编，中国政法大学出版社1995年版，页20注45，绪论。

[8] 梁治平：《追求自然秩序中的和谐——中国传统法律文化研究》，中国政法大学出版社1997年版（原版1991年）。

想的、凭空构造的西方法律特点（这就区分了切实的法律文化研究和捕风捉影的法律文化研究），并有能力将比较具体的法律制度同高度抽象的思想观念联系起来（这区分了法律文化研究与一般的法律制度和条文比较，也区别了法律文化和一般法理念的研究），进而提出了比较完整的、在一定程度上能自圆其说的理论解说（这体现了作者学术主体性和理论追求，以有别于其他中外学者的研究）；这一点，就我有限的阅读并就已经发表的成果来看，梁治平的研究是目前国内最佳的。

必须指出，当年梁治平在写作这些文章之际，他强调文化之差异的主观目的更多在于批判中国传统法律，防止由于语词翻译上的对应或制度功能的相似而忽略了对中国传统的清理。这种研究显然带有比较强烈的 1980 年代的文化批判的色彩。特别是在《法辨》一文和在此前后发表的其他一些文章中，我们看到这种辨异更多是以西方的概念、观念为标准进行的。从逻辑上看，这里面隐含了他的学术和思想发展的至少两种可能性，一是不加反省地强调差异，其结果可能是意识形态化或意蒂牢结化，以对中国传统的批判来例证西方法治发展之正宗，这实际上将结束学术辨异之可能和必要。另一可能则是，从辨异中感受到文明发展的多种可能性，从文化批判走向更学术的比较研究，走向理解。梁治平走了后一条路。但这不仅仅是他对于学术进路的"自由"选择的结果，也不是"瞎猫碰上死老鼠"的偶然，而是他的辨异的学术进路使这种转换有了可能，而且不显得突兀。1980 年代末在写作《追求自然秩序中的和谐》前后，梁治平开始了反思，"对于传统的法律和文化，渐渐产生出一种新的理解，那即是人们所说的'同情的理解'"。[9] 本书所收集的《礼法文化》一篇，作为该书的一章，已经开始以一种比较平和的心态来理解中国传统社会中"民法"问题是如何解决的这样一个实际问题。因此，我们在梁治平的身上从一开始就可以看到了一种悖谬的线索，以批判中国传统法律文化为目的而辨异，但这种辨异的学术前提又隐含了必须首先理解中国传统法律，承认中国几千年文明史可能具有的——如果还不是必定具有的话——独立意义和对人类的贡献。这就意

---

[9]《法辨》，后记，页 280。

味着必须反对文化上的、知识上的简单化和简单化中的霸权主义，反对将中国传统法律文化作为西方学者构建的文化理论框架的注，尽管作者从来没有明确使用这种语言。这种"辨异"，因此，就具有了超出作者本人主观意图的学术意义。从这一点上看，我甚至可以说，在某种程度上，恰恰是"辨异"领着作者走上了一条也许作者起初没准备走的路。

二

对于本书编者来说，如果说"辨异"曾导致他对中国传统法律制度发生了重大情感转变的话，1990年代初的论文《法律的文化阐释》以及本书的出版则是"辨异"导致的第二个重要变化。它既是作者这一反思的深入，同时更重要的是一个对自己学术研究方法和进路之基础的一个比较系统的哲学反思和重构，其借助的学术资源已经跨出了法律和一般的法律理论，更多借助了人类学和哲学解释学。

按我的理解，在该书中，作者所要回答的是一个非常理论化、哲学化的问题，即为什么不能仅仅在制度和规范层面按功能主义的观点来理解中西法律、特别是中国传统法律，而必须将之同观念或信念中的秩序安排联系起来研究；为什么应当从辨异入手，语词的辨异又何以可能，为什么从此可以理解中国传统对一系列观念的秩序安排，等等。在作者看来，如果不能比较令人信服地回答这些问题，他的法律文化研究的立场和方法都将无法成立，他的许多研究和学术思想的发展将无法获得一种统一性，其研究成果最多只能作为一些零散的精巧作品而存在。

正是在这些问题面前，我们才可能理解本书作者的这一反思和转折的重要性，理解他利用的、在中国的传统法律史家和法学理论家看来难以置信的学术资源——人类学、社会学、语言学、哲学阐释学等——在其法学理论中的不可替代。大致说来，这就是，人类学和语言学的研究表明，人的思维（戴维·斯特劳斯）、语言（萨丕尔）和人类社会结构（戴维·斯特劳斯）都有一种内在结构，这种结构很大程度上是比较固定的，互相塑造和强化的。语言是一种人化的沉淀，决定了人们的概念、分类系统，决定了人们看待社会的秩序，因此，通过语言有可能发现这种观念结构和社会结构。同时，语言又仅仅是符号的一种，许多具体的法律、制度甚至人的活动都可以理解为符号，并且，所有这些符号都相互支持和相互印证。哲学阐释学高度重视理解，并与文化人类学一样，强调语境或情境对于理解的重要性，强调文化作为传统的重要性，强调传统作为语境对人们今天观念之形成、秩序之形成、理解之形成的重要意义。因此，从法律这种符号，从语言这种符号，甚至从社会的法律实践，人们有可能把握古代中国人的法律文化。这种把握不是一种本质主义的，而是一种理解，一种发展着的视野融合。这种理解因此也是相对主义的，或语境主义的，而不是对应于某种形而上实体。因此，对中西法律制度的理解都必须从各自传统中发现其存在的合理性，不能简单对比，硬性对译，以翻译之对应替代对法律制度的具体、细致的分析。

梁治平的这种努力，无论对于他自己的研究还是对于法学理论的研究，都很有学术意义，也很有眼光。其意义不在于读者是否同意他的关于中国古代法律的一些结论，而在于如果对自己的研究进路及其理论前设缺乏理论反思，没有这种反思后的对自身学术基础和方法论基础的理论构建，他就无法说明为什么法律文化研究应当这样，而不是简单地枚举中西异同——如同许多研究者所为，他也无法说明中国法律传统的新生和重建为何如此艰难。同时，也正是由于这一反思和努力，他使自己的研究显露了另一层面的、在中国目前更经常为人们忽视甚至不为人们察觉的重要性：重要的已不是他研究的某些具体的结论，而是研究中体现出来的方法论、哲学世界观和视角，以及与之伴随的对于研究对象和材料的扩展和把握（当然，同时也是构建）。从这个层面上看，即使后来的研究者可能推翻他的一些具体的研究结论——例如一些学者可能对他关于中国传统"法"概念的形成发展的分析判断提出不同观点，但他的研究进路或范式将难以推翻。也正是在这个意义上，我在本文一开头就说，这是过去 10 多年来在理论法学上最重要的著作；并且因此，我还认为，目前国内一些研究者对梁的一些结论，无论是赞同（数量还不少）还是批评，基本上是舍本逐末、甚至不着边际，就必然缺乏理论的力度。因为，对于许多理论法学的研究者来说，他们从来没有关注过——不懂得或没有能力懂得——这一理论层面的重要性。他们往往关注所谓的结论，或急于提出某些响亮的、有社会轰动效应然而不具理论构建意义的口号，他们进行了一些也许有实践意义，但往往是缺乏理论意义的争论；尽管对一些细小问题的研究有所推进，有的甚至有较大的社会政治意义，但难以构建一个自成体系并自洽的理论构架，形成独特的研究进路和视角，因此对后来的研究者缺乏方法论启示。

也因此，我不认为我在开篇的评价是过誉之词。相反，在其他层面上，或至少在某些务实者看来，这甚至可以理解为一种批评。因为，事实上，《法律的文化解释》出版之后，尽管发行量相当大（就学术著作而言），但并没有引起很多学术反响和关注。有人甚至怀疑其法学著作的身份，也有不少人说读不懂。

对于这种现象，于作者说来，可能会有孤寂之感。但这，一方面，的确向作者提出一个切实的、作者也许应当考虑的问题，即如何以一种更可为一般读者理解或接近方式表述自己？这个问题也许有点苛刻，却不意味著作者必须降低自己的学术水准以迎合读者市场，相反，这完全可能成为一个更高的学术要求，即"随风潜入夜，润物细无声"的境界。另一方面，从我的偏见来看，这更多反映了中国目前法学界，特别是法学理论界的问题：既缺乏理论，又缺乏对理论的敏感和追求。这不是说，我希望每个研究者都要致力于构建什么学术理论体系，但是，作为理论工作者，至少要培养出一种理论理解力和鉴赏力，对理论努力给予适度关注。

三

以辨异为特点的法律文化阐释作为一种研究进路是重要的，但是如同任何研究进路和方法一样，它同样有其难以逾越的局限性。在这一节，我想对法律文化研究的某些基本前提略加考察，这主要不是质疑《解释》作者，因为这类问题实际上无法回答，只能存而不论；我只希望从对话中加深对文化类型学研究的反思。

作者将文化限定为安排秩序观念，又将法律的一些概念和法律制度作为这种秩序观念的外显。这种对文化概念的限定，固然有其研究、操作上的便利。但也正是由于这种限定，就使得作者的法律文化研究有很强的"唯心"的色彩，即强调人（复数）的观念、价值、思维方式、意义赋予对法律制度的构成和限制作用。人们因此可能难以看出法律文化是否以及如何受制于社会生活的物质性一面，例如人口、自然地理、耕作方式。当然，作者注意到了这一点，他只是主要利用了文化人类学的某些研究成果，着重强调了人是文化的动物，是符号的动物，指出了由团体的意义系统支配的语言习惯、制度结构对于人感受现实世界的决定作用，并以此为基点强调语言、社会的"现实世界"以及法律制度的同构性，强调社会文化结构、意义系统的稳定性。但这种对意义、符号以及文化同构的——在我看来——过分强调，尽管对于作者的理论体系构成完全必要，却与常人的经验多少有些相违。作者强调的是意义系统和与之相应的秩序和安排秩序的观念，而在我看来，安排秩序的观念更可能因中西民众在具体自然环境中求生存发展而形成的不同社会生活组织方式和秩序的不同；在这其中语言固然起作用，有时具有固化甚至僵化这种社会秩序的作用，但说到底，社会组织方式和秩序以及语言对于人的作用都是功能性的。

指出我和梁治平在前设判断上的这种差异不特别重要，因为这种差异往往与个人对世界上的直觉把握、生活经验甚至偏好相关。我认为重要的是，如果可能的话，要指出这个前设判断上的差异缘何而发生。我认为，这主要可能出自梁治平关于人类生活的共同性一个重要判断。[10]他曾多次写下，人类面临的许多基本问题是共同的，不同点在于人们理解这些问题的方法、对待这些问题的态度和解决这些问题的方式并不相同。因此，他实际上更多强调文化的选择，强调人的自主性，当然这种"选择"总是在文化传统中的选择。但这个问题不那么简单。从一个比较抽象的层面来看，人类面临的基本问题的确是相同的，例如都有生老病死的问题，都有组织生产、分配、交换以及社会组织等问题。但从具体的层面来看，人们面临的不是这样一些抽象化了的问题，而是在我或我们现有的环境中，如何活下去，如何生产、分配、交换的问题。一个极地雪域中的爱斯基摩人所面临的基本问题和一个亚马逊热带雨林中的印第安人的基本问题既相同，又不相同。因此，我认为，在面临不同的现实基本问题的人群中，会产生人类学意义上的不同"文化"，即只有通过群体生活才能得以传承的

---

[10]《法律的文化解释》，页36—37。

为解决具体群体所面临的基本问题的那些东西，其中包括了"安排秩序的观念"以及相应的观念体现，但远远不仅如此。这种广义的文化，既是选择的，也是被选择的；人们理解这些具体的基本问题的立场、对待这些具体的问题的态度和解决这些具体的问题的方式因此可能因环境变化而变化，尽管同样是在传统中变化，尽管同样先前的立场、态度和方式会影响变化的路径、变化的弹性甚至对变化的语言表述。如果这一点还有道理，那么，安排秩序的观念的形成、确立和变化就必然既是文化的、也是功能主义的。

梁治平也意识到了这后一点，在多处，他都指出要考虑到中国传统法律制度的功能因素，指出法律史研究对象里面"同时糅和了功能性的和作为依据的文化性的东西"。[11]但他似乎总是更为侧重于这种作为制度依据的文化性的东西。他的这种强调对于他的研究侧重——法律文化类型学——完全必要，对于其理论体系之完成不可缺少，但任何视角都有局限，任何理论都有弱点，他的这种对于文化性的强调也会带来一些难以解决的理论的、实践的和解释的问题。

首先，类型学的法律文化研究强调"差异最大化"[12]，容易将法律文化这个本来是构建出来的研究对象实体化，根据这种实体化了的差别势必从学理逻辑上得出中西法律文化完全无法沟通的结论。作者引证的梁漱溟和吉尔兹都持这种观点。但现实的法律文化永远是流变的传统，那种假定的条件——"假使西方化不同我们接触"——是一个反事实的（counterfactual）假定，是为思想实验而设定的条件，其论证的说服力也许针对的是研究者构造的"文化类型"，而不是作为研究者构建文化类型之来源的中国法律传统；针对的是思辨的逻辑，而不是历史和思维的逻辑统一。

其次，类型学的法律文化研究也势必难以回答法律文化的流变和变迁以及地域差异。作者清醒地意识到类型学研究的局限性，并为自己的研究提出了一些有一定说服力的理由，这是作者思考的精细之处。[13]但

---

[11] 《法律的文化解释》，页48。
[12] 同前书，页38。
[13] 《法律的文化解释》，页31。

以类型学研究的自身特点作解释并没回答人们关心的问题，相反暴露了类型学研究模式的局限。对于许多不仅希望了解中国传统之类型，更希望了解传统之变迁或变迁之可能的读者来说，这多少会使人失望。并且，由于类型学的法律文化研究强调差异，且无法在历史中解说变迁，因此对这一理论模式的弱点缺乏反省习惯和不细心的读者容易对中国传统法律文化得出激烈的结论，或者全盘西化，或者固守国粹。

第三，类型学的法律文化研究尽管强调了文化主体的立场、态度和观念，但是这种强调又容易模糊同一文化中具体的个体、利益集团在言说的和不言说的立场、态度和观念上的差别。人有时有几套语言，在某些时候借用占统治地位的立场、态度、观念和语言来达到其私人的或团体的目的，不仅可能，甚至必要。这就是民间所说的"见人说人话，见鬼说鬼话"，或"文革"中所说的"打着红旗反红旗"的现象。尽管在传统中国社会中，可供利用的话语资源和思想资源可能有限，但，不仅亚文化、异端或小传统总是存在的，而且立场和态度之表现也许可以主要通过行为而不是语言。这也就是说，尽管类型学的研究强调人的主观态度，但从另一面看又有强烈反个体的特征，因为文化成为一个决定个体立场、态度和观念，决定他如何解释世界的一个强大的无法抗拒的结构。这个强调复数的人的主观因素的研究模式实际消灭了作为个体的人的解释力以及与之伴随的创造力。这种文化的解释因此在另一层面有可能成为一种反文化的解释。

第四，因此，我也就对以萨丕尔为代表的文化语言人类学的语言决定文化的假说持一定保留。并因此，我对作者强调语言、思想、文化、法律制度和社会结构的同构性有所保留。尽管我承认，这是一个重要的研究进路，有时甚至可能是唯一的研究进路（例如，可供研究的材料只有一种文献记录），仍必须保持一种警惕。

第五，由此，我们还可以看到为什么本书作者要将他的法律文化研究界定在法律史上。这种界定不仅是一个领域的划定，更重要的是其研究进路和方法的理论预设之必需。这在显示了作者的法律文化研究的长处之际，也充分显示了类型学的法律文化研究的弱点——无法令人信服地处理现实的问题。

提出这些问题，不全是质疑作者。其实，如前所说，作者在一些地方已经意识到这里提出的某些问题,并在不对理论框架作大变动的前提下,给予了理论的关注。这些问题,如果局限在文化类型学的模式中确实无法回答。因此,本文只是同作者对话,希望通过对话,使一些作者也许没有意识或没清晰意识到的法律文化类型学研究的局限更加明确,便于探索新的研究理论思路。而且,既然这是一个书评,我也希望这篇文字有助于读者理解作者的研究和思路,理解类型学的法律文化研究固有的一些方法论局限,不至于因我的高度评价而误以为我大力推荐这种研究方法或进路。坦白地说,我不认为有什么保证研究成功的固定的最好或必定成功的方法,研究者在研究过程中获得的无法同具体研究相分离的洞察力、敏锐、判断力和分寸感最重要。

四

但提出这些问题,又确实不只面对读者,也针对了作者在书中一些在我看来逾越了作者自觉的文字。我想举三个例子。其中两个是作者的,一个是《解释》一书中收录的美国学者安守廉的论文。这三个例子,尽管很能说明该书作者的基本论点,有其正当之处,另一方面,在我看来,都过分坚持自己的研究进路,而未能给予其他观点及其理论意蕴以足够的赞赏。其中,我想着重谈论安守廉的文章。

之一,在谈到一些比较法著作对法系的划分时,梁治平指出,许多比较法学者的分类标准不统一;他强调要发现"真正有意义的分析单位"。[14] 从梁追求的法律文化类型学来说,梁的批评是有道理的。但是,若从比较法的角度来看,我认为梁的批评可能失之严厉。因为,这些比较法学者并非进行比较法律文化的研究,并不试图发现各个法系的文化传统(固然,如果能够这样做当然好);因此,对于他们来说,更多考虑习惯的分类,这是一种分类、叙述和介绍的便利,只要这种便利能够较好地传达了他们所要传达的制度层面的法律,我不认为有什么不当的。世界并没有一种绝对正确的分类。文化类型学的分类即使好,也可能令比较法作者无法使用,无助于完成他的著作和研究。每一种前后一致的分类都有其局限

---

[14]《法律的文化解释》,页39—41;引文省略了着重号。

和长处，每一种所谓前后一致的分类也都是一种人为的构建，一种习惯的产物，就如同语言一样。目前的比较法研究没有考虑到文化解释也许是个重大弱点，也许有西方文化中心主义的问题，许多中外比较法学者也可能在各种"流行的"框架中失去自己的眼光和文化的自觉，但这些比较法学者可能没打算研究这些问题，或者有自知之明地放弃了这种努力。人必须不说一些话，才能说出一些话。更何况这些著作并非理论性的法学著作。因此，在我看来，对于这些著作来说，它们的标准似乎应当是，制度层面上的比较分析是否做得比较好。

其二，是对《中国与西方的法律观念》一书[15]的批评。梁认为这本书是"一个'认知控制'的例证"，即以中国古代法中的一些概念来为西方的法律观念和根本性原则作注释。[16]这种批评有根据。这本书确实明显有简单化的倾向，缺乏比较性反思。但是，我认为梁治平对《观念》一书的作者缺乏足够的"同情理解"。此书是用英文写作的，其预期读者是说英语者。这就意味着，为接近这些英语读者，即使作者完全理解中西法律概念之文化差异，他也必须在某种程度上迁就这些读者的现有的知识结构和资源，用这些读者熟悉的概念和原则来解说中国法的观念。特别是要考虑到，由于种种众所周知的原因，英文读者对中国缺乏强烈的好奇心和求知欲，这和近代以来中国读者对西方文化的求知形成了鲜明对比，因此，《观念》一书的作者即使洞察中西法律文化之差异也不可能这样做。这和梁治平的预期读者、生活环境、写作语言和写作年代都很不相同。当然，前面谈到过的学术追求不同也是一个因素。在我看来，金勇义的追求大致是，使英语读者对中国古代法的观念略有了解，他并不期冀一种理论的构建。该书的中译也许是一个偶然的结果。当然，我这种态度可能有点太不讲原则，太实用主义；但同情的理解同样需要。只有对作者语境的把握，才能理解作者话语的弱点和优点。

在这里，我还想对伽达默尔的哲学阐释学的理解的结构作一点小小的补充。伽达默尔强调理解者的历史构成，但是作为文化交流者或急剧

---

[15]〔美〕金勇义：《中国与西方的法律观念》，陈国平、韦向阳、李存捧译，邓正来校，辽宁人民出版社1989年版。以下简称《观念》。
[16] 同前书，页41—49。

变革中的传统之承继者来说，这种历史构成其实应包括了预期读者或听众的限制，也即想象中的未来之限制。在这里，这些交流者或承继者不仅仅要理解，还必须将理解用言语表达出来，而言语不是私人的；这种来自受众的限制是任何言说者不能不面对的。

梁治平的两点学术批评——尽管有道理——之所以在我看来不够中肯，原因可能在于他过分浸染于法律文化的类型学研究，他看到这种研究的优点，却未将他对法律文化类型学的理论反思贯彻到底。因此，给人的感觉似乎是他要求他人的研究也都应当是法律文化的研究。这种学术上的执著和认真是好的，否则就会"怎么都行"，过分迁就。关键是分寸。

之三，《解释》中收录的安守廉的译文支持并印证了梁治平的法律文化研究的理论，反对通常和流俗的法律规定层面的中西比较，反对认知控制。这是一篇论证和资料都相当翔实，对人有很多启发的论文。但是这篇论文同样显示出上面我批评的梁文中的一些问题。我不再重复这样的分析。我希望借助对这篇论文的分析来印证前面谈到的法律文化类型学研究的那些重大局限。

首先，译文所选用的题目《知识产权还是思想控制：对中国古代法的文化透视》，就反映出类型学研究的强化差异的特点，要么是知识产权的保护，要么是思想控制的机制。这也许这是文化类型学研究的最大弱点。尽管论文的论述并没像中译者选用的标题这样简单化，还是引证了不少资料来说明中国古代社会中人们有保护商标和发明专利的努力[17]，但作者一般认为有关这类保护的国家行为都主要是为了思想控制，"产生于国家对于促进全面社会和谐的关注，并最终限制在这一目标之内"（着重号为引者所加）。[18] "国家努力提供对知识产权保护的事例看来都完完全全是为了维护皇权。这些官方的保护知识只是稍带（原文如此——引者注）而浮浅地（如果真有的话）触及对个人或并非国家的实体的财产利益的创造或维护，或是涉及对作者地位或发明

---

[17]《知识产权还是思想控制：对中国古代法的文化透视》，载《法律的文化解释》，页253—254。

[18] 同上书，页263。

创造的褒扬。"[19]

然而，这种基于所谓的官方意图（维护皇权、思想控制、社会和谐、社会稳定）的对行为或事件的解释以及由此强化构成的秩序观念，不仅在经验上无法同那种基于"维护所有权和私人利益"意图的同类行为相区分。更重要的是，从学理上看，作者用以确定那些保护"知识产权"的事件背后的官方意图或文化意蕴时所依赖的是他对中国文化的某种先在判断，而这些判断又都基于他对其他资料的一种解释或解释的产物。这是一种循环解释。阐释学不拒斥循环解释，但这种循环解释的问题确实麻烦很多。这样一来，当作者在力图避免一种以西方观念套中国资料这种"认知控制"时，他很有可能已经落入了另一种"认知控制"，即任何中国的做法，即使与西方的做法相似，由于中国文化的不同，中国人的安排秩序观念、意义系统不同，其性质必定是不同的。这种判断一般还都可能得到足够的解释，都能言之成理，因为法律的文化解释基本要回答的是意义系统的东西，是对体现为观念、制度、语言的符号的解说。

第三，即使官方的意图真的是为了维护皇权，但官方意图并不能独断地决定这一事件的性质，也不可能垄断对这一事件的不同解释。被保护者有可能将这种保护理解为皇恩浩荡，也可能理解为"老天开眼"，但也可能理解为具体实施这一保护的地方官的明智。在我看来，这个官方意图是一种追求解释一致而发生的有用的虚构，但虚构仍是虚构。作为具体执法的官员，他的意图有可能是维护皇权，但也有可能关心的是能保一方平安，甚至是为了自己在朝廷上留个好印象，或者是为了做个清官，或是种种意图的混合。因此，从这个角度来看，中译者在选定题目时也许就提错了问题，世界上的许多问题都不是黑白分明的。

第四，从这一点，也就可以看出，类型学的法律文化研究为什么难以回答法律的变迁。如果将法律视为一种符号系统，完全为背后的文化或意义系统所决定，而不是一种开放的符号体系供竞争性解释，是一种支配人的实践自我复制的秩序观念或文化结构，不容许人们为个人目的

---

[19]《知识产权还是思想控制：对中国古代法的文化透视》，载《法律的文化解释》，页254。

利用并在一定限度内可能改变其秩序和结构，那么就很难回答文化类型如何发生变化。在我看来，竞争性的解释是普遍存在的，正是在竞争性解释中，同样的符号完全可能因个体解释的累积而侵蚀甚至改变占主导地位的解释。原先的意义和目的被一点点抹去，一种新的意义和目的得以发生。例如当年，英国设立 corporation 并不是为了商业目的，而是英国王权的一种延伸，今天则变成了商业组织的最常见的形式。又如霍姆斯对"对物诉讼"（deodands）的演变的历史分析；又如马伯里诉麦迪逊一案的起因以及该案实际发生的作用。这些都表明一项法律和一个事件的起因和最初设计与它后来的用途以及依附它的人们的意图并不是一回事。我想这大约就是尼采反对研究法的目的，福柯反对研究历史起源，而主张谱系学研究的深刻之处。如果从这种观点看中国历史上有关"版权"或"商标"的一些事件和法律，也许，其最初的确完全不具有现代西方意义上的知识产权保护的意义，也许其官方的文字解释始终是"皇恩浩荡"之类，但在商业发展起来的地区，对于那些需要得到这种保护的人来说，说"皇恩浩荡"和说"知识产权保护"的实际效果是一样的。也许从文化类型学上来看，前者不是后者的"萌芽"，但从谱系学和功能主义的角度上来看，也可以说前者是后者的萌芽。这里的关键是研究者的视角。

由此，也就可以理解，为什么在法律研究中，描述性的、功能主义、实用主义的解说似乎总是占了上风。无论是柏拉图将法治作为第二等最好的治国方案，还是恩格斯对法律发生的解说，或是梅因对法律发展的历史阶段划分、伯克和萨维尼对"时效"原则的强调，在今天看来，都强调了法律的效用，都是功能性解说。在诸多法律解释的"方法"中，除了根本无法落实的"立法原旨"论外，所有的解释方法实际上都在不同程度上承认了法官适用法律的创造性。近年来，无论是"浅薄的"法律经济学分析，还是充满社会学、哲学洞见的福柯的刑罚史研究似乎都更侧重法律的功能。当然，这些随手举出的例子都是西方的，也只是一部分，也许既不能代表中国，也不能涵盖西方，但是它至少（功能性地）说明了为什么法律文化研究不仅在法律界而且在法学界都缺乏足够的吸引力乃至影响力。问题不在于法律文化研究本身的论述是否充分、理论是否自洽，而在于法律文化的研究结论很难验证、操作，难于直接进入实践层面。说过分一点，法律文化研究更多研究的是文化，而不是法，法只是研究文化的入口。

五

这些批评，对于梁治平倡导的以文化"辨异"为主的类型学法律文化研究，是不能不深入反思的问题，但我认为这些问题无法仅仅通过反思来解决。有时，一种模式或一种进路就是一种学术命运。可能的只是通过反思意识到类型学法律文化研究具有的局限，进而走出现有的研究模式。因此，我希望，梁治平突破目前对中西法律的文化观念上的"辨异"。这不仅因为作为制度和规则的法——如前所说——更多是功能性的，而且，就中国当代的法制变革和形成来说，辨异之后的功能"求同"研究更有可能发现制度变迁可能依赖的路径。此外，就研究进路来说，我也认为，有其他更具弹性的替代，例如，福柯的谱系学研究，布迪厄的以惯习概念为中心的实践理论，在我看来，都比文化类型学模式更有弹性并更多考虑了时间维度，因此更具解释力。梁治平似乎已经察觉到了一些问题，在新近出版的《清代习惯法：社会与国家》[20]一书中，尽管仍然坚持《法律的文化解释》中强调文化类型和大传统的支配地位，但他已经更多地转向考察民间生活的小传统，考察大传统和小传统的互动，实际上也就是考察文化解释的竞争。在我看来，这有可能成为他学术旅程上的第三次反思和转折的开始。

1997年3—4月于北大蔚秀园

---

[20] 梁治平：《清代习惯法：社会与国家》，中国政法大学出版社1996年版。

《解释学法学与法律解释的方法论》评议[*]

梁治平在他的论文[1]中提出了一个重要的关于一般意义的法律解释学的重构的问题。正如他论文的题目所标示的，他认为，作为一般意义上的法律解释学应当由两个部分组成，即解释学法学和法律解释的方法论；前者是作为人文学科的哲学解释学在法学领域的延伸，是"哲学解释学运用于法学的尝试"，"强调解释学情境的普遍性"，而后者属于职业科目，是一种技术性的知识，目的在于"发展法律解释的方法论所特有的方法"。

由于这两种知识的立场和研究对象不同，梁治平正确指出了这两者之间具有一种张力。他认为，在强调法律解释的时候，不能过分强调作为方法的解释学因而忘记了、遮蔽了作为本体论的解释学；否则不仅很难运用法律解释的方法，更重要的是无法理解变革中的当代中国的许多问题。梁治平进一步指出，尽管当代中国的许多法治根本问题与方法论有关，这些问题的理解和解决却不可能仅仅视为一些技术问题、方法问题，而是一个现代性的问题。因此，在注重法律解释方法的同时，必须同时关注——如果不是更关注——解释学法学的构建。他还提出了一些实例，并分析了一些可能的疑虑。他的结论是法律解释学必须在法律解释学和法律解释的方法论之间保持一种张力。

我认为，梁治平的分析是恰当的，提出的问题是重要的，对中国法学的发展有警醒意义，因此同意他论文中的观点。但我又不满足。我的

---

[*] 本文是在1997年1月"法律文化研究中心"组织的题为"（民）法解释学"的学术研讨会上对梁治平提交的论文的评议。

[1] 该论文的修改后的定稿见，梁治平编：《法律解释问题》，法律出版社1998年版，页87—104。

最大不满足在于，梁治平只是提出了问题，提出了一种态度，这固然重要，因为不能提出问题也就不可能解决问题；但对于法学这门实践的学科，仅仅提出问题不够，必须向前再推进一步，而恰恰在这里论文止步了。

也许不是梁治平先生没有看到这个问题，而是由于一般解释学自身存在的问题。一般解释学到伽达默尔和利科手中，开始了一个本体论的转向，探讨的是理解得以可能的基本条件。这种转向，固然升华了解释学，使之成为一般的理论，成为一种描述理解和解释的理论，但同时也就限制了其作为方法论的指导意义。而法学作为实践学科，重要的是实践，并且是在种种制约条件下的实践。这正如马克思的名言所揭示的矛盾，哲学家只是如何解释世界，而重要的问题在于改造世界。因此，一般解释学作为一种关于"知"的学问，具有学术的先天局限性，它无法回答如何"行"的问题。在这个意义上看，当它成为"一般"之际，既是扩大其解释力，也是限制了其适用领域。

的确，伽达默尔曾特地分析了法律解释学的问题，坚持一般解释学同样具有"行"的指导力，试图将法律解释学纳入他的哲学解释学。但他仅仅做到了理论上的完美——他是将理解和行动这两个有联系但并不直接联系的问题都纳入了"解释"这个概念，即任何人在一定的语境中行动时都必然会有理解。他的这种解释当然成立，但这种概念上的获胜使他得以成功回避了许多从观察德国法律实践难以发现、然而确实存在的法律解释的实际问题。例如他没有顾及英美法实践中理解和决定之间的分离，他没有法官的司法经验，他仅仅从法官理解文本、先例、公共政策、制度制约等因素的角度理解司法决定，而对法官司法决定的其他限制性条件乃至其政治性未加考察。因此，在这一点上看，伽达默尔对法律解释学的分析注定是不深刻的。

我不因此就拒绝伽达默尔，而是通过这种分析表明，任何大学者，由于他们自身专业训练和职业生涯的限制，他们的理论，即使精深博大，也仍然有其难以避免的弱点。正是在这个意义上，我们在发展或构建法律解释学的时候，有可能且必须超越这些学者，不必定要以他们的一般理论作为我们理论构建的圭臬。我们有我们的比较优势，可以田忌赛马，这也是我们的学术发展的一个可能战略。

当然，需要的不仅仅是这种理论性的分析，而是更为具体可行的做法。就此来看，我目前认为在法律解释学问题上大致可以作出这样一些努力。

首先，由于学术适用度有限，在目前的情况下，我们可以更自觉地将一般解释学的研究限定在法律史、法社会学、比较法律文化、法学理论这样一些更多理解和阐释的学科领域。我个人认为，在这些领域，哲学解释学的原理基本可以不加变动地得以延伸，因为这些领域的活动往往是个人化的学术活动，强调理解，而不强调决策。这种限定也有理由，不仅因为不存在放之四海而皆准的学术，而且如果将一个学科视为一个体制、一种制度，这种限制实际也是一种制度的限制。当然，这并不拒绝其他更看重实践的法学学科运用一般解释学。

其次，更多基于各国的司法实践来重构一般的法律解释学，将在伽达默尔分析中被忽视、忽略的因素重新梳理、辨析，以期提出更具职业知识特征的法律解释学的一般理论框架。

第三，总结概括哲学解释学的一般原理，提出一些原则，例如文本（梁文中习惯称本文）、偏见、谦卑、开放以及循环。这些原则尽管只是指出了一种立场和态度，比较抽象和空洞，但它们并不比法律中的法治原则、法律面前人人平等、遵循前例等原则更空洞，因此它们仍有可能进入司法实践，成为一种法律职业共同体的一种职业文化，从而构成一种实践的原则制约。

最后，但也许是最重要的，是在法学研究中拿出这样的出色的研究样品来。这也许是最有说服力的。我们目前并不是不了解哲学解释学，事实上，近年来许多学者都在著作中提到了伽达默尔、利科、赫希等学者，但在许多论文中这些理论都与随后的具体法律解释问题脱节，形成了"两张皮"的现象，使人们完全不知作者为何要谈论这些思想家或他们的思想。我认为，如果不是十分必要，我们甚至可以不谈这些思想家，但一定要将他们主张的立场和态度贯穿在我们的研究之中。如果做到了这一点，就融合了解释学法学和法律解释的方法。

也正因为这种分析和建议，在实践层面上——而不是在分析层面上——我倒更主张解释学法学与法律解释的方法论的融合,而不是将之划分为具有张力的两个部分。

上面的这些批评,并不完全是、甚至主要不是针对梁治平的论文的,它更主要是对我自己的学术研究的一种反省和挑战。

1997 年元月 10 日草于清华近春园

元月 15 日抄于北大蔚秀园

读《走向权利的时代》*
——兼论中国的法律社会学研究的一些问题

这是一部认真的、试图摆脱法条主义来研究中国本土的法律现状的著作。作者们追求一种权利的社会学研究,"从社会解释权利,从权利解释社会"(页33,原作者的着重号),这非常有意义,因此,这也是一部有社会意义的著作。但是作为一部法律社会学著作来说,在我看来,却不很成功。主编在绪论中宣称要"在把握社会发展与权利发展的互动关系前提下,描述和解释我国现阶段权利观念、权利体系和权利保护机制成长的过程和规律"(《绪论》页38),若以此为标准,该书失败了。[1] 该书的最大弱点是基本理论预设过于强烈,以致压倒了作者所收集的材料中已经显示出来的或可能显示出来的一些具有实践和理论意义的思想。与此相伴随的是研究方法上也有一些重大弱点,以及对材料的理论分析和解说深度欠缺。

一

这一著作中比较强烈地体现出两个基本理论预设:首先,权利是进化的,这是一个普适的历史进程(页1);其次,中国自1978年以来,由于中国的社会发展(改革开放和法制建设等等),在中国公民的权利

---

* 本文初稿是1995年9月17日中国法律文化研究中心会议的发言。许多朋友,包括文中批评的一些朋友提出了一些意见;特别感谢梁治平阅读后,提出了文字修改意见。原载于《中国书评》(香港),1995年4期。

[1] 甚至就形式来说,书中所收的论文也未能遵循或达到这一指导思想,即描述一个社会法律和权利发展的互动;有数篇论文实际上还有较强的法条研究的倾向,例如第八篇。

意识、权利保护机制和公民权利保护有很大的线性发展（页36—37）。这两点，如果作为研究得出的结论，我不反对；在一定意义（在不带目的论意义上使用进化）和某种程度上，我个人接受这两点为"事实"。但问题在于，主编以及许多作者把这两点作为已经确立的指导原则和理论框架，而不是作为必须通过研究来加以检验和不断调整的理论假说（hypothesis），这就使得他们的研究，尽管有研究批评社会现实和突破法条主义法学研究模式的勇气和决心，在某种程度上却变成了一种命题作文，大量材料的取舍和解释都受到了这两个理论预设的过强限制。

这种情况最明显地体现在主编夏勇的两篇文章，以及高鸿钧和张志铭的文章中。夏勇的两篇文章中，第一篇绪论试图提出了整部书的理论框架；后一篇的前半部分（上篇）显示了作者指导框架的部分理论来源，提出了一个作者认为是"圆满解释公法权利之生长的理论模型"（页660，并参见《绪论》页33—35），后半部分（下篇）则用1978年以来中国农村社会经济权利发展的某些材料——经作者选择的材料——来说明这一理论框架。我明显感到：夏勇在此提出的模式不是从他的调查材料中生发出来的，而是对霍菲尔德的四对范畴（这四对范畴是霍菲尔德从普通法的案例研究中提升概括出来的，并用以解说普通法的范畴）[2]的推演，这一推演在形式逻辑上也不令人信服[3]；因此，整个下篇运用的中国材料和解说似乎只是这一模式的注脚。这就违背了主编的"描述和解释"的初衷。如果作者将之作为一篇理论性的论文，我或许可以接受，但作者声称这是一篇描述中国社会中权利发展的法律社会学论文。

在文字上，作者意识到西方学者的模型和假说在经验上是褊狭的（页34），但作者在使用这四对范畴时字里行间显然带有一种强烈的理

---

[2] 霍菲尔德自己就认为"基本的法律概念并不是抽象地存在的，而是具体地应用在法院和律师日常事务的实际问题中"，转引自，沈宗灵：《现代西方法理学》，北京大学出版社1992年版，页146。

[3] 例如，作者将选举权、批评权列入权力权（一个非常别扭的概念），而思想自由、表达自由、学术自由、信息自由被列入自主权，而这两大类在逻辑上是交叉的、重叠的，其边界不是如同文字那么齐整、明晰地区分；选举权必定要有思想和表达自由，批评权则不可能不伴随思想、表达、学术和信息的自由。这表明现实世界不是如同概念那样可以齐整地划分的。

论倾向，似乎这位西方学者提出的范畴、概念、命题和模式在任何文化中都可以找到完全精确的对应，因此可以普遍适用。这不仅反映出一种强烈的哲学唯实论，更重要的是当作者在这种唯实论——不是把它们当做分析的工具，而是作为一种普遍的社会事实——的指导下使用这些范畴、概念、命题和模式时，其隐含之意是西方的那种文化组织系统和解释方式是更正确的、准确的。对于这种普适主义的学术倾向，由于其涉及个人的基本信念，难以给予众口称是的论证式反驳（"道不同，不相为谋"[4]）。但它至少令我怀疑，并且据之获得的研究结果难以令人信服。这种倾向实际否认了知识的地方性，而把中国这里的地方性知识当成了西方产生的某种知识构架的一个注脚，是证实和填充这一理论构架的一些材料。[5]那么，什么是作者的发现呢，什么是作者的独特的理论贡献，什么是中国经验？如果西方学者已经提供了普适的理论框架和命题，那么我们又为什么要进行法律社会学的实证研究，我们只需把那种普适知识推演运用到中国，不就行了吗？此外，即使承认在公民权利保护上西方比我国现阶段要完善，也必须警惕：西方学者所概括、描述的其权利保护机制、权利发展模式也仅仅是这些学者的再现和重构，并不等于其权利保护机制和权利发展模式自身。

　　本书的理论预设在轻一些的程度上也体现在高鸿钧和张志铭的文章中。高鸿钧的论文论述了中国社会变革以来公民权利意识的发展。尽管高文在许多地方实际上突破了权利进化性发展和社会发展必定导致权利意识发展的理论预设，但就总体来说，高的解说在不少地方都不得不或无意中迁就了这两个理论预设。例如，高已经意识到"不能简单地根据诉讼率的高低来断言一个社会［中］人们权利意识的强弱"（页32），并作了一番很有道理的辨析，但最终他还是将诉讼总量增加、上访数量减少理解为公民权利意识增强（页32—36）。事实上，我们只有假定一些主要的条件（例如社会纠纷总量和质量，诉讼和上访渠道等）大致不变，诉讼总量增加才能令人比较信服地证明公民权利意识增强了。否则

---

[4]《论语·卫灵公》。
[5] 从哲学阐释学的角度来看，任何知识都是不完全的，都是一种地方性的知识，是一种"偏见"。参见：伽达默尔：《真理与方法——哲学诠释学的基本特征》，洪汉鼎译，上海译文出版社1999年版，页355以下。

的话，我们完全可以解释说诉讼增加是因为社会冲突增加，或者社会和政府在纠纷解决方式上作了新的制度性选择，上访数量的减少则完全可能表明上访这一纠纷解决渠道（行政渠道）不像以前那样畅通了。作者因此把法学家的前见，把"诉讼"这个与权利或许是关系最紧密的现象当做权利意识的主要标识。类似的问题在其他文章中都不少。例如，知识产权诉讼的增加，通常都被解说为权利意识的增强（页28—29，351），但在没有其他扎实的证据和论说支持时，我们是否也可以将之解说为权利意识或权利保护机制的削弱——如果我们把权利意识和权利的更佳保护理解为人们都不或更少侵犯他人的知识产权的话？

这也就提出了另一个问题，是否自1978年以来，中国社会中的权利保护、权利意识和权利保护机制在一切方面都增强了？这里所说的增强不是看有多少宣传和立法，而是看人们是否比以前更加尊重他人的"应得"。由于社会发展导致权利保护增强这一理论预设，本书的许多作者或多或少地都呈现出一种倾向：批判历史，赞美当代。我当然不反对赞美当代；作为生活在这个时期的人，我自己也感受到中国人的权利保护正向好的方向发展；但作为社会学家不应当让总体倾向掩盖对具体问题的分析，为什么未能提出由于社会变迁当代中国公民的有些权利保护或权利保护机制被削弱了（最明显的也许是犯罪率上升）的结论？以知识产权为例。尽管知识产权这一概念在我国完全是近年才流行起来的，但这决不意味在中国以前就完全没有这种权利的保护机制。中国社会中常说"祖传秘方""宫廷秘方"；民间对某些技术有"传媳妇不传女儿"的规矩；史书上也记载南北朝时期有人卖李子而穿其核，防止优良果树种外传。[6] 也许在现代社会知识产权主要通过正式的法律来保护，但社会的习惯、惯例和人们信念从来都是权利保护机制的重要组成部分。中国目前的假冒产品如此之多，也许说明的是：由于社会变迁，非正式的、非国家的权利保护机制受到削弱，或者先前的保护机制与市场经济体制不相适应。我这番话不是争辩中国社会中知识产权保护机制一定是削弱了，而仅仅是指出，（1）作为法律社会学家，我们应当把视点扩大到文字之外、法条和诉讼之外，看到关于权利问题的社会保护和法律保

---

[6] 徐震堮：《世说新语校笺》，中华书局1984年版，页465。

护的变化、互动和创新，察觉我们的社会所面临的公民权利保护的新问题和复杂性；（2）学者对现实的批判分析和他作为社会人支持中国改革开放的总政策应当区分开来。

张志铭的文章，在我看来，也是一篇为过强的理论预设折磨得相当痛苦的论文。这篇文章据说得到主编的好评。起初我很意外，但放在这本书的总体构架中，我理解了这种评价。这是因为，张文叙述了中国社会发展进程中的律师制度演进，而且提出律师制度"社会化"——同政府相分离的问题——和律师自律的问题。这些研究分析是有意义的。但研究论文的评价标准不能是是否符合总体理论预设，主要应考虑命题与材料呈现出的结论（或现实）是否一致。张文一开始断言现代律师制度是民权（主要是刑事被告的权利）保障机制之一种（页134），张接着认为1970年代末中国恢复律师制度时的那种制度设计是不完善的，理由是律师制度没有"社会化"。[7] 张文必须例证（demonstrate）的是："社会化"的律师制度能有效维护民权。如果张的命题成立，那么随着律师的社会化进程（在此暂且假定其他因素不变），应当出现律师更关注公民权利的趋势。但过去的十几年里的发展趋势在经验上似乎是相反的。作者文中的材料显示，这几年来中国律师不仅数量大大增加，而且律师业的"社会化"过程正在加速和普遍化，但同时他又指出"律师的刑事辩护数自1990年以来逐年下跌，刑事案子请律师辩护难；许多律师尽管不擅长非诉讼法律事务，一般也不愿接刑事案子和代理原告方的行政诉讼案子"（页184）。这些材料不仅表明当初制度设计者的构想失败了，而且表明张自己的命题也无法成立。从材料来看，律师是否能够维护民权，并不或至少不完全取决于律师数量多寡、是否社会化和是否自律。从张的材料中可能得出的结论只是：理想化的律师制度不可能有效保护公民权利，无论是当初设计者的理想模式，还是张自己的理想模式。律师可能更关注维护公民权利，但这并不因为他们——就总体来说——在道德上高于社会一般人，而是因为他们关注自己的职业利益，

---

[7] 张与当初的律师制度设计者的观点有重大不同，但在一种价值上两者完全一致，两者都先验地视或假定律师是民权、特别是刑事被告权利的维护者；区别只在于，律师的战略位置是应在政府内还是应在社会中。

正是在追逐这一职业利益过程中,他们起到了维护公民权利的作用。因此,当发现律师制度的问题时,仅强调律师自律不够,而应当在社会互动中形成对律师的正式的非正式的制度制约,使律师追逐个人利益的动机与维护公民权利的实际效果得以兼容。但由于强烈的理论预设和价值判断,作者似乎忽视了自己的材料中已显露的这一点,而试图重建另一个理想的制度模式。[8]

尽管有上述批评,我却不是主张:研究要抛弃价值判断,要排除理论预设。众所周知,任何研究,包括对研究问题的选择,都必然隐含了价值判断,没有理论预设也就不可能起步研究。我所主张的是不能让我们的理论前设控制了我们对材料的选择和分析,要保持开放,不能作命题作文。我们可以以贺卫方的论文为证。贺文一开始就提出他自己是有价值取向的。依据自己的阅读和理解,他提出了他个人衡量中国法官的四条标准,然后以报纸和访谈材料进行比较,显示出理想和现实的差距。尽管贺文的价值取向非常强烈,但他没有力求材料符合那种权利"演进"的趋势,而是试图让材料说话。因此,贺文的一些材料和分析实际上超越了贺的价值判断和理论预设(其他文章中也都有这种突破,但较少一些),显示出中国法官问题的复杂性和生动性(例如页 240 关于审判委员会的对话),使审判独立从抽象、简单的理论层面进入到了具体、丰富的现实层面。这种研究不仅对读者会有启发,而且也是作者的自我超越。

二

必须指出,上述问题与这一研究项目的总体设计不足有关。这部著作如主编所说,是要建立一个社会与权利发展的互动模式。这种设想显然是汲取了前人法律社会学研究的经验,试图有所创新。但问题是,在先前国内没有其他类似的系统调查研究或其他系统资料可供资用的前提下,一次横断面研究(这一研究从发起到书出版仅两年,没有什么跟踪

---

[8] 当然,我并不否认律师制度成为一种公民权利保护机制的可能性,只否认基于理想建立制度且运作成功的可能性;律师也是人,律师并不比政府官员和社会上的普通人更好或更坏;用我们的理想模式来界定他们的职业角色和价值关怀是不可能的。

或历时性研究）获得的材料能否符合设计者的历时性研究要求或预期？由于不可能，因此此书大多数作者的研究都不得不背离了主编主张的互动模式，而采用了横断面的研究（例如第三、第四编的论文）。另一些作者，为满足历时性互动研究的要求，就不得不借助他们自己也认为不那么可靠的文字材料或个人回忆、感受来构筑"权利演进模式"。如，夏勇本人的公民权利发展模式几乎完全没有使用这次调查的材料，而主要依据作者本人的经验体会；张志铭更多使用了司法部和有关部门关于律师的各种文件资料；高鸿钧为建立公民权利意识发展的参照系，也只能利用一些难以定量分析或通约分析的材料。由于资料不统一，也没必要的技术处理使之兼容，因此，不仅很难令人信服作者获得了互动模式的研究结论，而且无法可靠地检验并校正作者的理论设题。

这就提出法律社会学的研究方法问题。尽管追求的是法律社会学研究，但这一研究在社会学方法上是很不够的。令人奇怪的是，其中最差的一篇（第二篇）恰恰是出自一位社会学家之手。此文只是泛泛地谈到关于权力和权利的一些现象，既无扎实的数据，无认真的访谈材料，也没有需要验证的命题，文章几乎流于"侃"；甚至连基本的学术规范都不能做到（仅指出一点，全文没有一个注）。关于女工权利保护一文（第十篇）也缺乏针对女工劳动权保护问题的研究设计，主题似乎是一般的劳动权利保护，女工劳动权利保护只是一个附带。主编的两篇论文都过于思辨，尽管提到了一些社会学理论和社会学模式。其他某些论文也比较概念化，有的甚至还有很强的法条主义倾向。

比较好的、提供了新材料、隐含了新启发的论文是孟宪范等关于女童教育权保护的论文和贺卫方的法官研究。尤其是孟文后一部分，不仅研究设计比较严格，而且结论也较有说服力；其中一些结论实际挑战了本书的一些前提预设，具有理论意义。例如，调查材料显示至少在教育问题上女童的权利意识比男童更为强烈，主动性更强（页748，表12）；文盲父母比有大学以下（不包括大学）文化程度的父母更重视子女的受教育权（页756—757）；教育权保护也许并不总是与地方经济发展水平直接关联（页772—773）；政府权力不应总是视为是伤害民权的（这一预设在许多论文中都是作为自明之理而接受的），而可能是保护促进民权（至少教育权）的（页772—773）；权利意识（自我利益保护意识）

也许不是法制教育和宣传的结果，而是中国本土文化中就存在的（例如女童的受教育权利意识，文盲父母对子女的受教育期望），等等。当然，这不是说孟文的结论就一定毫无疑问且具有普遍性，但这些有材料支持的研究结论至少向我们的一些常识或假定提出了智识性挑战，迫使我们反省，要求我们在深入研究的基础上给出有说服力的回答。[9]

其他不符合社会学研究要求的具体细节还很多。在问卷设计上，许多问题实际上并非只有一个原因，但问卷要求答卷人只能给予一个回答（页781，A1、A2和A3）；这不仅误导人，强加于人，更重要的是容易强化研究者的前提预设，进而必定损害研究结果的可信性。在统计数据的运用上也有不少问题。例如试图用横断面调查获得的材料来论证一个线性发展的理论命题；又如所有的统计数据的差别都没有计算或没有公布差别的显著性。这些似乎都是小问题，其实都是非常重要的基本要求。不能满足这些要求，结论就不能令人信服。

三

方法不能自然地解决一切问题，方法问题不能同理论和理解问题分开。在这方面，本书也有一些值得特别提出的问题。

首先是理论概括的问题。一个或许是过高的要求是，这些文章没有一篇抽象概括出了一个具有理论意义的中国概念，地方性概念。长期以来，我们基本都是沿用了西方传进来的一套又一套学术概念，但这实在是一个大问题。这说明的不是我们还没有自己的理论体系，更重要的是表明我们不注重中国本土、中国百姓的概念。许多西方学者在研究其他文化的社会现象时，都非常注意总结当地的概念，使之获得理论高度，试图以这些本土的概念解说本土问题；尽管这种做法有时过滥，有的为沽名钓誉而有虚构之嫌，但这种努力是有好处的，至少他们曾发掘出某些概念获得了普遍的理论意义。中国的经济学家在当代的经济变革中，也在某种程度上提出了一些本土的同时具有理论意义的概念（如渐进式

---

[9] 即使孟文也有明显缺欠。例如前一部分的跨文化比较，很不令人信服，不仅基本数据令人怀疑，而且由于种种条件限制而缺乏可比性。

改革、增量改革、计划权利和计划义务等）[10]，中国的法学尚没有提出这样一些尽管粗糙但有潜在理论意义的概念。其实，中国的老百姓是有他们的一套概念体系的（例如《秋菊打官司》中出现的"说法"，很有特色，在我看来也很具理论潜力），有可能使中国法学研究深入并本土化。关键在于我们去发现，在于我们不以西方的概念为标准来衡量取舍中国人的概念。

与理论概括相联系，我感到本书的某些篇章流于现象罗列，似乎有所概括，但实际上非常缺乏理论的思考和抽象。这特别表现在第2篇和第11篇上。例如第2篇文章中在谈及中国的集体主义价值观时，将各种回答分别"概括"为各种"论"：性质论、归属论、价值论、目的论、功能论、位差论、保存论、大局论、道德论和政治论。我不知道这些个别的回答何以能成为"论"？必须坚决反对这种流俗的"思考"。法律社会学并不只是研究现实，而是要在研究现实的基础上有理论的升华。

第三，解释的单维度，主观前见决定了解释。前面已有例子，这里再以关于"私有财产也是神圣不可侵犯"的问题讨论为证（页378—79）。作者从北京、广东、贵州、甘肃、河南、吉林六省市问卷统计得出的结论是"私有财产观念还是受地区间市场经济发展水平的差异的影响的"（页379）。统计数据在一方面似乎证明了这一点：吉林、贵州和甘肃对这一命题的赞同率最低，反对率最高。但问题不那么简单。因为赞同这一命题比率最高的是河南省，而河南在任何意义上都不能说比广东或北京的市场经济或经济发展水平更高；反对这一命题的，广东的比率高于北京也高于河南，而广东省的市场经济或社会经济发展水平显然高于北京和河南。因此，这些数据如果说是有意义的话，那么在我看来，只是这一调查表明，市场经济的发展水平与私有财产观念的强弱似乎没有关联关系。当然这一结论与作者的理论假说、与我们的某些信条有冲突。那么作者应当研究一下，为什么会有这一冲突，也许是问卷设计的问题，也许是调查地区的问题，也许这些差别没有统计学上的差别意义；

---

[10] 例如，盛洪主编：《中国的过渡经济学》，上海三联书店、上海人民出版社1994年版。

或者这一切都没有问题，有问题的只是作者的理论假说、人们通常接受的那种"市场经济发展了，必定私有观念更强"的信条。不能用符合作者预期的某些趋向来迁就人们的常识。

第四，解释的缺乏。孟宪范文比较明显。尽管她的研究从设计上看不错，获得了一些可能有启发的数据和结论。但似乎由于缺乏法律和法学理论的训练，因此她未能将这些寓意点破，实在有些可惜。也许对于社会学家来说，无须点破，数据资料本身更说明问题。但由于一直缺乏统计方面的教育和训练，许多法学工作者不习惯甚至无能力仔细理解和把握一些统计数据的理论寓意，在这样的背景下，要求法律社会学者充分揭示他或她的研究的理论意义，也许有点苛刻，却不是没有道理的。

解释的缺乏还表现为解释的细致程度不够。贺文比较典型。贺在谈到法官素质时，运用了许多报刊资料对法官的描述——军人化的语言。贺以此作为材料之一来说明中国法官的素质。这应当说是比较有说服力的。但仍有欠缺。因为这些报刊上的文字，在我看来，更可能是中国社会（官方的还是传统的？也许两者都有）文化对法官的通俗界定，因此生活在这一文化语境的报刊作者已经习惯以这样的语言去描述法官。我承认，这种通俗文化定位对法官的自我定位和法院运作肯定会有一定影响。贺文因此不仅在研究视角上很有原创性，并且很有理论潜力。但贺文未能区分外部定位和法官的自我定位，因此没有注意两种定位的互动和冲突。在我看来，在法院内部，法官们未必以军人风格自我定位。只要想一想，我们大致可以确定：在一个法院内部人们公认的最佳法官未必是那些最具有军人气质的法官（贺文所使用的访谈材料也点到了这一点，见页243—244），而可能还是那些心细、有点子、有水平的法官，而这些人的这些素质不一定能够进入报纸，往往被关于法官的通俗化文化定位这个过滤器过滤了。贺文可以分析更为细致些，防止把他人为我作的画像当做我本人。

四

此书的许多作者都是国内目前法学界的一些佼佼者，他们在完成这一项目过程中，也强烈希望通过这一努力来改变国内法条主义和政策注释的法学研究现状。然而，总的说来，我们看到在社会发展权利进化指导下，此书在一定程度上重现了注释性法学范式，只不过注释的是另一些流行的命题，并没有从根本上挣脱原先的知识型。

为什么结果不令人满意？这必须跨出本书的范围而略加考查。应当说，由于种种制约，中国法律社会学的学术传统和学术训练都非常欠缺。据我所知，我们至今没有正式的、系统的法律社会学理论和方法的训练，法条主义和政策注释性法律研究仍然是法学院的主流。尽管目前国内已有一些法学院在教授法律社会学课程，但是许多教师、甚至带法律社会学研究生的教授自己就没有搞过真正的法律社会学研究，而是半道出家，从法理或其他专业转过来的。昔日专业训练的模式、思维方式和研究模式使社会上出现了不少名为法律社会学而实际只是昔日法理学之变种的著作。这就很容易使人误以为法律社会学不过尔尔，无形中降低了对自己的学术要求。另一方面，就我所知，本书的许多作者在校期间几乎都没有受过基本的法律社会学训练，他们都是通过读各类学术著作、加上自己的实践经验总结获得了一些法律社会学的知识。我不认为这种学习研究法律社会学的路径必然是缺点（例如他们的知识面都比较广泛，都关注中国的现实，有强烈的社会和学术责任感等），但不可否认，这种方式可能给研究带来一些重大缺陷；由于知识准备不够，旧的研究模式和思维模式就会不时流露出来。

我曾在一些私下的场合说过，现在我们法学界的主要问题不是敢不敢解放思想的问题，而是我们有没有能力、有没有思想理论和社会实践的资源来解放思想的问题。就法律社会学而言，我们不能指望仅仅了解一些社会学理论，读几本外国学者的法律社会学著作，就可以从法理学或其他专业自然而然并成功地转向法律社会学研究。如同每个学科一样，法律社会学也有它自身的要求，尤其是它研究现实、注重方法和理论分析、强调知识的地方性和开放性，这些都是中国法学研究非常缺乏的。我们需要保持对现实的强烈关注和知识的开放性，加强学术规范的培养和素养训练，注重说理的学术性批评，从而积累起学术传统。借鉴外国学者的研究固不可少，但更需要我们作为研究主体的持续不懈的努力。我们实在是任重而道远。

批评话说得很多，也很重，但我绝非全盘否定此书，更不是拿学友开刀。应当说，这部著作在目前国内的法律社会学著作中还是比较好的一部,其中有一些有启发的思想——即使在我重点批评的文章中。它积累了许多材料,包括数据和访谈,将对以后的类似研究会有很大帮助。即使是本书中的教训,如加以总结,也可能转化为财富。我曾担心,上述的批评,在一个需要鼓励、促进法学研究实际问题的时代,是否会被人们(包括一些朋友)误解,甚至被人用作不利于朋友的口实。但我认为中国的法学研究必须展开真正的学术批评,而学术评判不是、也不应当是"矮子里面拔将军"。最后,尽管批评很严肃,我却不认为我把标准定得太高了;因为,就书中已有的材料来看,以及就我对许多作者的能力学识了解来看,我觉得他们本应当做得更好一些。

当然,毛病也有可能出在我这里:也许是我过分为另一种"前见"所笼罩,我的思想为一种西方的关于法律社会学的学术模式"格式化"了?我也在反思。如果真的如此,那么我的这番批评,在希望学友们见谅的同时,更希望引出更深入认真生动活跃的法律学术批评和讨论。

1995年9月15日初稿
30日改定于北大蔚秀园寓所

学术批评的艰难
——读《思考与批评——解读中国法律文化》

《思考与批评——解读中国法律文化》[1]也许是中国法学界过去20多年来第一部关于法学书评的书，仅这一点就值得向作者祝贺。甚至我还有些嫉妒，因为多年来，我一直也希望写这样一本书评集，并且也有所累积。现在徐君抢在前面，"能不忆江南"？

将针对不同著作的评论组合成一本书是一件既难又很容易的事。说其容易，是把各篇书评放在一起就可以了，最多做一些必要的文字修改。说难则在于，众多的书评要成为一本著作，作者必须有比较深厚的学术素养、一以贯之的理论能力以及稳定的学术评价标准，从而能够让读者从众多看似分离的书评中看出书评作者始终如一的分析问题的进路和理论把握能力，而不是一些读书随感、杂感或零碎的思想火花，甚或是借一个话题发发自己的感慨。在这个意义上，书评实际上对作者的能力要求很高，它要求书评作者理解原作者写作的问题，并至少在某个方面有比原作者更强的洞察力。这种洞察力并不是书评者一定（尽管可能）要比原作者水平高，而更可能并更多是由于"旁观者清"的比较知识优势或知识互补。这种要求不仅很难，对法学来说，甚至更难。因为法学至今为止，不像——比方说——经济学，还没有一个法学家都认同的理论研究和分析的框架，因此如果法律书评作者缺乏一种相对稳定的思路以及对这种能力的稳定运用，写一两篇好书评还可能，但是要形成一个具有独立价值的书评集，就很难。

徐君选择了一条中间道路，一条既非草草了事，又非艰难跋涉的

---

[1] 徐忠明:《思考与批评——解读中国法律文化》，法律出版社2000年版。

路。不知是有意还是无心,他以一个关键词——中国法律文化——作为组构其书评的主线,巧妙地把相关的书评都穿在一起了。在这个意义上,他比较成功地进行了再创作。

但是,这种做法仍然有危险。首先,在我看来,作者心目中的"中国法律文化"概念一方面太大了,以至于太空了;一方面又太小了,很难用它来涵盖作者所评论的著作。说它大,比方说,张晋藩教授的著作就很难说是研究法律文化,更多是中国历史上的法律制度;作者评论的唐代法律体系研究也很难说属于法律文化研究;孔飞力的《叫魂》虽涉及司法,但更多是一部社会史研究;我的《法治及其本土资源》也很难说研究的是"法律文化"(至少我自己不这么界定,我甚至一直反对法律文化的说法,认为这个概念容易变成大杂烩,因此没有太大学术意义)。从徐君选择的书目以及评论的文字来看,似乎只要涉及某些中国法律历史,就可以称其为"中国法律文化"。这个概念太空疏了,包罗的范围太广,我看不出来还有什么不能归在这个概念下。

但另一方面,徐君实际使用的这一概念又太小了。因为他集中关注的只是古代中国的法律制度,以及一般被认为是传统法律制度之残余的当代中国乡土"法律文化"。但是,为什么?为什么"中国法律文化"仅仅属于中国古代制度和实践,为什么不包括对当代中国法律的研究,特别是为什么不包括当代的刑法、民法、行政法研究?难道中国法律文化仅仅属于历史,或在当代仅属于以法律理论为主导的法学研究吗?在我看来,中国法律文化这个概念是必须予以澄清的。作者使用得比较随意,选择性地用于作者认为自己有能力发言的一些著作上。

正是因为徐君往往从"法律文化"这个角度来理解其所评论的著作,因此,在我看来,徐君很容易把自己对法律文化的某种理解首先注入他所评论的著作,然后再从中抽取出来。这种做法在一定程度上妨碍了徐君对其评论的著作的理论理解和把握,而更多是用原书作者的观点来印证徐君自己的观点,或者是用自己的已有观点对原作者的观点提出质疑,而不是在原作者讨论的问题脉络中先理解对方的论述和结论。很多时候评论脱离了原作,徐君只是一般性地表达了自己的赞同或反对,阐述自己的观点,因此缺乏真正的理论交锋。这种评论就会形成自说自话,无法就共同关心的问题深入下去。事实上,徐君在评论著作时,不时会陷入争论某个史实或某个史料的解释，而这些争论往往与书评的主要问题关系不那么紧密。

由于对原书作者的理论线索甚至界定关注不够，因此，我感到，徐君的评论文字对所评论的著作未能保持一贯的学术标准，甚至必然未能保持一贯的学术标准。一般说来，书评对师长、朋友的著作往往有一些溢美之词，而对自己不喜欢甚或不熟悉的观点有憎恶之词。例如称张晋藩教授的著作对中国法律史教科书编写有范式转化之力量，就属于前者。张晋藩先生的法律史研究当然对当下中国法律史学界很有影响，对相关的教科书的编写也有很大影响。但是他的这种影响是否足以称得上是范式转化，我想凡是熟悉范式这一概念同时也了解张晋藩老师著述的学界人士很难认同。范式转变不能理解为教科书编写体例的变化；否则，任何一个稍有创意的学者，包括改变教科书编排方式，都可以说带来了范式转变。例如，我可以把中国古代法制史按专题写，而不是按年代或朝代写，或者是把古代法制史按古代的"法律"分类而不是按现代的、基本是西方引进的法律分类写，就都可以称作范式的转换。当然，人们完全可以说，对范式可以有不同理解，徐君对范式有自己的理解。这种反驳有道理，但问题在于徐君明确声明自己是在库恩的意义上使用这个概念。[2]

学术标准的不一贯另一种表现是道德和政治的判断和评论。这也是由于对原书作者的问题以及理论进路和论证关注不够的必然结果。比方说，对我的书《法治及其本土资源》的评论。在这一书评的最后，徐君提及了我的关于基层法院审判委员会的文字。大约他不赞同审判委员会制度，因此他完全忽略了我在文中一直努力界定的基层法院审判委员会制度，以及其在特定条件下的合理性，有意无意地把我的这一文章塑造成一个无限夸大的涉及一切法律制度的相对主义，然后予以批判。他先是声称不懂我的研究（其实并非如此，而是自谦），但是他接着就对这个基于实证调查的研究作出一种俨然是胸有成竹真理在手的道德判断。这在逻辑上，几乎相当于说我不懂你的化学，但是我还是可以批判你的

---

[2] 徐忠明：《思考与批评——解读中国法律文化》，法律出版社2000年版，页24—25。

分子结构研究结论。如果批评可以这样，学术书评就会变成了一般民主的观点表达，不是学术批评了。我不反对表达自己的观点，我想说的只是这种表达不等于学术批评，甚至两者是有冲突的。

必须指出，我知道我此刻写的这段文字几乎注定会被误解，包括徐君也可能认为我是否对于他的批评不满。这种嫌疑本来几乎迫使我想扮演古乐府中告诫的君子，避瓜田李下的嫌疑，乃至贺卫方要我写这篇书评时，当时我未置可否。但我最终还是放弃了这种沽名钓誉的君子（或伪君子）风范。理由是，我希望并只是用这个实际会令自己嫌疑的例子表明学术批评保持一贯的学术标准和学术理路何等不易。在中国社会中，学者——包括我自己——都太容易把学术问题研究的结论不同转化为道德竞争和政治表态了。这个例子实际不仅是在提醒徐君，也是在提醒我自己。当然仅仅提醒和自我提醒都不够，尽管必要，更重要的是要始终如一地坚持学术批评的实践，努力创造一种严格的学理批评的传统。也许多余的一点表白是，我不反对任何人批评我，包括基于误解哪怕是有意误读的批评；坦白地说，这种批评我已经历了很多，比徐君重的人有的是。除了偶尔有点委屈感（这恐怕是人之常情，或人皆有之的弱点）外，我并不在意；因为批评你是看得起你，批评在中国非常需要，因此哪怕是这种批评与意识形态有关，与我的关注、与我的学术追求关系不大，也应当鼓励。

最后，读完全书之后，我的一个感觉是徐君似乎刻意追求一种从容不迫的文字风格。但由于上述问题，加上这种文字风格的追求，反而造成文字比较松懈，文字之间和段落之间的逻辑联系不紧密，一些地方显得不太有关，评论者的理论脉络不够清楚。例如开篇评论刘星著作的第一节文字谈到当代中国其他学界都有重写学术史的现象，刘星的著作在徐君看来就属于这类努力。将这一现象提出来，当然很好，但重要的是这一现象的意义是什么，或者说，在徐君看来，这一现象的意义是什么，与作者下面的评论如何关联。我正想继续看下去时，作者却不再讨论这个问题了，作者列举了一大堆重写学术史的现象却没有传达其他什么信息或提炼出一个概括。这种写作的方法散是足够散了，但是未能做到形散神不散。

说了一大堆批评的话，但是，这就是书评的特点。我不大会说好话，自然可能惹人讨厌甚至憎恶。人们都说说真话比说假话好，但我也知道只有傻子才真的这样做。但我乐意做这样的"傻子"，且屡教不改，只希望这种努力能促进中国法律学术批评传统的形成和发展，也许——仅仅是也许——我们的学术命运都能因此有所改变。

2000 年 11 月 6 日于北大蔚秀园

礼失而求诸野[*]
——《农民法律意识与农村法律发展》[1]读后

中国社会目前正处于一个转型期,改革开放以来,社会的迅速变化,许多旧的规则打破了,或不能适用了。人们日益感到周围世界的不确定,而人们的有意义的生活必须建立在一种大致确定的基础之上;因此,人们对法律的需求日益增强。

然而,中国当代的法治建设可以说是一个前无古人的事业,这是因为中国的法治建设与西方的法治形成不同。后者基本上是演进的,是在其社会法律文化传统中逐渐演进建立起来的;而中国近代以来法治建设则基本都是由政府推进,中国法治变革和建设的基本战略一直是法律移植和强加。这一战略的明述或隐含的理论预设是中国缺乏法律传统;或中国传统的法制不仅不适应中国现代化需要,而且不能完成所谓的"创造性的转化",因此必须废弃。这一基本思路统治了中国近代以来的法治建设和法学研究。尽管在这一基本思路指导下,中国的法治建设取得了一定成果;但是,如同任何制度建设和学术建设一样,法治建设和法学建设都不可能完全废弃和脱离传统,因此近代以来中国的法制变革和法学研究在一定层面上可以说很不成功。这种历史的经验应当引起我们的反思。然而,近年来,法学界不少学者在一种理想主义的指导下主张法律要"与世界接轨",实际上还是要坚持近代以来的那条法治建设思路。无疑,中国当代的社会经济变革必定要导致或辅以法制的变革,但"接轨"这条路能否走通,却是必须深思的。

1990年代以来,一些年轻的法学家将目光开始转向中国本土的资

---

[*] 原载于《北京青年报》,1994年11月6日,版8。收入本书时有所修改。

[1] 郑永流、马协华、高其才、刘茂林:《农民法律意识与农村法律发展》,武汉出版社1993年版。

源,已经出现了一些著作;例如梁治平的《清代习惯法》,夏勇主编的《走向权利的时代》,以及此书,尽管各研究达到的学术成就参差不齐,但可以反映出一种根本的研究思路的变化。在这一背景下,郑永流等学界同人的这本1993年出版、印刷颇为简陋的著作对中国法制和法学的意义就比较明显了。

这部著作是一部实证研究,它利用问卷和访谈的形式收集了关于中国农村法制建设和农民法律意识的一些材料,进行了初步的分析。它向我们展现了中国农村中普通农民、村干部、村办企业厂长和工人对法律的一些基本看法,提出了一些与农村发展相关的法律问题以及作者的建议。我读了以后,感到还比较有说服力。它的好处是比较实在,只是将农村中的各类人的看法呈现出来,稍加分析,并不命题先行或原则先行,基本保持了社会学研究中所主张的那种"价值中立"的心态,不是努力以西方的法律模式和命题来概括或"套"中国农村社会的丰富情况。

这部著作也有弱点,最主要的是过于专注于农民对法律(主要是制定法)的看法,而未深究这些看法与农民的生存环境的关系。人们的看法并不是其生存环境(包括人文的和自然的)的直接反映,但两者之间有关大致可以肯定。对"看法"作这样的处理,尽管是实证性的调查,弄不好又会回到"文化传统"或"价值取向"上去寻找答案,解释的主观性会太强。书中也确有这样的例子;例如将中国农村中比较普遍认可的"人情大于国法"的观点解释为中国人"希望建立一个法度严明而又充满温情的社会"。这种解释也许对,但只要想一想,又有哪个社会的人不这样希望呢?即使是号称"好讼"的美国人,恐怕也难免。因此,问题可能不在于是否有希望,有什么样的希望,而在于什么促成了这种希望,为什么这种希望得以在中国长期存在,而在现代社会中难以实现。在我看来,就人情大于国法而言,根本原因仍然可能是由于中国农村还基本上是费孝通先生所说的"熟人社会"。

因此,作者在分析中国农民的法律意识和农村法律建设时,未对作为"法律意识"和正式制度运作之背景的中国农村社会结构、经济组织给予足够重视,这多少令人遗憾。此外,第一章到第五章的分析有许多重复之处,缺乏更多的有说服力的、层层剥笋的新意。也许我的要求过于苛刻,不管怎样,这部著作毕竟在思路上对目前法学界相当流行的法条主义研究有重大突破。这种书，仅仅靠坐在家里，翻翻书或抄抄书是写不出来的，至少目前我是写不出来的。

大约2500年前的春秋战国时期，中国社会也处于一个激烈的社会转型期，"礼崩乐坏"，整个社会面临着秩序（包括法制）重建的重大难题。然而，如何重建，从何处发掘资源？孔子的回答是"礼失而求诸野"（《汉书·艺文志》）。有人因为孔子试图恢复旧的"礼治"秩序是保守的，甚至是反动的。但我认为，孔子提出这一命题的前提是认为，礼（秩序和制度）实际上是存在于生活之中的，有生命力的制度必定能在人民的社会生活之中存续下来，而不必定要依据典籍；即使典籍散失了，上层社会的秩序或正式的制度崩溃了，但是秩序和制度的根基都在普通人的生活交往中；因此要恢复秩序、形成新的制度，应当从普通人的社会生活中去求取。我的这种理解也许是有意误读，是"六经注我"，可能会招来一些专攻历史的学者的耻笑或批评。但我认为这不重要，更重要的是这种理解是否有道理。中国的法治建设，也许更重要的是要研究中国人，特别是农民的思想、行为和心态，他们的习惯和偏好，以及制约这一切的社会背景。在此基础上建立起来的制度也许是更有生命力的，更符合国情的。当然，也许有人会说，中国社会正处于转型期，中国农民目前的偏好也许并不适应中国发展的明天的社会发展。即使如此，这也无法否定"求诸野"以重建秩序与法治的思路，相反更需要强调了这一点。因为"野"并不仅仅是昔日的影子；作为生活，它的流动变迁，也预示了明天。孔子的这一命题的真正意义，至少对于我来说，就在于此。

"求诸野"也为有志气的中国法学家指出了法学重建和重兴的方向。中国直到目前的法学仍然是很不能令人满意的，原因是多方面的，但一个重要原因是缺乏学术传统。我们（包括我自己）现在基本上都是用"进口"的法律术语在研究中国，但如果中国的法学要真正成为中国的，能够解决中国的问题，而不是从理论到理论，从概念到概念，或跟着外国学者的思想走，也许我们更应当"求诸野"（当然不仅仅如此）。这并不仅仅出于学者的责任感，更因为这"野"才是我们重建和重兴法学传统的取之不尽、用之不竭的源泉。

1994年11月于北大蔚秀园

范愉教授报告*的评论

谢谢中国法学会和清华大学主办的这一期法学创新讲坛。

感谢范愉老师做了一个很好的报告,提出了很多的问题。我事先还看了她的论文和大纲,知道因时间有限,她未能在演讲中充分展开论述。但我更感谢范愉老师长期关注这个问题。在当今中国法学界更关注法条、正式制度、程序正义和外国制度实践和说法的时代,她把一个很容易为中国学界认为不重要、即将过时、历史中国之残留的问题,重新带进我们的视野,带进中国法学研究,给予了理论分析和阐述。这是务实却又有远见的研究。

多元化纠纷解决机制是否重要,她摆出了现有的几种流行说法。一是,很多纠纷单靠法院解决不了,必须由基层行政部门参与应对,这可以说是一种政治的论证。第二种是归功或归咎于中国传统文化。说中国人不愿意打官司,喜欢和解,因此要尊重中国传统文化。第三种论证是引证外国,尤其是美国。即从1980年代开始,据说有西方人说中国的调解是"东方一枝花"什么的。其实这话很不靠谱,东方一枝花,这种说法一听就很明清小说。就算有外国人真这么说了,也得打个折扣;无论谁夸谁骂,都要打个折扣,不能太当真,否则就是缺乏自信心,或是轻狂。范愉教授尖锐指出这三个论证都缺乏说服力。我太赞同了!

她是从可持续发展的视角讨论多元纠纷解决机制的,一个新视角。大致说来就是,中国法治不大可能跟欧洲或英美一样,不是我们打定主意不想跟人家一样,而是有许多约束条件令中国没法一样。换句话说,是你想和人家一样玩儿,人家也不带你玩儿。美国[联邦]法官一年二

---

* 《多元化纠纷解决机制与可持续发展:如何在转型社会中实现善治》,第5期《中国法学创新讲坛》(2011年5月21日下午,清华大学法学院)。

十万美元，中国法官一年几万人民币，高的也不超过十万元，怎么玩儿？还有各国人口也不一样，历史发展时期也不一样。因此范愉教授主张寻求中国的可持续发展的法治。她还认为不能仅追求形式上的法治，更要追求善治。多元纠纷解决机制就是其中可能选项之一。

范愉教授很周密。她认为，强调多元纠纷解决机制，并不是说正式机制不行，不够，因此才要寻求替代（ADR）。她指出，中国的正式法治也在发展，也必须发展，不能从一开始只看到替代机制，非正式机制，弄不好就忽视正式制度。这就可能有失偏颇。因此她认为法学家必须视野开阔，能同时看到两者，即便各人会有所偏重。不仅学者如此，法官也应如此。在考虑整个社会纠纷解决时，法官不能总是并仅仅盯着用司法制度解决，而还要考虑能不能用非正式制度解决；各自利弊是什么。如果用非正式制度来解决的话，是不是就一定不用正式制度？这都需要做出一些选择。这甚至要求有政治家的视野，不仅仅是简单法律人的视野。

我完全同意范愉教授的观点。一定不能把多元纠纷解决机制看成一个次品，一种替代品。不同类型的纠纷常常就需要用不同方式来解决，因此，不是因为正式制度解决不了，才强调非正式制度；当然也不是相反。是因为多元制度互动，才能促进正式和非正式制度的健康发展。如果所有纠纷都涌向法院，法院就肯定承受不了，勉强承受了，至少有些也解决不好。但也不能简单说，多元纠纷解决机制就是分流纠纷。分流只是客观的效果，不能当做目标来追求。

确实，有时候有些纠纷能用调解解决，法律人还是决定用司法解决，因为这对整个社会有好处能确立规则，引领社会。比较典型的例子就是庐州"二奶"案，那个案子如果调解，其实一定是可以调解成功的，但几级法院都没有调解，都判了。这是对的。因为这个案子如果调解或者以其他非诉方式解决纠纷后，不足以形成规则，不足以向全社会发出确定的有关规则的信息。在诸如此类问题上，法律保护家庭，哪怕妻子可能是妻管严，哪怕此案中的"二奶"个人人品不错，不为钱，没想钱，只是为了感情，司法也要维护作为制度的家庭。这个判决之后，没有再出现此类纠纷，也许就因为有了这个先例，社会已经收到了这个信号。我说也许，是因为我们没法证明，这个"没出现"是因为有了这个判决，这两者之间的因果关系没法论证。

因此，我理解，范愉老师讲多元纠纷解决，并不是简单地提倡一种新产品，而是力求法学家和法官有更开阔的制度效果思考，能够判断，哪一种纠纷解决机制，对于整个社会的治理更好，更有效，更能促进规则性的治理。这很重要。

范愉老师演讲也隐含了一些重要问题，值得我们进一步思考。比方说，为什么多元纠纷解决机制问题在中国会变成，又是怎么变成，一个问题的。以前的中国社会是不习惯打官司的，为什么1980年代以后，强调法治，纠纷就慢慢集中到司法制度当中去了？有人会认为是因为我们忽视了多元纠纷解决机制。整个20世纪80年代就开始批评调解，整个90年代也一直批评调解。认为人民调解，司法调解，都不符合法治。调解当然会有问题，但这不等于审判就不会出问题；但当时我们都努力把鸡蛋都往审判这个篮子里装，以为审判是世界上包治百病的纠纷解决方式。这就开始把司法和法治等同于审判，等于法院，这就把司法和法治神化了，也意识形态化了。

这还只是从我们的思想上找问题。有一定的道理，但还不足，过于简单。其实更重要的是社会的变化，以及相应的现代的一系列制度变化。比方说，整个社会日益陌生化，纠纷更多发生在陌生人之间，传统熟人间的调解机制就不大起作用了。陌生人打官司就不怕撕破脸。社会变化引发时间的成本也是一个因素；一般说来，调解耗时，审判就得出判决而言，省时间，尽管执行起来，有时也可能很费时。也还有其他因素，例如如今法官更多是法学院毕业生，年轻，不太熟悉日常生活，不大会讲情理，他们总体看来不善于或者不是那么有能力调解。他们可以说霍姆斯、马歇尔，但可能讲不了老百姓能听进去并相信的话。你看看金桂兰法官的调解，分别找当事人，还背靠背，说的话老百姓能听进去，也有效。但如果按法条主义或现代法治意识形态来分析，这些做法可能会让一些法律人写上几万字的文章批判，私下见当事人啦，偏心啦，也没有严格遵循法律的规定，包括使用法言法语，等等。

还有一个问题是，研究非正式制度如今很难发表文章，自然当不了教授，更成不了大法官。如果就像金桂兰那样调解，大部分纠纷解决就运用日常知识，没法转化为法律语言，没法转换成"理论"，不像理论，就不像学术文章，怎么发表，怎么当教授？律师也不大好意思用这种知识挣钱。因为，即便允许调解收费，也没法收很高的费，当事人觉得你也没干什么呀，没见你有什么特殊高超的知识呀。也成不了著名的或高等级法官，因为如今这个体制说到底更多看法官判决，看法官论证，甚至看你写的判决书长不长。法院会把金桂兰、陈燕萍提拔到县基层法院或中院当副院长，但有谁能因调解出色被提拔为大法官的呢？如果苏力还年轻点，是个博士、教授，发表过一堆论文，即使是一天案子也没审过，一天律师没当过，写的全都是哈特、德沃金，也不无可能被选拔出任高级法官。我们必须看到一个制度的衰落或者兴起，并不全是知识问题，其实也有一大批利益群体的附着。

这不是什么后现代，也不仅仅属于马克思主义，尼采、福柯等学者都指出过这一点，波斯纳也说过。这类现象也不只在法学界。医学界也有这种情况。同样医学院毕业，从事治疗的才是医生，能挣钱，从事公共卫生的，哪怕救得人再多，也不叫医生，也挣不到钱，因为收费很难，只好靠国家投资。中国的纠纷解决问题也同样如此。法学院毕业了，如果你一辈子搞调解，就不可能有太高的经济、社会和学术地位，不管你解决了多少社会问题，普通人认为你是多么聪明。这其中就有个有关"真理"和"知识"的体制问题。说不行，就不行，行也不行。这就导致目前来说，诸如调解等纠纷解决方式，是进不了市场的，没多少人愿意投入。

因此，就更得感谢范愉老师在这个世界中花了大量时间来关注这个问题，研究这个问题。这是学者的风范，因为其深厚社会关切。

但也由此，我又得"批评"范愉老师天真，太理想主义。她似乎觉得我们法学界没能看清楚多元纠纷解决机制的重要性，而一旦看清了多元纠纷解决有利于整个社会的可持续发展，法学人和法律人就一定会携手并肩，共同努力了。我对这一点相当悲观。世界上有许多事，大家都知道有道理，很好，但还是不会去做，或不会努力去做，不像能挣大钱的事那么努力做。好多事都不是道理想清楚，道理讲清楚，行动就跟上去了。法学家天天关注论证充分，因此很容易以为论证充分可以改变一些事情。但真实世界真不是这回事，至少对很多人不是这回事。

我之所以关心多元纠纷解决这个问题，基本是因为我觉得这其中有知识，有道理，很有意思，因此我会告诉学生或别人，多元化纠纷解决机制对中国有好处。但这里至少有两点是不能忘记的。第一，我其实只是研究了，并没有实践，我并不真知道是否真有用。其实，我在学校教书，生活是有保障的；我也干不了其他事，只能教书。我为什么说上面这个话呢？我的意思是，如果真要推动多元纠纷解决，一方面国家或社会必须适度加大投入，起码也得调整社会对多种纠纷解决机制的评价和社会定价，要让各种解决纠纷的方式都能进入市场，使得这些机制都能在社会中找到自己的位置，能自我运转起来。我不相信，只要有了充分的论证，并且坚持不懈的呼吁，就能使很多律师法官学生都关注这个问题。这个问题说实话真不只是一个论证问题。

在多元纠纷解决方式的研究上，还有一个问题，反映了中国法学界很重要的问题。在许多事情上，中国学界不大重视自己的经验，自己的感受，总得先看看外国人怎么做的，然后才敢做。这不是过日子，这是诚心跟自己过不去。你谈恋爱也总得先看看人家怎么谈，自己才怎么谈吗？这还能叫谈恋爱吗？这是不把自己当人，也不把你爱的人当人。重视多元纠纷解决，不先考察纠纷究竟解决得如何，老百姓是否满意，有哪些问题，有哪些好处，总结研究后推进；而总想从外国人那里找点根据，引证某个外国学者的话，才有底气，这种做法就是没有底气。法学界好像就没爷们，没有纯爷们——不敢按照实践经验生活，只敢依据概念而且是外国人的概念生活。这样的法治就不是在解放思想，而是，至少有时，是在压制生活，扼杀创造。比方说，讲司法调解，却又要什么"依法调解"，这还怎么调解？依法调解，这就意味着，例如，对双方当事人就不能"背靠背"，说的所有话都要有法条上的根据，还得遵守审判时限，等等。这样的依法调解等于禁止调解。许多人都是奔着"依法"这个好词去的，而从不反思这个词的实践意义和经验意义。

调解的依法最多只能是社会公道意义上依法，其实是合乎天理人心，而未必合乎国法。而且，如果真的严格依法，那还要调解干什么，判决不就行了呗，难道就为了调解那块牌子？这种其实就是把调解当成意识形态了。只要看看那些优秀法官的具体调解过程，实实在在生活中的调解，都表明调解基本上就是要算清双方的利益，讲清各自的利害，等等，并且基本都先得"背靠背"，也就是一定要私下见当事人。

范愉老师，以及其他很多老师在这方面的研究很有价值，既有实践的价值，也有学术的价值，但学术价值的评判标准也是社会实践，而不是抽象的象牙塔内的学术。中国法学界，包括许多学生，目前对此认识很不够，有时候似乎认为甚至就是认为，因为自己学术能力不够，不懂外语，才研究中国问题。这隐含的就是，中国的问题是次等的问题，中国的事就不是个事儿。好像苏力就因为没出过国、不懂外语，不得已才写了《送法下乡》似的。这是中国法学界非常糟糕的现象。但要改变学界的这种状况，我仍然认为问题不是论证说服，而必须以扎实的真正有说服力的研究，有效的社会实践，以及最终中国的发展和成功。

感谢范愉老师的工作！也谢谢各位听众！

2011 年 5 月

驿外断桥边[*]

——刘燕《会计法》简评

这是作者以近十年的时间,在热闹非凡的法学界孜孜不倦独自开拓这个法学界无人——如果是我孤陋寡闻的话,也至少是几乎无人——问津的领域,拿出了这部长达75万字的著作/教科书。

也许,对于中国的许多书评来说,这就是对此书的一种学术评价了。但是,在我看来,而且我相信在作者看来,这都与学术完全无关。因为耗费时间长,不证明学术水平高,相反,在某些情况下,可能证明的是作者学术水平不高;能够"坐冷板凳",也不构成学术优点,相反,有时也许证明的只是作者缺乏在某个领域竞争的能力。因此,中国学术界经常可以听到的诸如此类的评价,最多只是对作者人品的一种评价,或者说是对作者学术态度的一种评价。

态度不决定一切。真正评判学术的只能是学术的标准,是著作所要针对的问题,是教科书所想传达的知识以及传达的有效性。

正是按照这个标准,我认为刘燕的这本教科书是一本相当出色的著作/教科书。称其为专著,虽然因其涵盖面比较宽,按照习惯的标准来看可能有点勉强,但鉴于这个领域此前法学界无人涉猎,并且作者对其中的一些问题——鉴于中国当代的背景——确实有相当深入的研究,在这个意义上,称其为学术专著完全可以。然而,我更看重这本著作作为教科书的意义。尽管我本人不是从事这个专业,但是我从评判教科书的角度,并且就其中某些章节所涉及的法学理论问题以及本书所涉及的交叉学科知识的问题提出些许的看法。

---

[*] 原载于《法律书评》2003年创刊号。

教科书的重要作用是传授知识和技术，尤其是诸如会计法这样的高度技术化的部门法。这种传授还与一般的学术专著有很大不同，教科书要求全面，要求对教科书——就法学而言——所在国家的相关法律制度有比较完全和最新的介绍，而且一定要顾及读者——大学本科的学生——的思考分析问题的能力。这是一个最基本的要求。在此基础上，才能考虑其他的因素，包括文字表达和全书的结构等问题。如果按照这个标准来看，刘燕的这本著作无疑是中国法学界一本出色的教科书。

作者写这本书仿佛是在进行一种对话，作为一个受法律传统训练的学者对会计技术问题的观察和思考，对话的对象是会计学者、专业人士以及会计规则的制定者，而对话的素材基础是作者在《会计法》的绪言中提到的会计专业研究生使用的教科书——《会计理论》。它基本上覆盖了会计领域中所有重大争议问题，其中绝大多数是英美国家的资本市场发展过程中凸显但尚未在我国出现的问题，例如，在美国安然、世通等公司财务丑闻，以及中国证券市场中的假账问题。这些问题都与会计规则上的争议有关。作者试图从一个法律学者的视角对这些争议提出一种新的理解，并尝试提供一种协调或解决的思路。这是因为，会计问题尽管是技术性问题，其结果却是对利益的分配，这让会计专业人士感到很头痛，却是法律人比较擅长的。会计法的本质是公司治理结构问题的财务侧面，或者用一位美国证券法学者的话说，会计是公司治理结构的语言。因此，法律人在这个领域的发言权（如果他能够克服专业语言和思维上的障碍）是必不可少。可以想见，在中国未来的发展中，这一领域对法律人的需要会越来越多，要求也会越来越高。

由于注重专业化，因此全书没有意识形态化的语言，而这种语言在中国当代的许多法学教科书中可以说相当多。往往中国共产党和中国政府的政策，国家领导人的某些具体指示，流行的法治话语，都会被许多教科书作者引证用来作为论证本学科的重要性；这一点在法理教科书中最为明显，但是在许多部门法的教科书中也屡见不鲜。《会计法》中没有这样的言词。例如，讨论会计法的重要性和意义，作者以非常平实、简洁的语言介绍了会计历史发展和社会功能，甚至公开指出"会计是一门艺术（也许应当译为"手艺"？——引者）而不是一门科学"。作者也没有谈什么会计法的——中国法学教科书最常见的——研究对象、调整对象、意义、方法之类的"大"问题。但就在作者的娓娓道来中,自然而然展现了会计对于现代市场经济社会,对于中国当代社会发展的重要性;也在全书的层层推进中展现了会计法的具体研究方法,表现了一种基于知识基础上的自信和从容,体现在作者的文字和文风中。

  作者的介绍也是全面的。作者不仅介绍了中国的会计制度基本构架,而且一步步展现了财务会计的一些技术和做法;不仅介绍了中国的会计制度和法律,而且在相关和必要的前提下,作者也涉及国外,特别是英美的会计制度和法律;不仅有理论的介绍,而且有一些很有针对性的案例;不仅有技术层面的介绍,而且有对会计法的一些核心或重大问题的有法理意味的具体分析和理论思考。相比起来,在中国的法学教科书中,这是一本编纂相当有特色且比较典型的教科书,一本把理论和实务结合比较好的教科书。可以明显看出,作者的写作体例安排受到了美国同类教科书的影响,却又基本保持了欧陆法学教科书的基本格局。

  教科书的一个特点是要浅显,但不能流于肤浅,必须把学科的最前沿的知识系统化的纳入。这里的系统化是很重要的。系统化至少表现在两个方面。一方面,作者必须对相关的"说法"或"观点"都熟悉,并以此为基础加以融贯的理论表述,不能如同中国目前的一些法学教科书那样,仅仅是列数"甲说""乙说"之类的,最后没有多少分析地表示赞同某一种观点,或没有原则的综合。在综合中必须展示作者对问题的融贯分析和把握能力。另一方面,系统化表现在作者的叙述,不是威权性的,而是娓娓道来,在从容中展示作者的逻辑和分析能力。这一点非常重要,阅读这样的教科书本身就起到了一种思维训练的作用。而我们有不少法学教科书往往会引证一些所谓的名家名言,不说道理,或几乎不说道理,因此学生在阅读后只记住一些断言、结论,缺乏对这些结论的逻辑理解。

  还必须指出,会计法是目前中国法学中一个比较冷僻的部门法,但这其实是一个很具实践性,同时对交叉学科的知识要求颇高的部门法。例如,会计法对于公司企业法或商业组织法就极为重要。事实上,在今天世界上发达国家的法律实践中,如果不了解会计法,可以说就无法具体从事公司法的许多法律实务活动,政府的有关部门、银行就无法实行有效地监管,就看不出公司的问题,也无法对公司做出有效率的治理结构的调整。会计法实际上是一个需要各个学科知识的交叉性的技术性法律部门。又比如，会计的法律责任同样涉及多学科，实际涉及法律中的代理法、侵权法、合同法、政府的规制、会计职业伦理等法律部门，还涉及制度经济学和社会学（特别是法律职业和会计职业的职业规范和责任）的一些内容；尽管作者没有明确从这些角度来展开讨论，但是从其论及应区分公司、管理层、会计人员等不同层次的责任以及政府的规制、会计职业伦理等因素，就可以看出作者的学术功底和考量。在一定意义上，也许正是其涉及的内容如此广泛，要求如此高的技术性和可操作性，才耗费了作者将近10年的积累和努力。

我认为这是一本出色的教科书。但是请读者注意，我的这一评价其实并不是按照会计法教科书的标准来评价的，因为，如前所说，我们国家——就我的孤陋寡闻而言——还没有或没有几本这样的会计法教科书。没有比较就没有鉴别，在这个意义上，我的分析评价是要打折扣的。如果谈到它的弱点，在我看来，目前的《会计法》一书为了追求学科体系的完整性，覆盖面太宽，结果对专业问题的深入、细致的分析有时交织在甚至迷失于对基本知识或制度的描述中。鉴于中国目前法学院的教育以法条教育为主，学生对相关的商业财务会计知识了解很少，不熟悉基本的会计语言，不理解会计职业的思维方式时，因此本书有可能会令法学院的学生阅读理解比较困难，对此书展现的诸多争议以及从法律视角进行的评价更可能令他们感到茫然。

这也许涉及另外两个问题。一是作者也许必须考虑中国会计法课程的学生现状。显然作者借鉴了美国法学院的会计法教科书，但是，在美国法学院，《会计法》是研究生阶段的法律职业教育，其学生的知识背景和阅历与中国法学院的学生完全不同，因此作者必须针对学生作出调整。另一个问题，也许是法学院如何调整会计法的教学。也许可以把这门课拆成两门课：在本科生阶段开设《商业律师的财务会计》；在研究生阶段开设《公司财务会计法律专题》。《会计法》这本书或许也应该可以相应地拆成两本书，一本《法律视角下的财务会计》（即本书的"中篇"，或可加上"上篇"的部分章节），专论对会计规则的法律思考；另一本是《会计法》或《律师会计学》，作为法学院本科生的教材。

尽管如此，这仍然是一本优秀的法学教科书。其意义并不在于或不仅仅在于它在会计法领域内是开拓性的教科书，有可能成为这一必定会在未来20年中变得日益重要的部门法中一本示范性教科书；并在此后相当长的一段时间内，很有可能，规定了中国《会计法》教科书的基本格局。更重要的是，鉴于法学教育的职业化特点，这本书的内容可以说凸现了职业性知识与学术性知识的区别，凸现了技术细节对于法律实践的重要性。相对于不少法学次学科的教科书，那些充满许多政治性、意识形态的、概念化的、晦涩难懂的所谓的理论性的语言和命题因此很难让学生明白、感兴趣并很难实际操作的无论是法学理论还是部门法的教科书来说，这样一本教科书的出现确实是非常难得的。

我们应该感谢作者，我们也希望有更多的这样的法学教科书的作者。

2003年2月25日

读《乡土中国的司法图景》[*]

一

这本书追求对当代乡土中国司法展开系统的经验研究。意识到城市/乡村、国家/社会、西方/中国这三个具有强烈反差的背景，带着学术追求和责任感，以比较开阔的学术视野和比较丰富的经验材料，作者试图细致描述当代中国农村基层司法的状况，展现了现实生活的法律，是一部颇为扎实的法律社会学著作。它将进一步唤起中国法学家和法律人对中国经验的关注、研究和讨论，不仅有利于正在开展的包括农村法治在内的社会主义新农村建设，而且会增加我们的学术敏感、问题意识和中国法学自主性。

作者的最重要贡献在于，以大量的故事，细致的描述，展示了制约中国农村司法，甚至司法，的诸多社会因素，使得"制约"或"制度制约"，这个抽象的概念，变得非常具体和生动。尽管作者没有强调，却还是让我们看到了当代中国农村一些原生态的法治实践，意识到理想法治进入农村、改造农村的艰难。所有的中国法律人，即使不同意作者的某些分析和结论，但只要想有所作为，也一定无法回避这些非常具体和现实的问题。

其次，由于作者对相关事件和案件的细致描述，尽管未必完全"真实"（后面讨论），这些故事还是留下了诸多宝贵的资料，包括背景资料，可能供其他学者——不仅仅是法学学者——分析研究。这类故事在中国农村可以说是遍地都是，并不稀罕，但是本书作者首先将之提炼出来，就是一个贡献。

---

[*] 喻中：《乡土中国的司法图景》，中国法制出版社2007年版。

第三，作者提出了或隐含地提出了一些有学理意义的问题，也有实践意义。例如通常我们要求并假定法官独立审判，并认为干预主要来自社会的权威人物或机构，更多的关注都放在司法独立的政治层面。尽管我们也知道并指出了法官面临的人情世故会影响司法，但对司法独立的社会层面并没给予太多的讨论。作者通过"城里法官的乡下父亲"这一章，指出了造成司法腐败，影响司法公正的一个重大变量，提出了司法独立在中国的一个极为重要问题。乡下父亲，其实与乡下无关，只是家庭成员对司法的影响，甚至腐败。这几乎是人所共知的问题，无论是在司法上，还是行政上。在中国各地，夫妻俩一个是律师一个是法官的情况并不少见，尽管没法说一定会影响司法独立，导致司法腐败，但至少会给人这种猜疑，并且是有道理的猜疑。而这种状况，现有的法律制度很难限制或约束。又比如，第七章关于司法与民意之间的博弈，以及司法对民意的处置，也是很有中国特色或转型中国特色的。

二

但这本书也存在不少可以改进的问题。

作者似乎过于着意展示乡土中国的司法"图景"，而缺乏对资料的筛选和更精细的分析，缺乏理论的勾连，因此反而没有凸显乡村司法的典型。特别是前几章，作者的描述很细致，有人类学研究的意味，但许多细节的描述似乎看不出多少意义，或者意义过于丰富，显得论述有些松散。过强的故事会分散读者的学术关注。

在这一问题上，我们可以回顾一下费孝通先生的《乡土中国》。费对事例的选择和使用可以说极为精炼，点到为止，但读者一下子就能感受到与费老的论证相关的相对抽象的问题。社会学或人类学研究关心细节并非对生活的全盘照搬（事实上不可能），任何理论著作中的描述都一定隐含了作者的选择。如果缺乏选择，就一定会冲淡作者的思想表达。如果过度追求展示图景，那只能带着读者到乡村司法中看一看。因此，一定要理解大多数读者关心的其实不是"真实"，而是其中值得关心的问题。

事实上，作者有些为了追求真实的描述反而显得不够真实。例如第一章，作者基本是复述了"彭某"讲的几个故事。尽管描述很细致，但由于这些描述不是作者的观察，而是转述，而转述者的追忆不大可能如此确定和精细。这就令我怀疑这些描述更可能是符合作者意图的建构。请看：

> 纠纷解决了，吃饭时间也到了。两妯娌帮着婆婆，在公婆家的厨房里准备了一顿简单的晚饭。两份回锅肉，几盆小菜汤，再加一大碗本地酿造的散装白酒。彭某、村长，再加两兄弟和他们的父亲，几个男人围着一张八仙桌坐下来。彭某是驻村干部，地位最尊，就由他端着那碗酒先喝了一口，再递给右边的村长，村长喝一口，再递给右边的老太爷，老太爷喝一口，再传给右边的两兄弟，然后再传到彭某的手上。就这样转了三圈，一碗酒已经喝了个底朝天，接着就再来一碗。困扰了这个大家庭很长时间的旧怨新仇，就在这几碗白酒中慢慢化解了。（页10）

这些描述透露了或传递了很多重要的信息，包括男女不平等、农家生活水平、座位及其方向隐含的不同人物的社会地位、驻村干部在农村的影响力、喝酒的民间方式，等等。但我的质疑是，彭某会这般细致叙述这件事吗？彭某是一位退伍军人，乡政府的公务员，给来此地调查的作者讲故事，我认为，即便他有能力如此，一般而言，他也不会讲得如此细致和栩栩如生。他处理的这类纠纷太多了，不大可能引发他表述的兴趣。我猜想，喝酒的许多细节不过是彭某顺口这么一说，甚至是作者想象的。文中就流露了这种痕迹。按作者叙述的酒碗传递，两兄弟应坐在彭某的最左边，这意味着他们的父亲反倒坐在一个——通常在各地中国文化中——比两兄弟更次要的位置（着重号，表明我对作者笔下的当地习惯有尊重，也有怀疑，因为我不明白当地有关座位的风俗为何与各地不同）；作者在先提到的是，只准备了一大碗散装白酒，后来又说"再来一碗"，总共喝了"几碗白酒"；彭某也很难看到酒是否"本地酿造"，或许散装白酒就足以传达作者的意图：这都是些价格不高的普通白酒；"本地酿造"和"外地酿造"对于这一纠纷的解决并没有特别的意义，最多只暗示了当地经济发展水平或当地农民的生活水平；况且，何为"本地"，其实也难界定。刻意追求的精细生动描述反倒令人心生疑惑了，令人不知道何为真实，何为推论和猜想，以及不了解作者试图告诉读者什么。

注意，我并不是挑刺，因为作者的这种描述还不少见。在第三章《城市法官的乡下父亲》中，这类问题更为严重，这涉及一个或一些村民对一位城市法官和他的乡下父亲的不良猜测。我相信，村民的这些猜测并非空穴来风，有可能真，但问题是毕竟没有直接证据。如果作者认为村民的猜测为真，那就应当拿出一些证据来，让读者接受村民的猜测或作者的分析判断。仅仅说村民有猜测，并不能推进这一研究，因为研究没法建立在猜测之上。还有有关法官维权的第五章中，关于女同学求助于当年爱慕过自己的男同学的分析，由于没有经验材料支撑，就更多是想象和推测。

我不是说第三章不足为信，不重要，作者应放弃。前面说了，我其实颇为欣赏这一章，因为在当代中国司法中，法官的家人确实是一个容易令众人生疑的重要因素，事实上也是腐败的一个重要通道。之前的学术研究者很少具体关注这一点，总爱说一些大而空的司法独立或舆论监督的概念，因此仅仅是作者提出并描述了这一点，与这对父子究竟是否腐败无关，就是一个学术上的贡献。因此，如果注意材料的恰当处理，注意分寸，作者仍然可以基本照旧讨论这一章的问题。可以把村民的猜测视为民众对法官和司法的猜疑和怀疑，探讨这些猜疑和怀疑对司法公信力的影响，而不是把这些猜疑同这位法官与其父的行为直接等同。其实本书的读者并不关心这个法官或他的父亲在此案中究竟是如何行为的；他们关心的，或本应更关心的，是家人会如何影响司法，民众会如何看待司法。作者应集中关注这个具有制度意义和普遍意义的问题，这是一个司法实践必须面对的麻烦，也有理论意义。

三

由于作者非常关心展示乡土司法的"真实图景"，因此，尽管作者有理论追求和学术抱负，但作者似乎没有展示一个相对统一、前后一贯的理论主线；由于理论主线不清，因此在一些理论论断上也容易发生前后矛盾。这构成了本书第二个可以改进的地方。

作者组织全书的城市/乡村、国家/社会和西方/中国三个视角其实缺乏足够的结构全书的力量。例如作者在西方/中国视野下讨论了法官的第二种忠诚，即对本地民众的忠诚；但这与中西视野似乎联系并不紧密，因为第一种忠诚不等于对西方的忠诚，第二种忠诚也不能说是对中国的忠诚。这个问题完全可以放在城市/乡村或国家/社会视野中讨论。其实该书的许多章都可以换到其他编下，这反映了各章之间其实缺乏有机的整合。

又例如，作者一方面反对送法下乡是国家权力试图在乡土中国建立并实现权威的战略性选择这个命题，但紧接着又称送法下乡的主要意图是"提升国家政权在政治上的合法性，并由此促进中国社会的整合与沟通"（页92）。两个命题之间，除了文字不同，我不知道这有什么根本的差别？紧接着作者对某检察院某一次具体的"送法下乡"展开了分析，但这一分析与作者主张的送法下乡命题完全无关，只是展示了检察院在某个特定事件上如何追求自我利益最大化，但这个事件就是要"下乡"。第九章关于吴经熊与马锡五的对比讨论，尽管可以纳入西方/中国的视野，却与乡土司法无关。事实上，尽管吴经熊有过短暂司法任职，却几乎没有可深入讨论的司法经历。这些分析和讨论都游离于作者的理论追求之外。

而且，由于种种原因或难处，作者似乎有意回避了一些学术文献和资料；引证这些资料和文献其实不会湮灭，相反更可能凸显，作者的学术贡献，还可能推进作者的研究。

四

尽管有上面近乎苛刻的分析和批评，我还是认为这本书是一本好书，一本触及了一些问题值得探讨的著作。我与作者并不相识，从无交往。我却愿意就这一研究成果本身以及方法论同作者展开坦诚的学术交流和讨论。事实上，恰恰因为人际关系的简单也便利了这一交流和讨论。中国法学研究需要更多的这种交流。

因为我们盼望在开阔的学术视野中，有更多基于并努力提升本土经验的研究。

2007年4月15日于北大法学院科研楼

《理论法学的迷雾》(修订版)序[*]

相比初版,本书修订版是一部特色鲜明,在当下中国法学很是需要,并因此很有贡献的法理学著作。

之所以这么说,因为,尽管初版已试图集中讨论了当下中国的一些热点法律事件和社会事件中潜在的法理问题,在我看来,作者还是有所游移,因此夹杂了对一些既往法律和社会问题的讨论(例如影片《秋菊打官司》以及130年前美国的里格斯诉帕尔默案);而修订版的篇幅大大增加了,作者却进一步聚焦于当下的热点法律和有强烈法律意味的社会事件。这种变化,不仅表明了作者强烈的中国法律问题意识,更表明了作者从中国问题来推进法律理论思考的追求。作者也坚持了初版已经开始的学术追求,即从社会科学的经验研究角度切入问题,展开了力求系统、融贯的理论分析和思考,拓展法律理论思考的疆域,追求有道理的有启发的,即便有时政治正确可疑的结论。

因此,这本著作的贡献首先是在法学理论方面。作者不满足于,也不愿局促于,传统的注重思辨的法理学,更不满足于流行法理教科书中规定的那些法理问题,无论是法律本质、法律功能还是法治与人治或法律解释;作者主要借助了广义的法律经济学的或理性选择的视角,同时也借助了其他相关社会科学的研究成果和启发,把一度因既"上不着天"(最新的学术发展)又"下不着地"(社会法律实践)而缺乏理论活力的法理研究触角直接伸展到转型中国的各种社会问题。

是的,我说的是社会问题,因为作者讨论的并不都是法律案件或事件,或至少在社会上还没有认为是典型的法律事件。不仅有检方拒绝认

---

* 桑本谦:《理论法学的迷雾:以轰动案例为素材》(修订版),法律出版社2015年版。

定为刑事案件而起诉的梁丽事件，还有社会普遍认为是社会道德风气问题的小悦悦事件，黄色短信问题等。即便是法律事件，作者集中讨论的也并不一定是其中的法律或司法问题，例如邱兴华的精神状态问题也不是法律理论或刑法教义学的知识可以回答的，而涉及其他社会科学的知识和公共政策的判断。作者的这种努力使得连许多法学院学生都不太感兴趣的法理有了生活气息，有了中国的并且是日常的经验，并因此与即便普通中国人的情感和理智也接上茬了，有了地气，可以搭上话了。这是作者这中国问题意识的必然产物，也是作者的中国关切的体现。

中国关切弄不好就很容易导向，尽管并不意味着，对很容易道德化乃至讲究政治正确的各种网络"民意"的直接认同，或稍好一点，妥协。大约是了解尼采的洞察：强烈的道德感往往是因为缺乏相关的知识和可靠信息，作者始终基于对热点事件的众多细节的了解，注重多学科的知识，注重理论分析的融贯自洽，注重对日常社会经验（而并非日常言说）的理论抽象，使得作者在许多问题上得出了一些许多引人思考的有说服力的结论。尽管这种努力并不安全，也不总是令人赞同，甚至有时还导致了政治不正确，不符合正统的法治意识形态。典型的，如作者对强奸陪酒女是否与强奸良家妇女社会危害相同的分析。

由于作者触及的是社会热点事件，并且任何一个事件涉及的问题都不可能限于一个法律甚或一个部门的法律，因此，作者的贡献其实已经涉及一些部门法，不仅是一些部门的司法——最显著的是刑法和侵权法，还有行政法，而且还有这些部门法的立法或修法或至少是法律解释。我并不是说作者的分析比部门法学现有的以教义分析为主的述说更合理，更有力，我只是说，在作者触及的这些不太符合常规的法律事件和案件中，作者表述的这些分析，就思路和视角而言，可能给部门法学者一些启示，在某些具体问题的法律论证中，可能比教义分析，至少对于不带贬义的"法盲"们，更有说服力。由于任何学科的发展都更可能在边缘（也即所谓的"前沿"）地带发生，在于对异常现象的处理，因此，至少从逻辑上看，并从长远来看，部门法的发展更可能从这类非教义学的研究中获益。这也才是法理还可能继续存在的根本理由，社会功用，理论圆融不是理论存在的理由。事实上，作者在分析这些热点社会和法律事件中运用的诸多知识，完全可能经此而进入法学理论，进而进入部门法研究者的视野。

还有一点值得一说，尽管与法律和法学都无直接关系。尽管是一本法学著作，但由于处理的是社会热点问题，我认为，作者于无意中，通过严格和自我的学术努力，提供了一种法律人以法律的以及与法律相关的知识审慎细致并负责任的参与公共话题讨论的途径。这其实也是一种法律公共知识分子的进路，但作者完全避免了目前一些法律"公知"在参与公共话题上经常暴露的一些比较显著的缺点：姿态性的，而不是学术性的；意识形态先进的，而不是细致说理的。法律人是可以，也可能，甚至有时必须作为公共知识分子来参与社会热点问题的讨论和处置的。"两耳不闻窗外事"可以是一部分法律人安身立命的方式，但不可能是所有法律人即便是学术法律人的生存方式。法律既然是天下之公器，因此至少有些法律人有社会责任作为公共知识分子参与社会热点问题，但必须是以明智审慎的方式，阐述法律和法条背后的情理和法理，而不是以意识形态的或独断论的甚或人多势众的方式。

由于上述三方面的理由，却也由于作者清晰的分析和流畅的表达，尽管这是一本法理著作，我还是认为这本著作值得理论法学和部门法学的学者和学生，乃至一般的公众读者的关注；并且他们都很可能从中获益。

2013 年 9 月 14 日于拉萨西藏大学政法学院

要一点理论自信

——《司法治国》（代序）*

一

解决人们日常生活的纠纷，这是司法的最显著特点，也是普通人对司法最直观的、常常是非政治的理解。但在解决纠纷之外，以解决纠纷为基础，普通人还关注规则的治理，这也就是法治（rule of law）的基本含义或初衷。这因为纠纷当事人都要求得到起码是同等的对待——和其他灵长类一样，生物性决定了人都渴望比他人优越，但实践又不可能，就只能退而求其次了。而规则的治理对于那些授权解决纠纷的人来说，也免去了一事一议，不必每次都从头来过，无论是立法还是判例上的"萧规曹随"，都更效率；而从国家和社会层面，即治国理政的层面，司法的规则治理就有了强烈政治的意蕴和功能。

但在这两点之外，于明博士的这本著作，集中关注了（英国历史上）司法的另一重要功能，他简称为"治国"，其实是欧洲近代民族国家的创建和治理——通过治理来创建，在创建过程中治理。这也是意味更为强烈的政治功能。

简单说来，据前人的研究，欧洲早期国家的基本形式是城邦和帝国。前者是经济文化高度同质的小共同体，"小国寡民"；后者则主要是通过军事征服甚至靠军事将领间的私人关系组织勾连起来的多种经济文化混杂的大型政治体，历史表明那都是些很容易分裂的疆域大国。欧洲中世纪各地的封建制，尽管纷繁复杂，却大致可以视为这两种国家形式间的不同组合或变换。

---

* 于明：《司法治国：英国法庭的政治史（1154—1701）》，法律出版社2015年版。

这两种基本国家形式各自有各自的麻烦，长期无法解决。小国国力孱弱，相互间容易且常常发生战争，一场大战就可能灭国。想想古希腊的那些先后辉煌过的城邦，无论是雅典还是斯巴达或底比斯，基本都是一战成名，也都是一战衰落。帝国避免了城邦小国的国力孱弱，对外抗争有了回旋余地，可以保持相对长期稳定的政体；但没有相对统一的经济文化支持，中央政府很难对各地实现有效的政治治理，很难获得各地民众的广泛认同，这样的帝国就很容易解体，最后还是陷入分裂和战乱。

12世纪后，从欧洲历史的混乱中逐渐浮现出来的近现代民族国家可以说开始整合了城邦和帝国的各自"优点"——其实是特点：城邦内民众普遍的政治文化认同，其最典型的标记之一就是公民；以及帝国内辽阔疆域内的和平，不仅有能力抵抗外敌，在疆域内也有能力实现政治协调。

正是在这个历史演变的当口，在中世纪的英格兰，司法在近现代民族国家发生中扮演了重要角色。大致说来，英国国王从朝廷向各地派出了自己身边的亲信大臣，到各地审理案件，解决社会各种纠纷，不仅在当地通过遵循先例来规则化地治理各地，还通过上诉审来协调统一各地的规则。这实际上是，以司法审判为形式，同各地领主展开了政治治理的竞争，逐渐成型的普通法因此培养了民众对于国王和代表国王的法院的信赖，各地社会生活依赖统一的普通法，以及与这两者相伴的民众的政治文化忠诚。随着在国王统治下，这种规则化的治理日益拓展、深入人心和强化，这也逐渐整合了英格兰各地的经济、政治、文化，使得治理跨越了地方，使司法和治理的常规化，会同其他因素，创造了英格兰这个近代最早的民族国家。

于明的这本书，因此，不仅有关法治，也有关政治；在相当程度上，我认为，作者从史料中恢复了（retrive）英国历史上法治与政治的交集、纠结、互动和共生。

二

但这只是我对这本书主题的概括。概括会有省略，因此不可能准确；但更大的问题是，读者千万不要按照语文教学的习惯——总喜欢概括中心思想——来理解本书。仅此理解，你会以为这是一本理论著作；而这本书，是一本法律史的学术著作，必须阅读后才能知道它的真正好处。

因为，如今容易产生"思想"，尤其搞理论的。在家随便想一个观点，到外国文献中找某个词，甚或直接挪用社会流行的某个高大上的概念或语词，不必分析，不顾逻辑，也无需经验论证，朝着主题，一路"裸奔"，就是一篇文章甚至一本书了。这本书是基于扎扎实实的英国法律史料研究展开的。全书1100多个注释，中英文参考文献400余种，其中英文文献近200种；这说明不了太多，但即便不足以表明作者的思考、严谨和博学，至少也部分表明了作者的认真和努力。

上一节对该书中心思想的概括，是作者通过英国法律史以及相关的政治史和社会史的史料逐步梳理分析展开的，不是"挂"在"思想"上的，而是从资料中"渗"出来的，有一系列细致甚至精细的辨析，也有绵密的论证。真正的阅读，不能也不应将这些有关历史的叙述和作者的分析完全放在一边，相反，有时我甚至认为，读者可以将作者的一些结论暂时放在一边，跟随作者首先在密密的丛林中走一趟，会更有意思，也更有收获。你不可能因为知道某名川大山，甚或只是看了几张图片，就自以为"曾经沧海难为水"，或是可以"一览众山小"了。至少从我的经验来看，真正有意思的永远是阅读本身。概括只能给你一个梗概，一个阅读预期，阅读本身才可能给予你快乐。通常来说，人们更多为快乐所驱动。除了应对考试或测验，谁关心任何一本书或一篇文章的中心思想或段落大意？若剧目梗概就能替代得了，那也就没人一集一集地来回看电视剧了。

还必须解说一下这本书中的"历史"。这不是传统的编年史或史料汇编；作者没用史料来演绎某个政治理论命题，阐释某个伟大的历史潮流或某个伟大的法治理念。历史不是单线前行的：人类朝着某个客观或主观预先确定的伟大目标迈进，如广场阅兵，步伐整齐且坚定；这里的历史没有初衷（original intent），没有目的，没法辨识或因此没法辨识历史行动者的善恶。深受马克思、尼采和福柯的知识谱系学研究传统的影响，作者于明努力展示着社会和历史的复杂性和非必然性，努力展示历史中丰茂的游移、微妙、卑微甚至卑贱——请原谅我在此使用这些并不

要一点理论自信

适合用来修饰历史的词。

例如，关于英国的司法独立传统的发生，作者断然拒绝了法官同王权长期坚持斗争最终获得胜利这种有关司法独立的外部视角下的简单故事，也拒绝了道德与职业水准低下的坏法官与不畏强权、坚守独立且业务精良的好法官之间相互竞争，好人最终胜出的司法职业化内部视角的故事。通过分析"天主教阴谋"案的审理，作者表明，无论是法官与国王的关系，还是英国党争中托利党人和辉格党人对待司法的态度，都远比传统的解说更复杂。作者指出，那些在传统解释中被认为是坚定捍卫司法独立的法律人，较之那些依附国王的法律人，即便是更"高尚"和"勇敢"，他们的选择，与支持国王的托利党人同样，也是出于"政治考量"，是基于政治立场。

这样的历史告知，或可能告知的，就不仅丰富，而且会有内在的组织和系统；这需要细致阅读，也值得细细阅读。

三

也因此，我强调这是一部法律史的学术著作；有别于一般的更注重法律史料汇集著作，以及那些看起来从不关心理论问题，其实还是按照时下通行的学术框架来编排叙述法律历史事件的著作，包括教科书。法律史的著作应当多样，学者会有偏好，也各有擅长，这我都理解。但就个人阅读来说，我还是希望能从历史中看到作者的分析和发现，看到作者思考的印记，特别是力量。

因为，尽管历史就是历史，独立于我们个人的感知，但任何历史研究，在我看来，不可能是对独立于我们个人感知之历史的完整拷贝。历史研究和撰写，一定有研究者自己对材料的理解、发现、筛选以及组织，即便他真诚追求也完全相信自己忠实于历史，在他所选用的材料上，在他对历史的叙述和阐释上，多多少少，也还是会也一定会留下他的个人印记。这不是历史不可知论或虚无主义，这是人类认知的必然。在历史著作中，留下了作者个人的学术印记不是一件糟糕的事，而是必定发生的。因此，真正值得拷问的问题是，留下的这个印记是否有意义，有启发，对后来者有价值，乃至我们需要并可以将之标记为学术印记或某人的学术印记。

这话听起来有点空,其实是我需要这个铺垫,才能说另一些话。这就是,我私下认为,也许是无心,而且即便是无心,或尽管是无心,作者在一定程度上还是把他自己——一位 21 世纪初的中国法律学人——主要基于现代中国司法和国家治理的经验和理解而产生的智识关切带入了他的英国史研究,因此才有了英国法律史研究的这一新视角以及相关的叙述。

这一点比较突出反映在书的结尾,他对英国、欧陆国家以及美国的治理与司法的比较研究和分析。简单说来,作者大致认为,英国先是司法治国——司法是国家治理权力向下延伸的主渠道,然后才逐渐形成了议会至上的国家治理,司法的位置才相对边缘化了;在欧陆国家,近代的国家治理先是借助了绝对君主作为主权者,然后,随着民主化时代的到来,才由新的主权者——人民选举的议会——形成了议会至上的治理体制,司法因此在这些国家的治理中扮演的角色并不那么重要,更多是贯彻立法的渠道;而由于其联邦制以及种族大熔炉等因素,尽管有众议院这一民主的立法机关,但美国在一定程度上保留了司法治国的传统,特别是着重关注了如何整合各州成为一个完美的联邦,以及对联邦统一的其他一些重要的社会治理方面,如州际贸易、正当程序和同等保护,等等。

作者没有明确提到无论是历史的或现代的中国,但我还是隐约地感到,作为这一研究的学术背景或知识参照系的,却被作者甚或是有意省略的,是历史中国中央集权、以行政主导的只达到县这一层级(因此不包括乡村治理)的国家治理,和现代中国的建国——统一的多民族国家的创建,以及司法于其中扮演的复杂或可能的角色。

说了,我只是感到,因此算是猜测。但如果这一猜测不错,那么,作者的这一研究也就具有了另一层面的学术意义。这会是一个启示:中国的历史和传统,不仅如同我们通常认为的那样,只是我们研究的原料;而且可能,甚或应当,作为中国学人的学术前见或学术参照系,会形成我们的学术视野、学术关切和研究视角,有助于研究外国法律制度、社会和历史,成为一种潜在的学术可能,一种甚或可以出口的学术可能。

这种说法听起来有点不可思议。其实从存在论的阐释学——有别于教义论的阐释学——层面上看,这是必然,也是实然;伽达默尔的《真理与方法》对此有雄辩详尽的分析阐述。从经验上看，也有大量成功或不成功的例证。典型的是国际上的汉学家，其中有不少人无论人种还是文化上都不是中国人，但他们的一些研究往往会令中国学人眼前一亮，其中有些研究即便牵强，也会令中国学人感觉其视角独特，即便不接受，也会让人另眼相待。原因是多样的，有，但不全是"远来的和尚会念经"，重要的之一是他们毫无怯懦和羞涩地把各自的文化视野带入了各自的汉学研究；例子之一如孔飞力的《叫魂》。[1]

我不是说《司法治国》相当于《叫魂》。我没不打算在此评判甚或暗示——在我心中——两者的高下，任何书写，包括研究作品，都是它的流传就是对自身的最好辩护，最终由长时段的市场定断[2]；《司法治国》也不例外。我在此想说的不过是，随着中国学术研究的发展，中国学人也许应当适当关注，如何将我们的存在塑造的、我们的学术关切和视野带入我们的研究，包括——如同于明所做的——对外国法律制度的研究。或许会别有收获。

当然也有风险，任何追求和渴望都一样。我承认，这类不安分，完全可能引出一些粗制滥造、令人惨不忍睹的"中国文化视角下的××"之类的成果。但也许可以想开一点。第一，千万不要以为今天中国学人放逐这种渴望和追求，中国就会产出更多的学术精品，无论是研究中国问题还是外国问题，也无论是否用这类标签。劣质产品的生产和生产者不需要新理由。需要吗？第二，我也只是由此想到学人的自觉，首先是自己。这种自觉或许会使一些不甘心的学人，更清醒也更严谨地，面对在外国（其实是异文化）问题或跨文化研究中任何研究者无法逃避的问题。有这么一点自觉，早一点自觉，比没有或晚有，会更好。

也许这就是理论自信；那——就要那么一点理论自信！

2014年12月25日初稿
2015年1月2日改定于北大法学院

---

[1] 孔飞力：《叫魂：1768年中国妖术大恐慌》，陈兼、刘昶译，三联书店1999年版。
[2] 文学作品最典型。请看，奥威尔：《李尔王、托尔斯泰和弄臣》，载《奥威尔文集》，董乐山译，中央编译出版社2010年版，页499。约翰逊和休谟也持这种观点。

中国司法中的政党

——对阿帕汉教授《送法下乡》评论之回应*

> 党政军民学,东西南北中,党是领导一切的。
>
> ——毛泽东[1]

问题的界定和意义

《耶鲁法学杂志》2005年春季号刊登了纽约大学法学院教授弗兰克·阿帕汉(Frank Upham)的一个长达44页的书评[2],评论我的著作《送法下乡》。[3]在认真理解并给与了高度评价的同时,阿帕汉教授对他认为的书中问题提出了批评。批评主要有两点,一是"不加批评地接受了单线进化版的现代化理论"[4];但"最大的问题"则是在书中"看不见政治和政治权力"。[5]他批评"该书一涉及政治就沉默到了胆怯的程度(it is reticent to the point of timidity when it comes to politics)";

---

* 中文版原载于,《法律和社会科学》,创刊号,法律出版社2006年版;英文版见"Political Parties in China's Judiciary",(Annual Herbert L. Bernstein Lecture in International and Comparative Law,Duke University School of Law,November 2,2006),17 *Duke Journal of Comparative & International Law* 2007:533-560.

[1] 这是1973年12月毛泽东在会见中共中央政治局的同志时就邓小平参加政治局并担任总参谋长的问题发表的讲话,原话是"政治局是管全部的,党政军民学,东西南北中"。请看,《毛泽东年谱1949—1976》卷6,中央文献出版社2013年版,页511。毛泽东之前在其他地方曾多次有类似的表达,例如:"工、农、商、学、兵、政、党这七个方面,党是领导一切的。"请看,《在扩大的中央工作会议上的讲话》(1962年1月30日),载《毛泽东文集》卷8,人民出版社1999年版,页305。

[2] Frank K. Upham, "Who Will Find the Defendant if He Stays with His Sheep? Justice in Rural China", *Yale Law Journal*, vol. 114:1675(2005).

[3] 苏力:《送法下乡——中国基层司法制度研究》,中国政法大学出版社2000年版。

[4] Upham, p. 1700.

[5] Upham, pp. 1698, 1703.

大约还担心读者不理解他所说的"政治",作者接着又加了一句"那些小写的政治除外"。[6] 所谓的小写的政治,在美国语境中,往往是指中国人说的单位内的人事纠纷和钩心斗角;因此,阿帕汉是批评我没有展示并辨析中国共产党对法院工作的干预和影响,法院在涉及党的或有党的背景的机构、人员的案件中具体行动,以及基层法院在社会冲突中的一般角色,等等。

坦白地说,在《送法下乡》中,我屡屡揭示了当代中国政治,特别中国共产党的政策,对司法的影响,包括地方党组织对某些案件的各种性质的干预。特别显著的是第一编,我分别从宏观、中观和微观制度层面讨论了政治,包括中国共产党的社会改革政策和各种权力机构对司法制度的各类影响。第一章"为什么送法下乡",通过一个案例,把司法制度在中国基层社会延伸视为民族国家的权力向下延伸,指出司法在当代中国承担的政治角色;第二章"法院行政管理制度"分析了法院内的行政管理和组织结构如何影响了干预了司法的运作,阻碍了司法逻辑的形成;第三章"审判委员会制度"则从多方面分析了这一制度的功能,其中包括了一些积极的政治功能:防止司法腐败、统一法律适用、有限度地抵制包括地方党委在内的各种地方政治的不恰当的干预和影响,运用法院的社会关系在一定限度内克服因其他制度的缺失而带来的司法判决的执行难,等等,以及一些消极的功能。在其他各章,例如第七章有关一个通奸/强奸案的分析,第十章中有关"复转军人进法院"的分析,以及最后第十四章中关于社会调查中的权力流变,也都有大量的有关司法与政治的分析。这些分析肯定不够全面、不够深入,有待进一步的拓展;而且无论如何,一本书都不可能包罗万象,尤其是一本仅仅限于讨论基层司法制度的著作;作者有而且应当有特权,有所不为方能有所为,因此我有我的标准:某些"政治"问题对于本书的基本命题是否重要、是否有学理的意义。由于这些考量和自身的学术能力,该研究对政治问题的关注和分析未能达到阿帕汉教授的预期是必然的,但若是说此书中"看不见政治和政治权力"至少是没有根据的断言。

值得注意的是,无论如何声称,其实每个比较清醒的写者在写作时

---

[6] Upham, pp. 1698, 1703.

心中都会有一个明确的或未言明的预期读者群，并且这个读者群一定会制约他的写作和表达。没有为了全民的写作，也不会有完全私人的写作——即使是最个体化、个性化的写作，只要作者还是打算让人看，也会是一个社会行动。哪怕是足不出户，写作过程也始终是一个社会互动的过程。因此当作者全力顾及他或她自己心目中的读者群时，有时就很难兼顾那些未注册的读者；他或她的写作会省略相当数量对于预期读者完全没有必要的而对未预期的读者背景可能非常必要的背景知识。这两个读者群有时也许会重叠；但更多时候两者之间文化背景跨度或差异很大，这时作者与未预期读者之间就会遇到学术交流上的"麻烦"。这不是说未预期的读者就不可以质疑了。完全可以，因为作品具有相对的独立性；只是对作品的这类批评已经与作者无关，而只与批评者自己有关。鉴于《送法下乡》主要是针对中国读者；阿帕汉是一位我未曾有幸谋面的"勇敢的"美国法学院教授——他之前的研究领域主要是日本，他曾访问过中国数日，却从不曾对中国社会有过第一手的研究；因此，他与我的预期读者背景文化差距很大。

尽管如此，我还是决定对阿帕汉的批评做出某种程度的回应，主要理由不是阿帕汉教授在这一方面有任何新的洞察或对中国的法律研究有什么贡献，而是他的一些方法论错误在当代西方的诸多中国观察家中非常典型，并且这类错误的方法论在中国很有影响。这些错误暴露了一种深厚的意识形态偏见，同时也构成了西方的法律自治和法治理念的"道德权威性"的核心。换言之，正是这样一些类似的错误对过去一些年来中国法学研究的影响促使我撰写了这篇论文。

是论文，而不只是对阿帕汉教授之批评的一个回应，因为本文是我对中国司法制度长期思考的一个问题的比较系统的表述，回应阿帕汉的书评不过是得以表达这一思考的一个契机。我想真正回答的是当代中国（仍然是中国！）一些学者在研究中国司法制度时经常遇到却常常不得不回避的一个真正困惑：中国政治是否造成了当代中国司法的"异端"？本文试图表明，中国政治确实塑造了中国司法，但中国司法并不是一个异端。正是这一点，才是推动我撰写此文的真正强劲动力。

区分有必要吗?

尽管阿帕汉批评我的著作"看不见政治和政治力量";但他同时也承认,至少是隐含地,我在中国基层司法制度研究中分析了各种社会因素,包括政党、行政以及其他,对中国基层司法运行的影响。从逻辑上看,阿帕汉的批评就不能成立。那么是阿帕汉思考不周延吗?仔细阅读,我发现,阿帕汉真正批评的是,作者没有以专章系统分析中国共产党在基层司法运作中的影响,特别是对司法的干预。阿帕汉的这一批评确实不错。但这一批评隐含着一系列前提假定。第一,可以构建一种政党不影响或干预司法的标准状况,理想的或常规的;第二,在中国当代社会中,有一种比较纯粹的来自中国共产党的影响;以及第三,研究者可以考察和有效测度这种影响。

这三个假定都是不现实的。第二个假定对理解当代中国司法最为基本,因此,我将在本节集中予以分析讨论和反驳。而在下一节将集中讨论另外两个假定。

在我看来,并且许多中外学者都已经或明或暗地正确指出的,1949年后的中国,中国共产党的影响和支配力无所不在,渗透在社会的方方面面。尽管共产党与国民党在许多问题上有根本或重大分歧,尽管中国共产党从来没有用过国民党和国民政府当年经常使用的"党国"一词,但中国共产党在实践上继承了孙中山首倡并且国民党一直追求的"以党建国""以党治国""党放国上"的政治传统。[7] 若是就中国共产党的政策、方针、意识形态对国家机器和社会的影响而言,其程度甚至远远超过了当年的国民党。[8]

在国民党执政大陆时期,山西、新疆、云、贵、川等省都是由地

---

[7] 孙中山曾说:"俄国革命六年,其成绩既如此伟大;吾国革命十二年,成绩无甚可述。故此后欲以党治国,应效法俄人"(《在广州国民党党务会议的讲话》(1923年10月10日),载《孙中山全集》卷8,中华书局1986年版,页267—268。他又说"现尚有一事可为我们模范,即俄国完全以党治国,比英、美、法之政党握权更进一步;我们现在并无国可治,只可说以党建国。待国建好,再去治他……我以为今日是一大纪念日,应重新组织,把党放国上"。(《关于组织国民政府案之说明》(1924年1月20日),载《孙中山全集》卷9,页103—104)。

[8] 参看,前注1。

方实力派人物实际掌控的,东北地区也曾一度为张作霖父子掌控;国民党从来就没有真正统一中国,而只有象征性的统一。[9]在政党问题上,也基本如此。在国民党统治时期,不论当时的国民政府是否承认其合法性,共产党自1927年之后一直占据着相当大的地理区域,不仅获得了相当数量的民众的支持,并且有一支独立的武装力量;此外,也还有其他一些较小的合法政党或政治力量。第三,即使在国民政府之内,甚至国民党内部,也还有一批比较独立的并且有一定社会影响力的学者或技术官僚。[10]第四,由于中国社会转型,国民政府和国民党的社会控制力不足,传统的皇权与绅权的社会治理模式事实上还在相当程度上延续,使得国民党对基层社会的控制力相当缺乏。[11]正如黄仁宇所判断的,国民党在统治中国大陆的20多年间,仅仅建立了一个上层架构[12],由于军阀割据、内战和抗战等因素,它其实没有(或没有来得及),甚至就是无法将它的意志、政策有效贯彻到社会生活的方方面面和社会底层[13],没有实现它所追求的改造社会的目标。

在司法上也是如此。早在建立全国政权(以南京政府建立为标志)之前,国民党就开始强调司法要"党化",之后也陆续采取了一系列措

---

[9]《邓小平文选》卷2,人民出版社1994年版,页299。

[10] 例如当时社会上有胡适这样的独立知识分子;但有很多技术官僚和政治色彩很淡的知识分子也先后参加了国民党,著名的如冯友兰、朱光潜等。

[11] 吴晗、费孝通等:《皇权与绅权》,天津人民出版社1988年版。

[12] 黄仁宇:《中国大历史》,三联书店1997年版。

[13] 许多研究曾考察了国民党训政期地方党政关系,认为国民党"以党治国"的具体形式是在中央实行"以党统政",在地方则实行党政分开与合作、"以党监政"。根据1938年国民党临时全国代表大会确定的方针,党政关系表现为三种不同的形态:中央是以党统政;省及特别市是党政联系;县则是党政融化即融党于政。后两种形式没能保证地方党部对地方政府的切实有效领导,不仅往往是貌合神离,而且在地方党政纠纷的结果中,经常是地方政府击败地方党部而获胜,而它的失败又进一步削弱了地方党部的力量和影响。参看,王贤知:《抗战期间国民党组织建设与组织发展的几个问题》,载《近代史研究》,1990年2期,页230—250;又请看,钟声、唐森树:《论南京国民政府训政时期的地方党政关系》,载《益阳师专学报》1998年2期,页31—34;《试论南京国民政府训政前期(1928—1937)的地方党政纠纷》,载《史学月刊》1999年2期,页53—58。

施[14];后来也有不少证据表明,国民党至少对某些案件有很强的直接控制力。[15]但是,强调"党化"本身也许就表明,国民党当时对司法的控制和影响还不是全面的。由于这一现实,在某种意义上,或许还有可能从来源上将国民党的影响与其他政治的甚至政府的影响区分开来,但这种来源并不具有多大的意义,也许反映的仅仅是控制了不同政治组织机构的党内利益群体,也许反映的只是政治领袖的职位变更,甚或仅仅装点政治合法性。如果影响司法最大的是蒋介石,那么他是国民党总裁还是国民政府主席或是中华民国总统,或者通过那个系统来施加这个影响,其实已经没有多大差别了。

在1949年之后的一段时期内,这种区分则几乎完全不可能了。不可能不是因为中国共产党的影响力微薄了,而是太强了。首先,中华人民共和国已经成为一个政治、经济、文化高度统一的现代民族国家,只是台湾地区当时为国民党政府控制;大陆已经不存在强有力的地方实力派,尽管也曾有过一些地方势力。第二,尽管存在着其他民主党派,但所有其他合法政党都在中国共产党领导下;即使在1978年改革开放以来,民主党派的政治活动空间扩大了,但依据现行中国宪法,实行的也是"中国共产党领导的多党合作和政治协商制度"。[16]中国共产党通过包括各种正式——例如政治协商会议——和非正式的——同党外人士的不定期会议——制度听取并选择性地采纳其他政党的一些政策建言。许多民主党派的领导人本人就是共产党的党员;目前至少——就我所知——民盟、九三学社、致公党和台盟的领导人同时也是共产党员。第三,所有社会精英,无论在政府内还是在大学、商界、主要的

---

[14] 关于司法的"党化",最早是徐谦于1926年提出了这一观点;1934年,国民党元老、国民政府最高法院院长居正则对此有了更为系统的阐述。根据居正,党化的基本含义有两个方面,第一"司法干部人员一律党化",第二是"适用法律之际必须注意党义之运用";最重要的是司法官都要"有三民主义的社会意识"。居正:《司法党化问题》,载《东方杂志》,10期。转引自,贺卫方:《中国的司法传统及其现代化》,载《20世纪的中国:学术与社会》(法学卷),苏力、贺卫方主编,山东人民出版社2001年版,页200—204。

[15] 在抗日战争胜利后,国民政府对一系列汉奸案件的审理上就有所体现;许多案件的审理、审理速度以及审理结果都直接取决于国民党最高领袖的意愿。可参看,文斐编:《我所知道的汉奸周佛海》,中国文史出版社2005年版;文斐编:《我所知道的汉奸陈公博》,中国文史出版社2005年版。

[16] 《中华人民共和国宪法》,序言,第10段(1993年《宪法修正案》第四条)。

社团组织，绝大多数都是共产党员；其中甚至包括了一些激进人士，可能被西方社会认为是持不同政见者。其他一些精英可能不是共产党员，也大都接受共产党的领导，并且其中多数人可以说是坚定的共产党人。[17] 在这个意义上，尽管中国共产党一直宣称自身是"无产阶级的先锋队"或"中国工人阶级的先锋队"，"最高理想和最终目标是实现共产主义"[18]，但即使在"三个代表"[19] 提出之前很久，它也一直强调自己是"中国人民和中华民族的先锋队"，其追求代表的是"中国最广大人民的根本利益"[20]，并因此是另一个意义上的"国民"党。它的政治纲领，尽管有过各种"左"或"右"的错误，其中也包括"文革"这样的严重错误，但一般说来，大致获得了当时社会诸多或主要政治力量的支持。

由于中国共产党的政治纲领以及它的严密组织结构，它在社会各个层面和方面的影响可以说无所不在。在当代中国，它决定着中国社会、政府的方向。你看不出有什么独立在国家政治之外的中国共产党的影响，也不存在不受共产党影响的独立的政府政策，甚至不存在其他真正有影响力的利益群体的政策，例如西方学者常常虚构出来的军方政策——"党指挥枪"是一个基本原则和制度。在这个意义上看，中国共产党不仅是领导当代中国各方面事业的政治核心力量，而且可以视为当代中国社会各阶层和各种政治力量的一个组织、动员、整合和意思表达机制。在当代中国，几乎所有的政治力量或者是被整合了，或者——在"文革"时期的"地、富、反、坏、右"——就是得不到政治表达的；

---

[17] 例如，2005年10月26日去世的原国家副主席荣毅仁，在新华社发布的荣的简历中，就称其为"共产主义战士"；孙中山夫人宋庆龄、著名作家茅盾去世前都要求并被批准加入了中国共产党。

[18] 1937年10月，毛泽东在《论鲁迅》一文中就强调指出："我们共产党是无产阶级的先锋队，同时又是最彻底的民族解放的先锋队。"载《毛泽东文集》卷2，人民出版社1993年版；《中国共产党党章》（中国共产党第七次全国代表大会1945年6月11日通过）；《中国共产党党章》（中国共产党第十六次全国代表大会部分修改，2002年11月14日通过）。

[19] 三个代表是对中国共产党的性质的一个新的界定和表达，其具体表述是"代表中国先进生产力的发展要求，代表中国先进文化的前进方向，代表中国最广大人民的根本利益"。这一思想是当时的中国共产党江泽民总书记于2000年初提出的。

[20] 中共十六大《中国共产党党章》，总纲；1945年的中共七大党章的相应提法是"代表中国民族与中国人民的利益"。

只是自"文革"结束（1976）之后的30年来，随着中国的改革开放，特别是随着"三个代表"写入《中国共产党党章》和《中华人民共和国宪法》[21]，中国共产党先是在实践上然后在表达上越来越明确追求成为代表中国最广大人民根本利益的政党，同时也日益强调其执政能力[22]；在这一层面上看，可以说弱化了其阶级性，而更多强调其先进性。[23]

而且，在中国老百姓中，包括领导干部本人，均视党、政领导干部为官员，党政的身份区别其实不重要。在中国各行政层级，所有的行政首长（除少数例外）不但是中共党员，往往还是本行政层级党委的第二领导。各行政层级的行政副职中一般只有一位非中共党员的副职。党的干部与行政干部可以且常常来回转任，并无严格党政系统区分。一般说来，担任省长、市长后往往接着会担任（一般还被视为提升）省委书记、市委书记，许多省、市委书记也往往先前担任省长或其他行政职务。从中央到基层普遍分享了这种格局。无论在历史上还是今天，都少有专管且只管过党务的领导干部能够进入各层级政治决策的核心和高层。

在广义政府的各个分支，在狭义政府的诸多职能部门，情况也大致如此。例如各级人大的主任、政协主席，各级政府职能部门的首长往往也担任本单位的中共党组书记。无论是在历史上和今天，都只有少数职

---

[21]《中国共产党章程》（中国共产党第十六次全国代表大会部分修改，2002年11月14日通过）；《中华人民共和国宪法修正案》，（2004年3月14日第十届全国人民代表大会第二次会议通过）。

[22]《中共中央关于加强党的执政能力建设的决定》（2004年9月19日中国共产党第十六届中央委员会第四次全体会议通过）。这一文件对执政能力的界定是，"党提出和运用正确的理论、路线、方针、政策和策略，领导制定和实施宪法和法律，采取科学的领导制度和领导方式，动员和组织人民依法管理国家和社会事务、经济和文化事业，有效治党治国治军，建设社会主义现代化国家的本领"。

[23] 可参看，《中共中央关于在全党开展以实践"三个代表"重要思想为主要内容的保持共产党员先进性教育活动的意见》，2004年11月7日。

能部门的党组书记是由行政副职担任的。[24]

行使司法权的法院和检察院也几乎没有例外。1949年后，历任最高人民法院院长、最高人民检察院检察长，除了第一任最高人民法院院长是民主党派人士沈钧儒外，其他人均曾在中国共产党内以及政府机关担任过各种高级职务，在最高人民法院、最高人民检察院任职后，他们一般也同时担任本单位的党组书记。这种状况持续至今。当然，如今，与各级狭义政府相似，各级法院、检察院内一般都有一位民主党派人士（有些也仍然可能同时是中共党员）担任副职，但这些人士往往是由同级中国共产党的组织选任的，是中国共产党可以信任的；在一些重大问题的决策上，他/她们往往会参加本级法院或检察院的中共党组扩大会议。

在这种体制下，当我们考察司法制度及其运作之际，不仅难以区分什么是社会的干预、行政的干预或党的干预，最重要的是有没有必要做这种区分？若硬要做这种区分，那实际上是按照西方党政分离的政制模式对中国司法的实际制度进行"削足适履"，是一种"刻舟求剑"的做法。这样的"研究"，不仅没有意义，相反可能会混淆或模糊中国司法中真正存在的问题，并可能导致错误的解决方案。请记住奥卡姆的剃刀。在我看来，在研究中国各级司法制度之际，从实用主义的立场出发，更重要的是具体地考察、发现和研究无论是来自何方的对司法的影响及其实际利弊，以及为更好履行法院、检察院的法职能应如何予以制度调整和完善。

值得注意的是，由于在当代中国共产党是自上而下地制度化存在着，并且由于中国现代的社会革命，因此确有不少党的各级建制乃至党的各级领导人直接间接（通过行政或其他组织机构）地影响、干预有时甚至是操纵替代了司法。首先，不能也不应简单将这些现象都视为不正当的影响和干预。无疑，中国现代社会变革中中国共产党曾经对司法有各种错误的影响和干预，中国共产党的政策错误也曾导致了一些灾难性

---

[24] 例如，历史上，第一届中央人民政府中的水利部部长是非中共人士傅作义，水利部的中共党组书记则是副部长李葆华；1949—1978年间中国科学院院长是当时的非党人士郭沫若（1956年重新入党），党组书记则先后是副院长陈伯达、张稼夫、张劲夫、方毅等。如今，尽管外交部部长李肇星是中共党员，也是中共中央委员，党组书记则由同样是中共中央委员的外交部副部长戴秉国担任。

后果；但即使是在激烈的"文革"时期，也有不少党的组织或党的领导人通过各种渠道在他们力所能及的范围内防止了、减弱了各种社会革命和运动中的激烈和偏颇，包括在司法上的。尽管如今国内外有不少人喜欢把当代中国社会的问题归结到中国共产党领导的革命，尽管局部看来似乎能成立，但历史地来看，却很难证明，若是没有近代中国共产党领导的中国革命，今天中国的司法、特别是中国社会整体上一定会比现状更好。但我不打算就此展开讨论，因为这不仅涉及如何看到中国近代以来的社会变革的必要性和正当性的问题，只能"道不同不相为谋"；而且从方法论上看，这还涉及一个反事实假设的问题。这只能留待后人评说。但是，如果接受近代中国革命从总体上看不可避免，并且对中国从总体说来是一个改善（我就这么认为，并将在后面有所辩论），那么，就只能从总体上接受中国共产党对现代中国司法的这种塑造。有许多时候，我们无法又要马儿跑，又要马儿不吃草。

但我并不打算用总体判断来遮蔽对更为具体的党对司法之影响、干预的分析讨论。在今天，尽管中国共产党已经接受了"依法治国"的基本国策，司法独立也写进了宪法，仍然存在着党组织或个人对司法的各种影响和干预。但是第一，尽管有些干预者是党员领导干部，甚至可能打着地方党组织的旗号，但并不意味着此人的干预就代表了党的或其所在党组织的干预。相反，这些干预常常是违背党的方针政策，违反党的纪律的。一位担任县委书记的人若出面干预某个案件的处理，有可能是完全出于他/她本人的私利，因此是违法的；或是为了地方利益，因此是不恰当的。对于这类干预，法院或检察院从法律上和党纪上都有理由，而且可以拒绝这种干预。事实上，在一些案件中，也确实有法院或检察院抵制过这样的干预，尽管未必总是成功。[25]第二，有许多案件看起来似乎党以某种方式干预了，例如，对某些社会热点问题处理做了批示；但其实完全有可能即使没有党的这一批示，相关司法部门也会依据法律获得大致相同的结果。这时，某些看似党的干预，往往只是现行体制下中国共产党的一种必要政治策略，只是为了回应民众的呼声，以增强自己的合法性和代表性；抽象地看，这种干预其实是在履行政党在当

---

[25] 我在《送法下乡》中就分析过这样的案件，请看，前注3，页129—131。

代中国社会的特殊政治整合和表达功能。

无法区分党的干预的另一个重要原因是，许多来自行政部门的干预其实仍然可能直接或间接来自党的决定或党的政策规定。为了吸引外商投资，一些地方党委和地方政府或政府部门既有可能直接指示法院在处理某案件上照顾某个外商，也有可能通过各地地方人大或主管部门制定一般性的地方性法规或政策规定来要求法院围绕中共中央或各级党委的中心工作来予以落实。这些干预，无论形式如何，其实都渗透了中国共产党中央或地方党委的政治判断和决策。并不能因为这些"干预"是来自政府甚至"人大"，就不再是来自党了。

在一般层面上看，在中国最后的政策决定权是在党内；但在经验层面上，对司法的具体干预和影响究竟是来自党的机构、政府机构或人大或政协或这些机构中的人，则往往取决于干预者本人在地方政治中的实际影响、他/她认为有利和有效的干预机构，以及其拥有的影响司法判断的具体管道。因此，在许多具体问题上，包括对司法的影响或干预，并非总是党的组织更有影响力。中国人和其他地方的人是一样实用主义的：他们总是试图通过一切可能的有效手段来干预司法，他们并不区分党、政、人大或是新闻媒体，甚至不大区分合法还是非法（运用人际关系甚至直接贿赂法官）。

即使在法院系统内部（以及检察院系统内部），也有各种合法、半合法或不合法的法律性质的和行政性质的来自上层的影响和干预，却总是很难区分这些具体的干预是党的还是非党的，甚或是制度的还是个人的，是司法的还是非司法的或司法行政的。最高法院的某个决定，甚至最高法院审判委员会（法院内的一个比较专注于司法问题的司法业务机构）某个司法解释，完全有可能是最高法院大法官们回应中共中央的政策而做出的决定。[26] 但是这些决定，又并非只是重申中共中央的政策，

---

[26] 例如，2003年12月2日，最高人民法院制定并颁布了《关于落实23项司法为民具体措施的指导意见》，据最高人民法院院长肖扬介绍，就是因为"最高人民法院党组在深入学习领会胡锦涛总书记［2003年］'七一'重要讲话精神中认识到，'三个代表'重要思想的本质特征是'立党为公、执政为民'，结合人民法院的工作实际，就要牢固确立司法为民的思想"。庄会宁：《开创司法为民新境界——访最高人民法院院长肖扬》，载《瞭望新闻周刊》2003年10月13日41期，页20。

而完全可能针对法院内部或法院系统的一些实在的问题。并且，这种情况也是在各级法院都存在的普遍现象。

最后值得注意的是，即使是党对一些具体案件的干预，例如一位"政法委"书记的批示（这种情况如今已经越来越少了），哪怕有文字，也并不明确无误指向某个特别的处理结果。与任何制定法一样，这种批示同样是需要并且可以解释的。若是追究起来，许多案件的不同处理都可以视为党（个人或机构）干预的结果；但事实上，这些结果更可能是裁判具体案件的法官用党的干预来掩饰自己的判断。

据此，我们可以结论说，第一，在当代中国，由于社会革命的影响和社会转型的必要，党对司法的影响是强大的、普遍的，但这种影响又是常常是弥散的、政策性的；有，却不都直接来自党的机构和党员领导干部。第二，尽管中国共产党有自己的政治意识形态，并且会影响司法，但这种意识形态就总体而言与人类普遍分享的基本正义观是兼容的，但共产党的组织原则与常规社会中现代司法职业的运作逻辑确有冲突；但随着中国社会的发展，司法职业自身的逻辑正在形成并日益制度化。第三，作为一个具体社会中运作的政党，中国共产党不是本质主义的，各种人、各利益群体以及各种政治力量都会试图利用政党这一机制来影响或干预司法的运作，其中对司法制度的形成和发展有正面的也有负面的意义。第四，在经验层面上，不但很难区分纯粹的党的干预，而且必须注意这种干预往往具有强烈的实用主义的特性。因此，严格区分党的干预和其他的干预不仅不能推进我们对基层司法制度运作的理解；而且，除了强化一种关于中国共产党的意识形态化的和本质主义的理解，不具有任何学术意义。

何为参照系？

而且即使可能区分纯粹的党的影响，这样的研究也难以成立。因为这隐含了一个参照系的问题。

确实，中国目前的司法状况有很多问题，这些问题也许可以追溯或归结到共产党的政治和政治意识形态上，尽管我更多会归结到中国过去100多年来一直持续的人类历史上空前的社会转型上。我研究和写作

《送法下乡》的目的之一就是要具体地辨析这些问题，寻求解决的方案。也许我的努力还不够，眼界不够开阔，分析不够犀利，甚至会有盲点，因此这一研究存在许多问题。但这不意味着有任何有价值的学术著作有可能以阿帕汉教授期望的那种方式展示中国司法中的"政治和政治权力"。因为，首先一个难题就是，你无法构建甚至很难想象一个标准的政治/司法关系参照系，无论是经验的或理想型的，并基于此来客观测度中国共产党在对基层司法的影响和干预，评判这些影响和干预的系统性利弊。

因为，首先目前世界绝大多数现代国家都有政党，尽管司法独立是一个公认的原则，但政党对司法的影响和各种形式的干预都是存在的。也许这种影响和干预在程度上与中国的情况有很大差别，但这种影响同样是弥散的和普遍的。事实上，在今日的现代国家中，若是没有政党的积极参与和干预，我们很难想象今天是否有或保持现代意义上的作为制度的司法独立。尽管这话听起来有点玩世不恭，却既是历史，也是今天的事实。难道不正是出于对于联邦党的忠诚，出于对于共和民主党的坚决抵抗，马歇尔大法官才在著名的马伯里诉麦迪逊案中不经意地创建了作为美国司法独立制度之核心之一的司法审查制度吗？[27]

人们会说那是在司法独立的早期。但是，直到今日，在世界各国，政党政治仍然在支撑着影响着也保证着各国的"司法独立"。今天西方某些国家的那种司法独立在一定程度上就是靠着他们的政党制度来保证的，换言之，没有这些政党制度，就没有各国的那种形式的司法独立。例如在美国，在联邦法院系统内，通过总统提名和参议院的认可联邦法官，两党政治对法院司法都产生了一定的影响；而另一方面，至少有相当一部分美国法官认同主要政党的政治意识形态，也会主动按照政党的意识形态和利益来推进司法。沃伦法院就是一个典型的例子。此外，美国还有许多州采取了法官选举制和确认制（recall）[28]；这些制度都在不同程度上受到了政党政治的影响和干预。尽管包括我在内都认可这些

---

[27] *Marbury v. Madison*, 1 Cranch 137 (1803)。有关的背景，可参看，苏力：《制度是如何形成的》，载《比较法研究》，1998年1期。

[28] Henry J. Abraham, *The Judicial Process, An Introductory Analysis of the Courts of the United States, England, and France*, 7th ed., Oxford University Press, 1998, pp. 37-42.

政党对司法的影响和干预，愿意认为是合法的，并且承认这与当代中国法官所受到的政党政治影响在程度上甚至性质上不可同一而语；但这也不过是我、阿帕汉教授以及许多人都接受了美国政治中的这种政党政治干预司法难以避免。但不能因此就否认这是政党政治对司法的影响和干预。

许多人，但不是每个人，也不是在所有问题上。在美国还不时发生包括阿帕汉和其他一些美国教授可能认为有些过分的干预。例如1987年对罗伯特·博克法官任命的两党争议。至少在博克法官看来就是一种不恰当的政党政治的干预。[29]当然，这只是博克法官的判断。但如果我们换一个结果，设想博克法官的提名获得了参议院多数的认可。但是，这在另外一些人看来，例如坚决反对博克法官的参议员肯尼迪以及当时的参议院司法委员会主席拜登看来，难道不仍然是一种政党对政治的干预？而且，更进一步看，博克法官的提名不过是显露了已经规训化了的美国政党政治对司法影响的冰山一角；其实更强有力的政党政治已经从一开始就大致决定了一些结果。事实上，有经验研究表明，在美国目前的联邦法院的法官确认过程中，政党政治对法官任命的影响越来越大，而不是相反。[30]

不仅在法官提名上，而且在有些具体案件的司法上，不仅有作为政治家的政党领袖的干预，而且有作为政治家的法官的主动配合，有些甚至可以说超越了正常的范围。最著名的，例如，马伯里诉麦迪逊案中的马歇尔大法官。并没有某个政党领袖要求他在此案司法上如何如何，而是他主动出击，坚定的政党意识形态促使他作出了一个对于美国宪法制度来说伟大的判决。至于过去50年来的沃伦法院、伯格法院，乃至伦

---

[29] Robert H. Bork, *The Tempting of America*: *The Political Seduction of the Law*, Simon & Schuster, 1990.

[30] "尽管联邦法官得以确认的比例下降了，确认过程的时间大大加长了，但是对巡回法院法官提名人的质量（事后测度）以及司法独立的程度长期以来却下降了。……最令人感到麻烦的结果表明那些后来被证明是最成功的巡回区上诉法官，要经历最艰难的确认之战……"而原因，"可能是总统的反对党的参议员真正关心的只是防止这些最有能耐的法官出任法官，因为这些人将来会有最大的影响"。请看，John R. Lott, Jr., "The Judicial Confirmation Process: The Difficulty with Being Smart", *Journal of Empirical Legal Studies*, vol. 2/3: 407 (2005), pp. 443-444.

奎斯特法院，也都在一定程度上是如此。[31]最晚近的，布什诉戈尔案，就是一个明证。[32]

注意，我丝毫不是在说中国共产党的政治对中国基层法院的影响和干预与美国政党政治对美国法院运作之影响或干预是一样的。两者非常不同。美国是两党制，在中国是"党是领导一切的"；在美国，对司法的政治影响也许更多来自法官本人对党派意识形态和纲领的自觉忠诚，而在中国对司法的政治影响还来自甚至更多是来自中国共产党的组织对法官的要求和党的纪律，其中也包括在美国等西方法治国家中已经不作为政党纪律和要求而是作为公务员甚至现代公民的基本素质要求；美国联邦法院系统有法官的终身制和高薪制保证，因此有些法官在一些案件的判决上"背叛"了他的党也无所谓[33]，而在中国，公务员性质的法官只有在少数学者的著作中才可能获得这种安慰。因此，我承认在中美两国，政党政治对司法的干预和影响是程度的，也是性质的。

而且，指出这些也不意味着中国不应当学习美国等西方法治国家。恰恰相反，中国也正在学习，我也赞同和支持，出于回答和有效解决当代中国的问题。例如，前面提到的规训化、常规化的政治过程对法官构成的影响，等等。

但即使承认这些，却仍然与我所要论辩的学理问题无关。我的问题是，什么是恰当的衡量政党政治与司法关系的参照系。难道我应当以美国为标准吗？或是英国，或是德国或法国为标准？或者是依据世界各国的司法政治实践构建一个标准？但为什么它们就是标准？并可以作为中国的标准？这样一个比较法的理想型或统计标准为什么可以

---

[31] 参看，Lucas A. Powe Jr, *The Warren Court and American Politics*, Harvard University Press, 2000; Earl M. Maltz, *The Chief Justiceship of Warren Burger, 1969–1986*, University of South Carolina Press, 2000; Tinsley E. Yarbrough, *The Rehnquist Court and the Constitution*, Oxford University Press, 2001 and Earl M. Maltz, ed., *Rehnquist Justice: Understanding the Court Dynamic*, University Press of Kansas, 2003.

[32] 参看，Richard A. Posner, *Breaking the Deadlock: The 2000 Election, The Constitution, and the Courts*, Princeton University Press, 2001; 以及 Cass R. Sunstein and Richard A. Epstein, ed., *The Vote: Bush, Gore, and the Supreme Court*, University of Chicago Press, 2001.

[33] 参看，Laurence H. Tribe, *Constitutional Choice*, Harvard University Press, 1985.

具有规范的意义？其正当性来自何方？如果如美国前众议院议长蒂普·奥尼尔所言"一切政治都是地方的"[34]，那么为什么在司法政治上就可以且应当采取一个普适的标准？除非是我采取一个我一直拒绝但阿帕汉教授认定我坚持的单线进化论——只有从这一模式中才有可能导致接受这样一个标准。

或者应当摒弃直接的经验材料，直接构建一个关于司法与政党关系的理想型作为参照系？这当然是可以的，其实也不难。或者我应当从权力分立这个概念或诸如此类的命题中演绎出一个关于司法与政党的关系？这当然也可以，我也能演绎得尽善尽美。只是这还是不能证明这种理想型的或演绎出来的政党政治/司法关系是正当的（且不说权力分立概念本身的西方渊源和西方文化色彩），除非我们是奥斯汀、凯尔森或德沃金，是一位本质主义者或准或机会主义的本质主义者，相信在我们所有现有的有关政党/司法关系的经验材料之上有一个真正正确的有关政党司法关系的永恒实体。但是，阿帕汉是一位法律社会学家。事实上，即使是坚信任何疑难法律案件都有唯一正确答案[35]的德沃金也并非分析法学的坚定信奉者，而正如一些学者指出的，他是一位实用主义者。[36]

也许可以把标准放宽一点，考虑依据司法制度所在国的情况，构建一个"比较合理的"党与司法制度的关系？但从方法论上看，这样一个构建，如果能够成立，就一定要背离阿帕汉教授批评时隐含的美国标准，或比较法的理想型，或本质主义的标准，就一定要回到我在此书中坚持的语境主义的、后果主义的和实用主义的标准上来；即要在中国社会的历史和现实（其中也必定要包括一些国际的因素）的语境中，就这

---

[34] 转引自〔美〕克里思·马修斯：《硬球：政坛成败的真实法则》，林猛等译，新华出版社2003年版。

[35] Ronald Dworkin, *Taking Rights Seriously*, rev. ed., Harvard University Press, 1978; Ronald Dworkin, *Law's Empire*, Harvard University Press, 1986, preface pp. viii–ix, and p. 412. 又请看 Ronald Dworkin, "Is There Really No Answer in Hard Cases?", *University of New York Law Review* Vol. 53 (1978), pp. 1-32, and Ronald Dworkin, *A Matter of Principle*, Harvard University Press, 1985, pp. 119-145.

[36] 参看，〔美〕理查德·A. 波斯纳：《超越法律》，苏力译，中国政法大学出版社2001年版，第19章注11。

一政党\\政府\\司法关系的实际的和可能的系统后果,来评判中国目前党政司法关系的优劣利弊。即使如此,在是否合理的问题上也还是难以避免无数的争论。例如,我认为,在《送法下乡》中,我已经构建了一个比较合理的党政司法关系的分析框架和参照系,并有针对性地讨论了一系列问题;但是阿帕汉教授还是认为在书中"看不见政治和政治力量"。于是,我们仅仅就这个框架和参照系是否合理就可以展开长时期的争论,发表诸多其实无用的论文。

无用,不仅因为不是所有的争论都能达成一致;而且即使我们可以就这个合理的参照系达成一致,这个参照系也还是没有实际用途。无论从概念中演绎出来的,还是从各国经验材料中抽象出来的,或是直接以美国或某一国家的实践作为标准,这样的一个参照系的全部功用最多也只是为我们提供了另一种衡量和批评当代中国党政司法关系的标准,让我们自以为正义或真理在手,但是,它既无助于理解中国的现实,也无助于改变中国的现实,如果结果不是更糟的话。甚至,这样的参照系是注定要碰壁的,因为,中国社会目前这个政党政治与司法的关系格局和形态从一开始就不是从概念中演绎出来的,不是从某种意识形态中演绎出来的,也不是比照某个外国标准塑造的,它是中国近现代历史社会发展的产物——一种诸多社会变量促成的实在。

作为制度和制度替代的政党

因此,作为对阿帕汉学术批评的回应,本文不可能在此止步。止步于此,会让人觉得这只是一种方法论的辩解,即使成立,也只是避过了阿帕汉的箭。甚至恰恰由于这种方法论的辩解,会令诸多读者无形中强化阿帕汉教授批评中隐含的那个中国党政司法关系很成问题的具体判断,以及他的党政司法的一般应然关系的普遍判断。

更重要的是,这会留下一些非常急需、本来可以也很值得探讨的领域未加探讨,而且对现代中国的历史、中国共产党以及中国当代司法制度也很不公平。因此,在本节,作为一个思想的实验,我想论辩,中国目前的党政司法关系有其发生的合理性、正当性,是中国社会现代化转型的必然,并就此展开论证。如果这一论证合乎情理,那么就进一步表明阿帕汉教授对我的批评本身有问题，不仅是方法论的，而且是价值判断上的。此外，这一论证本身也是对中国目前党政司法关系的一个内在的社会科学视角的解读，因此为辨识、理解、评价、测度乃至回答中国目前党政司法关系的诸多问题提供一种新的可能的参照系。如果做到了这一点，无论成功与否，都必定是推动了中国司法制度的学术研究。

这样做是有风险的。不仅是对于我本人，更可能是对中国正在进行的社会变革和司法改革。我几乎肯定会被国内外高举意识形态大旗的"学术混混"和社会人士标签为保守派、反动派或共产党喉舌。对此我个人倒不是很担心。重要的是，我的这一论证，如果非常强有力，是否确有可能迟滞某些社会急需的政治制度和司法制度改革？并且我的努力越是在逻辑上成功和有说服力（不等于正确），这种风险就会越大。我有学术的追求，更有社会责任感，做事讲求后果；至少有时，我的学术研究也会迁就自己的社会责任感。但，至少从目前判断，我不认为这一努力会导致不良后果。一个社会对改革的需求不会因为一个仅仅是逻辑上强有力的论证而被阻断；如果能够被阻断，那也一定是这个社会的改革需求本身还不强烈或这个需求有问题，甚或是虚假的。尽管如此，我还是将自己的这些考虑和担忧都写出来，告诉读者，希望读者自己去思考和评价本节的分析论证，做出他们自己的判断。在我看来，提出一个新的考察中国问题的思路要比教条主义地坚持某种观点，对于中国长远的社会和学术发展更为重要。

中国近代以来的党政司法关系，不管道理对不对，都是在中国现代化的历史行程中逐步锻造的。对于自1840年以来的近现代中国来说，主要是要完成一个历史转变，经济上从小农经济转向工商经济、政治上从传统的文化统一共同体转向政治统一的现代民族国家，文化上从农业社会的人文主导的文化转向一个城市社会的科学主导的文化。[37]这是一个空前的历史转变，考虑到地域、时间和人口等基本变量。若是没有一个强有力的政治核心力量的领导和引导，任凭中国这样一个巨大的农业社会在列强虎视眈眈的国际社会中漫无边际地"自生自发的秩序演进"，很难想象这一转变能够在较短时间内取得成功。民国初年的乱象就是一个明

---

[37] 苏力：《现代化视野中的中国法治》，载《道路通向城市》，法律出版社2004年版。

证。只是到了中国国民党和中国共产党作为全国性的革命党出现,并进行了两次合作,中国社会才开始了初步的统一;并在"二战"的国际形势下,完成了中国近代抵抗外来侵略的第一次胜利。

必须指出中国共产党和中国国民党是有很大差异的,后面我会指出它们各自客观上依靠的基本群众也有很大差别。但是,从另一个角度看,无论是共产党还是国民党,都与西方国家的主要政党有很大不同。它们都自觉意识到并自我承担了这个民族的一个后来证明是相当长时期的政治、经济和社会的历史使命,即要在中国帝制崩溃的历史条件下,在中国以一切可能的方式集合起各种政治力量,加以利益的整合,完成一个对于在列强争霸的世界中这个民族的生存、发展和繁荣的最基本的前提,即国家的统一、独立、自由,这就是所谓的"建国"(constitution of the nation – state),以及在此之后通过国家的力量来推动经济社会政治文化的快速发展。而在这一时期,西方国家的主要政党基本只是在已经基本确立的政制的国家(state of constitution)中,基于个人信仰的联合对政治利益的追求,一般说来,它们没有如同中国共产党和国民党所面临的这样的历史问题,不承担类似的历史使命,也没有如此长远的政治目标。由于这一历史使命,因此,中国共产党(以及国民党)首先都是革命党,而不是执政党;即使执政之后,也还一直承担着某种革命党的角色,即要带领社会完成社会改革,土地改革和工业革命。[38] 这就进一步决定了中国共产党(以及国民党)还必须具有精英性质,即首先它要有能力提出社会改革发展的目标和基本措施,在这一努力中逐步建设现代的民族国家,完成一种新的社会政治权力的构成,这就是宪法(constitution)的本意。但也因此,它又不能仅仅是一个精英的党,它还必须能够整合各种社会政治力量,表达其他利益诉求,有能力将长远目标和具体的政策措施结合起来、落实下去,因此具有群众

---

[38] 尤其是共产党,但又可参见《中国国民党党章》(2000年6月18日第15次全国代表大会临时会议第14次修正),序言,"中国国民党……领导国民革命,……奉行三民主义五权宪法之宗旨,力行民主宪政之理念,追求国家富强统一之目标,始终如一。愿我全党同志,秉持传统革命精神,互策互励,共信共行"。

性政党的性质。[39]由于这两点，因此，无论共产党还是国民党都是一个有严格党纪和组织制度的政党，它们通过高度组织化来贯彻党的方针政策的政党，都强调"民主集中制"或"有组织的民主，有纪律的自由"，党员违反党的纪律，会受到党内的处分，甚至会被开除出党。[40]

这样组织起来的政党不仅是推动和引导社会变革的主导力量，而且是近现代中国社会的一种重要社会制度替代。在执政之前，它是一个社会动员和组织机制；党组织、党干（国民党称之为党工）甚至普通党员因此也就成了常规体制中官僚制和官僚人员的一个替代。在执政之后，除了继续其社会动员和组织的功能外，在缺乏现代社会治理必备的官僚队伍和官僚体制之际，它在一定程度上就转化为或必须扮演这一官僚体制的角色，并在这一过程中逐渐形成现代国家的官僚队伍。

既然它的目标是要引导社会变革和转型，因此尽管都以民主为奋斗目标，党的组织却必定不可能直接立基于人民民主（人民一般趋向于保

---

[39] 因此除了强调代表工人农民的利益，代表中国人民的利益的同时，中国共产党还特别重视各个时期的"统一战线"（《党章》总纲），毛泽东认为这是中国共产党获得胜利的三大法宝之一（《论人民民主专政》，载《毛泽东选集》卷4（第二版），人民出版社1992年版）。国民党也有类似的要求，可参看，《中国国民党党章》，第2条宣称"为中华民族之整体利益而奋斗"；第6则要求国民党"应永远与民众在一起，掌握社会脉动，了解民众意愿，增进社会公义，使党的决策与民众密切结合"。

[40] 中共七大《党章》总纲中规定："中国共产党是按民主的集中制组织起来的，是以自觉要履行的纪律联结起来的统一的战斗组织。中国共产党的力量，在于自己的坚强团结、意志统一、行动一致。在党内不容许有离开党的纲领和党章的行为，不能容许有破坏党纪、向党闹独立性、小组活动及阳奉阴违的两面行为。中国共产党必须经常注意清除自己队伍中破坏党的纲领和党章、党纪而不能改正的人出党。"中国十六大《党章》总纲规定："坚持民主集中制。民主集中制是民主基础上的集中和集中指导下的民主相结合。它既是党的根本组织原则，也是群众路线在党的生活中的运用。必须充分发扬党内民主……必须实行正确的集中，保证全党行动的一致，保证党的决定得到迅速有效的贯彻执行。加强组织性纪律性，在党的纪律面前人人平等。加强对党的领导机关和党员领导干部的监督，不断完善党内监督制度。党在自己的政治生活中正确地开展批评和自我批评，在原则问题上进行思想斗争，坚持真理，修正错误。努力造成又有集中又有民主，又有纪律又有自由，又有统一意志又有个人心情舒畅的生动活泼的政治局面。"关于国民党，可参看，《中国国民党章程》，第3条：本党之组织原则，以党员为党的主体，以干部为组织的骨干，结合广大民众，贯彻民主精神，以实现有组织的民主，有纪律的自由；第4条：本党之领导方式，以民主建立共识，以思想结合同志，以组织凝聚力量，以政策主导政治，以行动贯彻使命；第5条：本党之党政运作，依主义制订政策，以政策决定人事，以组织结合从政党员，党之决策，经民主程序决定后，责成从政党员贯彻实施；以及第12章：纪律与奖惩。

守，目光也往往不那么长远），而必定要更多强调党的精英和先锋队作用，强调党的领袖和领袖群体在社会变革中的领导作用。但为了能够有效带领群众，不脱离民众，保证党的代表性，它也必须同时也会在党内坚持某种程度的民主（共产党的"民主集中制"，国民党的"有组织的民主"）。这样一个党的组织因此无论在执政前还是执政后都成了一个整合其代表的诸多政治力量和平衡诸多政治利益的准宪政体制——一种宪政的替代（国民党则明确强调经由军政、训政然后达到宪政，并且由国民党来实行训政）。[41]党的纪律、党的方针政策因此常常扮演了法律的某些作用，或者在执政后，会同其他法律一同维系着社会的秩序。因此，不可避免地，国民党在大陆执政期间出现了"以党治国"的"党国"。尽管共产党一直批判国民党的"以党治国"的理念，但即使在执政之前，它也已经出现了这样的倾向[42]；1949年后，则更是强调"党是领导一切的"，在"文革"期间实行了"党的一元化领导"。正如同美国学者柯伟林（William C. Kirby）在分析中国20世纪的"党国"特点时指出的，"党国的目标并非仅是领导政府，它还要改造中国人民，以铸成新民族国家的公民"，他还指出，"党国也是一个寻求发展的政体，它的目的在于自上而下地实行中国的全民动员化和工业化"。[43]

由于这一历史使命，这种体制也必然会持续较长时间，因为执政不仅不等于已经建立了宪政，更不等于完成了这些政党自我追求的历史使命，它们希望通过国家政权的强力来推进其政治理想的实现。但与此同时，在执政期间，为了稳定有效地治理社会和国家，也为了获取政治合

---

[41] 最典型的，1928年10月，国民党中常委会通过的《训政纲领》，把国民党法定为最高训政者，把国民党中央执行委员会法定为最高权力的决策机构，把国民党中央执行委员会政治会议定为指导全国实行训政、监督指导国民政府重大政务施行的机构；1931年，在蒋介石召开的"国民会议"则进一步通过了《中华民国训政时期约法》，其中第三十条明确规定训政时期由国民党"代表国民大会"指挥监督行使国家统治权之设有五院等的国民政府，因此以根本大法的形式确立了国民党以党治国的法理。参看，谢振民编著：《中华民国立法史》上册，张知本校，中国政法大学出版社2000年版，特别是第9章。

[42] 邓小平："'以党治国'的国民党遗毒，是麻痹党、腐化党、破坏党、使党脱离群众的最有效的办法。我们反对国民党以党治国的一党专政，我们尤要反对国民党的遗毒传播到我们党内来。"《党与抗日民主政权》（1941年4月15日），载《邓小平文选》卷1，人民出版社1994年第2版，页12。

[43] 柯伟林：《认识二十世纪中国》，载《二十一世纪》，2001年10月号，页114—124。他指出的另外两个特点是，"党国是军事化的政体"以及"党国有一个领袖"。

法性，它也一定要包括逐步调整建立常规化的制度，实行国民大会或全国人民代表大会之类的代议制度，建立现代的官僚体制（公务员制度），建立司法和完善司法制度。而这一过程也是这些革命党逐步转向执政党，从精英党、"先锋队"转向大众政党的过程。这会是一个不短的历史时期，因为民族国家的一系列制度都需要时间才能真正确立，也因为这种制度的确立过程同时也是一个政党自身的转化过程。

因此，我们就可以理解为什么在中国近现代和当代，司法不仅不可能完全独立，而且不可能如同欧美发达国家那样政党影响较小，干预较少，并且已经常规化和制度化了。现当代在中国执政的政党一定要，也一定会，通过它的政治理想、政策方针和组织系统来塑造包括司法在内的所有现代国家机构。无论是国民党的司法"党化"，还是共产党的"送法下乡"或是司法部门内的"党组"或是党内的"政法委"，这些具体的现象或制度的发生可能确实是偶然的，但是政党的全面领导、影响和控制则是必然现象，也是普遍现象。这也就造成了我们上述的现象：在当代中国难以分辨什么是什么不是党的影响和干预。事实上，这个司法制度就是中国共产党的创造。

我提到中国共产党与中国国民党有重大差异。其中在组织成分上的最重要差异之一就是它们各自代表和整合的主要社会力量有很大不同。中国国民党自1920年代后期执政之后基本继受了晚清以降的技术官僚，吸纳了社会上绝大部分专业人士和中上层知识分子，不完全因为他们的政治信念，而是因为这些人在执政党内和控制全国的政府内更有自己的用武之地；国民党的另一主要构成力量是黄埔军校的军官，这个军队系统在一定程度上也是官僚体制的替代。而中国共产党在战争年代，尽管有统一战线的追求，却无法获取大量技术官僚、专业人士和中上层知识分子的广泛参与，除了无用武之地外，更因为那需要冒很大的风险。共产党也没有一个可以稳定培养干部忠诚的黄埔军校——共产党的军官基本是实战打出来的。因此，中国共产党可以说比国民党更缺乏利用那些稍具现代性的组织制度和人士的可能。中国共产党领导的队伍的主要来源是农民和其他社会中下层人士，而农民本身由于其生产方式更少现代性，不仅缺乏远见，也有更多非组织化的倾向。要依赖这样的群众基础来进行革命，并取得成功，就必须有更强有力的党的领导，更严格的组织纪律,更强烈的政治意识形态。[44]有效的制度替代必然要求,同时也促使,中国共产党成为一个组织化更强、纪律更严格、意识形态色彩更浓烈的政党。许多研究都表明,国民党在大陆执政期间的党组织和党工人员要比共产党同类组织和干部在政权内的实际地位和政治影响力都要更低或更弱一些。例如,国民党的中央宣传部部长、组织部部长远不如中国共产党的中央宣传部部长、组织部部长在党内政治中的影响力;在地方政治中,国民党的地方党部也远不如共产党各级党委更有影响力。[45]国共两党的差别是两党可以利用的不同社会条件构成的,两党之间的意识形态差别的因素可能不是那么重要的。

但中国共产党的高度组织性,固然有效弥补了它建立为现代国家必需的官僚体制,但另一方面特别是在它执政后阻碍了这样一个官僚体制和专业队伍的及时发生和迅速发展,并且它对官僚体制和专业人士的需求感受似乎也就不那么强烈。1949年之后,中国共产党的政权在很长时间内一直保持了一种革命党的性质,没有尽快转向执政党,技术官僚队伍、公务员队伍一直没有有效形成;在国家各方面事务上,以党代政的现象相当普遍,党占据了绝对的主导地位。政治上的忠诚,意识形态的纯洁变成了选择国家干部(公务员)的主要标准。在法院检察院系统理所当然也是如此。[46]直到1980年代,中国共产党开始强调重视知识、重视人才,强调干部革命化、年轻化、知识化和专业化,高等教育得以稳定发展,特别是大学毕业生数量稳定迅速增长后,这种状况才开始改变。1993年8月国务院颁布《国家公务员暂行条例》[47]标志着一个根本的变化。在法院系统,到了20世纪90年代中期,也出现对"复转军人进法院"的批评。尽管提出这一问题的是法学界人士[48],但在法院

---

[44] 有关这一问题,可参看,《关于纠正党内的错误思想》,载《毛泽东选集》,卷1、2版,人民出版社1992年版。

[45] 钟声、唐森树:《论南京国民政府训政时期的地方党政关系》,载《益阳师专学报》1998年2期,页31—34;《试论南京国民政府训政前期(1928—1937)的地方党政纠纷》,载《史学月刊》1999年第2期,页53—58。

[46] 可参看,董必武:《董必武法学文集》,法律出版社2001年版;特别是其中《旧司法工作人员的改造问题》(1950),《关于改革司法机关及政法干部补充、训练诸问题》(1952)等文章。

[47] 《国家公务员暂行条例》(1993年8月14日颁布,1993年10月1日起实施)。

[48] 贺卫方:《复转军人进法院》,载《南方周末》,1998年1月2日。

系统内很快获得了广泛呼应，引发了之后的一系列改革[49]，这意味着新生代的法律技术官僚系统已经开始以某种方式挑战原有的体制。

中国共产党自1980年代中期提出了党政分开[50]，但进展不快，也不大，甚至1989年后陷于停顿，乃至于目前这一体制面临许多问题。一个突出但不是唯一的问题，就是双重制度，即往往针对同一类事务，党和政府往往都分别有相应的机构和人员；还有则是党的组织逻辑会妨碍形成纯专业职能机构的组织逻辑[51]，由此带来的交易费用很高，大大降低了工作效率；党的执政地位也为许多机会主义者利用各自占据的位置借助意识形态话语扩展影响创造了一些可能性和便利。因此，中国共产党也一直试图在加强党的领导的口号下改善党的领导[52]，强调与时俱进，全面推进党政建设，构建新的的党政司法关系。[53]改革的任务还相当艰巨。在国际上，这种制度还受到西方发达国家的更多是基于意识形态或战略利益考量的批评和指责。尽管如此，若是从历史上看，从功能上看，从总体上看，以及从后果上看，我认为，这种政党主导的政治体制对于中国现代民族国家的建立有巨大的历史功绩。它实际上创造了一条如何在一个完全没有现代政治架构的小农经济国度内快速完成政治、社会现代化建立现代民族国家的道路。

今天，这一体制的许多方面需要调整，有了许多问题亟待解决；但若是简单废除，不仅不实际，而且若是从预后的角度来考察，结果也不会好，因为目前还没有全面可行的制度替代，也没有可以替代的具有政

---

[49]《人民法院五年改革纲要》，载《中华人民共和国最高人民法院公报》1999年6期。

[50] 1986年6月邓小平提出了这一想法（《邓小平文选》卷3，人民出版社1993年版，页164），同年9月，他又进一步指出要把党政分开放在政治体制改革的第一位（同上，页179）。1987年10月召开的中共第十三次代表大会通过了赵紫阳在大会上的报告《沿着有中国特色的社会主义道路前进》，正式把实行党政分开列为政治体制改革的第一项任务，明确指出："政治体制改革的关键是党政分开"。这一努力因1989年的政治风波而终止了。

[51] 苏力：《法院的审判职能与行政管理》，载《中外法学》，1999年5期。

[52] 邓小平：《党和国家领导制度的改革》（1980年8月18日），载《邓小平文选》卷2，人民出版社1994年版。

[53] 2003年1月14日，《工商时报》以"深圳将成党政分离政改先锋"为题报道了外电称"中国共产党自一九四九年建政以来最大胆的政治改革"，主要内容是，"中国共产党的权力自行政及立法体系中分出，实现党政分离，并引进西方三权分立——深圳市政府、市人大及法院相互制衡"。这个改革后来显然因效果不佳而无疾而终了。

治凝聚力、组织力和推动力的政党。而从另一方面来看,在过去近30年中,主要还是依靠中国共产党自身的努力,推动着中国的现代化。如果不是意气用事或意识形态挂帅,还真难说,有任何其他替代会比它能更为出色地领导中国的现代化。

即使在司法系统内,这一点也不能否认。中国当下的司法制度改革,尽管有社会经济转型带来的巨大社会压力,但是真正组织化地推动司法制度改革的主要力量,还主要来自中国共产党(包括党员知识分子),并且是通过贯彻党的方针政策来启动,通过党的纪律来保证的;尽管有许多具体的改革措施我个人并不完全赞同,也尽管许多改革措施也已经证明有利有弊,有些甚至可能是弊大于利。[54]尽管党的控制确实严重影响了司法独立,特别是法官的独立,但如果公道地说,这种党内控制,也在一定程度上限制了在社会转型期间因其他替代制度还不完备而带来的诸如法官腐败、懈怠和偏私等问题。尽管这最后一点,在许多偏好美国模式的理想主义(idealist)的法律人中很有争议。

我个人尊重他人的非议。但我认为这一点不是论辩本身可以解决的,对于这一点的功过利弊的真正清点还需要时间,需要试验和经验研究,最终得由后果说了算。我不愿在此匆忙结论,而更情愿接受争论甚至批驳。但这仍然表明研究中国近现代,特别是当代,党、政、司法关系必须有一种宏观的开阔的视野,而不能小家子气。匆忙的、仅仅基于西方经验的或基于意识形态的或基于西方政治家的战略考量而得出的结论是既没有学术价值,也没有实践根据和可能的。从一种自由主义的理论来看,从演化经济学的角度来看,制度的发展和创新必定是在各种制度的竞争中生存下来的,社会发展变迁的道路并没有预先的规定。我们必须对现当代中国的党政司法关系保持一种学术的理解;必要时,甚至应当给予认真的学术评价。

重构中国司法研究的学术框架

一旦理解了政党在中国近现代社会革命中的社会整合、表达和建国

---

[54] 我对当代中国司法改革措施的诸多批评,可参见但不仅见,苏力:《道路通向城市——转型中国的法治》,法律出版社2004年版,特别是第3—8章。

和制度创制作用,那么,我们就必须对西方哪怕是成功的法治和司法经验保持一种适度的学术警惕。警惕不是敌视,只是不要因为西方法治成功,就把其本来是嵌在西方社会历史经验中的制度现状和理论表述抽象出来,当成了天经地义,成了标准,也就是成了意识形态。一旦中国的党政司法关系不符合这种本质上是西方社会经验之概括时,就自然而然地成了所谓的学术批评的对象,就成了改革的对象。这种情况在许多研究中国的西方学者中是相当普遍的。这也不全不是他们有意用意识形态作为评判标准,他们中确有人在努力理解中国,但是西方社会的经验无形中会阻碍了他们设身处地地理解中国为什么会是这样;阻碍了他们价值中立的同情理解中国为什么会是这种状况;也阻碍了他们的想象力。他们的生活世界构建了他们想象的边界。

除了西方的社会环境和历史外,影响西方学者并进而影响中国学者的还有一系列有关苏联东欧国家党政司法关系研究的文献。以西方法治国家经验为基础研究苏联东欧国家,得出的结论自然是,在共产党国家,政党的主要作用是控制与共产党或多或少离心离德的官僚体制,这隐含的前提是党政的相对分离,两者的利益冲突,并且是官僚体制在先发生,共产党的控制在后发生。这种假定在当年的苏联和东欧国家是成立的,因此可能是正确的。例如苏联红军早期和中期的许多著名红军将领,甚至是高级将帅,原先都是原沙俄军队的中下级军官,包括布琼尼元帅,被错杀的屠哈切夫斯基元帅、叶戈罗夫元帅,以及"二战"功臣朱可夫元帅、华西列夫斯基元帅、沙波什尼科夫元帅等;至于中下级军官则更多。为了保证对军队的领导和控制,苏共因此派了政治委员来保证党的路线的执行。[55] 在苏联早期许多企业、政府部门也都是如此。正

---

[55] 苏联红军中的政治委员制度开始于十月革命时期。1918 年 3 月,托洛茨基担任最高军事委员会主席,担负起红军的组织和领导工作。为了建立强大的职业化的苏联红军,他特意组成了专门小组,负责网罗沙俄、哥萨克、拉脱维亚、爱萨尼亚、捷克、立陶宛甚至北洋"参战军"中的优秀军官;同时他在部队创设了政治委员制,将一些可靠的共产党员派到军队里监视作为军事专家留在红军中的沙皇军官中的可疑分子,也为了组织好军队的政治工作和官兵的教育工作。营以上各级首长中都任命一名政委,他是党在军队里的代表,其级别和职权与这些军官相同,对所属官兵的政治上的坚定性和战斗力负责。政委的权力很大,其中包括可以否定指挥官的命令;但政委的权力大小和地位高低不但受苏联国内政治形势的左右,并在一定程度上也取决于政委和军事主官本人的人品和个性。

是基于苏联东欧国家的"政先党后"经验，欧美的研究已经形成了共产党国家党干扰政的这样一种模式。

这种模式在现当代中国则不完全适用。因为在近现代中国，无论是在执政之前还是之后，也无论是国民党还是共产党，都在不同程度上是党先政后。共产党则更是如此，共产党建立在前（1921年），共产党的军队（1927年）、政权和司法（1949年）的建立则在后，军队、政权和司法等国家机器都更多是共产党这个组织制度的创造（尽管中国共产党领导的军队早期的一些将领也曾担任过旧军队或国民党军队的中下级军官，但他们几乎全都是有政治追求并且是主动选择了中国共产党的军官，其中绝大多数还来自与中国共产党的政治追求有相似之处的国民党）。中国社会内长期流传的说法，是党创建了红军；是没有共产党，就没有新中国。这些说法是真实的；它有宣传的因素，却不是一个虚构。值得注意的是，这不全是我的发现，中国共产党其实很早就在实践上意识到了中国与苏东国家之间政工干部的差别。1936年，毛泽东曾就政治委员改任军事指挥员问题谈到了中苏之间的差别，即中共的军事干部、政治干部都是党培养起来的，不完全像苏联军队不少军事干部是从白军中转过来的，政治委员更多是党派到军队里监督一切的。[56] 这种现象在中国共产党政权、军队和司法中都具有相当的普遍性。想一想中国军队的将帅，新中国的外交官和中国的第一批大型项目的建设者。

因此，本文并不只针对阿帕汉等国外学者；我在中国，并且用中文写作，我预期最大量读者还是中国读者，本文的真正意义在于这批读者。我已经论证了，研究当代中国的法律制度一定不可能、也不应避开，而必须首先要理解，中国近代历史以及中国政党这个相当特别的大背景。所谓不能回避政党问题，至少有几个方面的含义。第一，不能不看到中国共产党在当代中国法律制度的构成中具有的几乎无所不在的巨大影响力，这意味着一定要把党作为中国当代法律制度的一个构成部分来看；因此，问题多多的中国司法现状也不是一种理论或观点错误导致的变态，而必须首先视为一种具体的常态。其次，尽管中国当代司法制度有许多弱点、问题甚至错误，并且都直接间接与中国共产党相关，但

---

[56] 杨成武：《杨成武回忆录》（上），解放军出版社1987年版，页334。

绝不能因此就看不到中国共产党对现代司法制度形成的贡献,事实上,有些缺点和错误与这些贡献很难区分,只是一个现象的两个方面。这两点,对于任何真正要研究中国司法制度的学者都是不能回避的。

对于许多中国当代学者来说,也许是出于对极左政治的厌恶、敏感和畏惧,出于对法治的向往,因此在讨论中国司法问题之际往往不愿或有意回避讨论政党;但本文也许还揭示了,这种沉默的背后也许还有另一种可能,没有能力把当代中国司法制度的历史和现实装入基本是基于西方经验的但被标签为普世的司法制度理论框架。因此,当面对中国司法制度存在的诸多与党政司法关系相关的问题之际,他们的回应方式大致是两种,一是大量列举外国的司法独立或司法审查的例子及其辉煌历史,或是想来说服中国人民、中国政府和中国共产党,按照西方模式推进中国的司法改革甚至司法革命,或是寄希望不谈论政党,让政党的影响力在当代中国司法中逐渐消失。作为推动中国司法改革的策略,这都不是没有道理。但是,我认为这种策略可能不会成功,甚至很天真。不可能成功的理由是,既然在中国党、政对司法的影响是历史构成的,已是一个既成事实,那么不论你喜欢与否,政党都是这个司法制度得以运转的一个重要的构成,如果要有效地改革司法,你就必须直面它。

回应的另一种方式是反对,这种情况在当下中国学者中也相当普遍,只是前提仍然是不努力理解这个制度的发生和现状。他们习惯于简单地把现状视为一个历史的错误,不看或看不到诸多中国的变量,看不到这些变量构成中国当代司法的因果关系。他们坚持一种传统的唯心主义历史观,而不能从一种谱系学的观点或历史唯物主义的观点来理解制度的历史,因此他们看不到哪怕当初曾经是司法中异己的力量,如今也已经被整合了。他们沉湎于想象中的纯真的司法诞生的那一辉煌时刻,以及那之后永远的天真无瑕和纯净。这种希望对于司法改革信念之确立以及司法改革的勇气都非常重要,但对于改革的成功毫无裨益。

上述两种态度,无论如何,问题都在于他们不愿意或者没有能力在因果关系的层面上直面历史。昨天的正当性和合理性并不意味着今天的正当性和合理性;这是毫无疑问的。今天,随着中国的改革和发展,党政司法关系一定需要调整改革。改革的出路,无论是1980年代中期提出的党政分开,还是今天的以扩大政党的包容代表性为特点"三个代表", 或是其他, 都需要法律人的仔细、精细的并且是长期的工作。但是, 历史的棘轮效应使得我们不可能从头开始。因此, 如果不能够客观地看待中国司法的昨天, 也因此很难合乎情理地理解中国司法的今天以及成功地展望中国司法的明天。昨天, 作为今天制度中一个变量, 一定会影响明天。而且, 无论如何, 在现代国家, 政党都一定会影响司法, 政党政治是现代司法制度构成和运作的不可避免的因素。因此, 中国共产党作为执政党, 一个在某种程度上仍然肩负改造中国建设中国的历史使命的政党, 一个在当代中国无所不在的政治力量, 哪怕你反对它, 也无法否认它; 即使有一天它不再是执政党, 它存在, 就仍然会以某种方式对司法有影响。总之, 我们都必须客观地而不是概念性地了解中国司法中的政党, 不仅为了中国的法律学术, 也为了中国的法律实践。

2005 年 10 月 29—11 月 15 日初稿于杭州—北京—深圳
2005 年 12 月 17 日二稿于北京

福柯的刑罚史研究及其理论贡献[*]
——读《规训与惩罚》

福柯（Michel Foucault）是法国著名思想家，生于 1926 年，1946 年进入法国最著名的高等学府巴黎高等师范学习哲学，后又研究精神病学。毕业后，福柯离开巴黎，在一些不很知名的大学担任教职，也曾一度离开法国，先后应聘在瑞典和波兰任教。1960 年返回巴黎任教，开始发表一系列确立其学术地位的重要著作。1970 年，福柯成为法兰西学院的"思想体系史"教授。1984 年因艾滋病去世。

福柯的学术思想深受尼采、马克思、涂尔干（Emile Durkheim）、弗洛伊德、阿尔都塞（Louis Althusser）等思想家的深刻影响。他不认为自己是一个马克思主义者，但他的著作中显然留下了马克思的思想和方法的影响。在其导师阿尔都塞——一位马克思主义哲学家——的影响下，他一度接受过结构主义，但福柯很快发现结构主义的缺点，同结构主义拉开距离。但影响是无法消除的，他后期著作中仍明显留下了结构主义的痕迹。在政治上，他 1940 年代后期曾一度参加法国共产党，但他从来不是政治活动积极分子，只是思想一直比较激进。个人生活上，他是同性恋。这种政治思想的倾向，以及个人生活特点，令他的思考和著作有非常独特的色彩。从一定视角上看，可以说他的全部著作都反映了一个被当时社会认为"不正常"的人或"异端"对所谓"常规"的反抗，并努力为"异端"寻求和创造一个生存的空间，让被常规压抑的一些声音能被人们所听见。从这个意义上讲，他代表了被现代社会的"常规"排斥的人们的呼声。

---

[*] 原载于，《比较法研究》，1992 年 2 期。收入本书时，有改动。

福柯的学术涉猎面非常广阔。他的主要著作有《疯癫与文明》（精神病史，1961），《临床医学的产生》（医学史，1963），《词与物》（英文版更名为《事物的秩序》，经济学、语言学和生物学史，1966），《知识考古学》（知识体制演变，1969），《规训与惩罚——监狱的产生》（刑罚史，1975），《性态史》（三卷本，1976—1984），以及答问集《权力/知识》（1980）等。福柯的学术研究获得了西方学界极高评价，在法国被认为是萨特之后最深刻和最富有创造性的思想家。在去世前的几年间，他全然是巴黎的明星人物，无论他说些什么都会引起社会关注。生前，他的众多学术著作在西方各国就几乎全有译本，对包括法学在内的众多社会科学学科影响重大，无论是学术思想，还是研究进路和方法。

福柯可以说是一位自成一家的法律社会学学者，虽然从未集中讨论法律，但他的法律社会学思想自成体系，对法律相关问题的分析思考遍布于其著作中，形成了相当独到的思想整体。严格说来，至少需要读他的一些主要著作，才可能把握其思想和方法。但由于福柯著作涉及的题材极其广泛——如同我前面提到的，加上他独特的理论思考风格，特别注意从微观层面切入，对经验细节展开高度理论化的思考，一反西方欧洲大陆学者更侧重逻辑思辨、抽象演绎、力求建立宏大理论的传统，很难仅仅以抽象的理论命题来概述福柯的著作。本文只能主要根据他的《规训与惩罚》一书[1]，同时参考他的其他著作和论文，介绍福柯的有关法律与社会问题的思考。《规训与惩罚》不仅直接探讨了现代法律的问题，这无疑也是福柯的最重要的著作之一，涉及了福柯思想的主要观点，方法上也很有福柯的特点。但我们又不能按传统法学的观点将这一著作视为一部仅仅有关刑罚方式演变的历史著作；其涉及的远远超出刑罚或刑法的历史，涉及国家、社会以及知识的变化和变革。福柯在书中提出了他对19世纪之前和之后西方社会和法律变化的一些基本看法，提出了许多独到、精辟和深刻的见解，对相关历史材料的解说令人耳目一新，似乎难以接受却又无法不接受。这一著作也体现了他的一贯追求的、由尼采首倡的谱系学（genealogy）的历史研究方法论。

---

[1] Michel Foucault, *Discipline and Punish*, *The Birth of the Prison*, trans. by Alan Sheridan, Random House, 1977.

这里必须简单解说一下福柯笔下的"历史"。福柯的绝大多数著作都有关历史。但福柯的"历史"不同于传统理解的历史。传统历史强调历史的因果关系，历史是围绕着所谓必然性单线展开的。受尼采的《道德的谱系》和法国年鉴学派的影响，福柯认为传统的历史叙述都将实在的历史过于简化和理论化了，忽视了并进而压制了实在历史的丰富性和复杂性，否认了历史的偶然性（historical contingency）。他的历史著作追求了一种"谱系学"的历史，力求展示历史的丰富、细致和复杂，展示历史上的各种力量的斗争和抵抗，而不是用简单的因果律来解释历史；他试图描述历史的偶然事件以及偶然事件的组合对人类社会历史的整体和久远影响。这种谱系学的历史并不是要重建一种"真的"历史，而只是为摧毁传统的目的论的历史和历史观，摧毁各种力图统帅一切的宏大叙事（grand narrative），诸如"历史潮流"这类主张，从而能为各种具体的知识和被压制的声音创造一个社会存在的空间。[2]这一追求可以说渗透在福柯的全部著作中。为此，福柯常被称为后结构主义者，或"解构主义者"（deconstructionist）。

一、《规训与惩罚》的核心问题

《规训与惩罚》一书一开始，福柯就展现了两幅对比极为鲜明强烈的关于刑罚的不同画图。一幅是1757年在巴黎公开处死一个阴谋弑君的罪犯。福柯细致和生动描述了这一惩罚过程，犯人如何被一刀刀凌迟，被油灼烧，被分尸，被焚烧，骨灰被抛弃，还描述了罪犯以及现场观众的反应。罪犯的躯体在非常程式化的国家暴力实践中完全毁灭了。这第二张图画则是80年后巴黎某监狱一张有关囚犯从早到晚的作息时间表。作息表展现的是对犯人日常生活极为细致、严格的规范和校正。与先前赤裸裸的暴力展现相比，福柯指出，这是一种全新的刑罚，它在悄然中和隐秘处进行，没有明显的暴力。

福柯认为这两幅画图代表了各自时代刑罚的风格，更重要的是，代

---

[2] 关于谱系学与传统历史学的分歧，更详细的论述，请看，Michel Foucault, "Nietzsche, Genealogy, History", in *The Foucault Reader*, ed., by Paul Rabinow, Pantheon Books, 1984, pp. 76-100。

表了现代和"古典"社会（古典社会在福柯著作中指的是我们通常所说的早期现代社会）中权力运作的不同方式。但福柯进而提出了一个核心问题：究竟是什么使那种对躯体公开展示暴力的刑罚在短短几十年间就消失了，为什么监狱会成为现代刑罚的普遍形式。这是他在这本书试图回答的核心问题。围绕着这一问题，他分析了刑罚涉及的技术和权力运行方式，展现了刑罚运作及其演变的广阔但又精细的社会知识背景。

福柯的研究确定这种刑罚风格的变化发生在1750至1820年间的欧洲和美国。他认为这种变化不只是一种刑罚严厉程度的量变，而是一种质变。之所以是质变，就因为，在福柯看来，刑罚惩罚的对象或客体从人的身体转向人的灵魂或精神；刑罚的目的从报复犯罪转向改造罪犯；刑罚技术上则从绞刑架转向监狱。福柯认为这些变化表现了司法深层特点的转变：不再关心犯罪和惩罚本身，而是关心罪犯本人，探求犯罪根源，力求改造罪犯，这些转变极其深远地影响了整个刑事司法制度。若让我来概括，可以说这是一种从犯罪学到罪犯学的转变。

这种转变引发了现代司法审判制度的关注点转移了，从判断/决违法犯罪的行为或事件本身转向研究罪犯的个性、家庭背景、个人经历和社会环境。[3] 这一关注点的转移必然导致在司法审判中引入各类专家，特别是精神病学家、心理学家、犯罪学家和社会工作者；引入的目的是要深入了解犯罪个体，积累和形成关于这些人的系统知识，确定他们在哪些方面不正常，如何可能改造他们。结果是整个刑事制度的转变——刑罚不再像传统刑罚那样看重惩罚了，而开始强调造就所谓的正常的守纪律的个体。这一制度的特点，就像美国刑事司法制度自称的那样，是一种"校正"（corrections）制度。

着眼的是刑罚，醉翁之意却不在酒，福柯将这一变化放在一个更为广阔的社会和知识背景中来考察。他认为，这一惩罚方式的变化是现代社会中权力运作模式变化的一个缩影。先前的时代公开展示物理性强权

---

[3] 在其他论文和著作中，福柯更详细地展示了这种变化。参见，Michel Foucault, "About the Concept of the 'Dangerous Individual' in 19th Century Legal Psychiatry", *International Journal of Law and Psychiatry*, vol. 1, pp. 1-18; 和 Michel Foucault, ed., *I, Pierre Riviere...*, Pantheon House, 1975。

暴力机构以及与之相伴的种种程式和仪典，如今已越来越多为基于详细、具体的知识而展开的常规干预和外观文明的"校正制度"所取代。现代的权力运作是完整的、不间断的系统化调整，而不是一阵阵的强制和压迫；权力运作的目的在于改造"惹麻烦"的个体，而不是从肉体上消灭或残害他们。

福柯由此超越了一般的历史著作和刑法著作。刑罚不再只是刑罚，而如同福柯说的，应当把刑罚理解为一种政治战术——始终存在于权力关系领地中的一种政治战术[4]；也不仅仅把刑罚视为一种镇压和压制性机制，因为现代刑罚也有其建构性的正面影响。换言之，现代刑罚的发展，与一系列关于人的科学——如社会学、心理学、犯罪学、精神病学以及医学等——的产生、发展和运用有内在的紧密联系。在福柯看来，人类社会从古至今一直都关心如何调教人的躯体，包括有效控制和自我控制每个人的身体，目的从来也不仅仅是不犯罪，不违法，至少还包括服从命令听指挥，个体之间的协调统一行动，等等。但关心罪犯的性格或心灵，则是这一悠久的政治社会关切在近现代的最新发展。

二、权力、知识和身体

这是福柯刑罚史研究的三个最基本但相互关联的概念，同时也是他研究其他统治结构的基础。汲取了尼采的洞见，福柯认为各种政治、经济和刑罚机制关注和试图塑造的原材料其实都是人的身体。因为无论生产、统治还是其他各种令自然人成为社会人的制度，从根本上看，都取决于成功征服对人的身体；也就是要让人体接受各种有意无意的训练，从而使每个身体在不同程度上变得可以驾驭、服从命令并有用。在众多制度中，有些主要依靠外部的强力，如强迫奴隶劳动。有的则力图使制度的命令内在化，成为每个个体的第二天性；这样一来，无需外部强制，一个人也能习惯地自动完成各种要求。这种有效自我控制的身体，

---

[4] Foucault, *Discipline and Punish*, pp. 23-24.

福柯认为，必须通过塑造个体的"灵魂"[5]而造就，被塑造的"灵魂"会转而指挥人的行为。

当权力与人的身体相遇时，不同的权力运作战略对身体会有不同影响。福柯说，"想到权力机制，我总是想到以毛细血管状存在的权力；通过这些毛细血管，权力触及每个具体的人，触及他们的身体，渗入他们的行动和态度，渗入他们的对话、学习过程和日常生活"。[6]福柯因此称自己的权力研究为权力的微观物理学。他认为，这种微观学说会比通常的政治分析更清楚地揭示权力的本质。

权力，在福柯看来，不应看做是只为某些阶级或某些个人独占的东西，也不应看作是一种可随心所欲的工具。所谓权力，福柯是指各种统治和被统治的形式，是力量不对称的平衡。权力存在于一切有社会关系的地方，每时每刻都在运作和实施，并不为某个或某些人独自享用。权力关系，如同其权力关系所寄存的社会关系一样，也没有一种特定表现形式。例如，福柯在《疯癫与文明》一书中就曾指出，疯子在历史上曾经被当做先知，后来才成为病人。疯子和他人的关系发生的变化，就在于两者之间的权力关系发生了变化。[7]

福柯特别注意权力关系的组成方式及其依赖的技术。绞刑架体现了一种方式，作息时间表体现了另一种方式，两者依赖的技术则完全不同。福柯不注意统治或被统治的群体或个人的具体行为及其结果，因为这种权力关系的结果往往会有各种变化，但这类变化不一定改变权力的组成方式。比如说，我们常常可能因各种原因在某些场合不相信某个甚至某些"知识里手"或专家的知识或技术，但这并未改变这样一种权力关系——我们确信那些被称为科学或知识的东西。在这里，权力关系通

---

[5] 福柯喜爱"灵魂"这个更"泛"的概念，因为其不仅包括人们有意识，包括下意识和无意识的习惯行为，是知识的在躯体中的存储。灵魂这一概念在我国常常被认为是唯心的、迷信的、不存在的，现已很少有人在学术著作中使用。其实，概念在很大程度上只是一个符号，用来表达我们对社会和精神现象的某种概括。从这个意义上讲，"灵魂"无所谓有或无，无所谓唯心、唯物，关键在于我们如何理解、界定和使用它，以及相应理论的性质。

[6] Foucault, "Prison Talk", *Power/Knowledge*, ed. by Colin. Gordon, Pantheon, 1980, p. 39.

[7] Michel Foucault, *Madness and Civilization, A History of Insanity in the Age of Reason*, trans. by Richard Howard, Random House, 1965.

过"知识"构成。福柯关心的就是权力及其实现的形式：结构关系、机构、战略位置、策略和技术。他认为，这样的权力在社会生活中普遍存在，也不限于正式的政治生活和有公开冲突的领域。他还认为，可以把权力看成一种富有成效的正面力量，而并非一种压迫的力量，因为权力会影响人的行为，并会利用人体的力量来实现其目的。从这个意义上看，权力通过个人运作，而并非以其运作来反对个人；权力构建了个人，同时个人也是权力的载体和传送者。

福柯认为，任何权力行使都必定伴随知识，都必定以一定的知识为基础。权力形式与身体的关系总会与特定的具体知识相联系。所谓知识，在福柯看来，并不是什么高大上的东西，就是一种诀窍（know-how），是技术和策略运用赖以成功的诀窍。任何政策和行动纲领中固有的认识方面的内容就是知识，任何权力运用都必须了解和知晓权力运用的对象是谁，权力运用的场地如何，差别只是程度不同。要成功控制任何对象，无论是人还是自然物，你都必须对对方有一定程度的理解。了解越多，你就越可能有效控制对象。因此，在福柯看来，从来就没有什么"赤裸裸"的权力或暴力。即使公开行使的暴力，也一定是受特定知识指导。这就可以理解福柯在《规训与惩罚》一开始为什么精细描述了昔日死刑执行的过程和步骤：如何让罪犯的肉体痛苦最大化，却不让他痛快一死。福柯的目的就在于让这一惩罚过程本身说话——在这种所谓的"不文明"的死刑执行中，也渗透着知识和技术。只要想一想莫言小说《红高粱》，描写的日本鬼子下令杀猪匠活剥抗日者的那段文字就可以明白这一点（大意是，脸上肉已割尽，但血管仍如青蚯蚓在鼓动）。[8]甚至，在什么场合下以什么方式、运用什么样的权力/暴力，这本身也是一种"知识"；因此才有所谓"知己知彼，百战不殆"的说法。知识从来不等于，也不引导着文明、善良、博爱。也因此，福柯认为知识和权力的关系是内在的，双方各自隐含着对方，增强着对方。事实上，法语中"权力"（pouvoir）一词与知识（savoir）两个词的词根相同。福柯由此创造了一个"权力/知识"的概念来表达这一关系，强调两者的内在联系。他之所以在英文版《规训与惩罚》中用规训（discipline）这个词来概括

---

[8] 莫言：《红高粱》，载《人民文学》，1986年3期，页18—19。

现代社会的以监禁为中心的惩罚体制,也恰恰因为这个词在西文中(法语、英语、德语、西语以及拉丁语——尽管拼写略有差异),既有纪律、训练的含义,也有学科的含义。

基于这些概念,福柯的刑罚史以及国家史,从根本上看,就有关权力、知识和人体相互关系的发展和变化。尽管福柯没明说,他的描述和叙述中体现的基本命题就是,权力、知识和身体三者的关系是社会和历史变化的基础。在福柯看来,如果把刑罚变化看成是法学家的知识或理论追求的结果,看成是近现代西方社会越来越人道,个人主义日益发展的结果,那就只看到了表象,就太肤浅了。刑罚变化是权力、知识与人体三者关系发展变化的结果。也正因此,福柯的这一刑罚史著作就不仅仅是刑罚史,而如他自己所说的,是政治解剖学的一章。他对刑罚的解释深嵌在社会总体中,他努力从刑罚中发掘了决定包括刑罚在内的其他社会现象的最根本的制度和知识结构。

可以用绞刑架来理解这些概念和福柯的理论。福柯在《规训与惩罚》的第一章力图揭示公开执行肉刑和死刑的寓意,指出规定并指导这种执行背后的法律政治构架,以及在19世纪末20世纪初废弃公开执行死刑和肉刑的理由。福柯特别强调这些刑罚措施背后的政治考量,认为这类刑罚是当时总体政治统治策略的要素之一。公开的肉刑和死刑并非如同启蒙批评家抨击的那样,只是一种肆无忌惮的暴力运用和展示。在福柯笔下,肉刑的执行完全是一个精心安排精心实施的事件,与当时的一整套法律原则和程式密切关联。这些原则和程式指挥并控制着如何运用肉刑,如何执行死刑,令这一刑罚获得了特定的寓意。

首先,这种肉刑是一种尽可能让受惩罚者"活受罪"的艺术。这种刑罚追求的并非死亡本身,而是要把一个本来可以痛快死亡的事件分割成一个"千刀万剐"的正当的死亡程序(这是在批判时下流行的"程序正义论"吗?)。受规则指导,它可以量化且不断增加生产者痛苦。这个肉刑又是社会仪式的重要组成部分:不仅要在罪犯的身体上烙下权力正当合法行使的印记,而且要让现场所有观众亲眼目睹这一权力的正当,以及这一权力的胜利。[9]在肉刑实施过程中,权力和知识同时对人

---

[9] Foucault, *Discipline and Punish*, pp. 33-34.

的身体发生作用，不仅惩罚了罪犯的身体，还规训了观众的灵魂和身体。

肉刑还是生产司法真相的过程。当时，肉刑本身就是法定的司法调查程序的一部分，用它来获取口供——当时被认为是最强有力的证据。有了口供，不仅证明了刑事指控合理，也证明了法官判决正确。今天许多学者和批评家都批评刑讯，努力将之描述成专横任意的，但依据大量史料，福柯比刑法史学家更犀利更精细地指出，其实刑讯逼供的适用从来都受到细致的控制，必须严格遵循一些规则。只有在——按当时标准——有足够人证物证表明被告嫌疑重大，且所犯之罪一看就是重罪的情况下，才允许使用（我国古代也是这种情况，而并非如同某些学人说的，不分青红皂白，抓到一个人就刑讯逼供〔10〕；也不会因某人仅偷了一只鸡拒绝承认就"压杠子"；违反刑讯法规者也会受到包括刑罚在内制裁。〔11〕）。福柯指出，当时，英国除外，绝大多数国家的刑事司法全过程都是秘密推进的。在整个调查过程中，被告甚至不知道国家已经掌握了哪些对他不利的证据。正如福柯所言，知晓案情是提起诉讼的一种绝对特权，确立真相/理是主权者及其法官独占的权力。〔12〕但反过来，这种受各种规则节制的司法权运用也是发现和创造犯罪真相、获得相关知识的过程。当确认某人有罪并公开惩罚之际，惩罚的过程也就成了公示证据和判决的过程，是揭露犯罪的过程。严酷刑罚之下，罪犯之供认不仅证明了这一犯罪的真相，而且证成了这一刑罚的"公道"与"合理"，这就进一步再生产了惩罚者实施刑罚的权力，以及获取相关"真相/理"的机制。

公开行刑还是一种政治的仪式，有特殊政治功能。按照当时的政治法律理论，法律被理解为也被定义为"主权者的意志"，因此犯罪所侵

---

〔10〕"在封建君主专制国家的刑事诉讼中，实行有罪推定，被告人在未确定有罪以前，就被作为罪犯对待。被告人不供认，就要受到拷打。"请看，陈光中：《无罪推定》，载《中国大百科全书》（法学），中国大百科全书出版社1984年版，页625。

〔11〕"不以情审察及反复参验，而辄考者，合杖六十。"长孙无忌等：《唐律疏议》，刘俊文点校，中华书局1983年版，页552。又请看，"诸应讯囚者，必先以情审察辞理，反复参验，犹未解决，事须讯问者立案，同判然后拷讯，违者杖六十。"窦仪等：《宋刑统》，吴翊如点校，中华书局1984年版，页474以下。

〔12〕Foucault, *Discipline and Punish*, p. 35.

犯、所攻击的就是主权者；由此刑罚则被视为主权者对违法者的报复。支持刑罚的是主权者拥有的对敌宣战权[13]，并将按照与战争相似的程序展开。在这种观念的指导下，司法正义就是展示暴力。受惩罚者的身体就仿佛屏幕，主权者把主权投射其上，罪犯身体的伤残则铭刻着主权权力。公开行刑就力图以这种强烈对比令公众理解法律背后的主权者及其拥有的绝对权力。也因此，行刑时公众是必须在场的，他们是这一政治仪式的交流对象，是这一权力实际运作不可缺少的构成部分。

但行刑也是一种庆祝仪典，它庆祝主权者的胜利，庆祝敌人的失败。在这庆典的中心矗立的是主权者的权力，并非正义/司法的力量。福柯特别敏锐地指出，有时，就在行刑前的那一刻，主权者会赦免罪犯，或"刀下留人"暂停行刑。如果真的如同人们习惯认为的那样，指引刑罚的是正义，福柯尖锐指出，那么，主权者就不可能也没有理由赦免或暂停行刑。然而，主权者只有以这种方式处置"司法/正义"，通过罪犯身体这块大屏幕，才能最充分地展示了主权者的力量和意志。[14]

但福柯并非一位唯意志论者。肉刑和死刑之所以公开运用，为各国广泛采用，当然体现了主权者的权力和意志，却不只是其权力和意志的结果。福柯认为，也分析了，众多外在于司法的社会文化和人口条件，都在一定程度上令当时的人们对人体持这种态度，对死亡麻木不仁，如当时的劳动力很廉价，基督教一直关注灵魂轻视肉体，以及各国普遍的高死亡率等。但最终说来，福柯认为，是由于当时特殊和广泛的社会治理功能，才使得公开执行肉刑和死刑得以持久存在。

三、刑罚的改革构想和实际置换

但是，为什么在18世纪末，以绞刑架为典型标志的司法制度在很短时期内，即为一种据称很人道的制度取代了呢？通常的解说是"启

---

[13] 中国古代同样视惩罚为战争的一种，因此，"大刑用甲兵，其次用斧钺；中刑用刀锯，其次用钻笮；薄刑用鞭扑。大者陈之原野，小者致之市朝"。班固：《汉书》，中华书局1962年版，页1079—1080；又请看，徐元诰：《国语集解》，王树民、沈长云点校，中华书局2002年版，页152。

[14] Foucault, *Discipline and Punish*, p. 53.

蒙""理性"或"人道"。[15]福柯坚持他理论的统一性,将刑罚置于具体的社会历史语境,运用政治经济学分析,对这一问题做出了深刻且强有力的回答。

从政治和阶级的角度切入,福柯从大量的历史材料中,发现18世纪末,有些公开行刑居然蜕变为社会骚乱。观众不是服从统治者,而是嘲笑统治者;被惩罚者则常常成了民众心目中的英雄。这就印证了前面提及的,在福柯的分析中,权力支配关系并非某个人或某个阶级独占的,社会生活中的权力关系是可能流变的。这种权力关系的流变在18世纪末变得日益明显。由于各阶级和阶层间的矛盾日益尖锐,越来越多的时候,行刑现场的观众可能认为刑罚不公正,认为刑罚代表的是统治阶级的利益。这类集会因此不时会变成骚乱,甚至成为民众起义的导火索。[16]这种骚乱或社会动荡直接威胁国家权力。在福柯看来,这种政治考量是废弃公开行刑的最直接的因素。

福柯也分析了法国大革命之前18世纪思想家对当时刑事司法制度的批判。当时的一些批评家确实通过小册子、传单和请愿书,以新的术语和论述抨击了当时的司法制度,宣扬所谓人道原则和人权。他们认为对罪犯也应适用这些原则,希望限制刑事司法的专断任性,使刑罚更"仁慈"。然而,研究这一时期的另一些学者认为[17],真正组织和推动这一改革运动的力量并不是某种哲学体系或人道主义;人道主义只是当时社会变革的一种便当的正当化理由。

根本原因是经济社会的变化,由此引发主要犯罪形式的变化。随着近代工商业的发展,财产犯罪增多,城市贫民的增加也导致罪犯日益职业化。与先前社会的最重要的财富是不动产不同,工商资本主义的最重要财产形式更多是动产,无论是各种商品还是货币,城市中产阶级的财

---

[15] 特别是归功于贝卡利亚和边沁。用人道主义对西方刑罚变化的历史进化解释在当代中国刑法学界也一直占了统治地位。

[16] Foucault, *Discipline and Punish*, pp. 58-68.

[17] 请看,涂尔干对刑罚变化的理论和实证分析,Emile Durkheim, *The Division of Labor in Society*, trans. by W. D. Halls, Free Press, 1984; "Two Laws of Penal Evolution", trans. by T. Anthony Jones and Andrew T. Scull, *Economy and Society*, vol. 2, 1973, pp. 285-308。又请看,Georg Rusche and Otto Kirchheimer, *Punishment and Social Structure*, Columbia University Press, 1968 (original 1939).

富积累也更多以动产为主，而城市的财产犯罪对此构成重大威胁。[18]资本主义的发展使得地位上升的中产阶级对普通民众的不轨和不法行为逐渐形成了一种更严厉的新态度。在先前农耕经济中，诸如逃税、拖欠房租、走私、偷猎、到他人地里拾庄稼这类不法行为广泛存在，但因为数量有限，人们通常能接受。但在如今日益严格的私有财产制度下不太能接受了。然而，当时的司法制度，在财产犯罪上，仍以中世纪不动产为核心的财产概念组织结构。在这一制度中，侵犯价值更高的不动产才构成犯罪，但现实中侵犯不动产很难；侵犯动产则会在数额上参照侵犯不动产。在传统农耕社会，小偷小摸之类的行为，很难高达侵犯不动产的数额。但在商业资本日益发达的时代，各种形式的动产无论是货币还是商品数量激增，非但侵犯更容易，更重要的是，侵犯动产的价值也很容易激增。试想，工商社会中偷窃或贪污1万元现金或物品有时就是举手之劳，但在农耕社会很难偷盗并实际侵占价值1万元现金的动产——无论是粮食还是牲口。换言之，经济社会语境的巨变引发了严重的"罪刑不相适应"问题。

不仅如此，由于18世纪欧洲大陆各国的司法制度很不统一也不规范，众多的法院和不同的法律，竞争的管辖[19]，没有组织化的警察，以及其他社会漏洞，在各地交通通讯日渐增加的条件下，也令普通人更容易察觉各地罪刑不相应不统一的问题。一个人的同一行为在甲地和乙地受到的惩罚差异相当大。这种刑罚制度，面对工商社会，过于严厉，又太没效率。批评者因此要求建立一种更"合理"、更确定的刑事司法制度。这种制度必须有广泛细致的社会治安措施，系统和统一的刑事程序，以及罪刑相适应的刑罚。刑罚不过分严厉也不过分仁慈，运用起来应比较确定和全面，能深入到"社会机体的最细微处"。[20]这种刑事司法构想不仅要求以新方式有效防止社会底层的犯罪，也必须限制主权权

---

[18] Foucault, *Discipline and Punish*, p. 75.

[19] 18世纪法国的伏尔泰曾嘲弄说，大意是，从里昂到巴黎，经历的不同法律辖区，比他更换马匹还频繁。一个地方就一种法律，一个法庭一种法律；甚至，仅巴黎一地的法律就有25种说法（jurisprudence）。Voltarie, *Political Writings*, ed. and trans. by David Williams, Cambridge University Press, 1994, pp. 15-16.

[20] Foucault, *Discipline and Punish*, p. 80.

力的任意和专断。为了这两个目的,从19世纪初开始,重大刑事司法改革遍布欧洲各国,法典编制,确定罪名以及相应的刑罚,重建诉讼程序和法律管辖。刑罚被改造了,以适应新兴的现代社会结构。

在这一政治经济变化催化的刑罚改革背景下,福柯特别仔细分析了以贝卡利亚、边沁为代表的18世纪法学家提出的刑罚理论。[21]福柯指出,尽管今人通常认为刑罚制度改革是以这些改革家的理论为指导的,但今人实际采用的制度与改革家的理论构想差距巨大。可以说,历史给我们来了个偷梁换柱。

18世纪的改革家基于一种新的"人性"和"事物秩序"的观念,主张一种"文明的"惩罚方式,一种有别于昔日过分严厉的惩罚制度,但更为有效。鉴于先前的惩罚过于专断,他们主张惩罚应当是再现的(representational)、符号的,即惩罚与犯罪之间必须有"自然的"联系和秩序。惩罚应当反映了犯罪自身:要以工作来制裁闲混,以羞辱制裁虚荣,以剥夺生命来制裁剥夺他人生命,以剥夺财产来制裁侵犯他人财产,等等。[22]他们认为,这种罪刑对应的"类推式"刑罚在罪与罚之间建立了一种显然合理的关联。这样一来,刑罚就不再是政治权力的展示,不再是专断意志的体现,而具有了自然的法律权威和效力。虽不以施加痛苦为目的,但由于这种刑罚直接针对引发犯罪动机的那些利益,这种类推式刑罚会更有效消除犯罪的根源。刑罚改革者还坚持预先公示刑罚及其含义,让所有人都知道,刑罚是每个人的行为范本,也为了每个人的利害。如果刑罚的目的在于影响人,那么如今的刑罚试图影响的就是公众的能计算推理的大脑,而不是用疼痛来威胁人体。在这个意义上,刑罚已是一种文明的教育,而不再是一种恐吓。因此,在改革者心

---

[21] 请看,贝卡利亚:《论犯罪和刑罚》,黄风译,中国大百科全书出版社1993年版;Jeremy Bentham, *The Principles of Morals and Legislation*, ed. by Robert M. Baird and Stuart E. Rosenbaum, Prometheus Books, 1988.

[22] 值得注意的是,尽管康德和黑格尔主张的实施刑罚的理由与贝卡利亚以及法国改革家似乎完全不同,前者是"非功利主义的",而后者是功利主义的,但在刑罚与犯罪应有对应这一点上完全一致。参见,康德:《法的刑而上学原理》,沈叔平译,商务印书馆1991年版,页164—167;以及,黑格尔:《法哲学原理》,范扬、张企泰译,商务印书馆1961年版,页103—107。康德著作初版于1797年,黑格尔著作初版于1821年;两书写作和出版时间均在福柯确定的欧洲刑罚变革的1750—1820年间。

中，理想的刑罚就是一种课程、一种符号、一种公共道德观念的代表，一套由各类惩罚组成的、再现不同犯罪行为的、针对不同利害的、警告一切人的惩罚体系。[23]

但在这一时期实际发展出来的却不是改革家设想的刑罚体系，而是一个以监禁为标志的刑罚体系。监狱几乎成为制裁一切犯罪的标准方式。在福柯看来，监狱是这一奇怪历史现象的核心。他指出，普遍使用监狱，以及与监狱相联系的隔离、秘密和单一特点，这与改革者的理论很矛盾。同样令人惊奇和发人深省的是，大量使用监狱也不是历史的惯性。福柯发现，在大量用监狱惩罚犯罪之前，在大多数国家的刑罚制度中，监禁不仅很少使用，而且地位也不重要；当时的监狱就像拘留所，用来关押等候审判和惩罚的被告和罪犯。既然监禁本身并非一种常规刑罚，因此，就值得追问，为什么短短几十年间，从欧洲到北美，监禁迅速取代了其他各种刑罚而成为法定的普遍刑罚模式呢？

四、监狱规训的起源

对监狱起源的解释通常会追寻到西欧北美更早的几个重要监狱。这些监狱都强调工作和改造，也都建立了一套与刑罚改革者的纲领更相似的制度，即以改造人为目的，并不强调惩罚。但尽管目的相近，最后走的却不是这条路。这些监狱实际运用了不同的技术来改造个人，发展出了多种技巧来处置人的身体和灵魂。当年改革者的主张是从观念入手，用符号、授课和陈述来说服罪犯，让他们学会计算个人利害。监狱却与此相反，着眼于训练人的身体，把罪犯组织起来，仔细安排身体活动的时间和节奏，通过规训身体，最终改造灵魂这个"习惯的居所"。监狱完全按行为主义模式操纵和改造个人，并不努力影响囚犯的道德观念。因此，改革者设想的惩罚模式与实际建立的以监狱为基础的制度有重大不同。只是这种不同主要是技术上的，而不是法律上的，也不是什么理论层面的。

为何监狱会成功置换了改革者的要求，以及他们的刑罚理论逻辑？

---

[23] Foucault, *Discipline and Punish*, pp. 104ff.

监狱及其逻辑来自何处？为什么它会如此迅速和普遍地被接受？

福柯并没直接回答这一问题。不是按照许多学人的习惯思路，探讨刑罚观念和法律理论的演变，从思想史或理性发展史中寻求答案，福柯转而考察了更广阔背景的社会变化，非观念和语言表达的社会变化，特别是社会规训技术的演变。在这里，暂时放弃历史叙述，他以一种结构主义方式来阐述他的观点，勾勒出有关规训的权力技术或技巧。他追求展示规训的权力逻辑和运作原则，而不描述规训的发展和运用史。

规训，在福柯看来，是一种如何主宰人的身体，从而使之服务于一定目的的方法和艺术。规训在各个社会一直存在。只是文艺复兴以后，人们重新发现了作为权力之客体和目标的人体：可以不用暴力而仅凭一些新技巧来完成对身体的控制和改善。这些新技巧不是启蒙学者发明的，而是在各种社会生活组织机构中逐步发展累积起来的，在军营、修道院、学校、医院和各种作坊。福柯的许多著作都展示了，16世纪以后，在这些机构中逐步形成了这些规训的方法，并逐步推广到一切可适用的时间和地点。[24]

从这一历史时期的各种规训实践中，福柯抽象出了规训的一般方法和原则，叙述了其特点。他认为，规训关注的主要不是身体的全部，而是身体的运动和姿态，目的是增加动作的有效性以及与他人协调行动。为了这一目的，规训要求不间断地监督人的身体，时刻警惕每个动作是否规范，无时无刻都严密控制着身体。[25]

为了实行这类控制，逐渐发展出一些组织原则。这些原则本来是适应一些具体机构的需要而形成的，但后来逐渐被普遍化了，推广应用于其他场合。比如说，为把一大群散乱的个体组织成有战斗力的部队，军队中就采用了军衔制度。军衔制就是通过区别和分类使原来的无序群体变成有序。军队还进行单兵训练，分别观察、监督和评价每个士兵各自的行为，校正不合格的动作。在此基础上才可能有效指挥和调动士兵，军队才可能作为一个整体协调有效地执行军事任务。为了提高效率，这

---

[24] 除上面已提到的著作，还可参见，Michel Foucault, *The Birth of Clinic*, Vintage Books, 1975; *The Order of Things*, Random House, 1970; 以及, *The History of Sexuality*, vol. 1, Random House, 1978.

[25] Foucault, *Discipline and Punish*, pp. 135ff.

种从军队中产生的组织原则和人员分布形式很快被学校、工厂、医院等机构采用了。类似的规训原则和程式还有从修道院里发展出来的时间表，就为严格控制教士修女，特别是控制他们的世俗欲望和行为。时间表以快速紧凑的节奏调配时间，组织人的身体活动，规定周而复始的工作程序。时间表不仅提高了工作效率，更重要的是它使这些活动成为习惯，成为每个人的"自然"活动，这可以有效排除其他可能发生但"不自然"的选项（福柯在此显然指男女同性恋）。在较小的规模上，从军营和工厂里发展出 manoeuvre（法语，大致等于操纵、操练、演习）的概念，即按规定配置重复某种动作或姿态，以此来增强动作有效性和操作武器或机器的协调性。所有这些方法最终都是要驯服人体，令其有用、程序化且有效，从而圆满履行规训所期待的社会功能。

因此可以说，规训的目的在于人体及其行为的规范化。福柯认为，人不会自然而然地也很难始终如一地服从命令，遵守秩序，因此任何掌控身体的中心问题就是如何让身体服从指令。规训的关键点在于，它不是等出了问题再惩罚，而是采取了一种全新的制裁方法，福柯称之为"规范化"的制裁。这种制裁的指导思想是校正行为而不是惩罚肉体，着眼于诱导行为遵纪守法。这种制裁，因此，首先就一定要有一套作为标准的行为规则，可以据此来评估个人的行为；还需要一种方法来观察、评估和测定个体究竟如何行为。监督考察的程序会提供这方面的知识，不服从或与规定标准相违的行为和事件。由于这种制裁的目的是校正而不是惩罚，这种制裁也就必然日益趋于成为一种锻炼和训练。锻炼和训练有助于行为的规范化和整齐化，也有助于人自我控制。此外，对个体的具体观察和纠正也会促进了人的个体化；个人主义（individualism）作为规训的功能需要和结果在社会必然发展起来的。福柯由此对近代个人主义作为一种社会现象和思潮的发生发展提出了一种全新的解释，提供了一个独特的研究角度。

在这种制裁制度中，福柯认为核心是考察。考察就要求并能够贴近观察、辨识，并按标准进行评估确认何为不轨。与考察同样重要的是档案记录或/和病历记录。对个人特点的分别观察和测定，加上长时段的记录，就有了系统的资料，可以前后比较个体本身，也可以与他人比较。在这些细致入微的日常实践中，逐渐积累并产生了细致又系统的关于人的知识，最终导致各种关于"人的科学"在现代发生，如犯罪学、心理学、社会学、精神病学。福柯尖锐地指出，正是这些观察、考察和测定的程序，以及观察、考察和测定必须将个人孤立起来，必须控制这些孤立化的作为研究对象的个人，也即一种特定的知识/权力，促使这些学科发展起来了。[26] 这样一来，福柯也为18、19世纪以来产生和发展起来的各种"人的科学"提出了一个知识谱系学的全新理论解说。在他看来，不能把这些学科或知识视为独立于社会权力关系之外的纯智识产物，而必须理解其深深根植于权力/知识及其与人体的关系，是关于这些关系的各种知识结晶和研究方法或技术。

福柯特别以18—19世纪的英国哲学家、法学家边沁提出的圆形监狱（Panopticon）作为这种权力知识的最佳说明。边沁在1791年提出建立一种圆形监狱，圆形监狱中心建立一观察塔，沿着圆的外沿建立许多单人牢房，牢房朝外一面不设门窗，朝里的一面则安装玻璃，玻璃的安装以及光线的调整都有特别设计，让位于观察塔上的人可以清楚看见分散在各自牢房里的囚犯，牢房里的囚犯却看不见位于塔上的人。设计和建造这种监狱就是力求令人的身体个体化，并完全受制于位居中心的观察者/监视者的知识和权力。在这样的监狱内，由于这一特殊的空间位置调度，囚犯无法判断中心的观察塔上究竟有没有人监视自己，因此囚犯会觉得自己的行为一直都在"光天化日"之下，既是在知识的目光凝视之下，也是在权力的目光的威慑之下，这张知识/权力织就的天网会令囚犯惴惴不安，他只能按照监狱的规定自我规训。久而久之，囚犯习惯了，会变得驯服。权力/知识者因此甚至不再需要实施制裁。权力/知识的对象，即囚犯，已在如此结构的知识/权力的时空中自我实行了制裁并按照要求行为了。对血肉之躯的直接惩罚就逐渐为一个虽文明却更有效的统治结构取代了。

---

[26] 尽管这一结论有点骇人听闻，但是确有不少证据表明有一部分关于人的科学就是在这种权力支配下发展起来的，例如关于放射线的伤害以及治疗的研究成果。最极端的是纳粹德国为了战争，用人体进行的各种医学试验获取各种经验证据，积累医学知识（请看，〔美〕威廉·夏伊勒：《第三帝国的兴亡》，董乐山等译，世界知识出版社1979年版；特别是第27章的"医学试验"一节）。除了在纳粹的强大的权力支配下外，否则这些知识无法获得。

特别值得注意的是，这里的权力运作在相当程度上是自动完成的和非主观的，因为它只是某种空间配置使囚犯行为随时能为人们看见的结果，与在此空间中各位置上的人——无论是观察/监视者还是被观察者/囚犯——的力量和心态无关。这种格局的建筑设施使得特定的知识/权力关系得到完善，直接运用权力已不再必要，这个建筑本身已经建立并支持了一种独立于权力行使者本人以外的权力结构关系。在这种权力关系下，甚至每个囚犯自己都是这种权力关系的生产者之一，也就是说，只要他位于特定位置，这种权力结构和权力关系就建立了。

边沁的圆形监狱建议实际并未被采纳。但福柯认为，这其中体现的规训原则却因其有用和有效很快为社会各主要机构采纳，并最终在整个社会中普遍化了。福柯认为所有现代权力运作形式都受规训原则的影响。他因此甚至称现代社会为"规训的社会""监视的社会"。[27]这些判断很像是故作惊人之语，但福柯分析的现象确实在现代社会中普遍存在。比如说，我们几乎所有人都在不同程度上接受了某些关于正常体重、正常睡眠、正常饮食以及正常心理的标准，我们也经常自觉检查自己的体重是否过胖或过瘦，检讨自己睡眠和饮食状况，自我反省自己心理是否健康。换言之，且不论我们会为体重增加而忐忑，还是为成功降低体重而兴奋，只要我们平日里自觉站上磅秤之际，我们就成了站在观察塔上的那位看守，就会按照自己接受的那个社会"正常"标准（规范），监视、观察和判断着我们自己的，有时还有他人的，身体，并可能会在一定程度上调整与体重相关的自己的一系列行为。

甚至现代社会的自由、民主也与规训休戚相关。福柯认为，规训的发现和普遍化与资本主义民主制度的产生和传播密不可分。他将这种关系概括为"启蒙运动发现了自由，也发明了规训"。[28]在他看来，正是规训的普遍化才使民主制度的普遍化与（自由主义的）自由的扩展成为可能。没有这种广大的权力关系作为社会基础，即令大众接受秩序和规训，那么所谓的自由也无法扩张。由此，规训构成了现代社会的法外之法，或基本法（infra-law）。这一点与霍布斯的观点——法律下的自由意

---

[27] Foucault, *Discipline and Punish*, pp. 189, 209, 217.
[28] Foucault, *Discipline and Punish*, p. 222.

味着早先曾有过一个对人的征服过程——完全一致。[29]也因此，福柯认为规训是民主以及平等为原则的法律框架的另一面，是其"阴暗的一面"。[30]规训的效果就是消减交易公平，削减法律规定的人人地位平等，虽然在法律上看不见，但这种规训关系，这种权力关系却时刻在起作用。规训把实际存在的限制和控制引入到表面看来完全自愿的契约行为中，从而允许受法律约束的自由以及基于习惯的统治得以共存。

从这个大的社会语境再回到刑罚史来，我们对监狱的发生和发展就会有一种新理解。在福柯为我们展示的这样一种总体关系中，监狱的产生就是顺理成章。监狱的产生和广泛采用不过是更广泛的社会现象——规训的扩展和普遍化——的一方面。尽管许多西方学者不能接受福柯对西方社会分析得出的这一结论，却不能不承认福柯的分析有历史根据，也符合现实。的确，对规训和社会规范化的关注已渗透到何止是现代司法制度，事实上已成为现代法律的基本框架了。

福柯的结论是一般形式的监狱机构是在更大范围内——即社会——的规训发展中形成的，然后又渗透到整个社会的法律制度中的。因此，19世纪的刑罚变革就不能视为是道德观念的不断外化，而应视为权力

---

[29] 请看，[英] 霍布斯：《利维坦》，黎思复、黎廷弼译，商务印书馆1985年版。在这一点上，其他17、18世纪的自然法学家似乎也都赞同福柯，他们都提出自然状态下的个人部分的或全部的放弃个人的自然权利服从通过社会契约建立的公共权力，这实际上也就是对个人的征服然后有普遍的法律下的自由和平等。然而，霍布斯及其他人在如何实现征服的思路与福柯的完全相反。他们的思路，用福柯的话来说，是"从大量的个人的不同意志中蒸馏出一个国家的意志"（请看，Foucault, "Two Lectures", *Power/Knowledge*, 同前注6，p. 97）。然而，从逻辑上看，这种构想也是说不通的。因为建立契约的前提是这些个人已经有一种共识（或明的或暗的契约），即每个人都要遵守契约。在纯自然状态下的众多个人如何可能建立或形成这种共识和契约，社会契约论者无法回答。以至后来的社会契约论者如康德和罗尔斯都不得不首先明确社会契约是一种假设或提出许多先决假设。福柯的历史分析则为这种共识和契约的形成提出一个新的可能的基础——对每个个人的自然性的征服。这种征服不仅是肉体的，而且是灵魂的。值得注意的是，这种自由是规训或纪律的产物，表面看来是反自由主义的，却是与自由主义相通的，例如，弗格森曾指出，"自由，并不像其字面那样，意味着什么约束都没有；相反，自由意味着对自由社会的全体成员最有效地施加各种正当约束"。(Adam Ferguson, *Principles of Moral and Political Science*, vol. 2, 转引自, F. A. Hayek, *Law, Legislation, and Freedom*, vol. 1, Routledge & Kegan Paul, 1982, p. 157)；以一种温和方式，哈耶克提出了同样的观点："渐进演化的文明之规训（discipline of Civilization），使自由成为可能；文明之规训也就是自由之规训"（F. A. Hayek, *Law, Legislation, and Freedom*, vol. 3, Routledge & Kegan Paul, 1982, p. 163）。

[30] Foucault, *Discipline and Punish*, p. 222.

知识与人体的关系变化发展史的一个章节。由此来看，欧美早期的监狱只是在模仿社会中的其他规训机构，谈不上是一种创新。这也就回答了为何监狱会被迅速接受为一种"自然的"和"理所当然的"刑罚。在一个早已习惯了规训机制运作的社会中，监狱从其一开始就是不证自明的。

五、监狱和规训在现代社会中的作用

坚持他对权力一贯的分析逻辑，福柯不认为监狱和规训在现代社会只是一种压制的力量，他认为，监狱和规训在权力/知识的许多方面都是一种促进的力量，一种构成性力量。由于监狱对犯人实行隔离、观察和个体评价，这就使专家不再抽象思考违法者。从法律上看，违法者除了犯了罪之外，与常人并无不同；但在监狱内，才可能高度集中关注具体的个体违法者，努力确定他们每个人是什么类型的人，发现各自的个性以及与他们所犯之罪间的关系。从这个意义上，是监狱这个权力/知识体制和机构发现和创造了违法者（delinquents），发现了这样一类人，他们的身世、个性和环境使他们有别于一般正常人。正是在对犯罪这一社会实体的调查和描述中，规训性的监狱积累了大量关于罪犯的信息，从而才产生了一种关于罪犯和犯罪的经验性的总体知识——犯罪学。

福柯的这一论述具有重要寓意。他实际上认为监狱并没"发现"违法者，而是在两种意义上"制造"了违法者。首先是字面上的意义，即监狱制造了累犯：违法者由于进了监狱，在社会上背上恶名，监狱环境还进一步弱化了他的道德观念，也失去了工作技能，即便出狱后也容易再次犯罪，最终很可能成为职业罪犯；同时，监狱也会令罪犯的家庭成员因生活困难走上犯罪之路。这种论述不算新奇，许多司法改革家也都曾指出这一点。更重要的是福柯指出的第二种意义，即监狱在认识论的意义上制造了罪犯。在监狱实践中，监狱创造了"犯罪人"这样一个认知和研究的范畴：在监狱中，在权力的眼睛凝视（gaze）下，犯罪人第一次成为独立的、可见的客体，成为强力研究和控制的对象。换句话说，在监狱里，犯人被当做一种与其他人不同的有独立意义的实体。他们不是作为抽象的"人"被研究的，而是作为"罪犯"被研究的；只有那些与犯罪有关的特点、特征才会受到重视。犯罪学就在这样的权力知识制度和关系中产生了，与这种权力制度及其对个人身体的控制密不可分。也因此，福柯认为，犯罪学并非一种不可否认的独立存在的真理，而是从特定权力知识体制中形成的。与此相联系的，在特定权力/知识关系中发生和发展起来的还有心理学、临床医学、精神病学、性态（sexuality）研究等"人的科学"。

这种权力/知识关系促进特定知识系统的发生和发展的旋律在福柯的其他著作中曾反复演奏。在《精神病与文明》，他分析了监禁精神病人如何导致了精神病学、心理学和医学的发生或发展。在《临床医学的发生》中，他分析了医生对病人的权力关系中，精神分析学是如何发生的。在其他著作和论文中，他分析了刑事司法对杀人犯的权力/知识关系导致了精神病学和心理学的发展；反过来，精神病学研究中的权力关系又促进了犯罪学和法学的发展。[31]福柯的这一研究视角因此也为很多学科暗示了一些可能的研究视角。

在《规训与惩罚》的最后一部分的三章中，福柯还追溯了监狱在现代社会中实际影响、地位和意义。福柯提出了另一个有意义的问题：若仅从刑罚史上看，监狱从来都是失败的，监狱却为什么从来没被抛弃？福柯指出，至少从1820年起至今，人们一直批评监禁：监狱不减少犯罪，还容易造就累犯，造成犯罪的小环境，也常常使罪犯的家庭贫困，等等。但每一次这种批评都没有引发废除监狱，只引发在理论上重申监狱的好处。福柯分析了这种现象，认为这种对变革的抵制表明监狱有一种与改造罪犯本身无关的重要社会功能。这就是：尽管监狱在规训和改造罪犯上失败了，但从更大范围来看，它却有更大的政治功效。

福柯由此把监狱问题分析扩展到对社会的分析，他提出一种深层的功能主义解释。他认为，首先，监狱长期存在和无法改变是因为它已深深根植于现代社会广泛存在的规训实践中，实现了某些极其精确的功能，因此，在现代社会废弃监狱，简直不可思议。[32]这种解释实际只是

---

[31] Foucault, "About the Concept of the 'Dangerous Individual' in 19th Century Legal Psychiatry", *Internaltinal Journal of Law and Psychiatry*, vol. 1, pp. 1-18; 和 Michel Foucault, ed., *I, Pierre Riviere...*, Pantheon House, 1975.

[32] Foucault, *Discipline and Punish*, p. 271.

从另一角度重复了先前关于监狱产生的理论。长期存在的第二个原因是，福柯认为，监狱表面的明显失败实际是政治治理的一种隐密的成功。

这个隐蔽的成功得从更广阔的社会政治治理层面理解。福柯以法国1840—1850年的政治为背景分析了这一问题。大致说来，福柯认为，监狱改造罪犯的失败以及监狱造就的累犯其实与国家政治治理的总策略有关。这种失败隔离了政治与犯罪，分裂了工人阶级，加强了人们对监狱的恐惧，维持了警察的权威和权力。他认为，在一种尊重法律和产权的统治制度中，重要的是要保证非法和违法倾向在社会中不广泛传播和流行，最重要的是，不能与政治目的联系起来。在这种背景下，并非有意地创造一个违法社会阶层，对政府统治有几重好处。首先，绝大部分违法犯罪都没有政治风险，其对财产和当局的攻击都是个体行为，因此无关紧要。其次，实际更重要的是，犯罪的受害者通常是社会底层人士，因此，至少在一定程度上这类犯罪可以为上层社会容忍。第三，监狱制造了一个界定严格的违法者阶层，令当局对惯犯有更多了解，也就更容易控制和监视他们。

但最重要的是，一个违法犯罪阶层的存在，就便于从各方面约束其他类型的非法行为。首先，为打击犯罪设立的警察措施和监视手段可用来服务更广泛的政治目的。其次，日常犯罪的受害者大都是工人阶级，广大工人阶级成员会更多寻求法律的——统治者的——保护，同时他们也不会去违反法律。统治者及其法律因此会获得更多的认同和合法性。最后，人们常常把坐过牢的人等同于罪犯，这种社会意识会使人们格外不愿违法犯罪，也不信任违法者。[33]

这样的解释得出的结论是，监狱就没想控制犯罪，而通过制造罪犯，统治者可以更有效控制工人阶级。福柯认为，这才是监狱之所以长期存在的从未说破的原因。是的，从来没人明确提出这样一个政策；但福柯认为，监狱一直失败却长期存在的事实实际上等于一个深思熟虑的策略。从这一角度看，监狱的效果并不像通常看到的那么差劲。监狱其

---

[33] Foucault, *Discipline and Punish*, pp. 278ff.

实是正因为失败才得以存在，正因其失败才成功了。[34]

在《规训与惩罚》的结尾，福柯描述和暗示了规训对社会其他部分以及未来社会的影响。他指出，由于全都采用了相似的规训技术，现代西方社会中司法惩罚与诸如学校、家庭、工厂、军营等社会生活机构之间的界限，已变得日益模糊。这些机构之间，常常像旋转门那样来回转送被规训的人员。例如，家庭、学校、少管所与精神病院之间就经常传送"惹事"的孩子。福柯认为，现代西方社会存在着一个覆盖社会全体的规训机制，共同关注着确定违法、反常以及其他有悖常规的行为。监督和校正涉及从普通的"反常"到严重犯罪。

这种连续性的规训机制对刑事司法实践有重要影响。若从福柯的理论框架来看，现代社会中惩罚与教育以及治疗就很难说有多大区别。这至少可能会有两个后果。首先，这些措施很难说哪种更具强制性。我们之前习惯作这类区分，只为证明某种措施更"人道"或更"科学"。法学著作中通常说法的特点之一就是它具有国家强制性。但福柯告诉我们，我们的理由以及所做的区分并不那么充分、有道理或令人信服。这些区分只是一种错觉，甚至是一种自我欺骗。只要看一看西方社会中的精神病治疗，精神病与司法千丝万缕的联系，甚至西方法律社会学者的分类（精神病院和监狱都属于"社会控制机制"），福柯的分析颇令人信服。第二点，对司法权力的法律限制，特别是在确定犯罪以及刑期上的法律限制会变得不重要，甚至有可能消失。刑事司法可能会变成一种混合了合法性和规范化的制度；即只要审判者有司法权，被审判者有不规范行为，那么，审判者就可以作出判决。这样，其管辖就会从犯罪和严重违法扩大到任何违法。在这种制度下，传统"法治"和"正当程序"实际就不起作用了。

六、结语

福柯的社会法律思想以及研究进路在西方各社会科学和人文学科都产生了巨大影响。许多学者纷纷将他的谱系学的方法引入自己的研究。

---

[34] Foucault, *Discipline and Punish*, pp. 293ff.

谈论福柯在某种意义上说已成为学术界的一种时髦。具体说来，福柯的研究使一些学者跳出了 19 世纪以来的学术传统，过分强调国家或社会与个人的关系（对立或统一）。福柯提出了新的核心概念，探讨问题的新角度，新的理论表达方式。他特别强调知识的重要性，以及知识与权力复杂纠结的关系。这对当代科学技术高度和迅速发展的社会无疑格外具有针对性和敏感性。他关于权力具有正面的和建设性作用的思想，使我们有可能对科学的发生和发展以及与科学关联的机构展开政治社会分析。他对个人主义的发生，个人主义与极权社会的关系，民主的发生发展，民主和极权的关系，国家与法的理论，现代法学的基础等都提出了与传统西方思想家相当不同的见解和研究角度。他的关于规训作为一种"时代精神"对社会的全面渗透和影响的分析，以及这种时代精神形成和发展的偶然性和必然性，使我们可能重新理解历史的非决定性和文化多元的现实可能性。

福柯的方法论也独具特色。他注重材料，注重细致深入的分析，却不关心人物或事件本身的结果，不关心历史人物的主观理解和自我意识；他一直追求理解事件和人物本身在社会文化中延续和变更中的特别功能和意义。他反对大理论，反对按大理论原则对历史材料的组织和对历史的演绎；但他也力图展开一个充满偶然性的更广泛的社会图画。他不追求再现"真实"的历史，甚至自称是一种"虚构"（fiction），但他的著作经受住了历史学家和他涉猎的学科的专家们的挑剔，获得了高度评价。他大量使用描述和叙述，其中有丰富的微妙和深刻寓意和暗示。他经常说的不是"我说了什么"而是"我没或不是说什么"，这给了读者更多思考、体察和理解的余地。

福柯不是传统意义上的法学家。他写了刑罚史著作，但从以上叙述也可看出，他注意的问题并不是刑罚本身。他的分析隐含地否定了现代国家和法律的基础是主权和个人权利这种政治法律观。他对现代社会国家和法律的分析和批判具有警醒作用——即便他的理论和分析在我看来有些过分，太阴谋论。他的研究中表现出来的方法也令我们可以重新审视习以为常的法律理论解说，注意每一历史事件寓意的多重性和非确定性。他为法学研究提供了新的视角、方法和理论基础。必须指出，他的学说并非对现有理论的补充和增加，但也不是摧毁了现有的理论大厦，他拓出一片开阔地,供后来者重新开始。他的理论只是令我们对曾经确信无疑理所当然的天经地义感到一种不自信,一种不确定,我们可能因此会想多一些,想深一些。正因为此,尽管他反对宏大理论,从未试图构建一个宏大理论,却被公认为当代宏大理论的创建者之一。[35]他可能是本世纪后半叶最杰出的思想家。他对理论法学的影响或将远远超过与他同时代的法律家。

1992 年 12 月—1993 年 3 月于北大 26 楼

---

[35] Marc Philp, "Michel Foucault", in *The Return of Grand Theory in the Human Sciences*, ed. by Quentin Skinner, Cambridge University Press, 1985, pp. 67, 80.

关于中国法律史研究[*]

——《美国学者论中国法律传统》[1]读后

  国外的一位学者在谈到莫里哀的戏剧时说过这样的话，大意是，由于莫里哀的出现，法国人才意识到他们日常所说的就是散文。对于研究中国传统法律的当代中国法学界人士来说，美国学者关于中国传统法律的研究论文的翻译、汇集出版，在一定程度上可以说就具有这种"莫里哀效应"。这些文章的观点、结论并不一定都对，但它们使我们一直感觉到但从未清醒意识到的一些问题在我们心目中一下子变得格外清晰明了起来。我们发现，中国法律史的研究不必定仅研究古代的典章制度，而是可以利用许多材料来进行制度或思想的研究。例如，民间的契约，或历史上的一些事件，这在先前似乎都不被认为是"法律史"的材料。又如，可以从不同的角度来处理同一些材料，并得出相当不同的结论。我们发现，所谓中国古代没有民法，这个结论实际上是由于我们沿用了那种如今看来过于狭窄的"法律"定义，即法律必须由国家制定颁布，而造成的一个智识的盲点。我们还发现，所谓的"礼法之争"，就法律的形式意义看，并不具有我们曾赋予那么大的意义，这一争论只与我们的法律定义或名词有关。许多熟悉的材料因此都可能呈现出新的寓意。

  我们还发现，在这些著作中，所谓的法制史与法律思想史，或法史与法理之分都变得极为模糊了。在读这些著作时，我们在制度中看到了思想，从事件、程序中看到了思想，看到了理论。作者在研究制度和思想时，把现代的法律理论和其他的许多学科的思想都融合在一起了。这

---

[*] 原文摘录载于《法学研究》，1994 年 3 期。这次汇集恢复了原文。
[1] 高道蕴、高鸿钧、贺卫方编：《美国学者论中国法律传统》，中国政法大学出版社 1994 年版。

种研究成果，很难按我们曾认为是天经地义的学科谱系图而给予分类。这必定、也应当影响我们自己的研究风格，打破那种画地为牢的学科界限，可以更加"随心所欲不逾矩"地研究。研究中我们会有更多自我、更多的主体性和创造性。我们的研究成果也将有更多理论寓意和普遍意义。讲法律制度的变化，我们就不应仅仅描述历史上曾出现过什么，而应当对变化做出理性且言之成理的阐述；讲思想史，就不能停留在"清点人头"，因为一个案件的审判和处理，一些习惯做法，甚至一个历史事件本身都可能体现了一定的思想。制度史和思想史因此是可以整合的。而且应当重写中国法律史。

许多学人都强调这些著作给我们带来了一些新的研究中国传统法律的方法。在赞同大家的前提下，我想强调可能被忽视的另外一点：我们也许不能过分关注方法，特别是不能把方法同作者的著作分离开来。说实话，我很怀疑在考察历史这种智识性的研究中有纯粹的方法。方法是自己、他人或后人事后的总结，因此不能脱离原作者的论述来谈论一般的方法。若是以分割的方式讨论和关注方法，弄不好只是再次把对某个或某些具体研究非常有效的研究过程程式化，到处套用，最终则是僵化。伽达默尔在讨论阐释学时反复强调，不能把阐释学当做一种方法，而是人的一种存在的方式，并因此将他的著作名之《真理与方法》（而一些批评家认为更恰当的书名当是《真理或方法》）。也许我们在进行研究时，更要注意保持一种开放的心态，注意拓宽我们的学识，要读书，让我们的学识在我们的研究过程中自然地流露出来。严格说来，方法不是运用的，而是流露或体现出来的素养；在这个意义上方法不是读一本或几本方法论著作就可以学来的，需要我们在比较深厚的学术理论素养基础上对具体问题不断思考中逐渐形成。

讲这一点，并非否认要研究美国学者的方法，而是强调不能以为我们的学术研究的弱点仅仅在于没有方法。例如，从具体问题入手，以小见大，讲求实证，注意发现和利用新材料，这都可以说是方法。但如果没有学识，不注意学术素养的培养，不多读书，读各个学科的书，仅使用这些方法还是不会得出任何真见解，即使材料就在我们眼前也会"儿童相见不相识"。而且，在文章中，方法和思想也很可能会是两张皮。殷墟出土的甲骨，在王国维之前也有不少人注意到，但只是作为中药材。只是由于王国维,这同一种物体才变成了珍贵的文献。这不是由于王国维有一种方法,也不是这些物体在王国维手中发生了什么物理或化学变化,更主要是由于他的学识,这种主观性的学识改变了这些物品对于作者的意义和价值,并经由作者改变了这些物品对于这个世界的意义和价值。也许可以套用一句艺术家的老话,"美是到处都有的,缺乏的只是发现美的眼睛"。

不过分关注方法的另一个理由,是有许多判断是无法用方法获得的。维特根斯坦说"不要想,只要看",说的就是这一点。我说这个桌子是红的,但我能以什么方法来论证这个"红"?我说它"红",仅因为我觉得它就是这样,坚信你也会这样感觉;除此之外,我没有方法证明它是"红"的。涉及中国法律制度,法律思想或法律文化传统的一些基本的命题、概念和范畴,我们都可能会有这种看似"很不讲理"或"不能讲理"的地方,但恰恰是或往往是在这些"不讲理"的时候,才最能显示一个人的学术功底,因为这种直觉和判断是学术的基础,是最关键的问题。

也正因为需要这种基本的判断,才提出学术素养的问题;也正因为此,所以我们读有些外国学者关于中国法律的论述,尽管极为精彩,但放下书,又总感觉到不完全是那么回事。比如,这本书中蓝德彰对围绕阿云之狱的争论所做的分析[2],相当细致精彩,细微透剔。但似乎总觉得这不大像中国人的思路,而有点像是在分析美国的法律和案例,让人怀疑,我们的古人真的是这样逻辑细密地分析这个案件了吗(我这并不是批评蓝德彰先生的研究,因为也许问题出在我自己)?历史无法复原,我们无法把王安石、司马光等人叫回来问一问。这种"隔"的感觉,可能与语言概念的流变有关,语言是与文化不可分的。一旦把语言概念变了,思维的逻辑就会有变化。我的这种怀疑有可能是我的问题,但也可能是作者的问题。也许我们现在需要作者的路数。但我总觉得这样一来,中国历史上作为自在的法律传统就变形了,用后殖民主义的话来说,就是被征服了,被作为一些材料纳入了另一种文化之中了,因此一种文化的基因就会消失,中国法律史就只剩下一些材料,骨子里已很

---

[2] 蓝德彰:《宋元法学中的"活法"》,载《美国学者论中国法律传统》,页334—349。

难说是中国法律史了。这个问题总缠绕着我,无法解决。也许这不是某个个人的思考或努力就能解决的问题。

1994年4月于北大蔚秀园寓所初稿
1995年春于北大蔚秀园寓所改定

超越《不过如此》*

一

这是一部从社会角度考察美国司法的著作,因此必然在某种程度上会揭露美国司法的一些社会内幕。作者有着长期美国留学、工作经验;他选择了美国司法上的一些著名但没有进入法学院教科书的案件和事件,他没有集中关注职业法律人通常关注的法律推理和判决理由,而是比较详尽地介绍了这些案件的来龙去脉、社会背景,国际国内和台前台后各种政治力量对司法的影响、角力和干预,以翔实的历史材料,强有力的逻辑和理论分析,比较充分展示了塑造美国法治的社会力量,同时必然展示了美国法治的一些不光彩甚至可以说是黑暗的一面。对于过去10多年来太多赞美乃至近乎崇拜美国法治的中国法学界、法律界和司法界来说,对于许多更多且注定只能从书本了解美国法治的中国年轻学子,作者提供了另一个观察美国法治的视角。并因此,提供了一个适度的平衡。

作者的使用、结构、分析经验材料的能力、将理论思考融入叙述的能力都是出色的;可以看出,作者受过很好的法学训练、社会科学的学术训练。作者的文字表达也很生动、饱满,充满了年轻学者的阳光和力量,例如,"我如同持刀划过自己皮肤一般小心翼翼地……"(页6)。这类文字还屡见不鲜。

鉴于这两点,我认为这是一本及时且有益的书。

因为,在当代中国法学的学术语境中,尽管几乎人人知道法律的生命是经验,而不是逻辑,但法律事件总是容易被视为法律自身逻辑的结

---

* 原载于《法律书评》,6辑,北京大学出版社2007年版。作者鱼崇原定的书名是《不过如此》,后改为《自由女神下的阴影:"美国式法治"断片》(中国法制出版社2007年版)。

果,无论是通过遵循先例、法律解释、法律推理、法律发现;总之法律,特别是形成文字的法律,是或应当是唯一推动案件发展、决定案件结果的因素。这种思路是职业法律人用以主张和捍卫司法独立的基点和出发点,无疑具有重大的、必须予以高度尊重的社会价值。但在现实生活中,作为一种社会现象的法律又确实常常受制于种种社会力量,无法仅仅按照法律(无论是普通法还是制定法)的字面含义甚或立法者的意图推进展开。当所有的人都开始掌握和竞争法律话语之际,现实的法律就变成了一种以法律话语包装的各种力量的对决,更不用说流行观念和时代偏见对法律的重塑了。

本书作者侧重从后一视角理解某些美国法律的结果。它当然不能替代前一视角,甚至乍看起来与前一视角下的理想型法律有冲突,但我仍然认为这一视角的必要和互补功能。不仅因为作为法律人,我们永远不能无意或有意地忽略经验中的法律,更重要的是当利益攸关时,即使是法律人也都会诉诸法律逻辑之外的力量。想想围绕刘涌案的社会争论!想想围绕邱兴华案的社会争论!

因此,本书的重要性并不在于如何全面理解美国的法治实践,而在于如何清醒冷静地对待和处理我们周边正在进行的法治实践。作者是清醒和冷静的。在他看来,法治无疑值得追求,但我们第一,不能把文本中的法律和现实的法律等同,或用一个取代另一个;第二,不能期待法治只有好处,没有弊端;第三,不应把美国的法治理论和实践等同于理想的法治,把特定的法治模式普世化,忘记一个社会法治的社会根基和历史传统,并因此放弃了我们应当的警惕和努力。

二

上面的话不是吹捧,相反。因为我看到,作者的写作此书的用心很容易被误解。这本书很可能成为一本被有意忽视,甚至会受到谴责的著作。这一点作者已经有了预期,他估计自己很可能被视为"掘粪人"。不仅因为作者的笔玷污了中国法学界多年来有意无意编织起来的美国法治的神圣,而这神圣附着了众多政治的、经济的和精神的利益。更重要的是,面对着显然不完善而有待发展的中国法治,这种暴露也许会令一些读者茫然——如果失去了全力效仿的目标,也许会失去追求法治的动力。法治必须信仰,许多法治理想主义者都如此宣称。

但这个看起来很是纯情、纯真、纯洁的命题背后的追求并不纯粹,而是夹杂了某些实用主义的考量和抉择。说穿了,就是因为法治不完美,就是担心人们发现这一点就不会一往无前追求法治了,因此最好先把或一定要把法治的毛病都藏起来,掖起来,要求人们信仰,而把对法治问题的洞察保留给自己。出于利害的权衡,我倒也不反对这类实用主义的考量和抉择;我只是反对把这种考量和抉择打扮成纯情的理想主义,并以此来排斥另一些同样基于实用主义考量、对法治同样真诚的追求和努力。例如本书作者的追求。

充分理解了法治在现实和历史实践中的问题也不一定会削弱人们对法治的信念和追求,相反可能会使这一信念更具韧性,对法治有一种更为现实的期待,对我们自身的历史使命有一种更为坚实的规划。浪漫者会勇敢追求可歌可泣、惊天动地的爱情,但这种追求常常最容易幻灭!比较务实的爱情期待则不会或不会轻易因一次失恋甚或欺骗击溃——毕竟"谁的爱情为了古今流传?"[2]不过是"执子之手,与子偕老"罢了!而今天,许多人甚至未必期待"与子偕老"。

而且,我也不认为这种"揭露"或"扒粪"会湮灭美国法治在总体上的成功。因为,法治的成功从来都不停留于言词或话语,而一定伴随着国家的和平和繁荣。

尽管如此,本书还是表明了作者是有一点勇气的。这种勇气不仅来自他比我们多数人更多了解美国法治(基于知识的伦理),更来自他对中国社会和法治现实的关心,而不是对学术主流的关心(基于政治的伦理)。这一点作者在"代序"中有足够的表达。

三

读者可能发生的误解,固然与中国当下的主流法治意识形态有关,与读者的前见或"信仰"有关,但公道地说,与本书作者的表达方式也

---

[2] 电视剧《贞观长歌》插曲的歌词。

有关。因此，考虑到现有的制度条件——主流法治意识形态——情况下，作者的表达方式可以改进。

作者看到了并且有效地表达了现实中美国法治的问题，并且也有一定程度的语境化思考和分析。但作者第一，似乎更多胶着于案件或事件本身，而未能将其中真正可能属于法治的问题，以及良好法治运作对于社会条件的要求，这类更具理论性的问题提出来。因此，轻易的读者很容易得出一些没有分寸的结论：法治看来也不怎么样，或者美国法治看来也不怎么样。例如，从罗森伯格间谍案（第一章）中很容易看到政治陷害，政治干预司法，不正当的程序，法官的不负责任、虚伪和沽名钓誉等；从泰瑞安乐死案（第二章）中又很容易看到美国政治中所谓分立的三权之间的相互交错和侵蚀；从卡特琳娜飓风案（第三、四章）中则让人看到了联邦主义在应对重大危机时可能存在重大缺陷，迫使我们必须深入反思中央与地方的分权问题。

这都不错。但在这些问题上，还需要作者更精细的辨析，特别是考虑到中国读者的知识和文化背景。作者若是能够区分哪些问题是一般法律制度的问题，哪些是美国法律制度的问题，以及哪些是任何制度都无法解决的问题——社会条件的、人的或偶发的意外的问题，则会避免某些误解。例如，罗森伯格案的社会背景——麦卡锡主义，这就不是法治本身可以解决的；当一个社会本身已陷入一种时代的偏见之际，任何人都不可能指望法治作为救世主。上诉中审理此案的法官弗兰克，一位著名的法学家，明知罗森伯格夫妇的罪证不足，却谢绝行使权力解救他们，仅仅因为他和罗森伯格夫妇都是犹太人——他想避嫌。我们固然可以视这一点为弗兰克法官不负责，但这是人性的普遍弱点；在特定情况下，这未必又不是一个优点。由于这类问题只有少数比较精细的读者才能自己当即领悟，因此若是替读者着想，作者也许就必须挑明——指出一个思考的入口。在这些地方的精细，会使得读者变得思路更开阔和复杂，也会弱化有强烈前见的读者的抵制。这是一种实用主义的写作考量；而对效果的考量和关注是实用主义的优点。

因此，不管怎么说，我觉得本书的书名——《不过如此》——不好，尽管若是从修辞效果来看，这很吸引眼球。难道对美国法治的全部概括仅仅是"不过如此"——且让我装扮成一个"政治正确者"以这种居高临下的口吻提问和质疑！我相信，这不可能真的是作者对美国法治或美国法治历史的概括。如果作者真的如此概括，那么，这就恰恰反映了作者当年对美国法治或法治本身至少曾有过一种不现实的期待，以及之后的某种程度的幻灭；而作者正渴望一个更为完美的中国法治。

这种追求当然是值得赞赏的，但我相信，即使有一天中国法治"建成"了，诸如此类的问题也仍然会在中国出现。我们难道能够仅仅用"不过如此"来予以概括？评价法治的标准从来也不是完美，没有阴影和错误，远离卑下和怯弱，消灭权谋和猥琐，而是就整体而言，在特定历史时空中，它是否合乎情理地没有更好的替代。任何法治都不可能是一块玲珑剔透、洁白无瑕的羊脂玉雕，而可能如同龙门石窟的卢舍那佛，水迹、霉斑、风蚀，甚或有残缺，但在他（她？）面前，仍令人肃然起敬。

四

这实际提出了一个更具普遍性的问题，如何进行比较法的研究？我将此书视为一个比较法研究的成果，因为前面提到的贯穿全书作者隐含的中国关切。

近现代以来中国比较法研究的基本趋向是用西方或一个理想的西方做尺子来衡量中国，发现中国的"不足"，以求改进。在留下了重大历史功绩的同时，这种比较法的研究已经在中国法律制度研究和建设上留下了很多，有些还是很严重的问题。由于不像西方，因此匆忙改革；没有效果，接着再改；学日本、学法国、学苏联、学美国。标准似乎有二，一是形式上与某被效仿国是否相同，二是感觉上是否完美；二者其实又合二为一。这几乎难免，甚或是必要的。但这种研究进路忘记了对制度发生包括制度弊端发生之缘由的仔细考察。这是一种只有资料或信息增长但没有真正的智识增长的研究，往往会培养出一种基于具象或理想而简单否定或肯定的思维方式，一种激烈的甚至是革命的情怀。正是在这个意义上，尽管这本书展示了作者对法治丰富性和历史性的理解，强调了要警惕萨义德的《东方学》[3]批评的思维模式，但或多或少地，"不过如此"，这一概括仍然隐含了近现代中国比较法研究的那种基本理路，隐含了某些"东方学"的残余：一位中国学者用中国法学界构建的美国理想法治解构了美国的法治现实。

我并不完全是在批评。恰恰在此，我看到了比较法研究转向的必要和可能。因为若继续这种研究进路，我们最终将结论认为，所有的法治都"不过如此"，包括我们的正在建设的法治。我们应当转向对法治一种真正历史的、社会的和语境的理解，而不是理想主义的或单线进化论的理解，不再驻足于挑刺。考察人类的特点或弱点，具体考察各个社会自身的方方面面的变量，通过比较研究，发现各国法治的合理性及其制度的局限，即其隐含的脆弱和不足，即使是一些永远无法超越的不足。这种研究进路的主要力量是解说，但不仅仅为了解说，不是为了维护现状，而是试图在首先充分意识到不足之后去努力超越，即使结果是西西弗斯的努力。

这种研究是可能的。可能来自我们日益增加累积的比较研究和跨文化资料的汇集，来自社会科学的研究方法和模型。在这两个基础上，我们也许会再一次发现比较法研究的力量，发现比较法研究的广阔天地——今天我们的哪一个部门法的研究，哪一个法律专题的研究又不是比较法的研究？！

2007 年 4 月 14 日于北大法学院

---

[3]〔美〕爱德华·W. 萨义德：《东方学》，王宇根译，三联书店 1999 年版。

我喜欢的 10 本书[*]

一个人喜欢的书是变动的，也应当变动，没有变动意味着人没长进。

我曾经喜欢过文学，尤其是新诗，例如李瑛和艾青的诗，甚至至今喜欢。李瑛写的军人生活和情感不仅伴随了我的军人生涯，而且他对普通生活的观察力和文学组织力，善于从小中见大，清雄的文词，对于我今天的学术研究都有一种"习性"的养成作用。艾青的开阔、雄浑和壮烈对我的学术也有潜移默化的影响。

如果说到法学学术著作。对我影响大的中国著作主要来自法学之外，主要是有关问题和方法的著作。有：

1.《毛泽东选集》。毛泽东对中国问题的观察和发现，在我看来，是任何一个有志于研究中国问题的学者都绕不过去的。集中在三点，首先是，中国问题的特殊性以及解决其问题必须考虑的知识和制度的特殊性；其次是，中国问题与国际问题的交错，即所谓中国革命是世界革命的一部分；第三，中国知识分子如何研究和解决中国问题。毛的基本命题是正确的，即便有实践者无法避免的失误。

2.《乡土中国》。费孝通先生的这本小册子以及其他著作深刻剖析了中国社会的一系列制度，将许多人们习以为常的制度都做了学理上的分析，并且这种分析与我们的经验感受非常一致。这本书是任何一个外国学者都无法写出来的。必须是对生活有观察力、同时又眼光开阔的中国学者才可能写出来的。在这种意义上，费的著作以及上面提到的毛的著作都是无法替代的。

---

[*] 原载于，李常庆编：《我最喜欢的书》，陕西师范大学出版社 2001 年版。

对我学术影响大的更多是外国学者的著作，主要有圣奥古斯丁、休谟、马克思、尼采、詹姆斯、维特根斯坦、哈耶克、伽达默尔、福柯和罗蒂。这些学者并不能归为一类，有些甚至有很多矛盾，但一般说来，经验主义特别是实用主义哲学、分析哲学对我的影响比较大。在具体法律制度理解分析上，我最喜欢的是美国法官的一些著作。除了霍姆斯、卡多佐之外，一个重要的人物是波斯纳。具体说来：

3. 霍姆斯的《普通法》以及散见于各种霍姆斯选集的论文、判例和书信。霍姆斯是美国法律历史上的一个巨人，知识广博，同时文笔很好，有常识，有英美哲人的智慧、机智、敏锐和怀疑主义。他的《普通法》是对具体法律制度变迁的详细分析，综合了各个学科以及当时还在学科之外的各种洞识，思想开放又有一定之规，敢于且更能够说出一些常人不敢说的"真理"。此书由于太老，许多中国学者未必喜欢读，但是如果要研究法律和制度，特别是英美法，不能不读，尽管不一定需要读完。

4. 卡多佐《司法过程的性质》，也是一位法官的经验之谈，同时是美国司法哲学的经典著作。此书很小，题目似乎也很偏，讨论的是法官的司法问题，但是其所涉及的问题却很广。此书与霍姆斯的著作都是文采出众，言简意赅。

5.6.7.8. 我选择了波斯纳四本书，《法律的经济分析》《法理学问题》《法律与文学》以及《性与理性》。并不因为波斯纳特别伟大，特别正确，而仅仅因为这四本书分别代表了当代法学研究前沿的四个方面的突出研究成果：法经济学（在经济学中称制度经济学）、法理、法律与文学以及法学与社会生物学。在某一个方面有学者可能比波斯纳深刻、先锋，但是没有其他任何一位法学学者可以同时在这些以及其他法律方面同时达到波斯纳的高度和融贯。波斯纳是美国法经济学的领军人物，他第一个运用制度经济学理论对普通法国家之法律制度作出了全面分析。他的工作也许如今已经不在法经济学的最前沿，但是此书对从制度经济学角度全面理解法律制度的意义重大，可以说至今无人逾越。它更使人们看到简洁的理论所具有的丰富解释力和组织力。《法理学问题》将当代的许多哲学发展纳入了法理，从根本改变了先前法理的模式，更新了法理；波斯纳提出的实用主义的法理在某些人看来还具有某种后现代的意味，尽管他并不是后现代主义者。法律与文学是美国法学的一大流派，涉及许多问题，波斯纳从其实用主义法学出发，参与了这场讨论，对文学与法律的一系列问题进行了比较细致的分析和讨论，同样展示了他的洞察力和学识，许多分析往往给人耳目一新的感觉。《性与理性》更多采纳了社会学和社会生物学的研究结果，对性、婚姻、家庭制度进行了社会制度和法律制度的考察，把现代社会科学研究"人性"的成果融入了法律制度分析，对法学是一个发展。这些著作的结论都不那么重要，最重要的是，它们使我们看到法学对于其他社会科学研究的包容和吸纳，看到法学的生动性，法学与其他学科交叉研究的可能性和必要性。

9. 福柯的《规训与惩罚》是一部研究法律制度历史变迁的杰出著作，其创造性、洞察力（尽管未必正确）都是无与伦比的。但是对于我来说，可能最重要的启示是福柯的具有想象力的细致分析，把一个个小问题分析得如此精致，并且视野是如此开阔，即使你不赞同，也总是会感受到一种智识的愉悦，他让人们看到了许多因为太明显而看不到的东西。

10. 哈耶克《法律、立法与自由》。如同福柯一样，哈耶克并不是严格意义上的法律家，但是他对法律制度的分析是独到的、深刻的，并同样让人感受到对法律制度的理解不可能局限于法律本身，必须将其他学科的研究成果纳入法学。

从上面的介绍，可以看出我的偏好：法律理论。这只是在一般层面上对法律的关注，这一层面与法律实务差距很大。真正研究法律的人不能没有一种开阔的学术视野，但是真正从事法律实务的人又必须超越甚至背离对理论的偏好，必须进入具体的法律分析。因此，想学好法律的人千万不要上了我的贼船。务实地研究具体问题永远是读书不能替代甚至是不能弥补的，哪怕是你仅仅想成为一个学者。

此外，不要相信我的话，而是发现对你自己有启发的、认为重要的著作，哪怕别人不这样看（注意这句话是个悖论）。

2000 年 12 月 19 日于北大法学院

如何研究中国的法律问题？
——读《毛泽东选集》第一卷和《乡土中国》

一

这两部著作都不是严格意义上的法学著作，然而，我却选择了它们作为"法学名著"来读。为什么？我想从我的解读中，也许同学们可以获得一些关于如何学习法律，如何研究中国的法律问题的一些启发。

首先，必须说的是，我们今天列为法学名著的有许多都不是近代意义上的或严格意义上的法学著作。例如，中国的《论语》《孟子》《老子》《韩非子》，西方的《圣经》《理想国》《政治学》《尼各马可伦理学》《利维坦》《政府论》《社会契约论》《联邦党人文集》《德意志意识形态》《法律与社会》（韦伯），以及当代科斯的《企业的性质》《社会成本问题》等。但这些非法学的著作对法学的影响远远超过几乎任何法学著作。今天谈论中国古代社会的法律，几乎无法不读孔孟老韩，谈近代西方社会的政治法律制度也无法回避霍布斯、洛克、卢梭。讨论今天的西方则无法不涉及马克思、韦伯。即使讨论具体的市场经济的法律也无法不谈论制度经济学。相反，除了专业人士，人们可以避免讨论许多高度专门化的法学著作。

这就提出了一个问题，为什么会出现这种情况？这与法律的特点，并进而是与法学的特点相联系的。在我看来，人们创造法律是为了解决社会的秩序问题，据此才可能进行合作，才能进行一切其他的创造性的生产性的活动。但由于种种制约因素的不同，各个社会如何形成相应秩序的问题就会有不同，由此演化出来的规则也必定不同。就具体规则来说，往往会有时过境迁的问题。由于时过境迁，对于后代人来说，并总体而言，自然对先前时代的具体法律规则丧失兴趣，只会对那些对后代人可能还有些用处的片断规则感兴趣。当然,可能有些法律问题,似乎永远存在,例如,法律面前人人平等问题,依法办事的问题,但这些问题过于抽象,因此,难以回答的并不是原则如何,而是在具体境况中如何适用。一个法律是否对男子和女子一致适用?对奴隶是否适用?齐国的法律对楚人是否适用?对左撇子是否一样适用?这里面的问题其实与法律规则本身关系不大,而与社会的分类体系有关。这个问题很大,这里只是提一句。只有当这些规则同规则背后的道理联系起来之际,才可能引发学者的兴趣,而这个背后的道理很大一部分就是特定社会的具体条件。

其次,法学家都生活在具体社会,他们要解决的往往是当前社会的问题,而不是要解决所有社会的问题。因此,要制定、发掘出能解决本社会问题的法律,就必须研究他所在的社会。而社会是一个整体,法律仅仅是其中一部分,不理解整体,就无法解决部分,而且社会也不可能允许法律过分冒尖,如果社会在某一特定时期的突出问题是和平问题,那么法学家的著作就会突出讨论和平问题,例如霍布斯。

理解法律问题无法脱离具体社会条件。这可以说是我选择这两本著作的根本理由。

我们关心的法治问题实际上是中国的法治问题,尽管表述起来似乎是一个一般的法治问题。中国的法治问题同样不能脱离中国社会的具体历史和社会条件来考察。中国近代以来的秩序问题是如何发生的,如何解决,可能的途径是什么?这些问题不是明明白白地摆在那里,而是需要我们理解、认识,才可能呈现在我们面前。毛泽东的著作、费孝通的著作对于理解中国现代社会中的法律问题,寻找法治的可能性以及局限性有重大意义。因此,在这个意义上,我个人从中获得的启发远远大于从一般的"法学著作"中的获得的。

第三,这两部著作的研究问题的方法也值得重视。我将在下面的解读中逐步点出来。

二

首先谈毛泽东的著作。毛泽东的这些著作不是法学著作,甚至没提到法律二字。然而，这些著作对法学研究的最重要贡献在于它勾勒了中国近代以来秩序变革和重建的主要问题和背景。尽管对问题究竟是什么，不同的人——政治家、学者——有不同的看法，但是在我看来，毛对这些问题的理解不但深刻，而且这些问题仍然是理解我们今天的法治问题和难题的基本背景，具有重要意义，没有过时。注意，毛泽东在谈论着这些问题时，用的是政治家的眼光和术语，但是我们要透过这些政治话语来看他讨论的那些问题。

例如，毛泽东对中国近代社会性质的界定是"半殖民地半封建"。这是什么意思？毛泽东在这些著作中又多次强调，中国的新民主主义革命是世界革命的一部分，要反帝反封建。这又与法治的重建有什么关系？我理解，毛是在强调中国近代社会的秩序问题是因为世界变化而发生的，这一点只有放到世界现代化的过程中，而不仅仅局促于是中国本身，才能真正理解。

传统的中国是自给自足的农业经济，在这样的社会中，秩序基本是地方性的，对这一点，后面费孝通先生的著作有更为细致的分析。我们等会儿再谈。在这样的农业社会中，各种规矩制度大致是天不变，道也不变，传统的法律和秩序基本足以满足农业社会的需要；在近代以前，中国的文明是极其灿烂的，例如，清初康乾时期的大约100年间，中国的人口差不多增长了三倍，而人民的生活水平并没有降低，这就意味着经济要有同样快的增长甚至更高增长。这在农耕社会中是罕见的。不仅经济如此，而且天下基本太平，除了对反清的知识分子的镇压。这都表明当时的法律和秩序基本满足了社会需求。但这种经济对于资本主义在世界的发展不利。鸦片战争之前，中国是净出口国，英国人总是贸易逆差，所以只好以鸦片贸易来平衡。结果是鸦片战争，中国赔款，割让香港，更重要的是五口通商。因此，开始了半殖民地时期。鸦片战争标志着中国被迫进入世界性的现代化过程的开始，但这不是中国自愿的，而是不情愿的。

此后的几十年间，一直到甲午海战，中国在西方列强的掠夺面前，中国社会一步步发生了变化，越来越多的地区进入了世界现代化的过程，这也是一个殖民化的过程，中国国内的矛盾也凸现出来了。为了救亡图存，中国人开始向西方学习，开始将现代化作为求得民族自救的一个道路。中国社会的变化日益增加，传统的法律秩序已不足以支撑中国社会了。中国要现代化，需要一个全面的社会变革，当然首先是经济生产方式。如果经济基础不改变，中国社会就很难发生根本的改变，现代的法治秩序就很难建立。而且既然要变革，维持现有秩序的法治自然就得退后，因为法治在很大程度上就是要将秩序稳定下来。在中国社会没有经过重大变革之前，谈法治实际上是阻碍社会的变革。这可以说，为什么近代以来，中国人总是以各种方式强调变法，无论是中体西用、变法维新、革命，还是如今改革开放，实际的主题都是要变，使中国的社会发生重要变革。这也可以说是"法治"为什么未能建立的一个根本性原因。

毛泽东因此即便没谈中国的法治问题，但是他的思路仍然是对的。他看到了中国革命是世界革命的一部分，是民主主义的革命，而不是改朝换代，而且这个变化也不仅仅是中国一个国家内部的事。新民主主义的意义在于，要反封建，所谓反封建，就是要使社会进入现代工业化，要改变小农经济的状态。也要反侵略，因为不反侵略，中国就会变成殖民地，你想发展也不可能。这一点，毛泽东一直看得很清楚，要工业化，现代化；甚至毛后来的错误都与此有关，例如大跃进，人民公社，都是要促使中国"跃进"到现代中国，因此国家推动，搞计划经济；要避免土地兼并、贫富差别，要大规模生产，要使国家政权深入到基层社会，因此有了人民公社。即便有些措施不成功，但我认为错不在目标或对中国社会理解不清楚，而是选择的措施或手段，急于毕其功于一役。

因此，要研究中国的法治问题，就不能不理解中国近代以来的问题，即如何将一个小农社会转变为一个现代工商社会，因为现代法治是与现代的工商社会相联系的。没有这个社会的转变，经济的转变，中国社会的"法治"会是什么？很可能就只是一个改朝换代。但这个转变还不是一个说服教育就能完成的。确实非常艰难，有许多悖论的东西。例如今天说的发展与稳定，人治与法治，革命与建设，等等。

毛泽东指出的，与当代中国法治建设有关的第二点是，中国是一个大国，是一个政治经济文化发展不平衡的大国。这对理解中国的法律秩序问题以及法治问题也非常重要，至今仍没有过时。

大国，意味着要建立全国统一的秩序需要更多的时间，意味着有更多的地方性秩序，更多的冲突，有更多具体情况要考虑，要照顾，要妥协，不可能一蹴而就。同时，中国还是一个政治经济文化发展不平衡的大国，沿海地区、城市地区和内地、农村所需要的秩序和法律就不可能完全一样，但法制还要求统一。

此外，毛泽东指出正是在这样的条件下，当时的红色政权才能长期存在，因为现代国家的支配力较弱，没法下一道命令就可以改变中国。对这种状况的判断，也许才使毛泽东在1949年以后要建立一个强大的中央政权，建立计划经济。这是建立统一且强有力的法律政令的一个条件，是建立现代国家的一个必要条件。但是在分析红色政权为什么能够长期存在时，毛泽东实际又指出，在当时条件下，秩序可以是地方性的，在中国这样一个大国，这样一个各地发展不平衡的大国，这些地方性秩序相互间一定有一个竞争过程，在竞争中，秩序会逐渐改变、融和、取代。红色政权就是在这样的竞争中发展起来的。这意味着纯粹的法律统一强加未必会是一个最有效的现代化和法治化的过程。

所有这些基本判断，我认为，都是对中国社会的深邃洞察，尽管是针对中国革命作出的判断，但对中国法治同样是不可忘记的基本判断。例如中国的法治现代化，如果抽象看，你很难现代法治本身对中国有什么特别的长处，因为中国历史上曾有过"康乾盛世"；因此，最重要的原因是世界的改变，中国已不可能脱离这个世界性的运动和工程，你要自立于世界民族之林，就必须改变，而且要从根本上改，从经济、政治和文化上改。又如大国问题，大国政治经济文化发展的不平衡，地方性秩序本身的正当性和生命力也都是问题。这些问题，是我们思考当代中国法治的基本背景，是不能脱离的背景。

正是在这个意义上，我选择了毛泽东选集第一卷作为法学名著。尽管其中没直接谈法治，但是我想毛提出的这些关于中国革命的问题的基本命题，至少在后几十年里仍然是中国社会法治发展的一些基本制约，是首先必须考虑的制度背景。

三

如果说，毛是从宏观层面指出了当代中国法治的基本社会历史背景，指出了一些可能性和不可能性。那么，费孝通先生的《乡土中国》则更多在微观层面支撑和丰富了毛泽东对于中国社会问题的基本判断，尽管他们的职业、学科、视角和目的都相当不同。

费孝通先生在该书的第一篇首先指出中国社会的"乡土本色"，实际是指出中国传统社会的农耕经济特点，以及从这里必然引出来的社会组织结构、文化特色，等等。他指出，为什么农耕经济的社会不流动，为什么聚居，为什么缺少分工，为什么会构成一个熟人社会，为什么无从发生大量的"法律"（普遍适用的一般性规则）却有秩序，为什么无需契约，为什么当时的成功人士和知识分子会"衣锦还乡"。然而，费孝通在饱含深情分析了乡土社会之后指出，由于社会转型，而且是疾速转型，乡土生活的一切又如何处处发生了流弊，由陌生人构成的现代社会根本无法以乡土社会的习俗来应对。如何知识分子不再衣锦还"乡"，如何"乡"和"土"在这个时代具有了贬义，等等。

第三篇"差序格局"，分析了中国传统社会秩序构成的基本原理。当然这还是脱离不了社会的经济基础。简单说来，这就是一个农业社会中必然发生和强化的"爱有差等"的格局，人们更习惯于具体的私人性关系，没有抽象的关系，因此家国公私界限不明确，因此政治容易腐败。"家族""男女有别"则更细致分析了中国传统社会中秩序的核心；随后又分析了在这种制度基础上的"礼治"秩序如何可能，"无讼"如何成为可能并成为理想。中国的统治和政治如何是一种"无为政治"和"长老统治"（教化性权力行使），这既不是西方意义的专制，也不是西方意义上的民主。费孝通还分析了近代社会可以说是从血缘政治到地缘政治的转化，实际是农业和商业生活中分别发展出来的关系。他分析了社会动荡、社会迅速变化而引发的名与实的分离。

这些分析都极为精彩，与我们的日常生活经验不分离，以最平实的语言写出了不平凡的道理。使我们理解了传统社会中秩序是什么，为何发生，它针对的问题是什么，是如何解决的，为什么这样解决不那样解决，以及这些传统的解决办法的弱点是什么，在什么样的条件下成为弱点和弊端。

但我认为，费先生的贡献不在于他解释了这一切。只要熟悉中国社会的，就会发现，这种状况至少在中国目前的广大农村仍然存在，甚至还比较普遍，也许市场经济会改变这一切，但并不必定。我认为，即便改变，也需要多年的时间，至少需要一代人到两代人（因为法治需要身体化）。因此，要在中国建立市场经济基础上的法治，就不能不考虑这一切。因为新的一套，在农村中，至少目前还不一定比旧的那一套更有效，更为人们接受。中国未来的法治秩序，也很难说，就是以目前大城市中的那一套为主。目前城里也仍有很多乡土气，重人情，讲关系就是这种标识。所有这些问题都别指望通过阅读一些法治著作就能解决的，也不是法治宣传或普法教育可以解决的，这些都是是实实在在的麻烦。经济生产方式的改变才是社会变革法治发展的根本。

这里我想特别指出第二篇《文字下乡》的重要性。这是极为重要的一篇。我们通常认为，中国社会不发达，中国法治的不发达，是因为统治者的愚民政策，是老百姓不开化。费孝通先生以真正学者的理解分析了知识的地方性、个人性和功利性。他从日常生活中的大量例子指出每个人都有知识（尽管不一定识字），因为知识是生活的需要，是从社会生活中产生的，不存在普适的生活知识。知识还不必定以文字表现。除此之外，费孝通先生还从社会生活结构指出，为什么熟人社会、面对面的社会，无需文字，文字有什么样的局限性。这为我们理解什么是法律，什么是法律的文本化，提供了启示；同时也为我们指出了制度创新在社会中的可能。费孝通指出，文字的出现是为了连结空间和时间的隔离，这实际上就指出成文法发生的真正社会根据以及其中可能隐含的弊端。这些文字都会启示我们深刻理解成文法律的作用和局限。

四

这两部著作的方法论也值得一提，都是从最不为人们所注意或看轻的事实出发，而不是从玄而又玄的理论、命题或概念出发（这并不贬斥理论），它关注的是中国问题，调动的是作为中国人才可能有的知识和理解力，因此他们的贡献既是对中国，同时也是对世界。他们的学问不是为了进入西方的学术话语，而是为解决中国的问题。其贡献远远超过那些为进入西方学术话语而放弃了自己的比较优势的人。

我们研究法学，至少在目前，主要是为了解决中国的问题：既为个人生计，也为了这个民族的发展兴旺。我们必须始终关注中国的问题是什么，中国人是如何生活的，如何组织他们的秩序，如何进行合作，他们遇到了什么麻烦，有什么苦恼和麻烦；忘记了这一点，你就不可能在中国社会中取得成功，或者即使成功了，也是无意识的，因此不可能成为一个真正自觉的学者和有思想的法律家，更不可能对学术和思想有所贡献。学术并不只是在书本上，而是在社会中。我们读书，不能仅仅看话是否漂亮，是否激动人心，是否具有警句意味，是否可以画上几条红线或着重号，而更重要的是看看是否有效解说了现实，是否与我们的经验贴近。而且，我们读书，不要看一本书的题目是否有"法"这种字样，而应当看看这本书对于我们理解中国的法律问题——无论是宏观还是微观——有什么启发。在我看来，这才是读书、做学问的要点。

1997年4月8日于北大蔚秀园

不务正业

费孝通、儒家文化和文化自觉*

> 人不知而不愠,不亦君子乎?
>
> ——《论语·学而》

引 言

很早就接受了人类学和社会学——从现代西方国家移植到中国的社会科学——的训练,然后他去了英国,在伦敦经济学院接受了系统训练,又很快在国际社会学和人类学界获得了迄今还没有其他中国学者达到的国际性学术声誉。接受的学术训练几乎全是西方的,主要学术著作都符合现代西方的学术传统和规范;即使后来,由于政治,由于年龄,他基本不再撰写典型的学术论文了,但他的学术评论、随笔仍然透着现代学术知识人的论证风格。在日常生活中,不留髯,不穿长袍或唐装(可那是唐装吗?),言词和文字都很平和、朴素,不像与他同时代的"新儒家"或今天读经倡导者那样慷慨、凛然,那样古拙、深奥。[1]他没把孔子、孟子、朱熹或陆王总是挂在嘴边,直到晚年提到较多的仍然是马林诺斯基、帕克[2];他也没有高调过"为往世继绝学,为万世开太平"之类的君子之"义",谈的更多的是"江村经济""乡镇企业"或是"富民"的小人之"利"。集中思考儒家,因此可以据此重构他与儒家思想之格局的,是他晚年的一篇短文,《孔林片思》。[3]但那也只是片思。

---

* 原载于,《开放时代》,2007 年 4 期。

〔1〕 关于现代新儒家的一个典型文本,请看,牟宗三等:《为中国文化敬告世界人士宣言》,载《民主评论》卷 9/1, 1958 年(香港)。

〔2〕 相关的文章和著作,可参看罗义俊编著:《评新儒家》,上海人民出版社 1989 年版;以及中国广播电视出版社 1992 年出版的《现代新儒学辑要丛书》(6 卷)。

〔3〕 参看《读书》,1992 年 9 期。

我曾在一篇短文中称费孝通先生为20世纪华人中最伟大的社会科学家[4],这一点恐怕无人争议。但在本文中,我则试图论证,尽管从未以儒家学人自诩、倡导儒家的思想,也从未争夺儒家的衣钵,费孝通先生却对以孔子为代表的特别是早期儒家思想的历史语境正当性和合理性做出了超过任何其他现当代学者的最强有力的解说;由于他有效地用现代社会科学表达,我认为他在现代中国社会真正延续和拓展了儒家思想,初步实现了儒学由人生哲学、世俗宗教向社会思想、理论和方法的转变,拓展了人类学术思考的空间;他影响了一代中国年青学人,并且这种影响在继续增大;此外他的社会实践关怀和思路,也与孔子代表的早期儒家一致。据此,在这一维度上,我认为费孝通先生是儒家思想的伟大承继者和光大者,其对儒家思想的贡献远远超过了诸如新儒家等儒家思想的坚守者和阐释者。

我的论证需要首先构建两个前提。因此,下一节提出我心目中关于学术传承的抽象标准,以区分学术信徒与思想传承者。第三节试图简单重构早期儒家试图回答的基本问题和方案,作为勾连儒家与费孝通的思想脉络的基础。第三至五节着力分析费孝通学术思想和实践与早期儒家思想的一贯性和贡献。第三节集中展示费孝通有关"礼"和"礼治"的观点和贡献,因为"礼"——在我看来——是儒家中最具社会意义和制度意义的但在现代政治争议最多并大都被否弃的思想;第四节侧重从思想方法上揭示早期儒家与费孝通的一致性,并据此解说费孝通对包括儒家信徒在内的各色信徒的温和批判;作为对前两节以现实问题中心的一种平衡,第五节集中从超越性层面考察费孝通对儒家思想的承继和贡献。最后一节则试图在一个更广阔的学术文化思想视野中,部分通过与新儒家的对比,展示费孝通对于中国学术思想文化发展的某些意义。

这注定是一个不可能令人满意的研究。本文涉及的诸多问题、材料、作为前提而诉诸的观点不仅大有争议,甚至在一些学者看来根本就错了。如果如此,除了欢迎批评指正外,我的一个预告是,本文从未打算对关于早期儒家、关于费孝通以及两者关系做一种本质理解和界定,我只是试图勾连二者,从一个新的视角理解中国文化和学术的脉络,追

---

[4] 苏力:《费孝通先生的学术与中国的法学》,载《南方周末》,2005年4月28日。

求一种新的可能。但这也不意味我仅仅是"抛砖",在没有新资料令我信服之前,我会坚持我的这一理解。我更多关注了早期儒家,主要是孔、孟和董仲舒,不涉及后代的儒学,无论是朱熹还是陆王。这种处理首先因为我的学识有限,但更重要的是从谱系学方法上看,考察"发生"更为重要,而——受制于我的学术训练——我认为儒家从孔子到董仲舒,尽管侧重有所不同,但基本关注是相同的。很多读者可能会理解本文目的在于对费孝通学术传统的重新定位。其实错了,这并非我的追求。我不认为费孝通的著作属于儒家传统,也不认为有必要将费孝通纳入儒学传统,这既不会增加了费孝通的学术分量,也不能提升儒家思想或中华文明在世界中的地位。无论儒家还是费孝通都已是历史,而我的关注永远是中国和世界的现在和未来。

确认学术传统的标准

通常判断学术传承的标准大致可以说是"继绝学",即使这个学未必真的是绝学。具体到一位学者,主要看他的师承关系,他自我标榜的学术信奉和立场,利用的学术资源,诉诸的学术经典和权威,集中阐述和表达的学术教义、命题和概念,等等。在当下中国,甚至还可能包括服饰(西装或长衫、唐装)、礼节(握手或抱拳),交谈或著述使用的语言(例如,西化文法和外文单词,文言或伪文言)。这是一种跨文化的现象;在当代中国,不仅在传统国学中,而且在中国人的西学研究中,也普遍借助这个标准。福柯、哈贝马斯、哈耶克或波斯纳在当下中国学界均有一些"传人"。即使在政治话语中,也处处透露出这一标准。作者常常通过大量引证权威作者和自我宣示来自我界定,许多读者也常常据此来判断作者的政治倾向、学术传承,主流还是非主流。[5]

标准的跨文化流行表明了其合理性。对于社会来说,最主要的可能是便利。这种标准减少了读者的,有时还有观众的——若是把服饰、发型或胡子都考虑在内——信息费用。有各种经验的读者可以借此更快了解某学者的思想来源,包括他可能的问题和解决问题的思路,从而更快

---

〔5〕 最近的一个典型范例可见,刘贻清、张勤德编:《"刘国光旋风"实录——改革开放必须以马克思主义为指导的大讨论》,中国经济出版社2006年版。

更准地选定自己偏爱的学术产品。但对学者也有用。除表明自己的学术信仰外，更重要的是通过这类引用，后代作者借助其信奉、研究和引证的前代作者这种著名商标（权威），可以以各种方式影响甚或设定自家的产品市场和消费对象。[6]

但这也就暴露这一标准隐含的一些麻烦。若以后代作者的主观表达为标准，即便作者真诚，也完全可能与其号称追随的前代作者相距颇远，甚至完全是创新的。这种情况在世界各国历史上都屡见不鲜。战国时儒家已经分成八派，此后又有汉儒、宋儒、陆王，乃至现代的新儒家，就是例证。乃至于马克思生前就否认自己是某一派的马克思主义者。若是后代作者不真诚，则麻烦更大。如果我希望借助强势话语的主导地位，我就可以利用强势话语的概念、命题甚或只言片语来获得或维系学术甚或政治的强势。另一方面，我也可能有意利用既定话语格局来制造并凸显自己所谓的创新、反叛或守成。这两种类型诉诸前代作者不仅与被诉诸的作者无关，有时甚至与学术也无关，只与后代学者的当下利益判断有关，与制作和推销学术赝品有关。

也因此，我更偏爱以问题或思考问题的进路、视角、方法等维度来勾连或建构学术流派或学术传统，反对学术流派和学术传统上的本质主义观。这一标准并不新颖。[7]它也有弊端：可能引发某些追求知识谱系高度确定性的读者的困惑，同样可能被机会主义地滥用。但它可以展示人类思想的多样性和复杂性，认真对待思想家和学者，激发我们的想象力，拓展我们想象和研究的空间。公开标明的构建不会欺骗读者，至少留下了争辩的可能。

据此，一个学者完全可以同时属于几个学术流派，甚至可以属于通常与其对立的学派。例如，维特根斯坦在地域上属于欧陆哲学，语言哲学，但在气质上则属于英美哲学，经验主义，实用主义（语用主义）；

---

[6] 相关的分析，可参看，Michel Foucault, "What is An Author?" in *The Foucault Reader*, ed. by Paul Rabinow, Pantheon Books, 1984；又可参看，Richard A. Posner, *Frontiers of Legal Theory*, Harvard University Press, 2001, pp. 422ff.

[7] 例如，因为同样讨论了国家发生的社会契约问题，霍布斯、洛克和卢梭都被视为社会契约论者，但三人的哲学基础，政治倾向并完全不一致。又比如，政治倾向古典自由主义的制度经济学家科斯认为列宁是最早从制度经济学视角理解国家的，认为国家是一个大企业。

马克思主义政治家毛泽东、邓小平，由于强调实践检验真理，则与杜威的实用主义哲学很多有相通之处；由于集中关注中国农民问题，则可以将政治家毛泽东和社会学家费孝通并列。在这个意义上，尽管政治上可能极端对立，但在思想方法上，自由主义信条信奉者与教条主义的马克思主义者没有根本区别，甚至可以说他们都是世俗宗教的信奉者。

我正是按这一标准构建费孝通与（早期）儒家的学术联系。我认为他们发现并要回答的社会根本问题有许多共同点，在思路上有许多一致之处，包括回答的方案，务实和超越。当然也有很多和很大的差别，即使就共同关心传统农耕社会的秩序这一点而言，早期儒学——由于种种条件制约（同时也是支撑）——试图以规范信条回应农耕社会的基本问题，而费孝通先生，同样由于其现代制约/支撑条件，不仅以现代的经验表达解说和正当化了当年早期儒学的解释和回应方案，而且在新的时代提出了新的回应方案。

早期儒家面对的问题和方案

要论证这一点，必须越出对儒家文本、概念和命题甚或狭义中国文化（典籍制度）自身的分析，必须重构阅读传统儒家的社会语境。历来的学人都更重视孔子的"仁"，儒家思想往往被视为后世传统中国各朝代（秦和汉初除外）的主流和正统意识形态，或是修身养性的道德理论，现代新儒家则在以另一种方式"同世界接轨"之际强调其思想文化意义（哲学、美学、宗教），试图从中开出民主与科学。但我认为这种阅读理解，无论贬褒，都大大低估了儒家的社会意义及其历史意义。这与读者的阅读习惯有关，视儒家经典本身为完整的有待解读的文本。但我认为更应将儒家经典与其发生和回应的社会环境视为一个整体上有待阅读的文本。这种阅读会有偏颇，但更可能凸显了它的社会历史意义。在这种阅读下，我认为，儒家是当时条件下最适合农耕社会或乡土中国的一种基本的社会理论和政治理论，为在中国（无论其历史上曾是如何界定）这一广袤土地上。农耕区的人们持续数千年的基本成功的社会实践提供了基本的制度和规范保障，履行了建构社会组织的功能。从"马后炮"的观点看，早期儒家比任何其他学说都更有效回答了对于当时普通民众的日常生活第一位重要的基本社会秩序问题。

在传统农耕社会，这个秩序问题大致有以下两个基本方面：第一，如何在一个因生产力水平低下、人员流动很少的小型农耕社会（主要是家庭和家族，但乃至以血缘和亲缘关系形成的农耕小型社区）中形成和维系社会生产生活必需的长期稳定的——因此在人们普遍接受的意义上也可以说是公平的——基本秩序？以及第二，基于大量这类相互间没有多少血缘和地缘关系的小型社会，又如何构成一个疆域辽阔但基本统一（因此有和平）的大型社会（国/天下），使得缺乏经济文化交往联系的高度分散的诸多小型社会组织（家）与更大型的社会组织（国）长期兼容，并在财政上、制度上、社会规范上和政治意识形态上互补？

前者概括起来就是"父父子子"问题，或"齐家"问题；后者概括起来就是"君君臣臣"问题，或"治国/平天下"问题。儒家完整有效地回答了第一个问题，并且在法家思想和制度实践的支援下，也从原则上比较有效地回答了第二个问题。在这个意义上，儒家思想和实践既是一种社会的也是一种政治的构成/宪制理论和实践（constitutional theory and practices）。至于儒家所有其他关于精英教育、理想人格、文化传承、人性理论等论述，虽然对各自学科非常重要，却大都附着于和从属于这个"天下公器"的问题。例如，儒家非常关注少数精英和理想人格培养问题，但精英或理想人格的作用一方面在于社会规范（"礼"）的人格化和示范，另一方面则是通过精英（可以视为社会分工）来保证制度化的文化和意识形态传承。

在小型社会层面，基于"性相近"，儒家主要依据并强调了因人的生物性发生的自然情感的社会构建，例如基于亲子之爱、夫妇之爱、兄弟之爱的利益共同体。但他们也深知这些自然情感无法独自作为非常坚实的社会基础。首先这种自然情感延伸有限，只能局限于近亲属或最多是经常交往的近邻，一旦血缘、亲缘关系稀薄了，这种利益共同体就无法继续存在。其次，人会成长变化，因此这种关系不是恒定的，例如孩子长大后，就可能与父母发生冲突，夫妻之间的爱也会流变。第三，一些最具建构性的自然情感也可能最具有破坏性甚至颠覆性，特别是两性关系，可以"结两姓之好"，但也可能"冲冠一怒为红颜"；而在一个小型血缘社区之内，如果不予严格规制，一次基于无知的越轨也会导致巨大的灾难。[8]因此人不能仅仅停留在自然情感上，而必须有所超越。超越的方式之一是制度化、规范化、礼仪化。一方面通过神化或符号化血缘关系，孝亲敬祖，慎终追远，强化小型社区成员的相互认同；另一方面则是通过诸如"男女授受不亲"之类的制度措施来尽可能消除性的潜在僭越性和随之而来的颠覆性。为此而发生的即为"礼"。

尽管集中关注的只是小共同体，其意义却不仅如此。第一，这些强化社区认同的方式已经具有某种超越性，提供了想象和建构大型社会（国/天下）的一个可能通道。其一仍然是依据人的自然情感，从人的"四端"出发，"推己及人""老吾老以及人之老，幼吾幼以及人之幼""己所不欲勿施于人"，使之尽可能的普遍化。其二是借助家庭关系的想象来构建各种政治关系，用父子类比君臣，用兄弟类比无血缘和亲缘关系的人之间的，包括同僚之间的关系，用婚姻来建构与少数民族的关系，等等。因此"礼"也就打通了家、国，处理家庭关系的伦理就通过某种修正和补充同政治原则沟通和链接了，形成一种大小社区（国/家）的基本规范和制度原则的同构。

而且，组构家庭/家族/村落等小共同体的"礼"对一国政治权力和平交接具有重要意义。鉴于当时的社会条件，普选不可能，精英之间的任何形式的选举很容易导致战乱，殃及无辜且遗患无穷，因此王位继承对于整个社会来说反而可能是一个风险最小、收益最大的选项——想一想，传统中国的"盛世"和"乱世"的显著标记之一就是皇位更替的频率。有父子（包括嫡、庶）、夫妻（包括妃嫔）关系、兄弟关系的"礼"因此在保证最高政治权力有序和平交接上也起到了规范作用。这个作用也是政制的（Constitutional）。

在这个意义上看，儒家坚持的"礼"就完全不是一般的社会礼仪或称谓，它们既是相对柔性的普遍社会规范，也会体现为相当强硬的法律制度，同时还是弥散化的主流政治意识形态，其功能均在防止因利益、激情或无知而导致的各种名分的僭越，维系家庭/家族关系乃至整个政

---

[8] 古希腊悲剧《安提戈涅》最典型地凸显了这个问题，俄狄浦斯王弑父娶母的暴露，不仅给他和家人以及其他相关人带来巨大灾难，而且导致整个城邦政治的激变；因此我称这个问题为"俄狄浦斯难题"。参看，苏力：《纲常、礼仪、称呼与社会规范——追求对儒家的制度性理解》，载《中国法学》，2007年5期。

治制度稳定，保证国家和平。诸多的"礼"总体上则促成了并构建了"礼治"。

这种关系中的双方尽管有先后、上下、高低、主从甚至贵贱之分，在实践上可能独断和专横，但作为理想型，它们却不是独断和蛮横的；各自都要承担对于另一方的特定"权利义务"。在家庭关系上，即要求"父慈子孝""兄恭弟悌"（或"兄友弟恭"）"长幼有序""男女有别""夫义妇节"等。即使在君臣政治关系上，也并非暴君专制或独裁，而是"君使臣以礼，臣事君以忠"（《论语·八佾》），是"君之视臣如手足，则臣视君如腹心；君之视臣如犬马，则臣视君如国人；君之视臣如土芥，则臣视君如寇仇"。（《孟子·离娄下》）。这当然不是工商社会中基于个体生产交换而发生的权利义务关系，但抽象看来，也可以视为农耕社会基于个体社会角色合作而发生的与现代权利义务非常类似的制度安排。

有学者批评儒家的规范都是特殊主义的，非制度的，非普世的，因为儒家是根据人的社会角色来确定其必须遵循的社会规范。这种观点有两个误解。第一用现代西方对人的抽象来评判传统中国儒家对人的抽象。但更重要的错误是，儒家提出的其实就是一种普遍主义的、制度主义的或普世主义的主张。孟子讲的"父子有亲、君臣有义、夫妇有别、长幼有序，朋友有信"（《孟子·滕文公上》），或是后代强调的"三纲"，难道抽象程度还不够，普遍程度还不够？有哪个个体与他人的关系会落在这些高度抽象和普遍的关系之外？确实，这些抽象不是西方古代城邦或现代社会的"公民"，也不是近代以来的抽象的"人"；但前者发生以基于奴隶制的小型城邦社会或现代工商社会为前提，后者则以近代资本主义发生为前提。在中国传统农耕社会中，因其无用不可能发生这种概念；即使发生了这个概念，也不会有多少现代的意涵——试想古希腊城邦中虽有公民，但自由人、奴隶仍然不是公民。美国建国时的《独立宣言》宣布的"人生来平等"，但12年后通过的《宪法》第1条第2款、第9款仍然确认了黑奴制，实际否认了黑人是"人"。语词概念不改变社会结构，相反社会结构的变化才会改变语词和概念的意义。

后代的历史表明儒家对传统中国社会秩序的认识、理解和设计是深刻的，以"三纲"为代表的基本社会政治制度设计从总体看来大致是有效的。孔夫子曾经计划过出色的治国方法〔9〕，鲁迅先生说这话尽管是批判，却显然要比那些称孔子为圣人的人，眼光其实更深刻。

同情的解说

由于语境常常可以甚或必须省略，当时文字也必须简明（别忘记竹简！），儒家只是用或只能用诸多规范命题表述其思想和直觉，不可能长篇大论缜密展示其论证；因此，时过境迁，衍生的重重阐释和历史再书写无论如何都会模糊原先的问题，批评或赞扬都可能与原生的儒家无关。二十世纪的激进者通常视其为古人的错误，保守者则试图从中开发出现代的民主与科学。〔10〕两者看起来极端对立，但他们的评价坐标都是现代，讨论的问题都是他们当时面对的问题，儒家思想因此成了诸多学者"练拳"或"借箭"的稻草人。

"礼失而求诸野"。〔11〕似乎只有费孝通，在广泛吸纳了现代社会科学的知识和研究成果的基础上，通过对现代中国经验的直接观察和理论抽象，在《生育制度》《乡土中国》以及《江村经济》等著作中充分展示了儒家思想对于传统乡土中国的功能和必要，为儒家思想的发生、存在和历史正当性做了强有力的社会学解说，因此也可以说是一个辩解。

费孝通强有力地论证和指出了，在传统中国农耕社会中，家庭的重要性和意义。他强有力地，也非常精细地，展示了传统中国农业社会的诸多特点，并因此仿佛是捎带着，展示了儒家传统政治社会制度、规范、礼教、习俗和思想在这种社会中无可替代的重要性和必要性。费孝通先生的现代论述也比任何其他人（包括古人）的著作更为凝练地表达了而且贴近中国农业社会民众百姓的日常生活经验，而那在我看来恰恰是原生态的儒家思想和"礼"之发生和存在的根据。〔12〕

---

〔9〕鲁迅：《在现代中国的孔夫子》，载《鲁迅全集》卷6《且介亭杂文二集》，人民文学出版社2005年版，页329。

〔10〕可参看，牟宗三：《道德理想主义的重建——牟宗三新儒学论著辑要》，郑家栋编，中国广播电视出版社1992年版。

〔11〕班固：《汉书》，中华书局1962年版，页1746。

〔12〕章学诚认为，古代的礼是"贤智学于圣人，圣人学于百姓"，周公只是集大成者；刘师培则认为"上古之时礼源于俗"。转引自，李泽厚：《中国古代思想史论》，人民出版社1986年版，页11和注2。

我只能长篇引证费孝通为证。首先是"礼"的功能：

"社会结构是由不同身份所组成的。社会身份注意亲疏、嫌疑、同异和是非之辨。儒家所谓礼就是这种身份的辨别。……君臣、上下、长幼、男女、父子、兄弟都是社会身份，规定着相互的行为和态度。这些身份若全可以变成亲密的夫妇关系，那也就可以不必分了。性的关系因之也只能归纳在一种身份之中。社会关系是联成一个体系的，其间息息相关，像是一个网络。兄弟关系的成立是依赖于他们有共同的父母，父母之间有着不变的夫妇关系。现在若让性爱自由地闯入已有的重要社会关系中，它不但可以破坏相结合的男女两人间原有的关系，而且还可以紊乱整个相关的社会结构。譬如甲乙本是父女，现在发生了性的关系，成了夫妇，甲就不能不改变他原来对乙的态度和行为。这个转变就会引起心理上习惯上的阻力的。甲乙两人的关系改变也许还不太困难，……[但]很多别人就不容易找到一个适当的身份来和他们发生社会关系了。甲的儿子就可以不知怎样应付又是他姊妹，又是他母亲的乙。这种情形……不会发生的原因就在人不知道怎样对付这种紊乱了的社会结构。像上述那种极端的例子固然没有，但是在边际上的例子还可以看得到，譬如本来用长幼两辈相称的远亲，一旦结了婚，别人向他们改口时，常会引起很不自然的心情。这一种情形我们可能有此经验；不自然的心情就是出于社会结构中的小小紊乱。"

"在感情上男女都能在夫妇之外另有眷恋的，因为人实在是个Poly-erotic（多元性感）的动物。……[但]若是让性爱自由地在人间活动，尤其在有严格身份规定的社会结构中活动，它扰乱的力量一定很大。它可以把规定下亲疏、嫌疑、同异、是非的分别全部取消，每对男女都可能成为最亲密的关系，我们所有的就只剩下了一堆构造相似、行为相近的个人集合体，而不成其为社会了，因为社会并不是个人的集合体，而是身份的结构。墨子主张兼爱，孟子骂他无父，意思就是说没有了社会身份，没有了结构的人群是和禽兽一般了。"[13]

又如有关整个国家的"礼治"和"法治"：

"［礼］显然是和法律不同了，甚至不同于普通所谓道德。法律是从外限制人的，不守法所得到的罚是由特定的权力所加之于个人的。人可以逃避法网，选得脱还可以自己骄傲、得意。道德是社会舆论所维持的，做了不道德的事，见不得人，那是不好；受人吐弃，是耻。礼则有甚于道德：如果失礼，不但不好，而且不对、不合、不成。这是个人习惯所维持的。十目所视，十手所指的，即是在没有人的地方也会不能自己。……礼是合式的路子，是经教化过程而成为主动性的服膺于传统的习惯。"

"礼治在表面看去好像是人们行为不受规律拘束而自动形成的秩序。其实自动的说法是不确，只是主动的服于成规罢了。孔子一再的用'克'字，用'约'字来形容礼的养成，可见礼治并不是离开社会，由于本能或无意所构成的秩序了。"

"礼治的可能必须以传统可以有效地应付生活问题为前提。乡土社会满足了这前提，因之它的秩序可以礼来维持。在一个变迁很快的社会，传统的效力是无法保证的。尽管一种生活的方法在过去是怎样有效，如果环境一改变，谁也不能再依着老法子去应付新的问题了。所应付的问题如果要由团体合作的时候，就得大家接受个同意的办法，要保证大家在规定的办法下合作应付共同问题，就得有个力量来控制各个人了。"

"这其实就是法律。也就是所谓'法治'。"

"法治和礼治是发生在两种不同的社会情态中。这里所谓礼治也许就是普通所谓人治，但……礼治和这种个人好恶的统治相差很远，因为礼是传统，是整个社会历史在维持这种秩序。礼治社会并不能在变迁很快的时代中出现的，这是乡土社会的特色。"[14]

---

[13] 费孝通：《生育制度》，载《乡土中国·生育制度》，北京大学出版社 1998 年版，页 142—143。

[14] 费孝通：《礼治秩序》，载《乡土中国》，同上注，页 52—53。

在我有限的阅读中，没有任何其他现代或古代学者比费孝通先生的这些解说，在抽象层面上，更自然真切并且系统展现了儒家倡导的"礼"和"礼治"对于传统中国社会的重要性。如果考虑到传统中国基层农耕社会的极少流动性，这些"礼"确实是普通民众生活秩序的"纲"（基本支撑点）和"常"（始终存在）。考虑到传统农耕中国几乎是"天不变道亦不变"的状况，考虑到"礼治"实际履行的维系社会和平稳定的重大社会功能，考虑到"法治"执行所需要巨大财力、信息以及很难监督防止的滥官污吏，确实很难设想在传统中国有可能拒绝"礼治"而仅仅依靠"法治"。在费孝通先生的著作中，这种并不雄辩却令人无法拒绝的生活逻辑展示和合理性分析论证可以说是随处可见。

费孝通因此，针对20世纪的激进者，实际上为特别是儒家文化的历史合理性提供了温和却又是最强有力的辩护。但他不像梁漱溟那样更多用想象的三种文化对比，借助某种形式的进化论在情感上呼唤皈依者[15]，也不像牟宗三那样强调儒家所谓的"内圣外王"的传统，以它能开出民主科学、因此符合西方价值来为召唤儒家的新信徒。[16]费孝通的著作中完全没有激进者或新儒家的那种强烈情感冲击，但他的语境化解说还是把儒家文化同我们的日常生活经验更紧密地结合起来了。当现代化一步步切断儒家在现代中国的生活情感之根之际，费孝通使之在中国社会获得了智识学术之根。由于中国人口至2006年还有50%上下是农民，因此它还为儒家文化在这些社区以及城市社区的某些特点提供了适度的正当性论证，防止了激进的社会改革贸然触动或断然否定它们。费孝通晚年大力支持社队和乡镇企业，其实在一定程度上就来源于他对中国的家庭/家族/农业社区的这种理解。

承继的创造

但费孝通是一位现代学人。这就注定了他不是儒家的辩护者、卫道者，他也不是历史中国的知识和传统的固守者。在一种广义上，他其实

---

[15] 梁漱溟：《东西文化及其哲学》，商务印书馆2003年版。
[16] 参看，前注10。

对儒家思想是有贡献的，如果不是把贡献仅仅理解为阐释和捍卫儒家命题的话。

首先，鉴于历史上的儒家思想一贯坚持的是纯阐释学传统，那么费孝通实际上开始了（如果还不能说创造的话）现代社会科学的儒家思想传统；这无论对错功过，也无论后人如何评价，这都是对儒家思想的一种丰富。

典型的表现之一是《生育制度》对乡土中国婚姻家庭继承制度的分析，费孝通充分演示了其发生逻辑、效用和结果，不仅颠覆了自由恋爱为基础的现代婚姻制度的先验道德优越性，而且在《单系偏重》一文中从社会整体合理性角度有效回应了自由主义话语对中国农业社会中财产继承问题上关于男女不平等的指控。[17]这些分析讨论支持了与儒家思想相联系的一些乡土中国的实践，但不是诉诸权威，而是运用了社会科学的研究方法，诉诸普通人的理性和情理。

由于上述这一点，其次，由于在社会科学的层面展示中国传统农业社会的特点以及传统儒家思想和制度的语境合理性，因此他也必定展示了儒家思想对于在世界变化中的近代中国的局限性，以及在当代变革的必然性。这也就在理性上界定了儒家思想和实践作为制度的边界，界定了儒家作为社会理论、政治理论和意识形态的历史性。这一点是前辈学者，无论是儒家还是其他学者甚至没有想过的。

因此，费孝通并不固守中国的儒家文化传统，他深知中国社会有许多问题，在理解传统中国乡土社会的同时，他也隐含了众多批评。费孝通先生因此是变革导向的，有批判精神。上一节中引证的费孝通对"礼治"的分析就是一个例证。其中既有对"礼治"历史功绩的适度赞扬，又隐含着费孝通对"礼治"的批判以及对"礼治"之未来的一个预测，即在如今这个变迁很快的时代中，法治必将取代礼治作为现代社会的主要治理形式。但与激进派学者的批判不同的是，费先生从来不是从伦理规范层面上批判，而是在理解层面上批判，不是道德的批判，而是社会科学的批判。他不讨论儒家传统的思想和制度在绝对意义上的对错，是

---

[17] 费孝通：《生育制度》，载《乡土中国·生育制度》，北京大学出版社1998年版，第13章。

否优于西方的思想；而仅仅指出，面对20世纪的世界，中国人如果要活下去，富裕起来，为什么儒家是不够的。

费孝通的论证或结论并不一定，也不大可能，完全对；有些可能就是错了；但他的思路是给人启发的，即任何文化和制度都是为了人民或一个民族的生存，而不是为了实现某个或某几个先天综合判断，实现上帝的或其他的道德权威的绝对命令。他不想"为天地立心"，也不想"为万世开太平"。作为一个条件判断或设言判断，"天不变道亦不变"，是对的；但作为直言命令，这个命题一定是错误的，因为20世纪的"天"（社会给定条件）已经变了，因此中国社会文化制度（"道"）一定要变。因此，费孝通在为儒家思想辩护之际，对其文化表达是有所"损益"的，损或益的标准并不是"真理"或"心"，而是现代社会生活中的中国人的整体利益。

费孝通先生因此，似乎完全背离了据说是因儒家"重义轻利"而形成的鄙视工商的传统。他自称一生以富民为追求。不仅他的第一部重要著作关注的问题是《江村经济》，而且在之后《重访江村》和《三访江村》[18]，他也一再以翔实的数据和细致的分析先是表明了副业（其实已经包含了一部分手工业）后来是工业的重要性，他指出"发展前途最大的显然是工业"，明确提出了"工业下乡"的主张。[19]他显然要比后代儒家更重视社会的物质生产，重视社会的物质财富对于人民安居乐业，整个社会发展的重要性，并不把狭义的文化表达视为首要。

但这真是对儒家传统的背离吗？若是同首先强调"富之"和"足食"的孔子相比[20]，似乎费孝通先生比那些强调教化和心性的后代儒家，包括发表中国文化宣言的新儒家们，都更像孔子。而且，重利就一定轻义吗，就一定是小人吗？在1980年代初，费孝通不顾当时种种"政治不正

---

[18] 费孝通：《江村经济——中国农民的生活》，戴可景译，商务印书馆2001年版。
[19] 同上书，页303。
[20] "冉有曰：'既庶矣，又何加焉？'曰：'富之。'曰：'既富矣，又何加焉？'曰：'教之。'"《论语·子路》9。又请看，"子贡问政。子曰：足食，足兵，民信之矣。"《论语·颜渊》7。

确"的非议和压力，大力支持发展社队工业。[21]这难道不需要或正是儒家赞美的那种人格力量吗？1990年代初，有学生到苏南调查回来告诉我，一位苏南乡镇企业家直言，大意是，你们知识分子没有一个替我们农民说话，只有费孝通！

第四，尽管是社会科学的进路，若从思路上看，费孝通先生坚持的更像是早期儒家"格物致知"、因此更为经验主义的知识传统，拒绝了宋理学、明心学和现代新儒家的理念主义传统。不是从阅读文本或自我反省中获得知识，他关注社会生活经验，见微知著，非常善于从日常社会生活现象中提炼问题并将之有效转化为学术讨论。并且由于格物致知，注重经验，不强调内圣外王的菁英主义和形而上学，在我看来，费孝通还恢复了至少是早期儒家的那种平民主义和实用主义的知识传统："子不语怪力乱神""六合之外，存而不论"，强调"未能事人，焉能事鬼？""未知生，焉知死？"事实上，都不用看文章本身，只要看看前引费孝通先生的诸多著作的平实标题，再对比一下——比方说——诸多现代新儒家的著作的题目，诸如《文化意识宇宙的探索》和《道德理想主义的重建》[22]就可以察觉谁更多继承了《论语》和《孟子》的朴素风格。

第五，由于表达是社会科学的，而不是诉诸直觉或顿悟，具有抽象性和一般性，可以作为方法而延伸到其他相关领域并在大学传授，费孝通不仅在这个时代解说了，更是创造了儒家思想表达和传播的现代话语形式。他的话语远比那种试图更多以对中华文化的坚定信念和宗教情操来影响读者的新儒家更可能赢得了"五四"之后特别是"文革"之后的年轻一代，并能同世界的学术话语相沟通。因此，在比较温和且愿意思考问题的现代知识分子中，费孝通获得了远比新儒家更为广泛和深刻

---

[21] "我在1980年春节在人大会堂发过一次言，介绍了苏南社队工业的发展。当时还引起了不少不同意见。有人说社队工业挖了社会主义的墙脚，是不正之风，是资本主义复辟的温床，各种帽子都有，问题提得很严重。……不同意见持续到去年下半年，中央直接派人去调查。1984年的一号文件、四号文件才肯定了乡镇工业在社会主义经济里的地位。"费孝通：《小城镇调查》，载《社会调查自白》，知识出版社1985年版，页53。

[22] 《文化意识宇宙的探索》《道德理想主义的重建》分别是唐君毅、牟宗三的新儒学论著文选，均由中国广播电视出版社1992年出版。

的影响力。[23]由于这一点,费孝通就为中国儒家文化传统和智慧在现代话语世界中赢得了一个不是基于信仰或激情而是基于理性和智识的立足之地。这意味着,他为以儒家为代表的中国传统文化赢得了未来的话语表达,中国文化的自我表达有望逐渐强健起来。正是基于这一点,我认为,费孝通创造性地承继了以儒家为代表的中国传统文化,建构了中国文化和制度上创新的可能性和根据。

理想的超越

创造必定已是超越。但在这一节,我还想从国际层面来表明费孝通促成的儒家思想的超越。

首先,由于费孝通先生对中国经验材料的系统分析和现代社会科学表述,因此他实际上扩展了传统儒家思想的对话空间。费孝通的许多具体分析都隐含了对教义化的自由主义、个体主义、启蒙思想、理性主义的温和批评;而且这种批评是在一种智识的层面。因此,费孝通使儒家的思想实践不限于国际汉学界或儒学界。他创造了儒家思想论战的新对手,因此也就创造了儒家思想同其他文明对话的更大空间和可能。

例如,在两篇有关文字下乡的短文中[24],费孝通解说了为什么乡土社会不需要文字。但更重要的是,他颠覆了通过文化启蒙改造社会的幻想。这种幻想曾经而且至今仍颇为普遍(想想"知识改变命运"的公益广告),但它完全建立在一系列缺乏经验根据的假定上:知识可以完全独立于社会生产生活方式,知识表现为文字因此是识字者的专利,

---

[23] 尽管引证次数不具有结论性,而且费孝通研究领域也不是儒家思想,但若是仅仅从知识和学术影响来看,根据《中文社会科学引文索引》的查询,在1998—2005以及1998—2016年间,大致与费同时代的新儒家的代表人物中,就引证次数而言,没有谁可以同费孝通相比。最多的是梁漱溟(965,4121),也不及费(2195,12343)的一半;其他诸位代表人物的引证数分别为,熊十力(272,1115)、张君劢(236,1067)、牟宗三(744,3554)、唐君毅(196,1134)和徐复观(636,3239)。更重要的是,最新的数据表明,相对于其他人,费孝通对当代中国学术的影响还在进一步增长。当然,有人可能质疑费孝通学术影响来自他后期担任过全国人大常委会副委员长的社会地位和政治地位,我无法通过论证来排除这种猜测;但还是有一个数字可以作为参考。大致与费孝通同时代,同样担任过全国人大常委会副委员长的另一位社会学家雷洁琼,在可比的相关年度内,其著作引证数分别为39和133次。

[24] 《乡土中国》,同前注13,页12—23。

以及识字者可以启蒙,等等。但费孝通先生以四两拨千斤的方式展示了,知识总是与社会生产和生活方式紧密相连的,任何正常人都有知识,不必定附着于文字,因此每个人都只具有知识的比较优势,等等。费孝通隐含的结论是,必须首先改变生产方式,否则仅仅文字下乡无法改变乡土中国,而且文字也不会扎根农村。经验证据一再支持了费孝通的判断。在《乡土重建》一书中,费孝通更痛心地指出,在传统中国,出身乡土的儒家士大夫即使中了科举,在外任职多年,最后还是会叶落归根,兴办乡学,会以某种程度上回报乡村,维护了传统乡土中国的生态平衡。而现代文字下乡的结果之一却是一个"损蚀冲洗下的乡土"。虽然便利了一批批农家子弟进入了城市,但数年之后,他/她们就成了"回不了家的乡村子弟"[25],不仅因为城市的富裕和情趣的改变,最重要的是他们学到的知识与乡土中国大致无关。知识也许改变了他们个人的命运,却没有改变乡土的命运。但费孝通先生不是在哀悼儒家文化下的乡土中国,他是在思考改造乡土中国的新出路;但在智识上,他也是在挑战直到今天仍颇为流行的自由主义和启蒙哲学的话语。

在"无讼"一文中,费孝通通过一个简单的案件——某人因妻子偷人打伤奸夫、奸夫告前者殴伤[26]——就提出了一系列抽象意识形态化的基于个人权利的法治话语和实践很难回答的问题:传统"礼治"的正当性和有效性,法律与其他社会规范的关系,法治实践的合法性和正当性基础,法律移植的可能性和现实性,个人主义与社群主义的冲突,等等。这个例子高度具体化了"礼治"与法治遭遇的现实情景,至今仍具有强烈的警醒作用。

第二,费孝通晚年还有另一种超越。这固然可以解说为费先生学术思想的发展,但我更倾向于视为只有在费孝通的晚年,随着中国社会的发展和变化才使费先生有可能、有必要思考这个问题,而不是一种空想。即便这时,费先生的思考在这一代中国学人中也已经具有某种先锋性;并且体现了一种深厚的家国情怀。

一篇重要的文章是费孝通先生1988年在香港中文大学的Tanner讲

---

[25] 费孝通:《乡土重建》,上海观察社1948年版,页70—73。
[26] 《乡土中国》,同前注13,页58。

演"中华民族的多元一体格局"。[27]回头来看，这篇文章，可以说早早就提出了甚或是告诫了我们，当代中国在从"以农立国"到现代化工业化，也即改革开放中，在社会层面会浮现出来甚至可能敏感起来的中华民族构成问题。

但其中最有代表性的就是《孔林片思》。这篇文章不仅因为引发费先生思考的地点或触媒使得费同儒家传统在空间和文化符号上联系起来了，更重要的是思考的问题和思考的方式同儒家传统联系起来了。

文章的核心是关心未来的世界中"人与人之间怎样相处，国与国之间怎样相处的问题"。费先生提到了环境污染问题，资源问题，可持续发展问题，特别是在全球化时代人与人的心态问题。他说：

> "现在世界正在进入一个全球性的战国时代，是一个更大规模的战国时代，这个时代在呼唤着新的孔子，一个比孔子心怀更开阔的大手笔。"

> "新的孔子必须是不仅懂得本民族的人，同时又懂得其他民族、宗教的人。他要从高一层的心态关系去理解民族和民族、宗教与宗教和国与国之间的关系。"

> "我们需要一种新的自觉。考虑到世界上不同文化、不同历史、不同心态的人今后必须和平共处在这个地球上，我们不能不为已不能再关门自扫门前雪的人们，找出一条共同生活下去的出路。"[28]

费孝通先生认为这个新孔子只有"在争论中才能筛洗出人类能共同接受的认识"；认为"在这种共识的形成过程中中国人应当有一份"。因为"中国的土地养育了五十个世纪的人。……这么长的时间里，我们中国人没有停止过创造和发展；有实践，有经验，我们应当好好地去总结，去认识几百代中国人的经历，为二十一世纪作出贡献"。

这段文字写于1992年6月。在国内，当时中国的市场经济刚刚开始全面推进，有多少学人正纷纷"下海"，关心如何先富起来，费孝通先生却提出了是如何在21世纪处理国家之间的问题，提出了环境和能

---

[27]《中华民族的多元一体格局》，载《北京大学学报》（哲社版），1989年4期。
[28]《孔林片思》，同前注2，页6。

源问题，提出了可持续发展的问题，以及民族和民族、宗教与宗教和国与国之间的关系。这显然具有一种超越其所处具体社会和思想环境的眼光。在国际上，也是直到一年之后，美国学者亨廷顿才提出了"文明的冲突"问题[29]；只是以另外一种方式提及了费孝通先生提出的诸多问题之一。还有，当时正是冷战刚刚结束，美国独霸天下，不可一世，费孝通却认为"世界正在进入一个全球性的战国时代，是一个更大规模的战国时代"；而后来随着欧盟（1993年）的正式成立，中国的"和平崛起"，俄罗斯的经济恢复，世贸组织的成立（1994年），恐怖主义，"朝核""伊核"问题，大国（地区）之间不断的贸易纠纷，今天的世界格局似乎正朝着这个方向发展。这足以展示费孝通的思考和判断在中国和世界学人中具有的先锋性，但更重要的是超越性。

也许有人想，而且也确实可以，把费孝通的这种思考放在"齐家治国平天下"的儒家思想传统中来分析。这种分析肯定是错误的。因为新加坡也很受儒家思想影响，许多学者甚至认为香港和台湾地区保留的儒家人文化传统比中国大陆更多。但只要看看台湾一小部分人的折腾，不仅有民进党的族群排斥，而且有马英九先生的小心翼翼，谁敢说表面上的儒家痕迹多少、甚至人格的"儒"雅就会导致这种思考？在这个意义上，我认为，儒家文化其实需要一个大国作为社会背景。或许只有在中国传统儒家文化的熏陶下产生的大国思想者才会这样提出，也才敢提出这样的问题，才会以这种方式提出这些问题（我们可以比较一下费与亨廷顿的思考方式）。在一个小国，一个不富裕的发展中国家，或是一个强大的甚或独霸的大国，或是一个没有久远的历史文化底蕴的国家或民族，都很难想象有一个当时已经80多岁的老人会提出这样的问题，会如此沉着、安详思考人类即将到来的问题，这是非宗教的，是务实冷静但不冷漠的思考。即使费孝通先生没有甚或根本不可能回答这些未来人类的心态问题，但还是让我们感受到了一脉相承的孔子、孟子（"穷则独善其身，达则兼善天下"《孟子·尽心上》），或范仲淹（"先天下之忧而忧，后天下之乐而乐"）。

---

[29] Samuel P. Huntington, "The Clash of Civilizations", *Foreign Affairs*, Summer 1993, v72, n3, p. 22（28）.

事实上，晚年的费孝通确实日益关注以儒家为代表的中国经验和实践。"我们现在对中国文化的本质还不能说已经从理论上认识得很清楚，但是大体上说它确实是从中国人历来讲究的'正心、诚意、修身、齐家、治国、平天下'的儒家所指出的方向发展出来的。这里边一层一层都是几千年积聚下来的经验性的东西，如果能用到现实的事情当中去，看来还是会发生积极作用的。我们中国文化里边有许多我们特有的东西，可以解决很多现实问题、疑难问题。现在的问题是我们怎样把这些特点用现代语言更明确地表达出来，让大家懂得，变成一个普遍的信息和共识。"[30]

也算结语：文化自觉

如果只是打算勾连儒家传统和费孝通的一些学术思想，那么上面三节就大致足已支持我的论题了。但一个重要问题是，如果在本文的核心论点不是牵强附会，那么本文开始时勾勒的那个费孝通又是如何同儒家思想勾连的呢？很多人会简单追溯到费孝通早年（"五四"之前）受过的教育，"约四岁入蒙养院，六岁入吴江县城的第一小学"[31]，以及家庭的熏陶。一个人幼年的教育确实会影响终生。但是这个回答不可能对。它无法回答受过更完整的儒学教育的鲁迅、陈独秀等人的激进立场，也不能回答力求从儒学中开出民主与科学的现代新儒家例如牟宗三、唐君毅（他们均出生于1909年，早费孝通一年。）等人的保守立场。而且，我们又该如何看待费孝通后来受过的更长期的系统西学教育？正如本文一再强调的，费孝通的研究方法完全是现代的，与儒家传统几乎无关。这个问题也不能完全归结到个人的偏好或天才，尽管我承认这个因素。如果强调这个因素就会消灭这个问题的学术意义，也使得费孝通晚年反复强调的"文化自觉"变得毫无意义。

我认为，真正建构费孝通与儒家传统之联系的很可能是他们共同面对的那个农耕社会，那个乡土中国。尽管时光流逝，多少次改朝换代，

---

[30] 费孝通：《关于"文化自觉"的一些自白》，载《学术研究》2003年7期，页7。
[31] 费孝通简介，载 http://finance.sina.com.cn/economist/xuezhesuibi/2005 0425/22461548969.shtml，最后访问2007年5月4日。

19世纪末起中国更经历了"数千年未见之大变革",但直到费孝通中年时,中国广大农村熟人社区的秩序问题基本还是孔子试图回答的问题,是普通农民必须面对的问题,基本还沿用的是儒家提出或概括的方案,并且基本有效。哪怕改朝换代,社会上层或者"礼崩乐坏",或者"变法改制",但"天不变道亦不变",最终还是"礼失求诸野"。因为这样的社会生活环境需要这样一套规则,有没有儒家来表达都一定会作为实践而存在。

可以想一想,在一个个这样的无法求助"国家"的小型的社区中,如果没有作为普遍社会规范(因此有别于一个个具体的实践)的"父慈",而是如同某些动物那样,养育后代的责任完全由母亲承担,那么后代如何能得到最佳的养育?如果没有"子孝",那么在一个没有社会养老保险的社区中,丧失劳动力的老人又如何能活下去?如果没有"夫义"(注意,不是"节"或性忠诚),在一个生产生活主要靠体力的社会中,性爱激情不可能持续,一个中年女性又能从何处稳定获得必要的生活资料?如果没有"妇节"(性忠诚),一个丈夫如何确定自己养育的不是他人的后代,因此有动力抚养后代?如果没有兄恭弟悌和长幼有序,又如何最简单地预防兄弟之间难免的纠纷?如何以和平方式(费用最低的方式)分配各类遗产?又如何合作克服各种不测的天灾人祸?没有"夫唱妇随",潜在的交易者如何最简单地发现自己的交易对象,节省交易费用?为什么企业总是只设一位董事长或总经理并要明确标记?为什么即使最强调个人独立自由的"民主"国家中也不是人人是总统或总理?

在传统的农耕社会中,永远都存在这些问题(结构功能主义),孔子时代如此,至少在费孝通中年时也还基本如此。在这个意义上,我甚至认为,传统中国农耕社会的规范不是孔子或儒家的创造,与儒家思想的阐述和传播也并不直接相关,相反,更可能是这种传统农耕社区的秩序本身启发了孔子及其后代传人的表达。接受了系统西学教育的费孝通,尽管有了西方国家的社会组织和学说理论作为参照系,但只要他直面这样的乡土中国(与其他同代学人不同),就只能以现代社会科学来阐述和表达这种秩序。这种秩序内在于这种农耕社会的生产方式和组织结构;其正当性来源于也受制于这个看似可塑实则坚定的农耕社会。

因此，在费孝通先生强调的"文化自觉"中，这可能是最重要的：直面中国的现实，回答中国的真实问题；不仅仅关心中国传统文献或西学文献中的问题。而这个问题，教条主义，一直是中国近现代知识人的最大毛病。他们似乎总是更相信话语的力量，总是试图从书本或"文化"中寻找解决中国问题的良方妙药，包括在文本上逃离某个传统或进入某个传统来回答中国的提问。尽管近现代历史一次次让这类学人头破血流，但他们忠贞不渝（或执迷不悟）。而我在这里对费孝通和儒家思想发生及其关系的重构，则意味着，所有的知识都是社会的，为了社会的生存，所有的知识运用都必须是具体的和地方的，不可能存在独立于社会生活需求的知识；要直面社会，而不是试图在文字层面上进入某个据说是正确的文化或学术传统（那不是为了社会的研究，而是为了自我不朽的研究）。如果不是首先在这个层面上达到文化自觉，就不可能有真正有意义的学术发展和贡献。

本文对费孝通的探讨还暗示了，必须在中国社会经济发展的前提下讨论中国文化的复兴、发展和贡献，必须考虑在世界性的学术竞争中发展中国的学术和文化，因此很可能必须在社会科学的传统中继承、发展和表达中国的文化。这是另一种文化自觉。如前所述，费孝通先生对中国传统文化的解说基本背离了传统的儒家的教义学或阐释学传统，他很少直接触及儒家经典，他运用了社会科学的因果律和功能主义来解说儒家文化的实践形态和有关这些形态的表述。但这些解说是非常强有力的。与费大致同时代的坚信儒家学说并试图据此达致内圣外王的人，无论是梁漱溟、熊十力还是牟宗三，无论在国际还是国内，都没有获得费孝通的影响力。他们当然是值得尊敬的信仰者，但也许不能算是智慧的学人；他们甚至可能在学术史上也占据一席之地，但历史在记住他们的名字之际，很可能会淡忘他们的学说。而费孝通的著作则有可能成为中国文化复兴的理论基石之一。

而且，尽管本文力求展示费孝通与儒家思想的关联，但必须强调，费孝通显然不相信新儒家的"内圣外王"，从中"开出民主与科学"之类的宣言。费对人的分析，对制度的分析，他的功能主义，背后的假定都是理性的经济人和社会人，他们都在追求自我利益和与自我直接相关的人的利益。他重视道德，也承认"礼"和"礼治"的社会功用，但他的分析表明他从不相信无论是儒家或是新儒家的道德教诲，或是其他什么文化教诲，本身可能完全改造平凡的人。费孝通的最高理想一定意义上也就是他的最低理想：人类的和平和安定，每个人都能比较富裕像样地生活，并与其他人共存共荣。

费孝通并不规定我们的追求。但费孝通至少可以提醒我们不能轻狂起来，试图构建一个纯理性的世界，期望一个完全正义的世界。费孝通讲新孔子不是追求思想的独尊，要一统天下，而只是期望"在争论中筛洗出和在一个过程中形成人类能共同接受的认识"。费孝通当然希望在新一代中国人中"出现几个懂得当'孔子'的人"。但请注意，只是懂得"当"孔子，而并非成为本质主义意义上的孔子；"当"只是一种职业分工，是要履行一种社会功能；而不是因为"天不生仲尼，万古长如夜"，不是因为文化必然一统或真理必定趋同，而仅仅是为了回应全球化时代人类的和平共处的心态这样一个问题。

因此，强调文化自觉的费孝通从没有说过诸如"21世纪属于儒家文化"这类昏话，他既不认为未来将由中国文化主导，也从来没有认为甚或希望中国文化本身的优点会带来中国的复兴。他一生只是强调富民，不奢谈狭义的文化，他的研究进路，以及他的晚年提出的心态研究，都表明他始终都是一个文化的功能主义者，一个文化的建构主义者，一个文化的反本质主义者。他似乎认为，只有一个民族或一个国家的长期富裕和强盛，人民的安居乐业，才真正强有力地表达其文化，产生长远和扩展的影响力，而不是相反。在学术上也是如此，某种现象，无论是广义还是狭义的文化表达都不可能仅仅因其"独一无二"或"源远流长"就自然能或应当在世界获得一席之地。学者必须通过至少是具有某种程度普遍性的并且是有竞争力的表达才有学术意义，才能进入人类的知识库房。

如果分析到这一点，在一个非常狭窄的意义上，甚至可以说费孝通是一个虚无主义者，因为他的文化观太功能主义了，实用主义了。但这不就是历史背景关照下当年的孔子吗？一个"六合之外，存而不论"（《庄子·齐物论》）、不仅自己"知其不可而为之"（《论语·宪问》）而且认为"民可使由之，不可使知之"（《论语·泰伯》）的孔子！但从广义的文化层面、从功能主义角度看，这种虚无主义恰恰反映了一种深厚的对于社会对于人类的责任感，一种更高的现实主义和务实主义。在这种视野中，从长远看来，人类没有最终目的或无法察知那个最终目的并强使一致认同。所有的文化最终都要适应人的生存，无论文化的发生、消长和存亡，都契合着而且必须契合着群体的人类生存。这是自由主义？这是社会主义？这是虚无主义？这是现实主义？这是功利主义？这是至善主义？这是犬儒主义？这是超越性？还是世俗性？我们无法分清。但有必要分清吗——如果这能使更多普通人能按照他们可能的历史的生活方式生活并以尽天年的话?!

2006 年 7 月 18 日初稿
2007 年五一期间二稿于北大法学院

较真"差序格局"*

"差序格局"或许是费孝通先生著作中引发后辈中国学者最多讨论和争论的一个概念。[1]《乡土中国》一书中有4章提到了这一概念，其中3章有多侧面的论述。[2]但费老对这一概念并未严格界定，语焉不详。[3]事实上，当年此概念一出来，就有人质疑，费老也当即在学理上接受了这一质疑，并对这一概念做了说明和限定。在此后发表的这一系列篇章中，仅"无讼"有一次极简地提及自己用过这个概念（页54），未再有任何论述。在费老此后的漫长学术生涯中，就我的有限阅读而言，也不见他提及这一概念，没有更多的分析或阐述。[4]费老的这一态度，因此，与一些后辈学者的判断——差序格局是"极有意义的概念"或"蕴含着极大解释潜力的课题"（孙立平语），是"中国社会学史上的一个里程碑"（翟学伟语）——形成了强烈反差。由此引发了一个疑问：为什么？

---

* 原载于，《北京大学学报》（哲学社会科学版）2017年1期。

[1] 比较重要且细致的分析讨论，可参看，孙立平：《"关系"、社会关系与社会结构》，载《社会学研究》，1996年5期，第一节；阎云翔：《差序格局与中国文化的等级观》，载《社会学研究》，2006年4期；翟学伟：《再论"差序格局"的贡献、局限与理论遗产》，载《中国社会科学》，2009年3期；廉如鉴：《"差序格局"概念中三个有待澄清的疑问》，载《开放时代》，2010年7期；以及张江华：《卡里斯玛、公共性与中国社会——有关"差序格局"的再思考》，载《社会》，2010年5期。

[2] 差序格局概念及其分析讨论在《乡土中国》中并不仅出现于同名文章中，也出现在之后"维系着私人的道德""家族"以及"无讼"等各章中。费孝通：《乡土中国》，上海世纪出版集团2007年版。引注此书仅在正文中标注页码，不再一一脚注。

[3] 孙立平准确指出了，费老是在一种类似于散文风格的文章中提出这个概念的，"没有对于概念的明确定义［……］基本上没有理论的概括和说明"。孙立平：同前注1，页21。又请看，翟学伟：同前注1，页155；廉如鉴：同前注1，页47、55。

[4] "［费孝通］在自己后半生的岁月里很少提及此概念。"翟学伟：同前注1，页152。

通过语境化的文本阅读，我认为并将分析论述，差序化是每个人同他人交往并想象其生活世界的自然倾向；但人类个体普遍分享的这一主观倾向并不足以构成一种客观的社会格局；这个概念不具描述或概括历史中国，甚或乡土中国，社会格局的意义，并因此很难有作为社会学基本概念的学术潜能。费老当年使用它主要是为帮助当时中国读者理解，相对于这些读者无法直接感受甚或很难想象的西方近代工商社会、乡土中国的某些重要社会差异。换言之，费老使用这个概念是出于学术思想交流的功能主义和实用主义考量，而不是本质主义的。费老很快就放弃了这一概念，反映了他的学术敏感、精细和较真。

差序格局的文本语境

费老是从批评是乡下人"自私"、缺乏公德心起步引出"差序格局"概念的。"在乡村工作者看来，中国乡下佬最大的毛病是'私'。"随后，费老的批评转向了其他并非乡下佬的中国人："城里人［……］扫清自己门前雪的还算是了不起的有公德的人，普通人家把垃圾在门口的街道上一倒，就完事了［……］小到两三家合住的院子，公共的走廊上照例是尘灰堆积，满院生了荒草，谁也不想去拔拔清楚，更难以插足的自然是厕所"（页23）。再后，虽未明言，他的批评显然指向公职人员："私的毛病在中国实在是比愚和病更普遍［……］，从上到下似乎没有不害这毛病的［……］所谓贪污无能，并不是每个人绝对的能力问题，而是相对的，是从个人对公家的服务和责任上说的。中国人并不是不善经营［……］中国人更不是无能，对于自家的事，抓起钱来，拍起马来，比哪一个国家的人能力都大。"（页24）

费老认为，中国人在社会实践中分享的这一共同点/缺点，反映了中国人在"群己、人我"界限划分上有问题。尽管也流露出鲜明的厌恶，但与人们通常习惯的道德伦理哲学批评有别，费老将这个问题社会学理化，认为，是乡土中国与西洋（近现代）社会不同的社会组织结构导致了中西民众的不同群己关系。西方社会的组织结构是"团体格局"，在乡土中国则是由亲缘和地缘关系构成的"差序格局"。前者公私界限分明，社会由各自独立的个人个体构成；后者则是私人道德维系的，并以自我为中心铺开；费老

以中西对家庭的不同理解例证了中国社会中群体边界的含混和伸缩自如。由于中国社会的基本格局由亲属关系或地缘关系确定，因此

> 我们的格局［……］好像把一块石头丢在水面上所发生的一圈圈推出去的波纹。每个人都是他社会影响所推出去的圈子的中心。被圈子的波纹所推及的就发生联系。每个人在某一时间某一地点所动用的圈子是不一定相同的。［……］以亲属关系所联系成的社会关系的网络来说，是个别的，每一个网络有个"己"作为中心，各个网络的中心都不同。（页25）

费老用了许多典型的中国现象或说法，如人伦、天下归仁以及"推己及人"等，来印证中国的这种个体自我中心的差序"格局"。他还区分了中国的自我中心主义和西洋的个人主义。即便在乡土中国，每个人都是自己网络的中心，但这不构成个人主义。个人主义同团体格局相联系，即团体不能侵犯平等的各成员的权利。中国出现的只是自我主义：即在理论上是"古之欲明明德于天下者，先治其国，欲治其国者，先齐其家，欲齐其家时，先修其身［……］身修而后家齐，家齐而后国治，国治而后天下平"，但在费老看来却是：" 中国传统社会里一个人为了自己可以牺牲家，为了家可以牺牲党，为了党可以牺牲国，为了国可以牺牲天下"（页28）。

从上面的简单梳理可以看出，费老想借助社会结构帮助读者理解，为什么乡土中国人自私，缺乏公德心。在接下的一章中，费老继续以团体格局与差序格局分别来解说西洋与中国的不同道德观念。他认为，在西方最重要的是神与信众的关系，这也是西方国家中团体与个人关系的象征，"人受造平等且为造物者赋予了他们若干不可剥夺的权利"，政府执行神的意旨，政府也是社会契约的产物，这就产生了西洋的一些"笼统性的道德概念"，如权利，基督教的不分差序的兼爱或博爱等。但在中国社会，费老认为，或许由于小农的自给自足，乡土中国人缺乏足够强有力的"团体"整合，因此不容易具体指出一个笼罩性的道德观念来。他特别分析了孔子最常提到的"仁"以及为什么"天下归仁"，认为

> 仁这个观念只是逻辑上的总合，一切私人关系中道德要素的共相，但是因为在社会形态中综合私人关系的"团体"的缺乏具体性，

只有一个广被的"天下归仁"的天下，这个和"天下"相配的"仁"也不能比"天下"观念更为清晰。[……]凡是要具体说明时，还得回到"孝悌忠信"那一类的道德要素。正等于要说明"天下"时，还得回到"父子、昆弟、朋友"这些具体的伦常关系。（页33）

由于缺乏一个总体的抽象道德概念，费老结论说，中国人的道德都是私人的，而私人的或主观的世界必定是差序化的。

差序化应对和想象世界是人的本能和必然

然而，以差序格局作为对乡土中国社会格局的描述或概括，很难成立。因为差序化，是每个自然人，无论中外，应对和想象其生活世界的天然且基本的方式。尤其是在传统社会，由于血缘和地缘关系，人们自然甚至不得不以一种"爱有差等"的方式来理解并组织其主观世界，并据此同他人交往。

从生物学上看，一个人无论是富有爱心或是缺乏足够爱心，都天然更疼爱自家的孩子，更多关心自己的亲人。因为所谓爱，这种自然情感的意味，就一定是对人要有所区别，也就是 discriminating，这完全可译为歧视，但不必像中文"歧视"这个词带有恶意。我们也可以将"一视同仁"定义为一种爱，一种更博大的爱，但那只是文字游戏。因为，老子早就尖锐地指出，就因为其一视同仁，因此天地对于万物，以及圣人对于百姓，就都是不仁的，或无所谓仁或不仁。[5]"对常人来说，爱如果不是爱一些人胜过爱其他人的话，就没有任何意义。"[6]

除了人们的生物本能外，在古代交通不便的条件下，"爱有差等"也有突出的地缘根据。在中国这就是"远亲不如近邻"。《圣经》也要求"爱你的邻人"，尽管邻人被有些学者定义为遇到的任何需要帮助的人。[7]这种解释看来似乎很有超越性，也确实为其普世化解说创造了可

---

[5] "天地不仁，以万物为刍狗；圣人不仁，以百姓为刍狗。"朱谦之：《老子校释》，中华书局1984年版，页22。
[6] 奥威尔：《甘地随想录》，载《奥威尔文集》，董乐山译，中央编译出版社2010年版，页417。
[7] 《摩西五经·利未记》，19：18；《新约·路加福音》，10：29-36；冯象译注，Oxford University Press, 2006, 2010.

能,但在古代社会,任何可能相遇的人都一定是地缘的。甚至即便今天,作为需要物质性互惠互助的人,即便不指望,也只可能存在于直接交往中,才会有经验意味的爱——如《圣经》中提及的撒玛利亚人对遭劫路人的救助、包扎和照料。

由于交往、交流和互惠是关键,这也就隐含着,所谓地缘关系并不真的是地缘,其隐含的是人们的交往和交流带来的各种物质或精神上的互惠。地缘对这一点曾有决定性影响。但这种影响如今会有种种改变,突出表现在交通通讯日益便利的当今。爱有差等的人的天性没变,但当年的地理空间距离如今变成了心理情感距离了。顾城的诗就曾提出了这个问题:"你看我时很远,你看云时很近";更早则有齐美尔的概括,"距离意味着心心相印的一个人他身在远方,陌生则意味着身边的这个人咫尺天涯"。[8]在互联网时代网络空间中,一方面"天涯若比邻",另一方面则是"世界上最远的距离是我站在你面前,你却在玩手机"。每个网民都有以自己为中心、心理距离远近不同的邻人和路人,依然如一块石头丢在水面发生的那一圈圈推出去的波纹。

也从来都有努力克服这种可以波纹做比的个人主观心理上的差序格局。在中国,春秋时期,与认定并坚持"爱有差等"的孔子同时,墨子就倡导"兼爱""爱无差等"[9],前面也提及老子主张"一视同仁"——"圣人不仁,以百姓为刍狗"。即便孔子,固然看到了人性无法改变,却也主张"泛爱众而亲仁",以及"四海之内皆兄弟也"。[10]在西方,从基督教,到近代的普世人权理论,从这一视角看,甚或某些动物保护主义者或环境保护主义者,也都属于这类。

但所有这些努力的效果都有限,且注定有限。因为,即便"一视同仁",也从来必须是在一个圈子或团体或社区或国家中,不可能漫无边际。"大爱无疆"也就一个词,与"金山"一样,不可能在经验上存在。即便你称爱所有的人,却还是会涉及"什么是人"的问题。胎儿?受精卵?或植物人?而且,为什么只是人呢?为什么不包括比某些先天

---

[8] Georg Simmel, *The Sociology of Georg Simmel*, trans. and ed. By Kurt H. Wolff, Free Press, p. 402.
[9] 吴毓江:《墨子校注》,孙启治点校,中华书局1993年版,页154—155。
[10] 杨伯峻:《论语译注》,中华书局1980年版,页4—5,125。

痴呆的人智力更高的海豚或黑猩猩呢，狗以及其他可爱的动物甚或生物呢？人类中心主义一定是对于其他生物和大自然的一种区分/歧视，一种差序格局。

因此，即便那些"团体格局"的社会或国家，也会甚至必须建立并实践某些必要差序格局，无论对内还是对外。"团体格局"的社会或国家即便规定对公民同等保护，但在特定条件下，如资源稀缺之际，只要必要且为当时社会和统治者接受为"合理"，不仅有对老人、妇女、儿童、残疾者的优待，也会坚持基于国籍、年龄、性别的某些区别对待（歧视）——甚至"隔离但平等"。罗尔斯《正义论》的最重要理论贡献，其实并非正义的第一原则——平等原则，而是第二原则——差异原则。[11] 对外，每个国家也都会，也有理由甚至必须，基于本国的意识形态或经贸或战略利益，选择同一些国家关系更近甚至结盟，疏离或敌视另一些国家，这同样是差序的格局。想想"盟国""价值观外交"；也想想我们中国与一些国家的加了各种定语的"战略伙伴关系"。

如果理解了差序化的普遍、必要和命中注定，就可以断定，差序一定不是仅出现在乡土中国人生活中的现象，即便其中某些做法在今天的我们看来不合理，压迫性的，应予且必须废除。但这仍表明无法以差序来概括中国社会甚或乡土中国，至少不准确，这就弱化了这个词作为学术理论概念的意义。

更重要的是，由于费老强调，"每个人在某一时间某一地点所动用的圈子是不一定相同的。[……] 每一个网络有个'己'作为中心，各个网络的中心都不同"，这就意味着乡土中国社会中的每个人都向外推出一串串波纹圈，只要将这个借隐喻展开的思想实验坚持下去，这个水面上就会有无数个相互重叠交叉的波纹圈，当每个人都在按自己的亲缘或地缘距离差序性同他人交往，这在什么意义上是一个或能有一个稳定且客观的社会的"格局"呢？差序格局，因此我理解，只是费老对普通人日常行为格局或心理状态的一种概括。无论费老是否自觉，当他使用波纹这个隐喻之际，在有助于读者理解了乡土中国人的行为和主观心理

---

[11] John Rawls, *A Theory of Justice*, Harvard University Press, 1970.

特点之一时，也解构了乡土中国社会有客观的"差序格局"之可能！

中西之别？还是古今之别？

由于乡土中国人对世界的差序化理解，费老认为，因此没有产生甚或不可能产生西方团体格局中产生的那种"笼罩性的道德观念"，即个人对团体的道德要素，如公务，履行义务的理念。他甚至认为儒家强调的"忠"——至少在早期——只是臣子对国君的私人道德。为支持这一论断，他特别用孟子的两段对话来例证，即便古代中国的君王，在同他人交往时，依据的也是私人道德维系的差序格局，并首先关注私人间的道德（页34）。例一是，有人问孟子，如果舜的父亲杀了人，舜能否不让执法者抓捕其父。孟子的回答是，执法者应当抓捕舜的父亲，舜不得制止，但舜可以放弃王位，和父亲一起浪迹天涯，逃匿抓捕。例二是，在舜继位之前，舜的弟弟象成天都想谋害舜，但舜继位后没有惩罚象，相反给了象封地，只严惩了舜的其他对手如共工等人；有人问，舜的这种做法是否不公。孟子回答说，舜不记恨弟弟，而是亲近和关爱他，这是仁人所为；舜分封弟弟象，这对受封地的民众并无害处，因为实际治理封地的是舜派出的官员，象仅仅享用富贵而已。

费老对这两个例证的分析都有道理，但都太简略了，至少有点随意或任意[12]，尽管鉴于作者的写作对象和篇幅限制，费老攻其一点不及其余的写作手法非但可以理解，甚至必须。但在此还是值得指出二点。一是孟子的这两段论述中，不同程度上，都涉及了国法与亲情的冲突；类似于，尽管不全等于，自然法与实证法的冲突。这种冲突，自古以来，各地（国或文明）都有，但在早期人类社会尤为显著。古希腊社会中的典型例证是，安提戈涅不顾自身生命危险有意冒犯城邦禁令去埋葬死去的叛徒哥哥。[13]黑格尔认为这反映了"城邦体现的具普遍精神意

---

[12] 这后一个例子中，费老先生有意攻其一点不及其余，省略了其他的可能性。很重要的一点是，在王位继承上，舜与象是竞争对手；但一旦王位继承的尘埃落定，面对来自共工等人的威胁，"兄弟阋于墙，外御其侮"，舜出于政治考量，完全有理由也有可能主动与弟弟象携手——毕竟"政治就是把敌人的人搞得少少的，把自己的人搞得多多的！"

[13] 〔古希腊〕索福克勒斯：《安提戈涅》，载《索福克勒斯悲剧四种》（《罗念生全集》(2)），世纪出版集团/上海人民出版社2004年版。

义的伦理生活"与"家庭体现的自然伦理生活"之间的冲突[14],两者都是"绝对本质性的","是最高的伦理性对立"。[15]换言之,在人类早期,很难说公德和私德哪个就一定是绝对优先的或更高的。

二是,这两个例子,即便为真,也都在夏朝之前,也即历史中国的部落或部落联盟社会时期,也即还没出现疆域性的政治国家的历史中国。从结构功能主义视角看,公共职业的道德伦理只会在政治性公职出现后才会应社会和国家的需要而发生。用4000多年前历史中国的传奇来反衬近现代西方社会中的政治职业伦理,这就把古今之别混淆为中西之别了。

而历史中国后来有大量记录为证,当治国成为一种职业性政治活动之际,相应的公职道德伦理就出现了。在公元前719年的鲁国,我们就有了"大义灭亲"故事[16],尽管在这之后,儒家仍主张普通人日常生活中仍可以"亲亲相隐"。[17]我们也记得大致与孟子同时的公孙痤向魏王力荐公孙(商)鞅的故事:若不任用,就处死鞅;但随后公孙痤立刻通知鞅尽快离魏。[18]这表明当事关国家利益之际,政治家已经甚至必须将家与国分离,先国后家,先君后臣/友,突破基于血缘亲缘以及其他人缘的利害考量。这一点在后世中国一直持续发展。当忠孝难两全时,对官员就演化出制度化的"夺情"制度。[19]

一旦把时间这个变量带进来,我们还会发现,政治领袖混淆国事/家事或公事/私事,在早期西方社会并非轶事。就以荷马史诗讲述的著名的特洛伊战争为例。首先是,因自家弟媳妇海伦跟着特洛伊王子帕里

---

[14] 〔德〕黑格尔:《美学》(卷3,下),朱光潜译,商务印书馆1981年版,页284以下。
[15] 黑格尔:《法哲学原理》,范扬、张企泰译,商务印书馆1961年版,页183。
[16] 卫国老臣石碏的儿子石厚与很得卫庄公宠爱的儿子州吁搅在一起,干了许多坏事。州吁甚至杀了继位君主,夺取了王位。为除掉祸害,石碏割破手指,写了血书,派人送到陈国,要求陈国抓捕并处死途径陈国的州吁和自己的儿子石厚。卫国的各位大臣主张只杀首恶州吁,免罪从犯石厚,石碏还是认为,不应以轻惩处唆使协助州吁犯罪的石厚,不能舍大义,徇私情。石厚最终被处死。请看,杨伯峻:《春秋左传注》(3版),中华书局,2009年版,页121—128。
[17] 杨伯峻:《论语译注》,前注10,页139。
[18] 司马迁:《史记》,中华书局1959年版,页2227。
[19] 请看,唐长孺:《魏晋南朝的君父先后论》,载《魏晋南北朝史论拾遗》,中华书局1983年版,页433—448。黄修明:《中国古代仕宦官员"丁忧"制度考论》,载《四川师范大学学报》(社科版),2007年3期,页118—124。

斯私奔了，希腊盟军总司令阿伽门农就组织发动希腊各城邦盟军征讨特洛伊。这固然很率性浪漫，但太缺乏政治理性了，全然违背了政治公职和军事行动的道德伦理："主不可以怒而兴师，将不可以愠而致战，合于利而动，不合于利而止。"[20]就算这背后或许是阿伽门农想借机统一希腊，或可有此一辩，但就在与特洛伊军队激战之际，阿伽门农贪恋美色，强行霸占了希腊盟军第一号英雄阿喀琉斯俘获的女奴，导致阿喀琉斯愤怒退出战斗。这再一次表明阿伽门农并不理解自己，作为盟军总司令，必须平衡一下私人和公共利益的必要。而阿喀琉斯在这一刻的"冲冠一怒为红颜"，退出战斗，尽管完全可以理解，却仍然是公私不分。

特洛伊城邦同样分享了希腊盟军的这种政治缺陷。特洛伊人知道这场战争很不地道：他们的王子帕里斯违反了当时人们的道德法典，诱骗海伦；事实上，当时特洛伊人也很讨厌海伦；甚至，即便能打赢这场战争，特洛伊人也没有任何实在的收益。但就因帕里斯是本城邦的王子，是特洛伊军队主帅的弟弟，传统的家族忠诚就高过了城邦的生死存亡。结果是特洛伊的毁灭。特洛伊的政治军事领袖显然也不理解自己对城邦的政治责任。[21]

学术之外

并非批评或质疑费老，我更是在理解费老。因为随后一章，面对他人的质疑，费老就特别强调：

> 我知道［差序格局和团体格局］这些生疏的名词会引起读者的麻烦，但是为了要标明一些在已有社会学辞汇里所没有确当名词来指称的概念，我不能不写下这些新的标记。这些标记并没有使我完全满意，而且也有容易引起误会的地方。［……］我为了要把结构不同的两类"社群"分别出来［……］我并不是说中国乡土社会

---

[20]《孙子兵法新注》，中华书局1986年版，页131。这不仅是战争的需要，也是政治的需要。

[21]《伊利亚特》，罗念生、王焕生译，人民文学出版社1994年版。又请看，〔美〕理查德·A. 波斯纳：《正义/司法的经济学》，苏力译，中国政法大学出版社2002年版，页132—133。

中没有"团体",一切社群都属于社会圈子性质,譬如钱会,即是寳,显然是属团体格局的;我在这个分析中只想从主要的格局说,在中国乡土社会中,差序格局和社会圈子的组织是比较的重要。同样的,在西洋现代社会中差序格局同样存在的,但比较上不重要罢了。这两种格局本是社会结构的基本形式,在概念上可以分得清,在事实上常常可以并存的,可以看得到的不过各有偏胜罢了。"(页36—37,着重号为引者所加)

换言之,费老没把差序格局作为对中国社会,甚至中国乡土社会,的精确概括或描述,也没把团体格局视为西洋现代社会的全部。费老坦承自己"说了不少关于'团体格局'中道德体系的话,目的是在陪衬出'差序格局'中道德体系的特点来"(页32)。他认为在概念上区分这两种格局和两种组织不算多余,"因为这个区别确可帮助我们对于社会结构上获得许多更切实的了解,免除种种混淆"(页37,引者加的着重号)。费老知道自己在做类型比较;必须强化反差,即便对"真实"有所扭曲,因为只有这样,作者才能有效传达,令当时绝大多数不可能直观感受因此很难理解甚至很难想象西洋社会的中国读者在一定程度上能够了解中国与西洋不同的社会结构差异。这种功能主义的,也是实用主义/语用主义的考量,即便有误,只要利大于弊,就仍然是合理和必要的。

若仔细阅读上下文,我们还可以甚至必须感到,其中不时透露出费老对当时政治社会弊端的抨击,体现了他深厚的社会关切,其要点却不是批评中国人自私缺乏公德心。请看:

> 我见过不少痛骂贪污的朋友,遇到他的父亲贪污时,不但不骂,而且代他讳隐。更甚的,他还可以向父亲要贪污得来的钱,同时骂别人贪污。等到自己贪污时,还可以"能干"两字来自解。这在差序社会里可以不觉得是矛盾;因为在这种社会中,一切普遍的标准并不发生作用,一定要问清了,对象是谁,和自己是什么关系之后,才能决定拿出什么标准来。(页35)

《乡土中国》写于1947年秋季学期[22],作为系列随笔和评论发表

---

[22] 费孝通:同前注2,页88。

于留美政治学博士张纯明主编的《世纪评论》。费老回忆当时社会的"通货膨胀已经使国民经济接近崩溃，贪污盛行、是非不分的风气也弥漫整个社会"。而且，这一刊物也并非纯学术刊物——它宣布追求"以超然立场，评论当前政治、经济、社会、文化等重要问题"。[23]可以想象，世事、刊物的追求以及预期的读者都会影响费老的写作和表达，他笔下不可能不、甚至必然渗入了他的感怀。

还有一个影响因素，其实非常显著，也完全正当和合理，但许多学人或许出于忌讳不愿直面甚或有意遗忘了。这就是，用差序格局来概括乡土中国还反映了当时作为自由派知识分子的年轻费孝通对于欧美社会完全有根据和理由的赞赏。

历史中国也不只是乡土的

差序格局概念同乡土中国联系，但历史中国并不只是乡土中国，即便"乡土中国"决定性地影响了普通中国人理解并遵循的秩序和道德。《乡土中国》的第一句就挑明了这一点："从基层上看去，中国社会是乡土性的"（页6）。若仅关注"差序格局"这个词，就可能有意无意忽略了费老对自己视角的这一重要限定；也很容易忽略后来费老强调的历史和现代中国的多样性、复杂性，特别是"从这基层上曾长出一层比较上和乡土基层不完全相同的社会，而且在近百年来更在东西方接触边缘上发生了一种很特殊的社会"（页6）。这后一社会好理解，即城市社会，工商社会或陌生人社会。但从这基层上长出的那层与乡土基层不完全相同的社会究竟是怎样的呢？费老在此书中聚焦的是乡土中国，他没有展开更多的论述。

但为理解"差序格局"，我们则有必要予以想象性重构。我认为，费老未能展开讨论的这个社会就是至少到春秋战国时期就已从中国乡土社会中逐渐成长起来的政治文化精英，他们是一个社会阶层，但在一定意义上已自成一个社会。特别是秦汉之后，由于统一的大国中央集权治理的需要，统一文字、官话、"罢黜百家，独尊儒术"的教育，从选举

---

[23] 智效民：《〈世纪评论〉与1947年的中国政治》，载《江淮文史》，2013年6期。

到察举再到科举的政治精英选拔制度发展,创造了历史中国的政治文化精英群体。他们在国家政治、军事和管理的长期实践中不但形成了而且一直实践着团体格局,还形成了相应的政治职业道德伦理,尽管这种实践还是会受乡土的影响。

这类例子太多了,这里只能简单勾勒。如,儒家一贯强调"君君臣臣",反对犯上作乱,孟子在谈论尧舜的国法/人情冲突时也曾"公私不分",但我们一定不要忘了,孟子对后世影响最深远的那些断言,如"民为贵,社稷次之,君为轻",以及武王伐纣不过是"诛独夫民贼"。[24]这些说法都表明孟子完全理解并自觉坚持了(通过对"君"重新定义)一种团体格局的道德体系,即国王和臣子都必须对天下百姓负责,而不能盲目忠君。与之同时的荀子也明确强调"天之生民,非为君也;天之立君,以为民也","列地建国,非以贵诸侯而已;列官职,差爵禄,非以尊大夫而已"。[25]前面也已提及老子的"圣人不仁,以百姓为刍狗"。有了这些历史的铺垫,我们才能逐步理解汉初政治精英中逐步确认的"王者无私"这一基本原则[26],以及此后的各种甚至令普通人不可思议的政治实践。[27]

不只是皇帝,这其实有一个长时段的政治精英群体。通过自幼学习各种与农耕几乎毫无干系的历史和经典,大量接触、理解并分析有关家、国和天下的知识和问题,历史中国的许多政治文化精英的眼界,从

---

[24] 杨伯峻:《孟子译注》,中华书局1960年版,页328,42。

[25] 高长山:《荀子译注》,黑龙江人民出版社2003年版,页538—539。

[26] 西汉初年,在专权的吕后死后,周勃与陈平等合谋,一举谋灭吕氏诸王,决意拥立代王刘恒。周勃曾要求同刘恒私下商议此事,宋昌掷地有声地回应道:"所言公,公言之;所言私,王者无私"!班固:《汉书》,中华书局1962年版,页105[司马迁《史记》(前注18,页415)中记为"王者不受私"]。

[27] 典型的措施之一是,拓跋氏北魏在长达100年间一直坚持一个残忍的却仍然是具有宪制意义的措施,即,一旦某王子被立为储君,北魏皇帝就赐死其母亲。这种制度本源自汉代为防止"子幼母壮",后党干政,最多也只是一种临时性的有宪制意味的实践。但在北魏早期被制度化了。其功能在于消除了各部落之间的政治猜忌,保证了稳定的子继父业的王朝政治,避免重大政治冲突和意外事变;它全面增强了继位者的政治合法性。这是北魏这个部族国家从一个文化族群国家转型为一个有稳定疆域的国土国家,从一个族群相对单一国家转向一个多族群整合和认同的国家,从而能全面有效治理农耕中原所不得不采用的宪制措施。请看,田余庆:《北魏后宫子贵母死之制的形成和演变》,载《拓跋史探》,三联书店2003年版。

一开始就超越了亲缘和地缘。他们的理想是"学而优则仕",但不只是当官,不是在本乡本土当官,而是要参与全国政治,精忠报国,换言之,要"治国平天下"。长期的学习和入仕相当程度上隔断了他们同家乡亲友的亲缘地缘关系,却在政治文化认同和心态上把分散于全国各地的他们整合起来了,令他们胸怀祖国和天下,由此创造了治国平天下可以且必须依赖的这个精英阶层甚或团体。虽源自乡村,但他们已不再,或不仅仅,以自己为中心的差序格局来理解和想象他的世界了。不是全部,但许多人有了深厚的"家国情怀"。经过精英制度的筛选,再经官僚制的长期精细打磨,他们成为治理国家的官僚,他们不再仅仅属于自己生活过的任何一个具体的农耕社区或地域,而更多属于这个国家,这个文明。"先天下之忧而忧,后天下之乐而乐"并非只是对历史中国政治精英的规范要求,也并非个别精英的自勉,在相当程度上,这已成为他们许多人的日常生活方式,是他们思想情感的当然寄托。[28]

甚至不只是帝王将相。以帝王将相为中心的中国史通常忽略(因此不是"湮灭")的一个很可能并且只可能主要坚持团体格局的普通人群体会是历史中国的军队。我未做任何考证,也没检索可能有的系统研究,但仅从我个人曾经的军旅生涯,以及从中国帝王将相史中的只言片语,辅之社会科学的理论,可以想象并推断,历朝历代,尤其是长期驻守在北部边塞的军队,由于战争的威胁,由于艰苦的环境,由于军队组织战斗力的要求,一定要求,同时生活环境自然会塑造军中强烈的团队精神和组织纪律。士兵大多年轻,往往来自各地,他们相互间本来没有什么亲缘和地缘关系,因此很难在军中有差序格局发生和维系的可能,相反一定会形成并不断强化军队中"团体格局"以及与之相应的责任伦理。想想前注 20 中《孙子兵法》告诫军中主帅应严格分离政治理性与私人情感;想想商鞅以军功激励民众"勇于公战,怯于私斗"[29];想

---

[28] 典型例证是历代政治文化精英的诗文中常常把前朝的时空当做当下的时空,出现一种令人难以想象的时空穿越。如南宋政治文化精英在中原王朝失去控制近 500 年后仍"身在沧州,心在天山"。

[29] "有军功者,各以率受上爵,为私斗争,各以轻重被刑。"司马迁:《史记》,同前注 18,页 2230、2231。

想曾令"天子为动,改容式车"的细柳营周亚夫[30];想想"士卒不尽饮,广不近水,士卒不尽食,广不尝食"的飞将军李广![31]

因此,在历史中国,"差序"最多只是,如费老所言,农人从基层看上去的社会格局,这是农耕塑造的他们日常生活的必须,也是他们对社会的合理想象。但这从来不是,也不可能是,历史中国政治和社会的全部格局。

"修齐治平"——差序的?或非差序?

如果上一节,即便不完整,勾勒了从乡土基层中长出却与乡土社会不完全相同的另一层或另一个社会,而这个社会的主要责任又是政治的,是治国,不是齐家;那么,就一定应当迟疑一下,能否用"差序格局"来解说或理解修身、齐家、治国、平天下。这是儒家的经典解说[32],好像四者构成了一个不断扩张的同心圆,也有许多学者至今这么坚持和相信,即便他们认为很难。我很迟疑,因为,这可以是儒家当年对世界秩序的一种有理由的初始想象,也是他们的真诚确信和追求,但有什么理由相信后世中国王朝就会沿着儒家的话语前进,就不能或不会在政治实践中重新定义修齐治平?实在历史从不坚持初衷,因为历史并无初衷。[33]

鉴于"乡土"的主题,费老没公开挑战对家国天下的传统理解,有些地方甚至接受了传统的理解。但也就在此书中,费老对家庭和家族的分析却不时表明,在他心目中和理论中,家、国、天下虽有勾连或深刻影响,却是断然不同的秩序领域,三者在应对各自领域的不同问题时,

---

[30] 司马迁:《史记》,同前注18,页2074—2075。

[31] 司马迁:《史记》,同前注18,页2872;班固:《汉书》,同前注27,页2447。

[32] "'天下国家',天下之本在国,国之本在家[……]。"杨伯峻:《孟子译注》,同前注24,页167。"古之欲明明德于天下者,先治其国,欲治其国者,先齐其家,欲齐其家时,先修其身[……]身修而后家齐,家齐而后国治,国治而后天下平。"《十三经注疏·礼记正义》(下),李学勤主编,北京大学出版社1999年版,页1592。

[33] "一件事的起因和它的最终的用途、它的实际应用,以及它的目的顺序的排列都全然不是一回事;[……]在被重新解释与正名的过程中,以往的'意义'和'目的'就会不可避免地被掩盖,甚至被全部抹掉。"尼采:《论道德的谱系》,周红译,三联书店1992年版,页55—56。又请看,Michel Foucault, "Nietzsche, Genealogy, History", in *The Foucault Reader*, ed. by Paul Rabinow, Pantheon Books, 1984.

会形变甚至畸变，因此不可能始终套用一些通用原则或普世规则来有效应对。他认为，乡土中国的家庭和村落社区基于亲缘地缘发生，不仅有养育后代的责任，而且承担了其他多种社会功能，因此家庭的事业追求趋于尽可能弱化人情。在"男女有别"一章中，费老就解释了为何必须如此[34]，即便齐家永远避不开人情。治国则与齐家非常不同，必须更政治，更理性，更"无情"，必须始终坚持"克己（情感和欲望）复礼"，遵从天理，恪守祖制和国法，最多只允许，也只可能在天理国法许可的范围内，容忍些许人情。而"平天下"，中原王朝有效应对或治理中国北方游牧群体，从历史中国的长期实践来看，从来都必须更多诉诸和依靠国家的政治、经济和军事实力，尽管不是全部，但常常需要"汉家大将西出师"，常常是"铁马冰河入梦来"！

不可能在《乡土中国》中直书治国或平天下，免得跑题；但仅在齐家这一点上，费老还是足够清晰地阐明了，由亲子构成的生育社群，即核心家庭，在乡土中国，由于生育之外的各种社会需求，如何变成了一种家族型的社会组织：

"中国乡土社会采取了差序格局，利用亲属的伦常去组合社群，经营各种事业，使这基本的家，变成氏族性了。[……]在中国乡土社会中，不论政治、经济、宗教等功能都可以利用家族来担负，[……]要经营这许多事业，家的结构不能限于亲子的小组合，必须加以扩大。而且凡是政治、经济、宗教等事物都需要长期绵续性的，这个基本社群决不能像西洋的家庭一般是临时的。家必需是绵续的，不因个人的长成而分裂，不因个人的死亡而结束，于是家的性质变成了族。（页39）

据此，他指出：

中国的家是一个事业组织，家的大小是依着事业的大小而决定。如果事业小，夫妇两人的合作已够应付，这个家也可以小得等于家庭；如果事业大，超过了夫妇两人所能担负时，兄弟伯叔全可以集合在一个大家里。（页39）

---

[34] "稳定社会关系的力量，不是感情，而是了解。"费孝通：同前注2，页42。

也正是由于种种社会需求和压力，因此可以甚至必须如此判断：在社会历史中，无论谁喜欢或不喜欢，认为正确或错误，历史中国的家庭不会遵循任何人关于家庭的定义，相反它在具体历史语境中的现实形态将规定或改写家庭的定义，改写个人与家、国、天下的关系。事实是，在《孟子》和《大学》的表述之前，更在被后世视为真理之前，儒家经典之一《左传》对个人与家国天下的关系就有非常不同的表达。[35]之后，在中国社会生活中，也一直有此种这种"异端"。想想霍去病的"匈奴未灭，何以家为！"[36]想想范仲淹"不以己悲［……］先天下之忧而忧，后天下之乐而乐"，岳飞"敌未灭，何以家为？"顾炎武"知保天下然后知保国"，以及历史上其他违背了"修齐治平"的神圣序列的表达。[37]这类看似桀骜不驯的错误，在历史的焙烤中，也许尚未硬化为透着神圣光环的儒学"真理"，却仍然令多少后人敬仰，甚至潸然泪下[38]——人们不但有权，更以他们的行动，拒绝有关修齐治平的规定！如果谁试图从儒家的论述或初衷去揭示"修齐治平"的本质，试图从起源来发现其最纯真无瑕的可能性和始终如一的坚定性，就一定无法理解会一再被历史偷梁换柱的修齐治平的逻辑——如下面这种文本主义者的困惑：

> "修齐治平"四者并提，前两者是个人的，后两者是公共的。有前两者，才有后者。这是儒家的基本看法。儒家思想有这个作用，它划清了公与私的界限。西方讲公共领域和私人领域，修齐、

---

[35] 最突出的就是春秋时期郑伯称"茕不恤其纬，而忧宗周之陨"（杨伯峻：《春秋左传注》，同前注 16，页 1451—1452），以及春秋鲁国的漆室女"吾岂为不嫁不乐而悲哉！吾忧鲁君老，太子幼"（《烈女传译注》，张涛译注，山东大学出版社 1990 年版，页 120）。这两件记载若为真，那就分别先于孟子的"身、家、国、天下"之表述约 150 年和约 50 年，早于《礼记》编撰者戴德、戴圣的年代约 6 和 5 个世纪。

[36] 《史记》，同前注 18，页 2939。

[37] 范仲淹：《范仲淹全集》（上），四川大学出版社 2007 年版，页 195；脱脱等：《宋史》，中华书局 1977 年版，页 11394；顾炎武：《日知录校注》，陈垣校注，安徽大学出版社 2007 年版，页 723。又请看，"忠臣有国无家，勿内顾"（李天根：《爝火录》，浙江古籍出版社 1986 年版，页 612），"祖国陆沉人有责，天涯漂泊我无家"（秋瑾：《感时二首》，载《秋瑾选集》，郭延礼选注，人民文学出版社 2004 年版，页 111）。

[38] Friedrich Nietzsche, *Gay Science*, ed. by Bernard Williams, trans. by Josefine Nauckhoff, Cambridge University Press, 2001, pp. 110-112, 151, 第 110、265 段。

治平，恰好是这两个领域。但西方的这两个领域分得比较清楚，《大学》的修齐、治平，一贯而下，似有公私不分的倾向。是不是所有的人，所有的家，都修了齐了才能治国平天下呢？这似乎说不通。[39]

从话语层面不可能理解，修身、齐家、治国和平天下之间在历史中国的实在关系。它们最多只是在儒家当年的话语中，以及在被坚守的顽固想象中，是一个同心圆，但在非话语的政治社会实践领域中，历史中国早已将身、家、国、天下塑造成自有独立关注的制度领域。

结　语

置身于《乡土中国》的语境，我从多个方面分析了，费老文中展现的，在乡土中国人尤为显著的差序化社会交往不足以构成一种可同团体格局并提的社会"格局"；差序性交往在乡土中国人中确实是非常普遍的现象，但这并非中国所独有；历史和文化中国也并非只有差序格局，甚至未必是历史中国的主流；即便这种现象在近代化进程中的中国人当中仍很普遍，但若严格遵循费老的理论和逻辑，可以推断，也应更多归因于当时仍乡土主导的中国；因此，"差序格局"并非对中国社会组织格局很有用的一个概括性或描述性的概念。我个人认为，费老是将差序格局用作一个提示，而并非作为一个学术概念。

按道理说，本文就应到此打住。但如果费老只是功能性使用了差序格局这个语词，那么就还有一个问题值得思考，为什么一些中国学者会执着于一种本质主义的阐释和理解，难道仅仅因为误解？

我觉得一个重要因素是当代中国学人都有一个强烈心结，希望发现中国的独特，并经此在社会科学上有理论贡献。这个心结岂止可以理解，其实值得赞扬。只是，我们有无可能仅仅通过理解和描述中国社会的某个现象，就获得这种贡献？如果一个真正富有启发性的概念总是同一个理论，一个重要的社会学概念总会同一种关于或有关社会的理论，

---

[39] 余英时：《为了文化与社会的重建》，载《余英时访谈录》，中华书局2012年版，页206。

相伴，那么，如果不是深入理解中国社会并在理论思维层面重新结构中国社会，就难有实实在在的理论贡献。

甚至，若不是首先沉下心研究问题，过强的理论贡献心气还可能引出一种猎奇心态，把学者引向某种学术歧途、邪路和死胡同。很可能局促于一些社会现象，以及指涉这些现象的语词，而不是认真考察、发现并抽象这些语词所指涉的那些社会现象中可能具有的一般意义。在我阅读的不多文献中，曾一度颇成气象的"单位"研究最后还是附着于被称为单位的那些社会实体，有不少很有意思的研究，却与"单位"无关，或很难说有关。我的意思是，似乎没有单位这个中文概念，这些研究也完全可以独立存在，无论是当年的工厂，学校或机关。由此带来的一个后果是，随着如今中国社会的变化，"单位"分化了，这个语词就有可能在时下的研究中消失。"关系"也没能获得诸如"社会资本"的地位，尽管在中国这两者常常重合，重合度还颇高。"面子"的命运也不令人看好。更糟糕的是，有时这些中文词甚至成为一些外国学人向中国人或是向其本国学人证明他/她了解中国的一个符号或信号。

必须理解概念对于理论发展的意义。如果库恩关于理论变革是结构性的观点是对的，那么大致可以断定，没有理论重构，所谓新概念很可能就只是个新词。"除非必要，勿增实体"。若能用相对简单的现有理论和概念来解说陌生的社会现象，也许就应避免创造重复或相近的概念。因为，新词不大可能推进理论，即便并不追求也非意图，其更实在的社会功能也趋于是包装，以一种似是而非的突破和发展甚至繁荣来给学术交流增加噪音。

过强的理论贡献心气可以源自完全对立的心理预设。一是普世主义的，认为中国学人一定能从中国发现什么外国没有的，来发展完善充实现有的主要由西方学者创造和推进的理论。另一是特殊主义的或文化相对主义的，即相信或是希望中国的种种不同源自中国与西方的某些本质性差异。近水楼台先得月，中国学者因此可以更便捷地发现并开发这种中国性，引发理论的革命。这两种预设没法说谁对谁错。任何心理假定都只是起点，它也许会影响努力的方向，却很少能真正决定之后的一系列学术努力，无论是经验调查还是分析判断、理论概括甚至行文表达。发现或开发金矿的人常常不是住在金矿附近的人。是的，费孝通先生撰写了《江村经济》。但这个例子本身是柄双刃剑——撰写这本书的并不是一位长期生活在江村的人,而是一位因养病暂住江村的读书人,一位特定意义上的"外人"。

最后,我认为这些心理预设很强硬也无碍,只要不过分顽固,乃至能对经验始终保持高度敏感和尊重,最后的研究发现或结论就未必有太大差别——只是这个"不过分"的限定不可或缺。

2016 年 8 月 19 日于北京大学法学院陈明楼

《新乡土中国》序[*]

一

这是一本研究当代中国农村的著作。[1]

以费老为学术楷模，作者追求理解当代中国的农村和农民；甚至在文字风格上也追随费老的《乡土中国》，简洁却细致，深入却不深奥。尽管作者自己称"费老是在更抽象层面上理解……"而他的则"是在具体农村调查中形成的一些随感"，但我还是认为这本书可以让人感到生活比理论更丰富，比理论更发人深思，因此可以让有志于中国学术的研究者看到中国社会中蕴藏着的理论资源，可以感到生活对学术敏感、自信和创造力的需求，看到中国学术发展的一种可能。

如今有不少人对研究中国农村或农民问题有误解，以为这只是一个比较土、没有多少也不需要多少社会科学的理论的领域而已；认为如今都WTO了，同世界接轨了，因此只要研究"学术前沿"问题就行了；因此研究农村和农民问题已经不前沿了，甚至是思想不开放，学术视野狭窄的表现；当然也有人认为研究中国农村就是要替农民说话。其实这是无知，是不懂得什么是社会科学研究的表现。

本书作者确实非常熟悉中国的农村生活。但是，我敢说，仅仅熟悉农民或农村的人，甚至有文化的人，都不一定能写出这本书。因为作者是有学术关切的。细心者完全可以从书中看出作者的理论功底：他不仅对当代国内学者的研究成果很熟悉，而且对国外的一些理论也颇为熟悉；甚至熟悉的不仅仅是某一个学科——这本书融汇了多学科

---

[*] 原载于，《法律书评》2003年创刊号。

[1] 贺雪峰：《新乡土中国——转型期乡村社会调查笔记》，广西师范大学出版社2003年版。

的知识。但是作者的好处是不求张扬所谓的理论，不把理论——其实是各种名词——都摆到外面来；他只是在分析问题本身，关注问题本身，理论只是作为理解、分析和组织材料的工具。学过理论的可以从中看到理论，不了解某些理论的也会感到很有意思，因为生活是最有意思的，还总是有意思的。在我看来，这才是真正懂了理论，懂得了理论的用处，在此基础上也才有可能发展理论。

我喜欢这样的著述和文字。这样说，是因为近年来，不少中国学者都有学术的宏图大志，希望能够走向世界。但是在我看来，不少人可能都对理论创新有误解，以为只有外国人的理论才是理论，因此理论就是要进口许多大词、新词，而这些词在中国当下究竟指的是什么他并不清楚，甚至以为高深的理论就是除了自己别人都不懂，或者连自己也不懂，或者理论就是让一套语词以及与之伴随的亢奋情感牵着自己走。在这些人那里生活世界成了理论的装饰，因此他们的理论也就仅仅成了一种装饰。我认为这是一条歧路，尽管最终的判断还要等着学术市场。贺君不是这样的人，是不信邪、有主见的人，是不唯书的人。

这是因为作者的学术关切是出自对中国社会、对人的关切。作者以自己所在的湖北为基地，跑了中国的许多地方；他追求对日常生活的理解和把握，注意那些人们通常不大注意的却具有学术意味的细节。因此，作者虽然以中国农村为研究对象，他的学术视野却是开阔的；他的研究以社会改造为导向，但是他摒弃了道德主义的进路。他的努力是建立在社会科学的基础上的。其实，如果从求知和学术的角度来看，研究的问题本身没有什么高下、土洋和先进落后之分别的，落后的只能是学者的观察力和思考力。因此观察、理解生活中的问题是回答和解决问题的第一步；理解问题不可能仅仅通过读书、读"先进的"理论书完成，而必须面对生活本身，让生活的问题本身在自己的面前展开，理论仅仅是一套工具，把引发你关注的似乎不相关联的社会现象勾连起来。

也正因为关切的是中国社会和农民，不是意识形态，因此作者也就不追求一个政治正确的立场，一个代表"弱势群体"说话或所谓"说真话"的道德立场。这也是坚持社会科学研究的立场的一个重要方面。说实话，研究中国农村和农民仅仅因为这是中国的一个问题，是我们身边的一个真实的问题，是中国现代化无法回避的问题。这个问题从近现代以来一直都是中国社会发展变革的最重要问题，甚至可能无需加限定词"之一"。即使今天也是如此。中国加入WTO了，中国更对外开放了，中国的经济高速发展了，中国的城市人口增加了，所有这些都以某种方式涉及占目前中国人口50%多的农民。因此，中国要真正完成市场经济的转型就必须最终为农民提供足够的自由就业机会，无论他是从事农业或是从事其他行业。中国要法治，也就不只是在城市建立几个法律援助中心，或有多少法官或律师，而是农民的纠纷可以得到农民愿意接受的因此大致是公正并有效率的解决——无论是通过司法、行政、民间调解或是其他什么方式，也不论有没有律师介入。中国要建设宪政民主，很重要的一部分就是中国的农民真正成为公民，实际享受到国家直接赋予的权利，而不是像现在的许多地区那样，农民实际享受的是地方性的权利，得更多依赖熟人网络或自然社区寻求帮助。甚至，现代化还包括了"教育"——一种现代化的规训——农民，使他们随着中国社会现代化的发展，随着他们的生活环境的改变，逐步自觉摈弃——而且他们也一定会自己摈弃——那些与现代化生活不相适应的观念和行为方式——也许他们要有更多一些个体主义，更多一些普遍主义，更少一点地方观念和老乡观念，更多一些协作精神，等等。但是要注意，这种教育不只是宣传，而是现代化生活给农民带来的激励和制度约束的改变。正是在这个意义上，我感到作者研究中国农民和农村问题完全不是某种道德化因素推动的学术选择，不是一种姿态，而是中国今天的社会生活推动的真正的学术选择。这样的研究可能成为农民利益的代言人，却不是为了成为农民利益的代言人。这就是社会科学的立场。

二

这本书的另一个好处是把握了时代背景，也就是书名中的那个"新"字，因此也就需要界定一下。

费孝通先生当年研究时，中国确实是一个"乡土中国"。那时的农村基本上是经济上自给自足的；就整个中国来说，也基本是乡土的。当时是有城市，有的甚至还很繁华——如上海；但是，不仅城市经济（工商业）在国民经济中所占的比例很小，而且城市人口数量在全国人口所占比例也很小，其中大多数人口可能一代之前还待在农村或者就是农民流入城市的。因此，就整体来说，当时的中国确实是乡土中国；或者，费老的一本英文版著作的中译书名可能更准确地注释了他的乡土中国的含义——"捆在土地上的中国"。

今天的中国尽管农民还占了中国人口的大多数，略多于50%，中国最广大的地区仍然是农村，但是中国已经不是捆在土地上的中国了。不仅在中国国民生产总值或国内生产总值中，农业比例已经非常小了。最重要的是，今天的中国农村已经不再是自给自足的经济了。农民的种子、化肥、农业机器都是来自城市或城镇，甚至来自更遥远的地方。例如，种植水稻的种子大多来自遥远的南方种子基地，许多培育养殖的生、植物种也都是来自遥远的地方，有的甚至来自国外；在生产许多产品时，农民的目光也盯着城市甚至国外的市场。他们使用了电和各种电器，使用了汽油、煤油或柴油；在许多地方，甚至浇地的水都要购买——今日中国农民的生活在很多方面都已经同城市连接在一起了，他们已经构成了现代工商社会的一部分。他们的孩子已经进入了各种学校；他们当中的许多人都已经进入城市，成为"民工"，甚至成了准城市居民。在广东的东莞市，当地人告诉我，本地人口只有100多万，外地民工则有500万~600万。当代中国许多农民的最主要收入已经不是费孝通先生所说的从土地中刨食了。在这个意义上看，中国的农民和农村现在其实更多是捆在市场上，而不是捆在土地上。就整个中国而言，已经是"市场中国"了。当代中国农村和农民的生活和命运都更多与市场，与现代民族国家，甚至间接地与全球化相联系了。这是我们考察中国农民和农村的一个基本时代背景。

如果把握了这个背景，那么就可以看出，这本书中讨论的所有问题几乎都与这一点相联系。中国农村已不是"熟人社会"了，而是"半熟人社会"了；甚至村庄的含义也变了，出现了自然村与行政村的区别；人际关系开始理性化了，出现了村治的问题；提出了制度下乡的问题；有了计划生育、"大社员"；有了两委关系、党政关系、干群关系，等等。只要看一看本书的诸多题目就可以看到中国农村的变化了。

中国已不再是"乡土中国"了。这也就是需要深入研究和理解当代中国农村的一个重要原因。

可是，我难道真的是在为书名较真吗？其实，我不过是借这个书名指出了今日中国的变化，以及中国问题的变化而已；同时也是进一步强调研究中国农村和农民对于当代中国的意义。只有清醒地意识到这一点，我们的微观研究才会始终保持一种宏观的气象；乡土社会或农村问题研究才具有普遍的意义。费孝通先生的《乡土中国》就紧紧把握了当时中国农村正在开始的这种变化（请想一想"文字下乡"等问题），因此为我们创设了一部难以绕开的经典。今天我们也可以并应当这样做。

三

今年早些时候，作者将这本书的书稿寄给我，我读得很愉快；之后，作者又来电话，要我替他的这本书写一个序。我一贯对给别人写序有抵触情绪。因为至少到目前为止，大多是有成就者、长者给新人、后辈写序。而在我看来，贺君在农村方面的研究是远在我之上的；虽然我比贺君年长十余岁，但进入学术研究的时间大致相当。我也一直将之作为朋友。现在请我作序，一下子唤起了两者之间的距离。

说一直可能令人误解，因为我认识作者并不很久。先前他在荆州任教时曾按期给我寄过他们学校的学报，后来也常常在许多杂志上看到他的文章，包括在一些重要的学术杂志。由于他当时的就职单位是一个职业技术学院，因此并不在意——其实学者常常是"势利"的（当然不完全是势利，至少是有一个节省信息成本的问题）。偶尔读了他的文章，才觉得，虽然比较毛糙，分析有些简略，但可以说是虎虎有生气，给人启发挺多；作者不仅对相关文献比较熟悉，更重要的是材料充分，会从中提炼问题，提的问题也比较真和实在，论述分析也都很到位。这是我读他的论文的第一印象，也是读这本书的印象。只要看看此书中一些篇章的写作日期——有时是一天写了两三篇，我们就可以感到作者勤于思考、勤于写作。

2001年夏天，作者邀请我参加了他主办的一个农村研究的会议，我们第一次见面，有过一次比较长的夜谈，感到作者是一个真正的学者：热爱学术，勤奋，认真，有学术追求，坚持学术平等，不盲从，有社会责任感，思考问题有深度，但是最让我感到自己与他有差距的是他对真实世界的了解和对相关材料的熟悉。

  书就在这里，可以印证我的这些印象，同时也证明了作者的学术能力、追求和勤奋。我也就不用多说了。

2002 年 12 月 3 日于北大法学院

发现中国的知识形态[*]

——杨念群《儒学地域化的近代形态》[1]读后

本文其实是一只披着羊皮的狼或是一只披着狼皮的羊。这样说并不仅仅因为它不是一篇我心目中真正的书评，而是因为，对于历史学研究我是外行，尤其是对史料的掌握，我非常缺乏；因此，我无法对杨念群的这一著作从史料的角度加以评析，提出批评，也无法判断杨念群的研究在资料的掌握程度和分析的细致程度上以及新意上有多少推进。但是，由于杨著将这一研究放在了一个近代中国的语境中，使得这一研究不仅具有了新意，我也有可能发言了。但我也只可能从该书所论及的主题出发，探讨其论证的方式、著作的结构方式以及著作所隐含的理论谈一点读后感。更重要的是，这样的批评也就势必如前面的转喻所暗示，一方面，言辞友善的批评有伤害朋友的可能，而另一方面，外表的严厉又可能根本就不着边际。当然，这也就意味着，这篇文字不是就此书来进行讨论，而是借题发挥；这本来就违背了我自己关于"书评"的标准。而居然斗胆将这种本来只能是朋友间的交流拿出来公开发表，这更是诚惶诚恐。但是，据说在座的尊敬的戴逸先生大约在十年前曾经对法学作出了一个看来刻薄其实颇为确当的评价："幼稚"，因此，我也就多少无所畏惧一些了。

---

[*] 原载于，《学术思想评论》辑4，辽宁大学出版社1998年版。本文原是1997年12月底在中国人民大学清史研究所召开的关于杨念群的著作《儒学地域化的近代形态》学术讨论会上的一个发言稿。

[1] 杨念群：《儒学地域化的近代形态》，三联书店1997年版。

一

杨著似乎主要是要讨论清末三大地域的儒学的特点及其知识的演变。为什么"似乎",我将在后面作比较细致的分析。杨之所以要研究儒学的地域化,在我看来首先是要站在中国来研究中国,而不是按照费正清的模式——即中国作为一个对应于西方的整体,并主要从西方对中国的冲击以及中国的回应——来研究;杨著试图发掘中国对西方回应的诸多方式在知识准备上是如何可能的。其次,杨著力图通过揭示儒学的地域化来打破由梁启超首创,又为殷海光、庞朴等人继受的,在近现代中国非常有影响的变革三阶段论(从器物到制度再到文化变革);杨著显示出,这在时间维度上呈现出单线递进的三个阶段,在知识次类型上以及在这些知识次类型得以发育衍生的空间上却是齐头并进的,仅仅由于种种原因,进入人们的视野,引起人们关注的时间不同。因此第三,杨著也就打破了近代化视野中学者们构建起来的那个高度同质性的中国的假说,打破了梁启超先生的三阶段概括中隐含的那个超级的、总体化知识分子的形象和超级知识分子的反思。第四,由于对儒学的地域化研究,至少在一定程度上展示知识发展的相对独立性和可能性,展示了知识群体对知识构造的特殊意义,这就摆脱了先前庸俗化的知识与社会、知识与政治的过于直接联系的观点,为知识的独立发展的可能性争取了一种社会意义。第五,这一儒学地域化的研究尽管着眼于儒学形态发展的内在理路,但它并未放弃知识与社会联系的观点,相反,汲取了福柯的思想,作者将地域化的儒学发展脉络同其他地方性因素(非话语因素),例如书院、社会动荡和变迁甚至自然和人文环境联系起来,恰恰是丰富了知识与社会关系的分析,或者至少是提供了一些新的分析可能。第六,对于我来说,特别引起兴趣的是隐含在这些分析中的一个可能的研究领域,知识是如何被用的,被谁使用的,在什么时候被使用的。说得更明白点,就是我看到,相对独立的地域性儒学发展本来不是为了某种特定的历史用途设计和发展的,而是特定地域的一些学者在相对特定的环境中为了自己的生计、兴趣、信念和交往便利发展起来的。但在中国近代史上的某些特定时期,这些不同的儒学流派却扮演了不同的角色。知识生产的历史无目的性以及其历史的实际功能是两回事。第七，在杨著中我还看到了作者考察历史时对理论和理论框架的关注。当然，我还可以继续这样列举下去。这些都是非常重要的，是我在读其他一些当代中国学者的，尽管是很少的，历史著作或历史学著作中没有读到的。因此，从这些方面来看，从我的知识水平我认为，这是一部好书，有创意的书。

二

但我不敢说太多的好话。关键在于一点，对史料我了解太少，也不知分析的到底如何。因为任何学术著作都必须基于材料，只有有材料支持同时有独具眼光的分析，在我看来，才是真正有分量的。因此，这必须行家来评价。

而且，作为学术讨论和作为朋友，我也不应该只说好话。我认为有以下一些问题，想提出来，或者是批评，或者是作为求教。首先，我觉得此书的主题并不很明确，似乎有点分裂。这就是我在前面为什么说"似乎"二字。我觉得，就书名和所讨论的问题在全书中比例来说，此书讨论的是儒学地域化；但是，就我阅读后的整体感觉说来，特别是导论以及后一部分研究中所隐含的思想来看，似乎是要讨论儒学地域化与中国近代三大变革之间的关系。这两个主题肯定会有交叉，但是它们毕竟是两个研究主题，因此著作的结构方式和论述方式就应当有所区别。如果讨论儒学地域化，应当集中关注儒学地域化是如何形成的，三大知识群体各自形成和发展的条件和特点，在比较研究中得出某些关于儒学知识发展的某些规律或特点，或其在近代的特点。这也就意味着，本书的《导论》就不是那么重要，没有太多必要谈那么多历史研究的思想，清理那些争论。请注意，我不是说《导论》中的思考不重要，而只是说可以或应当将这些思想融入下两篇的分析中，并在现在的结尾的地方增加一个结论，将现在《导论》中的一些观点作为前面资料分析的结论和启示加以概括总结。如果全书中心是儒学地域化与近代的三大变革的关系，那么着重点似乎就应讨论地域化的儒学知识是如何、是什么时候进入三大变革，如何影响了三大变革，以及三大变革又如何促成、促进这些地域化或造成地域化儒学之瓦解这样一些问题。在这一框架中，导论就应当扩展，而后面的上下篇一方面应当缩减，将地域化的形成予以简略，或当做一个既定来讨论分析。这样，此书的上下篇都作为这种近代社会中儒学话语转换的例证或个案研究。而现在两方面都想照顾，主题反而不突出了。因此，我觉得，这本书的架子和材料都至少是两本书的。

这也就是说，该书的理论框架和材料在我读来多少有点两张皮的感觉。除了导论有点突兀独立外，在后面的侧重实证分析的文字中，尽管可以看得出作者力求照顾导论的理论框架，但分析仍然与理论线索的关联不紧密，至少在我读起来，似乎不是从材料"冒"出来的印证，未"出彩"，难以令人叫绝，材料的分析没有将先前的理论线索丰富、突现和丰满起来，使那勾勒的理论活起来，有一些新的、与那勾勒性的理论线索有联系但令读者事先又无法预见的意外之笔或神来之笔。我的这种要求可能太高了。但并不很高，关键还是在追求理论与材料的融合上还不那么熟练和老到，过分注重了以理论语言表述的理论，而似乎没有意识到理论从来不是单独存在的，而是可以且最好是同叙述或描述融合在一起，未必需要抽象出来。这可能既是对理论把握还缺乏运用自如的能力，同时也是对材料的运用缺乏运用自如的能力。

比方说，就讨论儒学地域化而言，我认为，除了书中所提到的其他因素之外，还有中国的同乡关系，也强化了儒学的地域化。湘学的显赫显然与湘军的崛起有关。湘军人士的成功本身就需要相互提携，需要在他们可信、可靠的人当中选拔在他们看来有特殊智识的人；他们的成功也会使他们的学识在社会中和诸多知识群体中显赫起来。这种互动，就可能使一些本来就知识理路来看未必可以称作一个学派的人们在后人的视野中被构建为一个学派。另外，他们相近的经历以及相互交往之必要也会使他们的知识趋同：一方面为相互交流方便他们会力求近似的表述方式和术语；另一方面经历的相似也会使得他们的经验更可能近似，更容易积累某一特定方面的经验，例如务实。由此，我们甚至可以理解，为什么近代以来，似乎只要是务实从政的人都对湘学颇为青睐，除湘人毛泽东外（"吾于近人，独服曾文正……"），众所周知，浙江人蒋介石也对曾国藩极为欣赏。而搞文化的人似乎都更青睐江浙，而无论此人出身何地。

因此，这也就意味着地域化的儒学有可能只是在"发源"上与地域相联系，一旦传播开来，其运用则可能不受某一个地域限制，而更可能与运用知识者的职业、理想、偏好、社会情境等复杂因素相联系。这并不否定儒学地域化。儒学地域化完全可能是一种方便的分类方式，一种初始的分类方式，但是，如果作为一种理论工具，则需要适度的抽象。

三

如果结合中国近代的三大运动，从这部书中，我们还可以看到这些地域化的知识话语是如何从舞台两侧进入中央并得以流行的。知识不是由于其本身的优点而自动地受到人们的关注和青睐的，而是由于一些社会语境才使得它获得某种社会地位。就近代以来地域化的儒学来看，首先是由于当时的社会情势，社会要求变革，因此一种本来是地域化的知识可能进入中央舞台，供那些要求变革的人们采用。其次是这些话语必须是已经以蛰伏状态存在于社会之中。由此可见知识准备的重要性；如果没有这些现成的话语，这些以传统方式保留下来的材料，那么仅仅有社会变革之紧迫性，也无法无中生有地临时创造话语。同时，必须指出，这种知识的准备并不是有心完成的，而是人们在日常生活中本来是为回答个人问题积累起来的；就某个具体的知识而言，知识的产生和准备并不是或不必定是有意的。第三，知识与权力的结合，因此才有途径进入舞台。例如，曾、左都是封疆大吏，康、梁则是朝廷学者。人微言轻，如果抛弃此中的讥讽，其实是一个非常实在的真理。第四，蛰伏状态的话语进入舞台中央，成为一种主导话语，其形式往往是通过对先前话语的否弃来实现的，至少在近代中国新话语往往是这样形成的，最典型的就是所谓从器物到制度再到文化这种三阶段论。但是，请注意，这表面看来强调了话语的断裂，但实际正是在这种断裂中保持了联系，首先因为否弃就是塑造自己独立的话语形象和话语的过程。这就如同没有对手就没有打败对手的英雄一样，独孤求败不可能使自己的话语突现出来。知识地域化也是在这种话语自我塑造和对其他话语的压迫和拒绝中在近代一次次突现起来的。从这点，我们可以看到话语暴力，话语即权力。另一方面，这种联系还表现为前一话语为后来的新话语创造了后者得以进入实践的社会条件。这一点，我在后面谈。

如果，从地域性知识与近代三大运动的互动角度出发，我认为，特别值得重视的是这些地域性知识进入近代中国历史的位置和时间。例如，以曾国藩为代表的湘学进入中国是在19世纪下半叶，是从封疆大吏这一层面进入的，他们握有实权，要解决实际问题；当时西方的冲击还不像后来那么强烈，因此当时的社会条件也不可能允许康、梁的话语或新文化话语流行，也就是说尚未形成后两种话语实践的社会结构和机构（非话语机制）。在这样的条件下，办洋务是理所当然的，而且这也符合曾、左作为官员和掌权者，作为办实事者的职责以及他们这种人对事情重要程度的判断。但是，尽管后人将他们的所作所为界定为一种器物上的变革，甚至他们自己也可能这样自我认定，但他们的贡献远不止于此。他们是封疆大吏，他们创办了湘军和新军，创办了现代工业，开办了许多洋务和外事，送出去一些留学生，他们的做法使得民族工业得以发展，这些在我看来都不仅仅是器物的，同时也是制度的、文化的变化。将湘学视为仅仅是器物的变革是一种误解。梁启超如果不是为进化论蒙住了眼，那么就可能是他为自己的文化变革梦寻求一种正当性，是一种自我吹嘘。事实上，只有经过湘学的代表人物以及此后李鸿章、张之洞等人的努力，到了19世纪末20世纪初，才可能有一些体制内和体制外的书生甚至商人关心所谓的制度和文化变革。如果从这个角度看，后来的这两个变革倒更像是湘学话语实践的一部分，一个延续，而不是岭南或江浙话语类型的话语实践的一部分。也正因此，在我看来，近代以来对中国社会变迁真正产生了影响并且是基础性影响的倒更可能是湘学。岭南或江浙都是湘学这条路上分叉出来的小径。

同样可以以这一进路来分析康、梁的话语和江浙的新文化话语进入中国近代历史的位置和时间，以及他们所运用的知识资源。康、梁都不是实际管事的，而是书生，他们可能影响的只是一个并无实权的皇帝，他们拥有的资源仅仅是他们的儒学知识，在这种情况下，他们不可能做任何实事，因此很自然希望通过皇帝来变法，最终获得权力，在我看来，这就是他们为什么强调制度变更的根本。这种条件限制了他们不能说其他话语，而只能说制度变革的话语；他们不是封疆大吏，没有实权,无法甚至无从说器物之话语;他们又在体制内,在皇帝身边,因此也无法说新文化的话语。江浙之所以形成了新文化话语,也是因为其代表人物都不是重臣,也不像康梁那样在体制内;清朝政府已经垮台;此外,江浙学者的知识又只有一些新思潮,他们能写点新潮的文字——小说、诗歌、社论之类的东西,这就决定了他们只能说所谓的新文化话语。因此我们就可以看出,梁启超的三阶段论完全是一种历史的虚构,一种为了当前而创造了先驱者,为了表明自身和此刻以及他所处的运动的合理性而构造的一个宏大话语。

当然我们还可以挑战梁启超三阶段论的其他前设,除了那个话语中所隐含的进化论和超级知识分子之外,以及其隐含的历史决定论,意图决定论、无限理性和唯理主义,历史的目的论,唯心主义等。

因此,对这三种知识进入中国近代史的时间和空间位置的分析就表明这些知识话语本身说的是什么并不重要。在这里的分析中,重要的是这些话语是如何分别在近代中国如何被人们感到是重要的,并为人们标记在历史上的。在这里,我还是要强调,最重要仍然可能是湘学的曾、左等人开始的中国社会变革,例如洋务运动带来的中国社会变化,西方列强入侵中国带来的社会变化,例如现代城市、国有和私营民族工业的发展产生了关心民族危亡社会安定发展的工商界,以及与此相联系的现代知识分子,这些人是上述知识话语的传递者、传播者,也是他们将这些运动标记为重要的运动。只要想一想曾、左时期,如果当时有人搞新文化,会有什么人可能响应?我想,没有人。这就是话语是否有支撑其实践的社会机制的问题。只有在洋务运动之后半个世纪,才创造了新文化运动的可能。在这个意义上,新文化运动是俄狄浦斯,这并不仅仅是说它弑父,而且是说它是在不知道自己与被弑对象有直接血缘关系的情况下弑了父;甚至比俄狄浦斯还俄狄浦斯,因为洋务运动还养育了新文化运动的几乎一切可能由中国一方提供的条件,俄狄浦斯杀的是没有养育之恩的并且放逐了自己的父亲。

因此,我觉得如果此后杨要进一步讨论三大知识群体的互动或者是与三大运动的关系,那就可以在这些方面把更多的社会话语实践因素和机制纳入他的分析。也就是说,在承认知识发展脉络具有自身独立性之际,我仍然强调知识形态或话语实践从根本上看仍然同社会生活及其变迁联系在一起，仅仅考虑知识群体的知识形态的内在机理是不充分的，仅仅考察知识形态与问题之间的关系也是不够的，还必须考察知识是从什么路径，通过谁，在什么时候，因为什么偶然事件，以什么方式，与谁发生了什么样的争论进入社会的，它明述的目的是什么，它实际上又留下了什么，是怎么获得重视的，为谁重视。否则的话，过分强调或仅仅关注某种地域化知识的自身逻辑或内在机理，我总觉得有点太唯心主义了或过于简单化了。

四

最后，我还希望强调一点，尽管我们今天批评费正清的冲击/回应模式，我也同意杨著对费的批评。但是，必须看到，费是从西方人的观点来分析中国的，是在中西关系的角度上分析的，因此，在这个层面上，费的模式又没有太多值得非议的；在他看来，中国就是一个中国，他没有必要分析是中国的哪一个地域的知识在作回应，他看到的是中国自身在回应，至于中国的回应在内部调动了什么"白血球"或"红血球"，这不是他的任务。问题是我们要清楚我们在研究什么问题，研究这个问题时从什么角度进入比较好，不笼统地借用费正清的模式。当然，也不要以为有什么普适意义上更好的或最好的模式和研究进路，只有对于研究某个具体问题更好的或更恰当的模式。

此外，我倒是想强调费正清模式的一个优点，他的这一模式，至少其中译（冲击/回应），给人的印象是，回应并非清醒的、有意识的，而是一种机体的回应。这种有机体回应模式有助于消除近代以来中国在对西方关系上一个更为基本的研究模式，那种纯理智主义的回应模式。机体的回应在一定意义上是非目的性的，是一种下意识的自然回应，是适者生存式的回应，是求生本能的回应；而理智主义回应模式的错误则在于把中国的回应都智识化、理智化、人格化，仿佛是一个人在同另一个人的博弈。这大约是梁启超的三阶段论的最大弱点。解毒剂也许就是知识考古和谱系学方法，考察知识的血统和出现。杨念群的著作如果还没有直接讨论这一点，其所运用的材料和所隐含的观点似乎已展现了这一点。

这些话，有的可能不对，有的可能基于误解，有的可能不着边际，并且由于急就成篇，词未必达意，请多多原谅。毕竟，我来自"幼稚的法学"。

1997 年 12 月 22 日凌晨急就
1998 年 3 月 20 日修改

经济学帝国主义？*

《中国制度变迁的案例研究（第1集）》[1]是一本经济学家的个案研究报告汇编。但是如果不是从作者的学科出身来阅读这本书，也不过分关注它所借助的学术术语之出身，并因此得以摆脱对此书的经济学定位，我们从中可以读出许多在学界看来属于其他学科的研究内容。对于关心改革中的中国社会的诸多学科、特别是法学学者来说，这是一本扎实、有见解、有启发的书；尽管在理论层面，它也许还没有提出更一般的原理或核心概念，但有些篇章相当惊心动魄，发人深省，挑战我们的一些习惯看法。对于这本书的成就和不足，一些经济学家已经作出了细致且有说服力的评论[2]，无需我再来"叨叨"。引起我思考的倒是一个近年来颇为流行的说法："经济学帝国主义"。

一

的确，1970年代以来经济学研究呈现出一种强烈的扩张趋势，无论在社会学、人类学还是法学甚或是其他学科都面临着来自经济学家的挑战。有的学科甚至主动邀请经济学的加入，有的学者则似乎是皈依了经济学。1992年，贝克尔获得了诺贝尔经济学奖，可以说是这一扩张达到了最为尊荣的一步。贝克尔运用经济学理论研究了许多传统的社会学问题：犯罪、家庭、婚姻、人口、种族歧视等，将一大块"社会学领地"纳入了经济学门下研究，尽管还没有成为经济学独占的领域。1993年获

---

* 原载于，《读书》，1999年6期。
〔1〕《中国制度变迁的案例研究（第1集）》，张曙光主编，上海人民出版社1996年版。
〔2〕 请看，《中国社会科学季刊》（香港），1997年春夏季卷，页234—260。特别是周其仁的文章。

得诺贝尔经济学奖的诺斯又从宏观层面将历史研究、甚至社会历史中的意识形态都囊括进入经济学的制度研究。在法学领域,尽管无人获得诺贝尔经济学奖,但是微观经济学对法学乃至法律实践的影响,至少在美国,甚至超过了上述学科。无论是传统的普通法领域,还是近代以来的政府规制,无论是宪法理论还是程序法,甚至司法体制都经过了经济学的分析。科斯、布坎南等人在法学界有着重大影响,波斯纳早在1973年就一手对美国的几乎全部法学领域进行了经济学的重构(当然,成功与否是另一回事,也与人们的视角和政治观点有关)。一大批法律经济学学者已经进入了从联邦最高法院以降的各级法院和各州法院,法律经济学早已从纯学术研究进入了司法实践。即使在中国,经济学也在向各个领域深入。在大学里,由于樊刚、汪丁丁、盛洪、张宇燕等人的漂亮的经济学散文和随笔,使得许多文科学生从思维方式到日常术语都有明显的变化,交易费用、信息成本、囚徒困境似乎是最便利的分析概念或模式之一。正因为如此,经济学帝国主义这一说法在包括经济学界本身的许多学术人士中传播起来。例如,在美国,对法律经济学影响深广、被公认为法律经济学的奠基人之一的科斯本人就认为经济学管不了那么多,也不应当管那么多。[3]这种说法自然也很快进口到中国来了。似乎,经济学帝国主义成了一个不争的事实。当然,对于不同的人来说,这种说法可以是哀叹、谴责,也可以是调侃或自我解嘲。

然而,当我们说经济学帝国主义时,我们是什么意思?我们是在说,一些被定位为经济学家的人从事了其他领域的研究?或者是其他领域的研究者主动利用了一些据说是由经济学首先提出来的概念、命题或分析进路?或者是主流经济学的量化模型被广泛用于其他学科?在我看来,主要是前两种情况。而如果真的是前两种情况,我们就很难说,这是一种经济学帝国主义的现象。

我想以科斯作为一个分析的范例。科斯是对当代法学有重大影响的经济学家,但他又很难被仅仅界定为一位经济学家,甚至即使在经济学界,他就不属于"主流经济学"。他毕业于商学院,部分就职于法学院,

---

[3] 参见,Richard A. Posner, "Ronald Coase and Methodology", in *Overcoming Law*, Harvard University Press, 1995.

他一直对量化模型相当反感,甚至对"理性最大化"这一经济学的根本假设也表示没有必要。[4]不仅如此,如果从其他角度看,他的最有影响的、创立了一个经济学派并使他获得诺贝尔奖的两篇论文至少在其发表之际也很难说是传统意义上的经济学论文。《企业的性质》讨论的是为什么企业会发生。如果从广义的社会学角度来看,这研究的几乎就是一个社会学问题,即社会组织问题[5];如果从法律的角度来看,这完全是一个法学的问题(由此可见,真实世界在学科层面上必定是多维度的)。科斯的另一篇论文《社会成本问题》更是首先发表在法学和经济学交叉学科研究的杂志上,并且,是法学杂志引证最多的论文。[6]此外,从1976年至1990年间,根据《社会科学引证索引》,引证科斯的全部文献中,超过三分之一是出自法律杂志而不是出自经济学杂志[7],而这种比例还在增加。[8]我这里当然不是怀疑科斯的学术身份,也并不想通过这种定义之战来为法学或其他学科"挖"来一位重要学者或思想

---

[4] "The New Institutional Economics", 140 *Journal of Institutional and Theoretical Economics* (1984), p. 231. "没有什么理由要假定绝大多数人都在从事除不幸福以外的最大化,而且即使这一点也不完全成功。"又请看,Coase, *The Firm, the Market, and the Law: Essays on the Institutional Structure of Production*, University of Chicago Press, 1988, p. 4. 那么为什么要假定企业努力将交易成本最小化,或者当交易成本允许时企业和个人要进行有利的贸易呢?因为"对人的群体来说,几乎在所有情况下,对任何物品的更高(相对)价格都会导致需求量的减少"(同上)。但如果人们想最大化他们的不幸福,他们为什么不尽快通过购买更多的其相对价格上扬的商品来耗尽他们的资源呢?科斯在其他地方还说,他会很欢迎在经济学中放弃"个体选择前后一贯的"假设。"Duncan Black", in Coase, *Essays on Economics and Economists* (1994); 转引自 Richard A. Posner, *Overcoming Law*, 同前注。

[5] 这在社会学上也是有传统的。韦伯社会学的一个重要传统就是研究官僚制和各种政治权力的组织。

[6] 有关的实证研究,请看,Fred R. Shapiro, "The Most-Cited Law Review Articles Revisited", *Chicago - Kent Law Review* (1996); 又请看,James E. Krier and Stewart J. Schwab, "The Cathedral at Twenty - Five: Citation and Impression", *Yale Law Journal* (1997)。在这两个根据不同数据库所作的实证研究中,科斯的这篇发表于1960年(实际是1961年)论文的引证次数都居榜首,而且遥遥领先,超出排名第二的论文——霍姆斯的名著《法律的道路》——近一倍。

[7] William M. Landes and Richard A. Posner, "The Influence of Economics on Law: A Quantitative Study", 36 *Journal of Law and Economics* 385, 405 (1993) (表6)。转引自 Richard A. Posner, *Overcoming Law*, 同前注。

[8] 在1986—1990年间,法学杂志对科斯这一论文的引证比例上升到40%。转引自 Richard A. Posner, 同前注。

家来"光宗耀祖"。科斯的身份是与我们的习惯性思维包括哪些现象属于某个领域、学科相联系的,是与后来某个学科学者的他引率、科斯在什么系教书、他的学术朋友的研究领域以及其他一系列因素相关的;甚至与诺贝尔奖的名字有关。

换一个角度,我们似乎可以说,经济学领域本身似乎也在被蚕食。如果将哈耶克、科斯、布坎南、贝克尔、诺斯等人换一个界定(这些人如同科斯一样,重新界定其身份都不是没有理由或没有可能的),那么似乎就该是经济学悲叹了。而最典型的也许是如今在经济学界很"火"的博弈论。我不想在此追溯博弈论的"原产地",但可以确定地说,博弈论并非经济学的传统产品;仅仅从"囚徒困境"这个名字就可以知道它是个"杂种"。1995年因博弈论研究获得诺贝尔经济学奖的纳什先生根本就没有进行过任何传统意义上的经济学研究。而且,从知识社会学上看,任何学科,当它"入侵"其他领域时,它自身也必然会面临着某种被蚕食、侵蚀的危险。知识/权力不必定为某个人、某个学科所独占。但是,面对这种状况,我们没听见经济学家惊呼"数学帝国主义""社会学帝国主义"或"法学帝国主义",也没有很多经济学家称现在的经济学不伦不类。

因此,我们就要问为什么会这样?我们可以简单回答说,经济学研究现在很热,因此,经济学家有自信。其实如果从财政或就业来看,未必如此。至少在美国,法学院比经济系更有钱,毕业生就业更有保障,收入也更高。很显然,经济学家的自信心不来自他们有钱或就业便利,而是"工夫在诗外"。我们还可以回答说,我们反对经济学的扩张是因为希望保持严格的学科学术传统。我当然尊敬这种学术责任感和荣誉感,但是我们不可能用"跑马占地"的方式,以靠定义取胜的方式来维护学科传统,重要的是要拿出令人信服的成果来。学术传统从来是通过学术成果,而不是通过划分边界来延续的。必须看到,学术世界同样残酷,学术研究也是一种产品,最终要靠征服学术消费者的心来选择。当然,我这样说也许本身就证明我是经济学帝国主义的俘虏,但又未必如此。一个真正有实力和自信心的学科和学者应当保持一种开放的心态,一种鲁迅先生说的"汉唐气象"。

而且,退一万步,我们要问,我们究竟是为了什么进行研究?在我看来，引发我们思考和研究的不是学科本身（尽管我们只有在某个或某几个学科的传统中，才有可能发现问题，才可能找到研究问题的进路），而是现实生活中的问题。既然社会生活本身不是按照我们现在的学科划分得那么界线明晰，既然每个社会问题都可能同时具有多个学科的维度，既然经济活动是人类最基本的社会活动之一，既然人们在这个领域形成的思维和行为方式不可能不弥散到人的其他活动领域，那么，有什么理由说某些领域应当由某个学科独占呢？因此，只要一个学者关心的是真实世界中的问题，那么就不可能，也不应当在传统的学科边界"饮马长江"，而必定为其求知的好奇心驱动而"欲罢不能"。一个学者如果忘记了生活本身提出的问题，而沉溺于某个学科的现有的定理、概念、命题，不仅是丧失了社会责任感，而且丧失了真正的自我，也丧失了学术，因为他忘记了海德格尔的那个"存在"。也正是在问题的导向下，真正的学者才从来不会作茧自缚，总会试图不断自我超越。只要看看中外真正的大学者、大思想家，无论是孔子、老子、柏拉图、亚里士多德还是马克思或韦伯，我们都很难给他们作一个精确的学科定位。这不仅是因为他们从来都不是为了学术而生活，而是因为生活而学术的。因此，重要的是思想和学术成果，而不是学科的领域。

二

我并不因此否认学科传统的重要性，也并不因此主张废弃现有的学科分类。传统是我们可能研究问题的出发点，我国目前许多学科的发展之所以不尽如人意恰恰是因为其缺乏真正坚实的学术传统[9]；现有的学科体系作为是一种实际运作的制度也不是任何人试图废除或重建就可能实现的。但无论如何，我们不能将现有学科划分视为一套先验的、永恒的和应然的 scheme。只要回顾人类学科的发展，我们可以看到，我们目前的知识、学科体制都是历史演变、社会劳动分工的产物。[10] 这种体制从历史演化理性来看，有合理性，它便于知识的累积和传承；但它确

---

[9] 参见，朱苏力：《法学研究的规范化、传统与本土化》，载《中国书评》（香港），1995年5月总第5期。
[10] 参见，华勒斯坦：《开放社会科学》，三联书店1997年版。

实又是许多偶然事件（例如，某个重要学者研究所跨越的领域、他的自我以及他人对他的定位等）碰撞的产物。因此，现有的知识体制不是一种终极真理体制，各个学科的边界的界定是可变动的，必定会随着社会的劳动分工而发展，随着学科相互渗透、交叉而发展，有的甚至会从学术舞台上消失（例如古代社会非常流行的占星学如今就在学术舞台上消失了）。事实上，近年来，国内外各学科的发展都有日益交叉化的趋势，即使是经济学也不例外。在这一过程中，也许有些昔日的"显学"会失去其显赫，另一些不起眼的学科变得醒目起来，或者本来就很醒目的变得格外刺眼。但只要不是过分自我膨胀，以致有维护既得利益者之嫌疑，而是以学术发展和自我的学术兴趣为重，这又有什么了不起的？这一方面，也许许多学者应当向一些不为金钱或其他物质利益而乐此不疲的集邮者、京剧迷学习。

中国目前正处于一个重要的历史转型时期，许多问题不仅是有待深入研究，根本就是有待研究；对于中国的问题，也并非如同人们很容易设想的那样，我们已了如指掌，而是一知半解，有时甚至是根本不理解。引入的"西学"学科固然凝结了前人的经验，但决不应当而且也不可能成为界定中国的实际问题之学科性质和研究的"圣经"。因此，从我们的日常或社会生活中发现问题，在问题导向下展开研究，几乎不可避免地会出现不尊重现有学科"产权界定"但有利于研究效率提高的现象（又一个"经济学俘虏"之例证）。其实，现在许多学者都已在不同程度上跨越了自己本来学科的界限，已经是"你中有我，我中有你"。在这样一个大的学术背景和社会背景下，经济学学者进入其他学科的传统领域，其实是正常的、好的现象。它不仅反映出中国学者的对真实世界的关切和学术好奇心与责任心，而且他们的进入可能激活一些实在太缺乏活力和学术理论竞争的学科领域。当然，经济学家的研究不可能取代其他学科的研究，因为"各庄的地道都有许多高招"。经济学家的研究也必定会出错。但是，难道仅在本学科内研究就一定不会出错，就一定真确？上帝没有担保任何学者的研究结果必定真确。只要是真正的研究，那在一定层面上，都在积累我们共同的学术和知识传统。

事实上，眼前的这本书，在我看来，就同时糅合了法学的、社会学的、政治学的研究，无论是涉及的内容，还是使用的方法，尽管作者已经被其学位、工作单位以及包括作者自身在内的其他社会标签体制标识为"经济学家"。对于我这位法学人来说,它给予我的启发远远超过了绝大多数目前中国学者的法学(法理的和经济法的)著作。它使我看到了在具体世界中法律、法规和政府机构的决策和行为是如何起作用(包括不起作用甚至起反作用)的,社会生活是如何形成着规则,规则又怎样改变着社会生活,以及这一切活动的某些后果。例如,自发的股票市场是如何形成规则的(杨晓维文和陈郁文),政府垄断行业内的竞争又如何打破这种垄断的(张宇燕文),等等,这都是传统的法学所没有的,在传统的法学概念框架中甚至难以想象。当然,也许,这些个案本身不具有普遍意义,法学界无法直接利用;但是,它给人的启发可能具有普遍意义,它所蕴含的某些社会生活的常识可能具有普遍意义,这些研究者研究问题的态度和方法可能具有普遍意义;至少,它也给我们留下了一些珍贵的历史变迁记录,其中隐含着的中国学者的思想和情感。

波斯纳,这位极力推进法律的经济学改造(但不限于此,尽管人们习惯这样标签他)的学者,曾经说过(大意):即使法学家是一位社会清洁工,他们也不应只能固守传统的扫帚和拖把,而不能使用其他更为便利和有效率的工具。[11] 话虽俏皮,但道理是对的;这道理不限于哪一个人,也不限于某一个学科。只有具备了这种常人的心态,我们也才有可能超越本来的学科,包括超越"入侵"的"经济学帝国主义"。

1997年6月初稿

1997年11月23日改定于北大蔚秀园

---

[11] Richard A. Posner, *The Problems of Jurisprudence*, Harvard University Press, 1990, p.438.

社会转型中的中国学术传统[*]

——《法律和社会科学》（代发刊词）

过去1/4个世纪里，放眼看来，实际是过去的一个多世纪以来，中国已经发生了一些根本性的变化，并且这些变化如今变得越来越明显。我在其他地方曾经说过，如果从历史上看，当代中国的变化可能是中国自春秋战国之后最大的变化，这也就是李鸿章在130年前说的，是"数千年来未有之变局"。[1]也许李当时说这个话的时候人们会感到有点夸张；但回头来看，确实如此。

在这个巨变中，一个重大的变化就是中国学术的变迁。传统中国社会也有发展，并非一个"停滞的帝国"，但基本上是一个农业社会。农业社会的经济发展很缓慢，经济生产方式和社会结构长时间没有什么根本性的变化，甚至看不出有什么变化的可能。因此，孔子说"三年无改父道"是正常的，也可行。处于巨变的春秋战国时代的中国思想家们提出了各种主张，在经历了数百年的各类政治实践之后，到了汉武帝时期，终于形成了表面"独尊儒术"其实儒法并用的学术和文化传统。

中国传统的学术（文史哲）可以说基本都是不越出这种社会背景和学术传统，也大致适应了当时社会的需要。看似很学术的"忠孝"，例如，若从其社会功能来看，就是传统政治制度的意识形态，是当时制度的一个构成部分。"忠"更多作为政治的社会控制机制；"孝"则是民

---

[*] 原载于，《法律和社会科学》创刊号，法律出版社2006年版。
[1] 李鸿章1872年《复议制造轮船未可裁撤折》中称"此三千余年一大变局也"；1875年《因台湾事变筹划海防折》称"实惟数千年來未有之变局"。转引自，梁启超：《中国四十年來大事記（一名李鸿章）》，载《饮冰室合集》（4），中华书局1989年版，页39—40。

间的重要社会控制之一，是通过社会舆论保证实施的社会养老制度构成部分，有政治治理的功能，维系了社会的正常运转。由于当时社会的经济生产方式和社会组织方式基本不变，因此，这必然是一种"天不变道亦不变"的学术传统。在这种社会制度下，近代意义上的那种社会科学的传统很难或者说不可能发展出来的，因为社会需求不大，至少形成不了规模性的消费。这种情况在欧洲中世纪也有，只不过当时的学术主流是经院哲学，是对圣经以及其他经典文本的注释和阐释。

但是，在中国，到了19世纪末20世纪初，这种状况已经开始发生变化。社会的变化引发了学术传统的变化，最典型的是西学的引入，其中最突出的是社会科学的引入。作为经验研究的社会科学传统，应当说，主要是在市场经济社会中，在社会变迁中产生和发展起来了，其特点是试图发现社会运作的因果律，目的是预见、控制和改造社会，是知识的发现，而不再是对经典的解释。无怪乎，经济学、社会学、政治学等都是在这一时期进入中国的。

这带来了中国学术传统的变迁，也带来了学术传统的某种程度的冲突，特别是对那些介于并同时理解这两个传统的一些学者。如果说当年的王国维说"可爱者不可信，可信者不可爱"[2]第一次流露出了传统知识分子在中国现代学术变迁中的困惑，那么到了"五四"运动之后，这种变化就格外明显了。"不读中国书"至少在一部分知识分子中成为一种口号。尽管这些口号是激进的，近代以来一贯是作政治性解说的，但在这背后，应当承认，也确实反映了许多接触了新学或西学的中国学人已经感到传统学术不能适应现代中国社会变迁的需要了。因此，这个激进的文化口号反映了两种知识类型的冲突，而这冲突又转而反映了这个社会需求的知识类型已经发生了根本变化，尽管当时的大多数学人更熟悉传统中国的文化。在这个意义上看，"五四"运动之后的文化激进主义其实不是个别激进者的产物，而是反映了社会变迁对知识的需求改变了。

其实，这种冲突在一些政治领导人那里也反映出来了。最突出的可

---

[2] 王国维：《静安文集续编·自序二》，载《王国维论学集》，溥杰编校，中国社会科学出版社1997年版，页410。

能是毛泽东。例如,毛泽东个人非常喜欢旧体诗词,对新诗据说称"给我二百大洋,我也不看"[3],但他一生不提倡旧体诗,他把自己的喜好仅作为私人的喜好。[4]这其实是划分了文化的公私领域,可以说不把个人偏好强加给社会。这种"打压"传统中国文科的倾向即便在"文革"中也能看到,甚至格外显著。例如,他的关于大学的一段的讲话是,"大学还是要办的,〔……〕主要说的是理工科大学还要办"。[5]这个说法很是意味深长,但一直被人忽视了。

人们可以批评毛泽东,说他重理轻文。同"文革"联系起来,甚至可以说是为一种建立新的政治意识形态的努力。但这种纯意识形态的政治理解,很缺乏解说力。毛本人显然偏好传统中国的文史哲;若真仅仅为统一思想,最简单的做法其实是继续"罢黜百家,独尊儒术",或提倡"温良恭俭让";他不仅不应重视科学技术,更不会一直强调"对任何事情都要问一个为什么,……想一想它是否合乎实际,是否真有道理,绝对不应盲从,绝对不应提倡奴隶主义"。[6]这种态度是与科学技术相通的,就是不迷信古人和大人物,都注重实践,注重经验,注重实际的社会后果,并且永远面向未来。

只是如果放在中国的社会变迁中,就容易理解毛主席对传统文化和现代科学技术为什么会有这种态度了。这个伟大社会变迁的重要部分之一就是,也必须有,中国社会文化学术传统的变革。恰恰因为毛主席熟知传统文化,他才更可能充分意识到传统中国人文的弱点,意识到那些强调经验因果律的科学技术知识对于中国社会变迁、转型和发展,对于中国现代化、工业化,最为急需。这种知识类型最典型的就是理工科的知识。即便在发动的文化大革命中,受冲击的知识分子最主要的是人文

---

〔3〕张素华、边彦军、吴晓梅:《说不尽的毛泽东》(下),辽宁人民出版社1996年版,页108。又请看,"现在的新诗不能成型,不引人注意,谁去读那个新诗"。载《建国以来毛泽东文稿》册7,中央文献出版社1992年版,页124注22;"用白话写诗,几十年来,迄无成功。"《建国以来毛泽东文稿》册11,中央文献出版社1992年版,页410。

〔4〕毛称自己的诗词"是旧体,怕谬种留传,贻误青年"。又说"诗当然应以新诗为主体,旧诗可以写一些,但是不宜在青年中提倡,因为这种体裁束缚思想,又不易学"。《给臧克家的信》,载《毛泽东文集》卷5,人民出版社1999年版,页184。

〔5〕《建国以来毛泽东文稿》册12,中央文献出版社1992年版,页505。

〔6〕《整顿党的作风》,载《毛泽东选集》卷3,人民出版社1991年版,页827。

知识分子，理工知识分子也受波及，但就总体说来，他们受到的冲击远没有人文社科知识分子受到的那么大。这种"打压"传统中国文化因此可以说是在当时国家教育资源极为有限条件下的一种必要的知识和文化投资取舍。

不管意图究竟如何，要在中国完成这一重大文化变迁都需要时间。尽管在毛去世之际，中国有了"两弹一星"，有了完整的工业化体系，有了"学好数理化，走遍天下都不怕"的民间信仰，但这也只是部分成功。"文革"结束，知识分子的春天来了。但就1970年代末80年代初而言，甚至一直持续到1980年代末，在很大程度上，那个春天更多是人文知识分子的一个春天。当时的文学的流行是一个明证。我可以作证，当时的文科大学生普遍看重文史哲专业；1980年代中、后期的中国化的"文化"研究则是另外一些明证。

但这个春天不但没有持久，而且很可能是中国传统学术的最后一个春天了。到了1980年代中期，就业市场就开始影响了一代大学生的高考专业选择，文史哲专业的热潮开始降落（尽管这一时期开始了文化热的讨论，但主要参加者还是先前的——尽管已经变迁了的——学术传统中的人）。就整体而言，这个知识类型的彻底的转变发生在1990年代初期。最突出的象征就是有关人文精神之失落的讨论，这一讨论主要集中在人文知识分子之中。这一次可以说是中国学界作为一个群体的人文知识分子真正感到了社会变迁威胁着传统的人文为主的学术传统。

确实，如果从近代来看，可能没有哪一个时期，作家和诗人，历史学家和哲学家，像自1990年代中期以来这样在社会中被边缘化。1920—40年代的文人何等风光，无论是鲁迅、胡适、郭沫若，还是丁玲、巴金、胡风；其中许多人还被当做了知识分子的楷模。相比之下，当时的社会科学知识人则相对边缘化。新中国成立之后，在毛泽东时代，尽管受到政治压制，实际上作家和学者的学术和社会地位都是很高的，很受社会尊重。换一个角度看，即使是受到全国的批判，却也表明这种知识在当时社会中占据了重要位置，令人瞩目，需要社会的批判。这种尊重甚至延及今天称之为演艺界或娱乐圈的人士，例如许多著名演员。甚至在"文革"期间，这种格局也没太大变化，当时的文学青年众多；"文革"后恢复高考后最先几届的学生中，文科考分最高的学生大都进入了文史哲系。这种格局,可能受当时许多因素的影响,但表明即使在"文革"之后民众还是认为文史哲是社会中更有前途的职业,因此具有相当大的市场召唤力。

但自 1990 年代中期以来,作家和传统的人文学者的社会位置明显下降。可能一个余秋雨除外;但在多大程度上那是因为他的学术,或者是因为他的其他活动,至少是一个疑问。新一代的人文知识分子的研究也发生了某些变化,其著作或多或少地受到了社会科学的影响。但是,印证作家和传统人文学者的社会地位和影响力下降的最强烈参照系,是 1990 年代以来中国的社会科学研究的影响力上升,以及社会科学学者的影响力和社会地位的上升。比较一下 1980 年代之前中国最有影响的广义的文科知识分子和 1990 年代之后的文科知识分子的变化,就可以看出这一点了。1980 年代之前,中国社会中有影响的都是广义的人文学者,而如今基本都是社会科学家。从翻译也可以看出,1980 年代之前,中国广义的文科翻译基本以人文著作和文学作品为主,而 1990 年代之后则更多社会科学。

不能将这一变迁仅仅看成是学术流变,是三十年河东,三十年河西的轮回。我们必须清醒地看到,这一转变与中国的社会转变无法分开,是社会需求带来了这一变化。也许我们可以说社会需求不理性,但这么长期的不理性,在我看来不可能。

更细致看一看,即使在社会科学内部也发生了一些学科之外的人看不出来的变化。例如在经济学中,经济史研究就明显衰落了,政治经济学也相对衰落了,更为技术化、更为实证、更为经验的微观和宏观经济学发展起来了,还有更为实际的经济政策和产业政策研究都发展起来了。法学和政治学的研究也都减少了宏大话语,对学术史的关注降低了,学者们更多开始关心许多技术性或制度的细节问题,民主自由问题的讨论都开始有了更为具体的语境。这些问题固然有学术研究增加的原因,但我认为更主要是因为中国社会本身提出了这样的问题,学者们或多或少地都遇到了这些问题,因此导致了这些社会科学学科的内部演变,尽管一般学科之外的人还无法感觉这些。还有社会学,人类学的研究、国际政治的研究也都有类似的变化。

甚至一些原先研究文史哲的学者也都或多或少地转向了或借助了社

会科学的研究成果，或开始谈论社会科学的问题。因此，我在其他地方说过，中国学术正发生着一种知识类型的根本转变，不仅是从基本格局上看，而且在学科内部。

引发这些变化的最根本原因，是社会对社会科学的知识的需求大大增加了。首先因为社会的根本性变化，人们依赖传统的人文知识无法有效应对生活的问题了，而且这类问题大都不再可能仅仅依靠个人的修身养性或文史哲知识来对付了，传统的人文知识在社会现实面前变得无力。其次是因为社会的急剧变化，那种天不变道亦不变的知识品质已经有点跟不上趟了，"与时俱进"的问题就出来了。第三是社会分工日益细化，那种笼而统之的知识传统也无法适应专业人士的需要了，对实证的经验知识需求更多了。第四，由于社会分工和分层的价值多元和共识破碎，人们也需要更多的为自己行为正当化的话语系统，传统的大一统的人文学科知识很难为这些社会利益群体提供足够的话语和意识形态的正当性。这些都引发了社会科学的发展，也引发了传统人文科学相对于社会科学的无力和疲软。

因此，我认为，中国社会的文科目前处在一个自先秦以来最大的转变。这一转变的基本动力是中国社会的发展，引发了社会需求的变化，因为学术最终还是受学术市场特别是社会需求影响的。

这种变迁对中国学界提出了重大的挑战。首先是必须更大力度地促进社会科学的发展，这毫无疑问。其次人文学科也必须有适当的调整，不能仅仅重复传统，因为传统的文史哲其实都是有针对性的，也都是经世致用之学，无论是儒家还是法家、兵家，甚至道家、墨家，无论是先秦还是后世的学术。但我们往往不理解这一点，因为某种"学术"的遮蔽。必须强调这种转变也是可能的，例如《万历十五年》之类的研究。我自己的一些研究也是如此。但是要注意的是，不能迎合时尚，用一些流行的术语来包装传统的人文研究，必须有一个脱胎换骨的转变。第三，就是要实证，这一点传统的人文学科中有某些东西也是可以学的，但更要注意现代社会科学的研究方法，包括统计和博弈论，经济学的方法。不能总是从宏观上讨论，提一点大概念，提出一些新词，必须要有验证，必须要将宏观与微观，理论与经验或"史"与"论"结合起来。这会是一个漫长的过程，会令许多学者非常痛苦，找不到自己的位置。但在我看来,这是社会发展的需要。

这不是否认学术对于学术个体的意义。我完全承认有这种意义。但是这种对于学术个体的意义最终还是要在社会中接受检验的;学术兴衰并不是个人才华或追求决定的,只要看看神学在近代的衰落就可以看出。因为从总体来看,作为特定类型知识的学术,最终说来不可能完全独立于人类之需要,如果它能存活下来或发展起来,一定是因为它在某种程度上或某个层面上映射了人的某种需要,对于人们有某种功用,所有的知识类型都只有在这个意义上并相对于人才有价值。即使基督教神学也是如此的。在这个意义上,仅仅对某个人有价值的东西无法为他人分享的只是一种维特根斯坦所说的私人语言,私人语言不可能存在,或者说说它存在不存在是一个没有意义的问题。

对于整个中国的学术发展来说,这种知识的转变和社会科学的兴起也必定会导致在世界上的学术竞争,因为这类知识相对说来更有可比性。否则,中国的学术无法在国际间竞争。从这一点看,学术传统的变革也是中国文明复兴和崛起的需要。

2004年6月6日于北大法学院

如何思考中国社会科学的自主性？*

——读邓正来《关于中国社会科学自主性的思考》一文

1. 邓正来的这篇论文（1）在新的历史条件上深入反思了中国社会科学的发展问题，这是1990年代初中国学术界特别是社会科学界关于规范化、本土化问题思考的某种程度的深入；（2）这一研究借助了布迪厄的理论和思考角度来研究中国的问题；（3）提出了中国当代学术评价体系的问题，特别是学术研究和学术评价制度是否"契合"的问题。也许最后这个问题最有意义。

但总的看来，我个人认为这篇文章的意义仅仅在于提出问题，引入新理论，对加深理解这个问题意义不大。

2. 我的理由如下：

第一，我要问的是，先前学界提出关于中国社会科学的一系列问题是否已经包含了或涵盖了邓文提出的问题？如果回答是否定的，那么，邓文提出的问题就是创新的；而如果回答是肯定的，那么邓文提出的问题只是另一种设问，最多只是借助了不同的理论资源而已。我的判断是后者。

邓文认为以前的设问方式过分强调外部性因素，即在学术殿堂中有没有某个学科的牌子，因此这种设问自然而然切割掉了社会科学研究的内部向度，因此没有"为学术而学术"，研究者不可能考虑和反思中国社会科学学术制度的合理性。

但是这个判断是真的吗？我们只要分析一下原先学界设问的两个问

---

* 本文是法律文化研究中心的一次学术报告会上对邓正来先生论文《关于中国社会科学自主性的思考》的评论。该文见，邓正来：《关于中国社会科学的思考》，上海三联书店2000年版。

题，就可以回答邓文提出的这种批评。

i. 有关学科地位和学科建制的提问。这个问题应当是包含了邓的问题，因为学科建制并不只是挂一块牌子，画地为牢，跑马占地或为某个或某些学科恢复名誉的问题。学科建设理所当然应当包含，并且首先就是一个学术传统的恢复、重建和发展的问题，其中一个重要的构成部分就是学术评价标准。一个学科有没有，是否在生成和发展，这都必须在学科制度中构成。这个制度并不是有没有一块牌子，而是有没有这个学科的学术竞赛规则，如果没有规则，就没有制度，也就没有这个学科。在这个意义上，学科建设与学术规则是密不可分的。至于在实践中仅仅提出了设立学科的问题，而未能建立完善良好的学术规则，那可能有种种原因。可能是由于"知"与"行"总是存在距离，认识到的问题不可能一步解决，因为学术传统的中断，因为某个学术圈子内的既得利益集团，也可能是这个学科内的人缺乏自我反思，或是这些学术人没有能力对外交流（因此只强调填补国内空白），等等。但这不恰恰是学科建设的问题吗？难道许多学者在谈论学科建设时不包含这些问题吗？仅仅谈要有某块牌子吗？当他们谈论要培养年轻人，引进人才，强调学术竞争，难道不就是在谈论这个学科的内在向度的问题吗？邓文因此不过是用另一个学术术语——内在向度——指涉同一类的问题。我们知道，在这类问题上，并不存在最正确的概念，因为索绪尔早已指出能指与所指之间的关系是专断的。

ii. 先前的许多学者在讨论学科建设时也常常谈论"学人品格"的问题。虽然这个问题没有明确提出学术的内在向度概念，但这个问题也同样有内在向度。尽管当时的主要强调学者不要成为政治的附属物，要独立思考，似乎是过于强调了政治上的独立性。但这说的不就是邓文中强调的"学术有其内在评价标准"吗？当然，先前学者谈论"学人品格"时，确有弱点，可能有简单化倾向，即把某人学问好不好的问题主要看成是个人人品问题，可能让年轻学者误认为只要修身养性就可以获得学术成就。但这只是当时，特别是 1980 年代，人们认识的限度，也是对先前的反拨。今天我们已经更多理解到一个"有骨气"的人，并不一定成为好学者。尽管如此，我们必须认识到，学人自身品格仍是重要的。

因此，我认为，邓文区分外部向度和内部向度只是有关学术问题的另一种分类，他的关于以前学界不关心内部向度的指责缺乏根据，最多也只是没用邓的概念来讨论这些问题而已。因此，就总体看来，邓文并没推进或深化社会科学自主性的讨论。该文提出的命题其实在先前的命题中已经有了。他的贡献也许在于细致化——提出了学术评价制度的问题。

3. 如果邓文没有提出真的新问题，而只是用了一套新的概念或语词，那么，这就令人质疑该文引入布迪厄理论究竟有什么作用。我首先承认引进一个新理论是有意义的。但是，就该文试图讨论的问题——学科建设——来说，理论引入的意义不在于有没有引入新概念，而在于引入的这个新理论（1）是否能促使人们看到新问题，提出新问题，以及/或者退一步（2）是否更具有解释力，促使相关问题研究的整合。以此为标准。按照这个相当功利主义的标准，我觉得，邓文引入的布迪厄理论没有新作用，容易使人误解。我的论证如下：

i. 我们可以设问的是，如果没有布迪厄的理论，这篇文章能否成立？我们对于社会科学自主性的问题是否有同目前近似的理解？布迪厄究竟给了多少有关我们关心的学术发展实际问题的新启发，而不是给了我们一个或几个论述或描述这个问题的新术语（前者的问题是我们更关心的语用学问题，而后者只是一个"再现"问题）。我认为除了"契合"这一点来说，没有太大的意义。

ii. 布迪厄的理论有误人子弟的一方面。布迪厄认为，自主性在于"生意就是生意"，"学术就是学术"，似乎太合我们的意了。但这个问题不那么简单。世界本来是混沌一团的，所谓生意就是生意这样的行业或知识的划分并非学术本身可以决定的，而是由许多因素构成的，包括经济、政治、权力、学术研究，甚至有便利，等等。我们怎么可能学术就是学术呢，如果今天所有的"学术刊物"发表的都是一些在我们看来是非学术的东西（因此，这就是权力、利益在构建着知识），如果市场需要的更多的是"务实"的东西，那么我们的产品就不对路。

因此，布迪厄的理论其实是与他本国的社会环境相联系的。在法国以及欧洲，长期的学术传统已经把学科大致分割完毕，而且学术分工也大致完成，有人做学术，有人搞学术推销，因此学术就是学术不仅在他看来这很正常，而且他的同胞也认为正常。他的语境已经格式化了他，他"死了"，死在他的语境中。他无法想象在另外一些社会，在那里学者的研究不可能仅仅如此，不但学者自己不习惯，而且社会也期待他本人别"待在象牙塔"内；此外，还有些学科知识本身就不可能仅仅待在象牙塔内，例如法学等非常功利的学科。如果一味强调"生意就是生意""学术就是学术"就更无法推进诸如法学这样的学术。

4. 学术如何才能成为学术？上面的分析因此表明，实现社会科学自主性并非不是研究者个人思想自觉不自觉的问题，而是一个实践的问题，也是一个社会分工体制是否完善的问题。否则会流于思想改变一切、意识改造世界的荒唐。如果不是在一个学科高度分工因此高度竞争的环境中，为什么我作为一个学者就不能关心一下学术之外的问题呢？是的，我的这种关心使我分心了，使我目前从事的学术没能做得更好，但如果我同时在学术和其他领域都做得比别人好一点，难道就一定比只关注学术领域更好吗？事实上，历史上最著名的一些学者，往往同时是学者，也是政治家、宗教信徒、演说家甚或商人，甚至他们首先是政治家或其他，然后才是学者。难道我还需要举例吗？

就拿我们自身来说，我们之所以追求一种社会科学的自主性，关键在于这种研究对我们来说有兴趣，感到有意义，而不是因为我们懂得了应当为学术而学术，应当追求彻底的自主性。事实上，在某种程度上，我们也没追求彻底的自主性，因为我们或多或少总希望有人欣赏，希望形成一种新学风，甚至希望影响社会。另一方面，我们的研究多少还是有些自主性，关键也不在于我们理解了学术就应当是学术，而是因为我们的学术实践，这种"物质性"的活动使它获得了或体现了自主性。

因此，我认为，思考社会科学的自主性也许不如学术传统更重要，学术传统是学术实践，以及学术实践中形成的或体现出来的规则。只要看一看过去十几年来中国社科各学科的发展情况（包括法学本身）就可以看出，推动学术发展的真正要素可能一个是原先的学术传统（包括学术规范），第二但更重要的是这一代学者的实践。

1996 年 4 月 27 日下午于北大蔚秀园

需要中国的法律学术批评*
——《法律书评》代发刊词（外一篇）

多年以来，都感到中国法学界缺少学术的批评。

缺少学术批评，不是因为法学研究的成果无需批评——大家都知道法学界的学术问题很不少，而且私下的批评也很多，而是因为在当代中国很难展开这种批评。

首先的制约是一些历史的痕迹或惯性。批评曾经是一种剥夺学者政治和学术生命的武器，并且至今学界还不时会出现（我自己一个最近的例子是在上个月：某校的一位评议人批评我前年开始的《波斯纳文丛》翻译没有以去年底召开的中共十六大的"政治文明"为指导）。这种往事和惯性由此带来了至少两种禁忌，一是警惕任何批评，特别是那些具有政治意味的，一遇到这种批评，大家都会警觉起来，力求不让这种批评发生；二是自己也不愿批评了，既然批评已经被糟蹋了，也就自觉不做那些有嫌疑犯忌讳的事了。这叫做"瓜田不纳履，李下不正冠"。

缺少学术批评的另一个重大因素是法学的特点以及法学界的特点。法学就其性质来说主要不以学术为导向，而是以解决问题为导向，更像技术、工艺而不大像学术，至少在中国至今不大像。即使是先前似乎最有学问的法律解释或教义学，其实也更多是决疑术＋修辞＋解释（interpretation，"传话"），受控于一个或一些权威的文本。传统法学就总体而言就不是以知识增量为追求目标，而大致是在某些神圣文本划出的圈子内把问题解决好就行了。也有些法律家提出了一些学理问题，也不以求知为主导，大致是要"头脑清醒地凑合过去"。这种学术传统使得在

---

* 原载于《法律书评》2003年创刊号。

法学很难如同其他社会科学一样展开学术批评，也很难看到法学的发展。

这种状况应当变化，也可能变化；因为世道变了。不仅中国的改革开放要求知识创新，而且法学如今也更多汲取了其他社会科学，法学的知识类型就总体上开始从人文学科转向了社会科学。中国的一些主要法学院也发生了变化，已经从教学型转向教学与科研并重。中国年轻一代法律学生接触的知识类型也发生了某种变化。更重要的是中国社会发展和学术发展迫使中国的法学必须面对中国法治实践的挑战。

因此，我们需要批评。我们的书评将以批评为主，谢绝出版广告性的"书评"。当然批评在此不具有贬义，而是有好说好，有坏说坏。

也因此，我们需要的是学术批评。所谓学术，有三个方面。首先，我们的批评将以学术著作为主，但并不排斥教科书性质的著作；但必须有学术意义。没有多少学术意义的"学术"著作我们也不关心。其次，学术批评也不是一般的挑刺。一般的言语不通顺、用词不准确、翻译上的差错，除了能构成一个学术问题外，我们不关注。我们也不搞"政治正确"或"诛心之论"，我们坚持批评中的行为主义。最后，我们追求——并非一定可能实现——批评本身也具有一定的学术性。

当然，我们需要的是中国的学术批评。这一点的意义不用多说了。我们希望逐步增加对中国学者的著作的学术关注和批评。即使是关注国外学者的著作，也希望批评者在批评时也有或带着中国问题和中国意识。我们还希望批评文字读起像中文，清楚，明快，说清问题就行，而不像一些拙劣的译文。

这并非一个艰巨的任务，但会是一个长期的任务。然而，这是我们这几代法律学人应当承担的任务。

2003年4月15日于北大

到前方去

1959年，当时还算不上知名的科斯教授撰写了后来蜚声学界的《联邦通讯委员会》一文。《法律与经济学杂志》的主编迪莱克特读后认为该文错了，但错得有趣，因此决定一字不改全文发表，交换条件之一是，当时在弗吉尼亚大学任教的科斯来芝加哥大学就此文做一个讨论和说明，路费和住宿费由芝大支付。

一天晚上，在迪莱克特家中，科斯与芝大的15位著名经济学者一直辩论，大家一致认为科斯错了；科斯也开始疑惑自己了。直到夜半，芝加哥学派的领袖，后来的诺贝尔经济学奖得主弗里德曼恍然大悟，站立起来，接过了科斯的论证。在他的"机枪扫射"下，所有的反对派都倒下了，唯一屹立的是科斯……

此后，这次辩论中科斯的另一对手，另一位后来的诺贝尔经济学奖得主斯蒂格勒，将科斯在此文中阐述的思想概括为著名的"科斯定理"，并予以极为精炼的已成为经典的表达——尽管科斯本人未必完全赞同这一表述……

说这两件学界轶事，只在于展示：学术的发展需要学界展开平等、真诚的批评和争论，需要相互的支持和欣赏，包括对真假"错误"的审美或直觉的欣赏，有时还需要新的阐述和表达；以及身边的细小问题同样会引发学术的创造，或许更能引发切实的讨论。这些都是目前中国法学界还比较缺乏的。

因此，在本刊改版之际，我们再一次表达本刊的追求：为了中国法学的繁荣和健康发展，为了中国文化的应当且必定到来的伟大复兴，我们必须持久地展开认真的学术批评，尤其是更多展开对中国学术的批评。

不是所有的努力都有成果，但也不会是所有的努力都没有结果。

我们就是要到一个叫做"前方"的地方去。

2005年11月26日于深圳大学城

形成中国的学术共同体[*]

1994年—1996年出版的10期《中国书评》给中国当代学术界留下了一个重要印记。它不仅使得许多人得以了解什么是学术的书评（而不是廉价的广告），更重要的是通过一系列学术争论、批评、回应甚或反批评，使得"批评"这个一度被玷污的、因此具有特定政治色彩的概念重新获得了传统的学术的生命，尽管不是所有人都习惯了批评，即使是在今天；但它毕竟使学术界获得了一个新的交流空间。

因此，《中国书评》的复刊对于中国的学术界具有重要意义。我相信它仍将在中国学术的发展，中国的学术共同体的形成中扮演一个不可缺少的角色。

这里表现出来的我对《书评》的期待似乎并不热烈，不那么高。的确如此，这主要是因为，我想到的并不仅仅一份杂志——即使是一份重要的杂志，而是中国学术的发展，中国学术共同体的形成。如果以这个追求为背景，那么我们提出的要求就不应限于一份书评，更重要的是要对我们学术人进行反思。《中国书评》仅仅是一种交流的渠道和可能，一个载体，一个空间。

如果以中国学术共同体的形成为标准，除了其他因素之外，我感到一个必须面对的问题是学术上的分工。我近来常常感到非常忙，反思起来，一个重要原因是自己往往没有将自己很好定位，或有很多错位，因此，往往被各种与学术或多或少有点关系的事牵着走，常常是自己想做的，想写的，得不到落实，对一些问题的研究难以深化。我想，要解决

---

　　[*] 本文原为《中国书评》复刊而作。不知何故《书评》未能复刊，故此短文一直蛰伏计算机中。但是文中提出的问题在我看来还是具有一般意义的，因此纳入这本文集中。

这个问题，一个重要的，也许还不实际，但并非不可能的是学术上要有所分工。一方面，需要一批学者安心调查、研究、写作，将思想和经验予以整理，写一篇是一篇，出一本是一本（我暂且称其为"生产者"）。而另一方面是需要一批对学术敏感的批评家，他们的主要责任就是能将前者的学术思想和观点推进市场（姑且称其为"零售商"），引起学界的重视。当然，任何比喻都是跛脚的，现实生活中不可能将这两者完全分开，而且也不可能将此作为一种规范性要求强加于人。但是，劳动分工似乎是近代社会发展的一个重要标志，也是促进经济繁荣的一个重要条件。学术上也同样如此。分工对于个人来说，可以发挥个人的特长，集中时间和精力做自己喜好、能够做的事；对于社会来说，可以发挥"生产"上的比较优势，形成规模效应（尽管仍然是个人的研究），因此可以推进产品质量的改进，促进"产品"的丰富，学术资源配置的优化和成本降低。至少在目前的条件下，我看这几乎是一种学术发展的必然。对于《书评》来说，其功能也许更多是后一点。如果真的如此，《书评》所面临的任务就不是一般的难题，它必须培养出一批具有敏锐学术眼光同时又志在于此的书评作者，他们能够并善于将一本著作甚或是一篇论文中的思想提出来，推荐、批评、诘难、讨论，既引起学术界的关注，同时又促使甚至是迫使原作者思想的深化发展。

另一个问题是要关注中国学者的研究。这一方面，是要有真正坦率、真诚、有见地的批评，我想这一点很多人已经感受到了。我想谈的是另一方面，是重视中国学者自己的真正有价值的研究，形成对中国问题的学术讨论，对这类研究加以深入的分析和批评（包括推荐和表扬）。没有这一点，可能有一些中国学者，也有一些研究成果，但是却没有中国的学术共同体。因为所谓学术共同体，就是要有交流，要有互动，要有一些相互的批评，也要有表扬和借鉴，并由此形成一些共识。应当说，昔日的《书评》是做了一些很重要的工作的，包括对一些重要著作的学术讨论。但是还不够，尚未能影响一般的学界。

重视中国学者的研究，特别是表扬、推荐中国学者的研究，也许有人怀疑，这很容易流变为相互吹捧，尤其在廉价的广告式书评甚多的今天。这种可能的确存在。但是，我认为关键还在于写书评的人如何处理这些问题。首先，确实要有眼光，要愿意花工夫仔细阅读，而不是简单地捧场；要能在一个学术脉络中展现这些你认为不错的研究究竟为什么不错。其次，也要有气度，要能够将中国学人的研究成果当做中国学术共同体的进展，将学术同仁的研究成果作为下一步研究的起点，为朋友的哪怕是一个小小进展高兴。如果能做到这一点，我认为读者完全有能力辨识什么是学术批评，什么是简单捧场。这不是个人的事，而是一个中文学术世界的事。例如，至少是在法学界、政治学界，我常常发现一些著作和论文中大量引证的是外国人的一些显然过时或本来就不出色甚至未必入流但偶然进入中国研究者眼中的东西，有时甚至一些材料和关于中国的简单判断也是"出口转内销"。这种状况是与我们推荐、关注中国学者的研究不够有关。

这种状况的发生，当年是有道理的，那时中文文献少，或者许多中国学者是在西方受的训练，他们不得不主要利用西文文献。可是如果遗忘了境况的变迁，将一种特定制约下出现的现象作为一种常规，一种"学术规范"，就会贻误学界，贻误后人。这一点，也许是我们这些学术人不能不审视的。因此，我非常赞同社会学的中国学派、经济学的中国学派的追求，而不简单地赞同学术所讨论的具体问题上（而不是规范上）的同世界接轨——除非是已然或必要。当然，这并不是学术上的狭隘民族主义，而是并且也仅仅是为了学术的发展，为了中文学术世界的形成，为了提出和讨论西方学者从他们的学术传统和生活环境不可能感受或发现的、然而在中国确实存在并且是有意义的问题开拓空间。这一点，也许是《中国书评》可以有所作为的。

仅仅说这两点，作为对《中国书评》复刊的期望，也是对自己的一点反省。

1998 年 5 月 26 日急就于北大蔚秀园

如何深入学术批评和对话？*

从 1990 年代初开始，中国的学术研究逐渐开始强调学术规范，与此同时，也开始出现了一些比较严肃、认真的学术批评；对于一些严重的抄袭、编造的所谓成果，有些批评还相当严厉。仅仅数年，这种状况已大大促进了中国学术的发展。留心者明显可以看出，在一些学科领域，学术的、非学术的、对策性的研究已经开始有了一些比较严格的区分，对各种学术规范也重视多了，学术性争论也增加了。但是，应当说，中国的学术发展还存在许多问题，其中有些完全是学者、编辑有能力解决的问题。例如，一些国外行之有效的学术评审制度在中国相当多的学术性刊物中尚未建立或真正确立；加上其他一些非学术的因素，因此，学术市场上的伪劣、假冒产品仍然不少。因此，学术批评还必须坚持和发展。这可能是学术规范和学术传统形成并扎根的唯一的途径。路是走出来的，而不是倡导出来的。

但是，就在学术批评开始展开之际，在我看来，也出现了一些并不甚至是很不令人满意的状况。尽管，有批评就难免会有误解，有过火的地方，但是，我们应当努力追求在目前已有水平上有所超越，使得学术批评和对话能够更为健康地发展。

首先，我想指出的是，批评并非规范学术纪律、促成学术健康发展的唯一途径，甚至可能不是最主要的途径。如果以市场作比喻的话，那么学术批评可以说是一种商品的事后检查制。这种制度固然可以有助于清除假冒伪劣产品，并因此必须存在；但只要回顾一下我国市场经济的演进过程，我们就会发现，作为商检制度之支撑的是一个更大的制度，

---

* 原载于《中国社会科学》1999 年 4 期。

这就是看上去"混乱"的市场。正是在市场的竞争迫使许多假冒伪劣产品逐渐退出了市场，甚至使得许多这类产品未能进入市场。尽管这一比喻未必完全适合学术产品，但是它可能给予我们启发的是，不要将学术批评看做是净化学术市场、提升学术质量的唯一的或唯一重要的渠道。在我看来，不批评也是一种批评，事实上可能是更重要的批评。许多并且更多的是不成熟的、较差的学术成果由于无法引起人们的关注而被遗忘了；而一些较好的作品一般来说更可能会引起人们的关注、效仿，甚至是批评。因此，尽管作为学者应当批评假冒伪劣的学术作品，但是鉴于目前的状况，某些时候，可能还不得不采取"无言是最大的轻蔑"的战略。只有有所不为才能有所为。这个道理也同样在此适用。如果是你真正认为是不值一批的著作，就根本别理睬。如果总是批评那些根本不很值得批评的著作，批评者自己的水平也会随之降低。武松是打了老虎才成为英雄的，如果武松到处寻找老鼠打，恐怕连"除四害"积极分子都不一定能评上——如果他的群众关系不好，领导不喜欢的话。"男不同女斗"这句可能刺激女同志的话，如果抛弃了其具相，说的也是这个道理。

因此，在这个意义上，我们可以说，能获得学术批评也算是一种抬举了。话虽然这么说，批评还是必须坚持学术的标准。比如说，我最近看到一些批评一些经济学家的文章，在我看来，就很有点道德竞赛的意味。似乎这些受批评的经济学家没有讨论批评者看来当今中国最重要的问题，例如腐败、国有资产流失、收入不平等之类的"真问题"，他们的研究就是不是"真学问"，就是没有价值的"屠龙术"。批评者有社会责任感，我很赞同，但问题是道德上的优势是否会自动转化为学术的优势，政治正确是否自然导致结论正确，我很怀疑。如果遵循这种竞赛规则，我们势必又回到了那种学术是按照立场、阶级、种族论高低的时代。如果要在道德上进行竞赛，这还是学术的游戏吗？一旦进入了道德的游戏，许多学术问题就都无法讨论了，道德问题常常是势不两立的，而学术争论则往往是互补的。因此，我常常是对道德成分特别沉重的学术作品容易产生一种怀疑，因为它太容易带来不道德的后果了。如果是进行学术游戏，我是很赞同盛洪的那两点，一不要怀疑对手的人格，二不要低估对手的能力。

赞同这种态度，也许有人会认为，这本身就是一种道德的立场，因此我在此是出尔反尔。其实，我之所以赞同这一立场是出于求知，而不是出于道德；尽管这可能符合了道德，但我们知道没有道德意图的行为是不能称为道德行为的。我的这一立场实际上是对哲学阐释学对人的认知前提条件的哲学概括：必须准备好对方会告诉一些你尚不知道的事，必须预设书本会说出一些新的东西。一个人必须有了这种态度，他或她才可能理解或努力去理解某个自己不熟悉的题目、领域，也才可能丰富自己，充实自己。因此，我是从实用主义（这与阐释学在某些方面是相通的）得出了这一立场，而不是从"五讲四美"的教训中坚持这一立场的。

这种表面看来仅仅是尊重被批评者的伦理姿态，实际是一种学术的进路。它在学术上必然要求并引导批评者进入被批评者的学术传统和他所要回答的问题。这既是对学术批评者的一种限制，但同时也是对批评者的一种丰富。任何人都不可能在一篇著作或一本书中讨论所有问题，说出全面的无可挑剔的话（那是上帝才可能做到的；而且即使是上帝的话也会有不同理解，请想一想对《圣经》的注释），因此，在这个意义上，每个学者都天然容易受伤。但是这种抨击没有太多的学术价值。比方说，受到严厉批评的王铭铭的人类学著作。[1]但是，在我看来，批评者并不理解王铭铭在该书中所要回答的问题和他的努力：先前的西方汉学人类学研究主要受到结构功能主义的影响，而在这结构功能主义的进路研究中，时间或历史的维度很容易被忘记。王的著作试图通过描述一个村落的历史变迁而将历史的维度带进来。至于王的努力是否成功，或有多大成功，这并非我的能力能予以评价的，而且对本文来说，也不重要，因此我在此不讨论。批评者只有进入了汉学人类学的学术传统中，才能把握王的问题。但由于批评者是一位历史学家，时间维度在他的学科中是最基本的结构要素，天经地义、习以为常，因此，从他的学科传统出发就很难看到并理解这一人类学著作的努力。我不是指责批评者，

---

[1] 王铭铭：《社区的历程——溪村汉人搅在的个案研究》，天津人民出版社1997年版。对王著的批评，见，曹树基：《中国村落研究的东西方对话——评王铭铭的〈社区的历程〉》，载《中国社会科学》，1999年1期，页119—133。

如同前述，我认为还是必须鼓励学术批判，我只是试图从这个事件中看到任何学者自身的学术传统有时都可能妨碍他对被批评者的学术传统和试图处理的问题的理解。这样的批评应当说学术勇气可嘉，但是学术水准可能差一点。如同我在批评杨念群的著作中自我反省的那样，这种批评就其功用上看可能同时是一只披着狼皮的羊（貌似凶狠，但击不中要害），也是一只披着羊皮的狼（误伤了朋友）。同样的，只有进入别人的学术传统，也才可能理解某个语词在其特定语境中的概念定义，而不是简单用常识或本学科的概念定义来贬斥对方缺乏常识。许多人曾用诸如母亲抚育孩子的行为或烈士舍己救人的行为一次次宣告经济学的核心假定"经济人"被驳倒了，但由于未进入被批评者的学术传统，因此不构成批评。看上去说得也挺有道理，但这就如京剧《三岔口》一样；而且，还没有那出戏好看。

这一点如今也许格外重要，因为目前有许多学者都由于种种原因纷纷跨出了自己原先的专业学科领域，进入了其他学科领域。在这种交叉学科的领域，保持一种阐释学的态度甚至格外重要。千万不能以为自己在某个学科是专家，是小有成就的学者，就自然而然在其他领域里也具有专家的身份，必定可手到擒来，有所成就。事实上，我们都只是在某一方面具有比较优势，即使是通才，也只是相对的。

因此，就学术批评和对话而言，在我看来，一是要鼓励学术批评，促进学术批评和对话的发展；即使有问题，自由仍然是必要的。但一个同样重要并可能的追求是要超越目前的学术的、半学术的批评和对话。如果用前面的学术批评的市场作比，也许我们的产品也该有个升级换代的问题！

1999 年 3 月 16 日凌晨于北大蔚秀园

追求不可替代[*]

——《北大法律评论》十年感言

一

1987年是《哈佛法律评论》的百年华诞。年前,该刊编辑部邀请校友并曾担任过《评论》主编(president)的波斯纳法官撰文。起先波斯纳谢辞了。他认为《评论》百年"并无意义"(has no significance),还不如他的住宅已82年更有意义;后者意味着房屋有维护和修理问题,意味着住宅的建筑和结构有特点,这些信息都可能影响当下的人如何计划和行动。任何一份杂志都没有自然寿命;因此只有迷信和崇拜整数的人才会对此感兴趣。"《哈佛法律评论》百年只由于它创始于百年之前;所有主要法学院的法律评论,如果都始于百年之前,那么如今也都会是百岁华诞了。"

在研究和思考之后,波斯纳最终还是为《哈佛法律评论》撰写了一篇20页的长文,这就是著名的《法律作为一个自足学科的衰落》。[1] 以上面这个故事开头,波斯纳的这篇文字根据1962—1987年间法学学术发展状况和趋势,论证并预测了,由于诸多外在的原因,《哈佛法律评论》也许已到达其顶峰,正开始走下坡路了。

与许多中国读者听到这个故事时可能会有的感觉一样,我当然震惊于波斯纳如此不给面子,甚至不近人情,对于自己的母校,对自己投身并服务过的这个著名刊物。但更令我感动的,首先是波斯纳对于

---

[*] 原载于《北大法律评论》卷10/2,2009年。

[1] Richard A. Posner, "The Decline of Law as An Autonomous Discipline", 100 *Harvard Law Review* 761 (1987). 该文主要部分后被纳入《法理学问题》第14章;请看,〔美〕理查德·A. 波斯纳:《法理学问题》,苏力译,中国政法大学出版社2001年版。

学术的态度,即一般人理解的叫真,不凑合,不应付"场面上的事";以及波斯纳面向未来的实用主义:追求一个事件的社会的(而不是个人的)意义和行动的意义,而不是沉湎于尤其是自己"往日的美好时光"。

尽管很多人可能会这样理解,但这个故事并没有说,"场面事"必定都没意义;它凸显的反倒是,人可以甚至必须通过自己的观察思考发现其意义。波斯纳撰文也表明这种发现可能;而因为他的发现,至少部分地改变这种"场面事"的性质,使之变得有社会行动意义了,对于自己未来的学术研究以及对于整个法学界。因此,不是清高、孤僻和骄傲,不是愤世嫉俗,以不参与"场面事"来标榜自己;这类姿态弄不好同样变成一种——姿态,仍然没有观察、思考和学术,仍然没有社会意义。但也不是刻意追求微言大义,别出心裁。在一定程度上,这仅仅印证的是苏东坡的追求:"文如万斛泉涌,……常行于所当行,常止于不可不止,如是而已矣。"〔2〕

二

有点绕圈子了,但不是。因为《北大法律评论》已经十年了;年初,一位编辑约我就《评论》十年写点什么。我是非常不习惯这种场面的人;不是说不愿参加。作为院长,我知道这是责任;但直觉上,我还是希望找到一个切入点,从场面事中找到些什么,说一些令自己有所感悟同时可能与他人分享的话,少说或不说一些放之四海而皆准的"百尺竿头更进一步"之类的套话。因此拖下来了。拖得时间长了,也想过妥协,随便写点什么。因为也知道,即使用心,这类文字,除了编辑和校对人员,一般也不会有什么人留心阅读,因为确实很难有新意或"干货"。许多人,无论是前辈,还是同辈,甚至更年轻的学者,都曾或正或开始写这类文字;但对年轻的学生来说,同样感到一种师长的扶持和支持。也许,每一代人都是如此,哪怕年轻时再雄心勃勃,也只能如此,甚或必须如此。

---

〔2〕 苏轼:《自评文》,载《苏轼文集》卷5,孔繁礼点校,中华书局1986年版,页2069。

直到我读到波斯纳的这个故事!

十年了。《北大法律评论》发表了不少国内著名学者的重要论文,也翻译发表了一些外国学者的著名文章;当年的许多年轻(包括学生)作者和学生编辑,也许部分因为他们在《评论》的写作、发表或编辑的经验和经历,如今在全国各地、境外乃至国外高校或其他行业找到了自己的合适位置;它也许是全国最早的不付稿酬、但也不收版面费的法学刊物;在北大的影响下,许多高校法学院也先后以各种方式创建了本校/院的学生主办或参与的法律评论,如今已不下20种了,《北大法律评论》无疑是最有影响力的之一;它也已经进入了南京大学的"中文社会科学引文索引库"的集刊类,在这个意义上,也可以算是"核心期刊"了。所有这些都表明《北大法律评论》的成功,在非常的艰难中。

这都值得纪念,对于十年来的不辞辛劳的编辑,对于北大法学院。但这——取决于我们的视角——都不是最值得纪念的。尽管当年的追求似乎很简单,大致就是要复制美国法学院的经验;但今天看来,我们追求的其实并不是一份由学生主办的学术刊物,在全国法学院中引领风气,发表一批重要论文,在学界获得一定的学术声誉和认可,培养一批学生编辑,增强学生的实践能力。反思我们之前的类似经验,会发现,我们真正想纪念的,无论人物、机构还是事件,都不会仅仅因为他或她或它的时间悠久,而更可能因为他或她或它的(无论过去还是现在)独特性,以及对于我们此刻的意义。

所谓独特性很容易误解,它可以仅仅是视觉、听觉、触觉上的各种差异,这相对容易达到,却未必真有意义,也很难持久;想想我们常说的"哗众取宠"或贬义上的"标新立异"。真正的独特性在我看来是对于社会特别是具体社会语境的不可替代性,想想"领异标新二月花",因此它不是本质主义的,而是功能主义的,强调的是对于社会需求的满足,以及其中隐含的与社会需求的有机整合。这也正是中国和这个时代要求知识创新、制度创新的真正意义。

三

若按照这个标准,浏览十年来《评论》发表的文章,我感觉《评论》应当更进一步强化追求这种不可替代性。不要试图模仿现有的法学刊物的模式和主题，不要试图仅仅复制那种规训了的学术论文，也不要试图重复学界已经关注的那些讨论，仅仅让年轻作者（包括学生）多一个发表文章的园地，乃至把自己变成一份因中规中矩、符合现行学术体制的核心期刊，而不是一份给人以智识挑战和启发的核心期刊。它必须进一步寻求它对于中国和中国学术的意义，而且必须务实，即这份学生编辑的刊物可能做到并做好的。

首先是在学术传统中研究中国问题，特别要关注现有学术体制关注不够的法律现象和法律事件。年轻学生应当也更可能具备这种学术的敏锐。在这个全球激烈变革的时代，在中国作为大国崛起的进程中，当代中国法学的研究格局还在形成之中，层出不穷的中国的以及与世界有关的新问题正不断挑战着过去三十年法学恢复发展的学科和学术体制，要求给予中国学界的回答。至少过去一年来，关于《劳动合同法》，关于"许霆案"，关于"彭宇案"，关于汶川地震，关于"问题奶粉"，都现实地摆在法律人面前，并且总是涉及许多方面和多个维度；《评论》完全可能以多学科或交叉学科的视角，组织短小精悍的系列论文，或长篇中心论文集中展开讨论（但不是议论或表态）。

当然，这有个及时性的问题。及时的参与可能不深刻，深刻的则往往不容易很及时。我认为，如果《评论》真正定位于对中国问题的学术理解和研究，关注不可替代性，那么及时性不是个真正的问题，或者说，是可以牺牲的。深刻不总是来源于时间。

应当注意学术的表述。法学常常有自己的专门术语，这便利了专门家的阅读；但术语行话并不必定代表学术研究的深度，有时它可能只是一种"过度包装"；术语还会构成进入壁垒，因此压缩了优秀论文的潜在读者。同其他消费品一样，法学论文也必须坚持为学术消费者考虑，尽可能把文章写得简单、明白、流畅。千万不要以为只有生涩的才是学术文章，或是越生涩越是深刻的学术文章。"法律的生命从来不是逻辑……"如醍醐灌顶；而科斯的没有经济学术语和公式的文章，使他不仅获得了经济学的读者，而且获得了广大的法学读者。再看看《理想国》《政治学》，或是《论语》《庄子》，都表明深刻的思想并不必须艰涩地表达。艰涩的表达很可能反映了作者思考不清楚或表达能力的欠缺。

应当更多关注年轻的作者，包括学生作者。年龄不是思想深刻和学术创新的可靠代表（proxy）；但一般说来，相对年轻的作者会更敏于吸纳新的社会信息，更关注不被现行知识体制看重的知识，能够提出新问题；为更有效进入学术发表的市场，一般也就会更系统思考和阐述，力求言之有物。处于学术起步阶段，处于学术体制的边缘甚至外围，他们的研究成果不容易获得现有知识体制和发表体制的认可，甚至他们会对自己不入时的作品既自信又不自信，他们会更珍惜《评论》提供的发表机会。如果每年能发现两三位这样的作者，发表数量更多的在某些方面有所创新的文章，那就会对不仅是《评论》，而且是对中国法学研究的贡献。在这一方面，《北大法律评论》是占有天时地利之便的。

应大力推进学术批评，尤其是针对我们这一代50岁上下的学者。记得《评论》早期，就有学者提出过这种建议，指出大学教授就是为学生提供一个批判对象。[3]但由于种种原因，积极、严肃、负责任的学术批评至今没有发展起来，反倒是基于意识形态的（或理念）的批评在各类媒体上特别是在网络上扩展着。如果缺乏基于中国经验的学术批评，基于政治正确的批评就会占据相当地位。我在其他地方也谈到，当代中国法学的进一步发展，首先必须批评和超越的其实不是其他，而正是我们这一代学人，这批改革开放前期入大学，如今当了教授、博导、占据了相当高的学术地位并因此享有更多话语权的学人。不是人身攻击，不是政治正确，不是概念解析，在当下中国语境中，甚至还必须尽可能防止意气化，这种批评其实也是学术的传承，因为只有在深入批判中，才能看到各位学人的弱点，才可能推动和引导整体的学术发展。对中国学者的关注必须成为中国学术的重要甚至是核心组成部分。

如果能在这些方面做得更好，《北大法律评论》就一定会培养甚或创造一批稳定的学术消费者，有别于现有学术刊物的消费者，因此会创造自己的学术市场，创造《北大法律评论》对于这个社会的不可替代性。这也可以说是"拾遗补阙"，但意义不是无关紧要，而是学术分工。

---

〔3〕 冯象：《致〈北大法律评论〉编辑部》，载《政法笔记》，江苏人民出版社2004年版。

四

这么说很容易,但困难很多也很大。

《北大法律评论》仍然举步维艰。中国的学术出版还没放开,刊号制度还挤压着学术发展的自由空间,它只能"以书代刊",这就带来了出版周期和无法及时回应热点问题的麻烦;现行学术核心期刊体制排除了它"核心期刊"的可能,它发表的论文不能满足高校法学院教职晋升或定岗的标准,因此无论是教师作者,包括我在内,还是学生作者,都只能首先满足现行的学术体制对个人或学术单位的要求,以些许余力来支持一下《北大法律评论》,它很难获得大量高质量的稿源(尽管它大致保持了其创刊时的学术质量,并且在我看来,平均质量仍高于许多核心期刊的平均质量);此外,还有重要的出版资金问题。这些还都是短期内不大可能有根本改观的不利条件。

还有更大的威胁。鉴于互联网的发展,鉴于下一代读者的网络阅读习惯,纸版的《北大法律评论》的前景更不光明。事实上,这在美国法学院已是一个现实问题:许多法学院图书馆如今更多购买电子版杂志,纸版刊物已经很少有学生光顾了;便利的 Westlaw 或 LexisNexis,大大削减了读者对纸版的需求了;你甚至从网上可以免费查阅包括《哈佛法律评论》等重要法律刊物的几乎全部最新文章[4];国际上各种新的网络法学杂志的数量也正日益增加,并且通过电邮"送法上门"。[5]出现了一个"电子阅读的春天"。[6]尽管人们的偏好纸版阅读的习性难以改变,但我在什么地方看到过一个美国经验研究,发现一代人后(20年)这个习性就改变了。随着电子阅读的技术进步和无线网络化,可以预见,所有纸版法律评论的未来都令人疑惑,要求编辑们未雨绸缪。

我并不是建议或暗示应停止发行纸版《北大法律评论》。即使作为资料积累,为了培养和锻炼学生编辑,或稳住现有的市场,至少一段时

---

[4]《哈佛法律评论》,http://www.harvardlawreview.org/recentissues.shtml。

[5] 例如,*Global Jurist*,http://www.bepress.com/gj;*Review of Law & Economics*,http://www.bepress.com/rle;*The Law and Development Review*,http://www.bepress.com/ldr;以及 *The Economists' Voice*,http://www.bepress.com/ev。

[6]《电子阅读的春天》,载《经济观察报》,2008年11月17日。

间内《北大法律评论》仍必须发行纸版。但我也认为，在未来几年的适当时机，在经验调查和理性盘算的基础上，同出版社协调后，应当考虑推出网络版的《北大法律评论》，或在一定时间后提供 PDF 版的论文下载。这当然最有可能会进一步挤压纸版的发行量，但从理论上看也有可能增加发行量，特别考虑到人们目前的阅读习惯。从知识传播的经济学角度来看，这会是为社会提供知识并让知识发挥作用的最佳途径，也是借市场这个机制来筛选学术作品的必要。

  必须做出更多的各方面的努力。但决定任何商品之命运的，说到底，仍然是它对消费者有没有无法取代或很难取代的吸引力。学术商品也不例外。因此，所有的努力都必须基于严格、认真和追求真正有意义的学术，坚持对学术的信守。不是所有人都可以做到，也不要求所有人都做到，但一个国家，一个民族，必须有那么一些人愿意并能够做到这一点，愿意不是因为历史将证明其正确、成功或辉煌，而仅仅因为它对于这个社会以及对于行动者有意义。即使知道自己的那一点追求终将随着时代变迁走出社会的视野，也仍然怀着一种刻骨铭心的真诚毫不妥协地追求。

2008 年 11 月 9 日
北大法学院科研楼

走马挑刺*

——《宪政译丛》印象

《宪政译丛》基本出齐了。煌煌300余万字的翻译，对于编选者和译者的有限生命和精力来说，这无论如何都是一个不算小的项目。与近年来的《外国法律文库》和《当代法学名著译丛》一起，可以预见，这套书将对中国的法学发展产生一定的影响。

我尚未通读这些书（而且估计在短期内也不可能通读），但由于自己承担的翻译和校对文字已超过《译丛》的三分之一，以及此前读过了英文本《自由秩序原理》，因此，就字数来说，我可以说已经细读过这套译丛的绝大部分文字，尽管就种类而言，仅仅是其中的四种。对于其他几种，我也浏览了一下。因此，有几点感想。我想好话是不用多说了，而是谈谈不足。我还不想就某一本书或译文作评价，只想对这套书的总体和我认为的关键地方作一个《译丛》译者之一邓正来学兄最反对的"印象式的"阅读。当然，这种"走马挑刺"难免有看走眼，挑错刺甚至伤了人的地方。

先谈个小问题，注释的问题。《译丛》中专著作书尾注，文集作章尾注。这种注释排列方式不仅不统一，而且在我看来，同脚注相比，大大增加了读者利用注释的困难。特别是由于专著各章注释是分别编号的，因此读者必须首先弄清楚自己是在读哪一章，然后再查那一章的注释，最后再查具体的注释，非常不方便。我当初交译稿时也曾提过意见，希望改为脚注，据说因为排版问题无能为力。但据我所知，当时的技术条件是可以满足这一点的，不仅word软件本身就可以自动排脚注，

---

* 此文是1998年初在三联书店举办的《宪政译丛》出版讨论会上的发言。

而且在脚注过长时可以自动转页和自动调整版面。也许三联书店的大机器排版有难处？但是，此前中国政法大学出版社出版的《当代法学名著译丛》就统一采用了脚注，并没什么大问题。三联书店也许是为了保持自己出书的一贯风格，保持书的美观？这固然是值得追求的，但书最终是为读者服务的。现在要查看一个注释，平均起来至少也要多花5秒钟的时间。一本书如果平均查看50个注（这可能是最少最少的了），就要多花5分多钟的时间。11种书就是1个小时，平均每本书3000册的读者，就是3000个小时。这还仅仅是一次阅读，有些书可能会有多人阅读，多次阅读。无形之中，大量可以用作其他事的时间就不知不觉消耗了。这都是机会成本。

而且，这种注释方式也不能说是为尊重原书作者，因为很多书原来是用脚注的，现在都改成尾注了，例如《宪政与分权》。即便有些书原作者用了尾注，我想主要也是因为他们当时不是用计算机，而是用打字机写作。例如哈耶克的《自由秩序原理》——该书英文版出版于1960年。但即使采用了尾注，《自由秩序原理》英文版尾注为方便读者，还是在每页页眉上加了注释的原来页码，大大便利了读者。我觉得，出版家应当更多为读者方便考虑，特别是今后学术著作越来越多，注释将从以往的出处引证转向一些枝节性论述和分析，因此至少出版法律书籍时，应当采用脚注。这不仅仅是一个注释风格和美学的问题，要看到注释风格的改变中更重要的推动力是经济效率的因素。

但我觉得，《译丛》的最主要问题是所收的宪法著作质量参差不齐。有些著作大致不值得翻译，却让译者花费了宝贵的时间和精力。例如《宪政与权利》，在我看来，这本书的水平大约相当于诸如《世界××学［或问题研究］大会论文集》那样的东西，来自世界各地的学者为了纪念美国宪法200周年，谈谈美国宪法与本地区的那种也许有但并不重大的关系，作某些大而不当、漫无边际的预测，然后也就算发表了一篇论文；自己的求职履历上也因此多了一本书或一篇对于这个世界无关紧要但对自己的求职或提职或许相当重要的文章。在这个意义上，这本由哥伦比亚大学出版社出版的论文集和国内一些学会年会的论文集无论在样式还是水平上都是一样的，尽管其中也有几篇不错的文章。可见，"天下乌鸦一般黑"，在哪里都有劣质学术品，即使是哥伦比亚大学这样的世界名校出版社出版的。又如,《宪政·民主·对外事务》一书,这本书除了讨论了美国宪法中的一个比较冷僻的问题之外,实在没有什么独到之处。有人可能会说,也许它的价值或重要性就在于它讨论了一个冷僻的问题。我们当然可以这么说,但是我总认为,冷僻本身也许(而不是肯定)说明了问题的价值或重要性不那么大。冷僻的问题的确可能是或将会是重要的问题,但问题并不仅仅因为其冷僻就重要了。冷僻多少是因为"滞销",因为社会需求不大,或者产品不过关而造成的。在这个意义上,冷僻更可能是(还只是可能)一个问题的价格指标。确实,宪法问题必然会有对外关系的问题,但是一般说来,宪法主要解决的不是也不可能是对外事务,而首先是一个国家的内部总体结构,对外事务往往只是附带于这种结构内的某些权力的行使。因此,只要理解了这一点,对这本书的价值就可以大致作出一个判断了。第三本书是《法与宪法》,这本书在我看来,只是一般的(或略好一些?)英国宪制介绍,缺乏思想、智识和智慧。

其他书的水平要高一些,但还是比较一般化,包括我自己翻译的维尔的《宪政与分权》。这本书是从历史发展演变的角度讨论分权问题,但我个人并不很喜欢。虽然,书的材料相当扎实,脉络清楚,作者很下了一番工夫,也有某些精彩的段落,但是就总体而言,我觉得全书比较沉闷,缺乏智识挑战,缺乏作者的独到分析。

比较好的著作,我个人认为,首先是《自由秩序原理》。这本书,从我看来,也许不能算是哈耶克最好的著作(太乌托邦化了,全书的表述方式与书中所主张的观点有一种内在的紧张,例如书名的constitution[建构]与书中批判的constructivism[构建主义]之间的明显紧张的关系,但这里不作细论),但无疑是哈耶克最重要、下了最多工夫的著作之一。但一个非常奇怪的问题是,这本书根本不像《译丛》的其他著作,因为它根本就不是一本宪法著作,而是一本政治、经济和社会哲学著作。也许仅仅是由于它的书名Constitution of Liberty,旧译《自由宪章》,使它得以鱼目混珠地进入这一《译丛》?个中的意蕴我将在后面再细论。另外两本比较好的是两本论文集和《新宪政论》,这两本书都是具有明显的当代学术思想色彩(而不是如同《美国法的"高级法"背景》或《超验正义》基本还是传统政治哲学的进路)。作者引入了例如布坎南的立宪理论，引入了社群主义的一枝——共和主义，文章有活力，分析实在，大大减少了传统政治、法律哲学的那种分析套路甚至某些禁忌。例如《宪法与民主》的第一篇文章，斯蒂芬·霍姆斯就对传统的言论自由问题作出了相当独到的分析，大意是，只有不说一些事，才可能说和做一些事，大有小平同志的"不争论"的那种智慧，但是分析论证很是细致、周到，材料也很令人信服，完全没有传统政治法律哲学的那种"谆谆教导"。此后几篇也都相当出色。这种文章将制度、思想、历史和哲学甚至人生的常识融于一炉，给人很多启迪。但这两本书中也有一些文章比较平庸。

当然，我不认为我个人的看法就是对的。我的这种挑剔必定有个人学术口味的问题。但是，我的看法却有一定根据。我认为本来可以以更重要的宪法理论著作来替代那些在我看来水平较低的著作。例如，《反联邦党人文集》，这集中了美国建国早期立宪时反联邦党人对于美国根本制度的一些基本看法，尽管其中一些并没有最后落实到美国宪法文件中，但其思想实际上已经进入美国宪法制度和实践，因此是了解美国宪法制度不能缺少的构成部分；至少是没有它，就很难更深刻理解早已译出的《联邦党人文集》。《联邦党人文集》早已译成中文，但《反文集》一直无人翻译，似乎后者被历史否决了就必定是失败的，对美国宪法制度和实践没有影响。我们的学术界或翻译界如果仍然用一种正确与错误、进步与反动的、你死我活的方式对待历史上的思想争论，那实际上是在坚持一种教条主义，一种对所谓的本质的迷信，一种历史的单线进化论，势必以大话语压制小话语。中国学术界在译介外国学术著作时，当然要有功利心，但也绝不能采用"成者王侯败者寇"的标准，不能过分"势利"。否则的话，历史就失去的意义。又如，白哲特的《英国宪制》，是一本出色的著作（尽管维尔对它评价不高，甚至认为是抄袭之作），但这本著作一直相当流行，影响很大，学界评价也挺高（龚祥瑞先生生前的最后几篇文章之一就专门介绍过这本书，指责此书为抄袭之作的维尔也不得不在书中花费很多篇幅来讨论这本书，也不得不承认这本书很有影响）。在这一点上，我认为它可能是比《法与宪法》的更好替代。第三，美国还有很多不仅仅讨论宪政理念而是综合了理论和实践的重要著作，例如伊利的《民主和不信赖》、却伯的《美国宪法》等。

因此，这套书的另一不足也许就是仍然侧重于理念的和宏观层面的、并且是传统的政治哲学层面的分析，而缺乏对宪政的综合性（社会的，包括操作性）因素的介绍。尽管仅仅从《译丛》的各书书名上看，《译丛》编选者似乎考虑了很多因素，例如分别考察了宪政与民主、分权、政治、宗教、法律、正义、自由、外交、自然法等等的关系，但是这种联系似乎仅仅体现在书名上，或某单一维度上，而不在行文中。例如《宪政与分权》一书，实际上更准确地应当说，讨论的是宪政中的分权问题，而不是宪政与分权问题。其他书也都有这类毛病。因此，至少有几本著作给人的印象似乎仍然是，宪政主要是一个观念、思想或文化的问题，而不趋于将宪政当做一种社会实践，因此，我感到，这套书的翻译也许无法在中国宪法学研究也许是最需要的视角和务实层面上有很多补益。

我之所以有这样的担忧，是因为，在我看来，宪法不是观念也不是条文，而是实际运作的制度，制度运作就必然要考虑到理论命题能否成为以及如何成为操作命题，以及相应的成本和收益、制约条件等问题。这样讨论问题也不必定导致学术著作成为操作手册，只是说问题必须是从现实中来的。例如立宪经济学中讨论的投票问题，问题非常具体细致，但理论背景非常广阔。《译丛》中少有考察这些实在的问题，有些甚至相当传统（即18、19世纪的传统）。因此，读完或浏览之后，除了强化了我原来已知的一些应然命题外，制度如何安排，权力如何具体配置，各有什么利弊，无论在智识还是做法上，我没感到有什么长进。在我看来，我们现在也许不缺少对宪政一般观念或原则的了解，而是缺少对这些原则的利弊和局限的综合了解和综合把握，缺乏将之化为社会实践的技术。我想，美国的一些也许没有冠之为"宪法"字眼的著作在这方面更可能修正我们的大而空的学风。

我还想深入谈谈这套书的编选为什么会有这些我认为的不足。在我看来，主要原因是主编对宪法这个领域的问题，特别是新问题，不熟悉，甚至很不了解，因此，在选择原作时，就无法有自己的眼光，而不得不主要依赖他人甚至可能是个别人的推荐。主编者相对说来更侧重于理论和文化的研究，因此，很容易侧重于从民主、分权、宗教、自由、政治、正义这些我们习惯了的西方传统的而不是当代的政治法律理论的概念来选择原作，或是以此来判定他人所推荐的著作。我甚至怀疑，主编或者委托选书者是否主要是依据了书名上的关键词做的选择，或者是选书者将一些"关键词"输入图书馆计算机，然后根据出版年代、出版社等因素作出了选择。否则，我无法理解为什么所有的书名上都有宪政或宪法的字样。我的这种怀疑是猜测，但不全是，最重要的是，如前所述，《自由宪章》这本似乎与《译丛》很不协调的书籍之所以能进入这一系列，也许是因为选书者望文生义地"误读"书名的两个关键词，"自由"和"宪法"。这真有点一不小心反倒有所成就的反讽意味。事实上，至少在美国，一些重要的宪法著作可能完全没有"宪法"的字眼出现，例如，《最不危险的部门》和《民主和不信赖》之类的。因此，这种以关键词来选书的做法，必然将很多重要宪法著作排除在编选者的视野之外。当然，也许又正是由于这一缺点，又使得这套书似乎更"名正言顺"，更符合《译丛》之名；尽管多少有些令人不满足。最后，只要看一看，就会发现这套书中有好几本都是为纪念美国宪法200周年的"应景之作"，其中有不错的，但确实有的不行。在这一点上，也是"天下乌鸦一般黑"。编选者没有意识到因此也就无法避开这个问题。在这一点上，主编者的局限，特别是在宪法学科领域内专业准备的明显缺乏在这套书上留下了深刻和典型的印记。

我不想重复（当然，这本身也就是重复，甚至是一种中国人叫做"此地无银三百两"的或英文中叫做加了着重号的重复）我过去说过的关于学者转移研究专业的话。话难听，但是这话仍然是真的；当我们大胆涉入一个哪怕是相近的新领域时，我们也必须多做些学术准备，只有这样，我们的工作才可能做得更好些，我们才可能更少些遗憾。这不仅应当成为我们对自己的要求，这就是生命的存在方式：超越自我，超越昨天。

1998年元月9日于北大蔚秀园

翻译中的制度问题[*]

——《新帕尔格雷夫法经济学大辞典》中译本评介

一

三卷本共约480万字的《新帕尔格雷夫法经济学大辞典》[1]出版了。我们必须感谢主编的眼光以及各位译者的努力,感谢法律出版社的努力。

首先,《大辞典》是一本好书。正如英文版编者在序言中所说,这本书为法律经济学这一领域"提供了翔实、全面、综合的解释",其涉猎的内容广泛,是诸多学科的富有成效的交流。其实这本书在一定程度上可以视为对每一个词条的一个文献综述,介绍了每个问题上的文献演变和最新发展。由于提供了相关文献索引,也便于使用者"按图索骥",查找有关文献。由于许多词条的作者都是经济学和法学界的著名学者,在综述中,我们可以看到词条作者的分析和清理,因此,可以毫不夸张地说,许多词条都是一篇论文。尽管由于法律经济学的特点之一,以及中国法学界对于数字和数学公式的陌生甚至畏惧(我本人就是其中之一),有些部分阅读起来并不容易,甚至相当困难,但就总体而言,这本书的文字还是尽可能通俗化了,少用了专业术语。有些词条读起来还很有意思。对于中国目前正逐步发展的法律经济学研究和法律交叉学科研究,这本书应当说很有用,也很及时。

但也不是"夫贵妻荣"或"干得好不如嫁得好"。其实,选择翻译

---

* 原载于《法律书评》2003年创刊号。

[1] 皮特·纽曼主编:《新帕尔格雷夫法经济学大辞典》(3卷本),许明月等译,法律出版社2003年版。

什么书就很能反映译者的学术眼光以及学术追求的。因为目前国内学术著作翻译基本是卖方市场，因此只要有了翻译，版权联系好了，如果译者还有点身份或关系，一般都可以出版。在图书市场上，说不定一些很一般甚至不很入流的著作销路还很不错，甚至有可能在中国成为学者的必读书或必备书。博登海默的《法理学》自1980年代至今在中国的流行就是一个例子。尽管这本书在当年背景下还必须予以称道，坦白地说，这本书也是当年我了解西方法理学的一本主要著作。在这种背景下，主编和译者们选择翻译《大辞典》是有学术眼光的。

也有学术追求。翻译著作比较便利的方式就是翻译自己知识能力已经可以从容应对的著作，而不是那些包含比较多新知识的著作。前者可以手到擒来，后者则可能使翻译成为一个艰苦学习的过程。相比之下，在其他制约条件大致相同的情况下，理性的译者显然会选择一种没有或很少挑战的翻译。一些"大路货"的翻译对译者的专业要求也不很高。鉴于中国法学界目前的知识训练和知识现状，因此，我认为，本书的翻译确实反映了主编和译者们有学术追求，可以说是知难而进，有相当的学术勇气。这在相对比较浮躁的中国法学界来说，很不容易。我们还必须注意，这本书的主编和主要译者都不位于信息资料相对更多也更便利的北京或上海等城市或地区，而是身处各方面都相对不便的山城重庆（当然也许也正因为如此，也使他们少一些其他诱惑，敢于去啃这本大书——坏事变成了好事）。因此，我可以想见，此书组织翻译、寻找译者的过程以及翻译本身都一定经历了很多困难甚至是艰难。

二

尽管有这些好处，我还是必须指出中译本的一些问题。我喜欢挑剔，却不苛刻。我认为，这么一本大书，这么多人翻译，经过的工序也很多，出点问题难免，因此可以原谅。"水至清则无鱼"，追求完美的结果很可能是一事无成。但有些缺点、差错不仅应当而且也可能避免的；按照法经济学的"汉德公式"，在我看来要避免这些差错的费用并不高，收益会更大。因此我不是按照严格责任原则，而是按照过错责任出发指出这些差错的。

我没有时间核对全书,我不可能对翻译的文字提出什么真正的意见,尽管译文中也有少数明显的错误。我想投机取巧,就一些明显的差错提一些意见,特别是人名和术语之翻译,并希望此书再版时能予以纠正。

问题之一是翻译的随意。例如,将作者"弗里曼"(Freeman)译为"自由人",由于这是在引证中出现的错误,这种错误根本就不应当犯;又比如将张五常英文姓氏(Cheung)译作"常",这种错误令人无法原谅。

问题之二是译名不统一。例如,在全书中不断将 Demsetz 分别译为德姆塞茨(例如,页259)和德姆瑟茨(例如,页299),一再将 Tullock 分别译为图洛克和塔洛克(例如,页26、27),曾多次将亚当·斯密译为史密斯或斯密斯(例如,页231),将 Madison 译为麦迪逊和马狄森(页207),将 Polinsky 翻译为珀林斯基和波林斯基(例如,页1、3、631)。这种不统一还常常出现在同一词条(例如塔洛克和波林斯基的例子),甚至是同一段文字中(例如麦迪逊)。至于译名的小差错就更多了,例如"奎多"或"吉多"之类的差别。还有将科斯的同一篇文章分别译为《企业性质》《企业的性质》《论企业的性质》《企业本质论》和《论企业本质》(页72、79、259、298、299),后两种译法也是出现在同一词条。

问题之三是在有习惯译名的情况下未遵循习惯译名。例如将斯密译为斯密斯,将霍布斯译为霍伯斯,将布丹或博丹(Bodin)翻译为伯丁,将洛克菲勒译为罗克菲尔(页256);将维特根斯坦翻译为韦根斯坦(页178),将赫伯特·西蒙译为荷伯·西蒙或赫尔伯特·西蒙(页189),将克利福德·吉尔兹(Cliford Geertz)译为克里富德·格尔滋(页81),将社会学家默顿译为梅尔顿(页211),将葛兰西译为格兰西斯(页284)。或是人名翻译没有遵循习惯的翻译语序甚至造成了混乱。例如页73的一句话"……后经奥地利人卡尔,门格尔(Carl, Menger)和哈耶克,弗里德里希(Hayek, Friedrich)加以深化的……"(页73)。显然,第一个中文人名之间的逗号应改为人名号"·",而英文(德文?)人名之间不应有逗号;第二个中文人名应去掉逗号,并改为"弗里德里希·哈耶克";此外哈耶克的英文人名尽管没有错误,却应当与前一个英文人名的姓、名排序保持一致。

问题之四是有明显错译。例如把库拉圈（或群或界或关系）（Kula ring）译成了"库拉·瑞恩"，仿佛一个人名或地名了（页83）；将"Michael"译为"马切尔"（页97）；"黑板经济学"译为"黑板经济"（例如，页297）；"博弈论学者"成了"游戏理论家"；并且称芝加哥大学法学院自1939年起先后任命经济学家西蒙斯、迪拉克特、科斯和兰戴斯为法学院院长至今（页256、257），这显然错误，是译者误解造成的。

问题之五，可能由于疏忽大意，一些地方留下了英文没有翻译。例如，译文中有"他致谢Mincer"这样的句子，可是在仅仅三行上面，译者已将Mincer译作了闵采尔（页174）。又比如，译者将《逻辑哲学论》的原文"Tractatus"留在原处未译（页178），将梭罗的英文名字"Thoreau"也留下未译（页207）；甚至加里·贝克尔的英文名字也留下未译（页257）。

三

我不打算继续指出这种差错，因为批评的目的不是发现别人有多么不完美，从而无形中印衬出自己是多么完美。我的这种清理实际上试图发现一些可能具有一般性的、并因此有可能通过我们的努力予以部分解决的问题。持这样一种态度在我看来，才是真正建设性的。

首先，我感到，集体译一本书的最大难题就是要在翻译群体中形成一种相对说来比较完整的"共同知识"，以减少"交易费用"（这都是此书中的词条，有心的读者可以看一看）。例如一些比较主要的人物，应当有个统一的译名表，或者采取商务印书馆的统一的译名，或者是按照约定俗成的方式制定一份译名表。这其实都不难，特别是由于如今的大部分文稿都是计算机文档，只要在适当的位置上留下英文原文，最后统一以中文译名置换，就可以避免译名不统一。对于诸如科斯的《企业的性质》《社会成本问题》这样的文章题目也可以这样做。这样的好处还可以防止遗漏未译的现象。我从阅读中的感觉是，译者这方面的工作很不够，乃至有些译者在翻译人名时，除了对诸如科斯、贝克尔、斯蒂格勒、波斯纳等著名学者外，往往比较随意。因此我们可以看到了诸如"比斯离""莫非""多那利""厄必兹腾朵""拉扎汝斯"这样的人名翻译。说实话，这些译名也没错，译者可以这样译，因为人名地名的翻译都是一种约定俗成，总要有第一个吃螃蟹的人，慢慢的大家也会习惯。这些说法我都同意，但这些译名又确实令人有点不伦不类的感觉。例如，莫非这个人名一般译为"墨菲"，本书译者可以译为莫非，但是译作莫非，至少有时会让人误解，阅读起来不那么顺畅。想想如果有"莫非说"这句话，就容易令人误解。我们应当尽可能让人名有点"人味"，适应读者的阅读习惯。

其次，许多人名的错译还反映出译者的知识面比较狭窄。相对而言，诸如科斯等人的名字很少错译（除了错漏字，而这有可能是出版社的问题，不一定是译者的问题），但一遇到稍微远离法律的学者就出错了，乃至于像斯密、麦迪逊、博丹、维特根斯坦、霍布斯、葛兰西这样的人物译名都出错了。这第一反映了译者对这些人很不熟悉，否则即使没有统一译名表，也不应当出错，也应当有能力正确翻译，因为这些人都是学术史上的重要人物。这表明有些译者的知识储备还相当不足。其次，即便对某些学科不熟悉，不了解某些人物，那也完全可以在最一般的参考书中查到，上面提到的这些人物在《英汉大词典》中就有介绍，不需要查什么专门的特别的工具书。因此，这就不是那种可以原谅的错误，而是无法原谅的。而且这也会令人怀疑此书的其他翻译质量。

而且，这也涉及我在本文一开始时予以赞扬的一个问题：翻译究竟是应当"轻车熟路"，还是应当"知难而进"。现在看起来都是有利有弊。要避免弊端，我觉得除了"难易适度"外，很重要的是译者应当适当拓展自己的知识面，并且一定要养成查字典、词典和参考书的好习惯。

第三，这也就反映了集体翻译中最容易出的一个问题，一个法律经济学上的问题，即有意无意"搭便车"或"卸责"的问题。集体翻译中，由于有主编，有校对，译者个人往往容易放松对自己的要求——反正有人审校（这本书的每个词条都有译者和审校者）。审校者非但通常会信赖译者，往往依赖最后的主编或副主编。这种情况就特别容易出问题。我不是说这本书的译者、审校和主编主观上有这种故意，我只是从法律经济学的观点看，只要制约条件一改变，人的行为确实就会改变，因此个人的注意、决心都不足以改变这些约束条件之激励。在这种条件下，我觉得翻译的主编或实际组织者必须在翻译组织中注意建立相对有效的激励机制，形成一种临时的"制度"，防止"搭便车"或"卸责"。

这一点特别重要，并且在未来一段时间内，有可能会越来越重要，因此值得多讲两句。因为我们目前选择译者时或探讨翻译理论时主要关注的几乎都是单个译者的问题：外文水平、中文表达能力以及知识面。这种关注的前提是翻译是一种个人行为。对于此前以及此后的许多翻译来说，这个预设完全正确。但对于未来，如果翻译成为现代规模化的有组织的劳动，翻译组织者、出版社就必须考察这一"生产的制度结构"（借用科斯的一本书名）。我们必须考察翻译的组织结构和支付方式。例如，即使在大型翻译项目中也要减少监督层次，要更好地界定产权（监督的层次越多也许每个层次都越可能推卸责任）。在某些翻译项目中，我们也许应废除审校者的署名制度，让译者直接对文字翻译负全责，但实践中也可以保留审校者，为补偿他失去的署名权，也许可以适当增加他在翻译中的报酬比例。当然我不是说这就是个好建议，因为这也可能会使审校者"卸责"。也许翻译项目不能太大，否则组织必定复杂，交易费用太高。也许我们应当废除一些丛书翻译的编委会。据我所知，在中国目前这类编委会实际不承担任何翻译责任，往往起的是一种广告的作用，并且这个作用也在衰落。总之，对翻译，我们也应当进行制度考察，从产权的角度，从合约的角度，进行考察。也许这也是法律经济学研究的一个新领域，并且可能会对制度经济学的一般理论或者厂商理论有所启发。

第四，主编以及本书编辑的最后审读非常重要。就我上面提出的诸多问题来说，其实如果本书主编最后对三校稿件比较仔细（不要求十分仔细）地通读了一遍，就可以发现并纠正。例如关于许多人名、地名或术语的错误，《企业的性质》这样的译名不统一，未翻译的外文人名或书名等。但是，我判断，由于篇幅巨大，本书主编在最后付印之前很可能没有真正通读全书书稿，最多只是翻了一遍，否则不会留下如此多且明显的错误。

此书编辑在这一方面也有责任。我们的许多编辑确实人很勤奋，很努力、认真，为人也很诚恳、合作，但往往对自己编辑的书所涉及的知识缺乏基本了解，知识面相对较窄，因此虽然有大学学历，甚至研究生学历，也仍然无法更好承担起编辑的任务，无法避免一些显然的错误。这表明编辑的专业化和知识面的拓展，而不是学历化，可能是我国各个出版社以及诸多编辑目前面临的更重要的任务。

四

尽管挑了不少刺，也由此引发了一些联想，发了不少感慨，但我还是要向喜欢法律经济学的朋友们大力推荐此书，并且我也首先肯定译者的学术努力和学术眼光。

我这样做有与人为善的追求，却不仅仅是与人为善（否则就是虚伪了）；而是必须看到，在这个世界上，要做事就不可能十全十美，不出错的唯一可能就是不做事，专事批评（甚至批评也会有疏漏，因此再挨批评的可能）。因此我这样站着说话，总是会占便宜的。我自己也做过一些翻译，成果拿出来，也同样存在着许多遗憾，甚至很明显的错误（一个最典型的例子就是2001年版《法理学问题》页69注18的第2行中的"除以"本应当是"折以"），我自己翻看起来，有时候也寝食不安；同样应当公之于众，受到严格的批评。

因此，与人为善，并不是遮遮掩掩，打圆场，把问题糊弄过去，而首先是要把问题摆出来，逐点分析，该是谁的责任就是谁的责任，从而引起我们今后的注意。

但是更重要的是，我们的学术批评，哪怕是这种类似"挑硬伤"的技术性批评，也应当是从这些现象中发现一些具有普遍意义的问题，发现一些可以通过某些措施或努力——包括制度——予以改进和完善的问题，因此我们可以从批评他人中或从他人的批评中获得一些建设性的选项。我不赞同有些所谓的学术批评，把所有的学术上的差错都一股笼统地因此也是含混地归结为（尽管其中有些可能是）学术态度、学术能力甚或是学者个人的学术品质上去，只有对错，只有善恶，只有好坏。这种方式的学术批评，哪怕批评的问题完全是"事实"，在我看来也不可取，因为它不解决问题，不是面向未来。事实上，这种进路完全是一种传统的个人道德化的进路，不是一种制度的进路，从长远来看，这种进路由于缺乏细致的分析因此不大可能推进中国的学术的批评和学术的发展，是应当被淘汰而且我相信最终也会被淘汰的。

希望我的批评不至于令《大辞典》的译者们、编辑们，尤其是读者的误解。

2003年2月26日于北大法学院

真实的谎言与真诚的谎言[*]
——电影《光棍儿》及其他

> 感觉到了的东西,我们不能立刻理解它,只有理解了的东西才能更深刻地感觉它。
>
> ——毛泽东[1]

> 他们不能表现自己,而只能被表现。
>
> ——马克思[2]

目标的界定

说好说歹都容易,说出个好歹则不容易——无论对事对人还是对作品。

《光棍儿》也就一般。能看,却算不上好看;故事和人物很拼凑,有些杂乱,但不拖沓;艺术甚至可以说粗糙(后面我会一一分析印证这些词)。有人却称其成功还"极其";说这是部低成本(30万投资)独立电影,年轻导演处女作,大量原生态演员,镜头对准了"中国农村的裤裆",等等。[3]说这类话的,网上人还不少。[4]但我的听觉不行,或

---

[*]《光棍儿》(2009),导演:郝杰;编剧:郝启田/杨翠兰/郝杰;主演:杨振君/叶兰。影片的视频,http://www.tudou.com/playlist/p/a70126.html。

[1] 毛泽东:《实践论》,载《毛泽东选集》(卷1),人民出版社1991年第2版,页286。

[2] 马克思:《路易·波拿马的雾月十八日》,载《马克思恩格斯选集》(卷1),人民出版社1972年版,页693(中文根据英文版做了文字修订)。

[3] 伯爵:《〈光棍儿〉:中国是撸出来的??》,载http://i.mtime.com/sharp/blog/5716412/。

[4] 网上集中的评论区,请看"豆瓣电影",载http://movie.douban.com/subject/4946963/;以及"时光网·电影·社区·你和我",载http://movie.mtime.com/138804/newcomment.html。

是太好，怎么听也不觉得这是夸人，更像在祈求别要求太高！人情世故可以接受这类说辞，但艺术感觉接受不了这类说辞。

有人就搬出了一位影评人，还是美国人，但匿名。他说该片闪现出温情、人性以及痛苦，鲜活朴实，活力四射，是电影节观众的意外和惊喜，等等，并断言该片"绝对富有观众缘"甚至是大众情人。[5]这种带绝对的断言总令我相信这绝对是评论者/导演的奢望！国籍凸显，姓名却隐匿，这立马让我恶毒起来，怀疑这就一影评版达芬奇家具。

"几乎所有细节都堪称完美""精彩""震惊""敬佩之极""无限崇拜"甚或"太屌了"这类赞叹[6]，始终令我无从察知或感悟该电影的好处。也不懂为什么不是前些年的"王德福"了，而是"太屌了"——就因为这是"台湾人民常用的一句口头禅"？"百花金鸡金像影帝影后都是过客"，该片男女一号"简直就是无可争议的帝后级明星"！[7]这还是影评吗？这就是意淫或自慰！但网上怎么说来着？"大撸伤身，强撸灰飞烟灭。"

并不只是想象，也真得过电影奖，还丫外国的。但我也就知道特俗年轻导演特不屑的"奥斯卡"。其他奖，也就那些未必真年轻的年轻导演很当回事，中国观众就是"拿村长不当干部"——票房就是见证。2010年东京FILMeX电影节评审团大奖一不小心就自我揭穿了"绝对的富有观众缘"；至于2010年圣塞巴斯汀影展的开幕片，这也好意思翻出来，让人看到的就不只是虚荣了，更是绝望！[8]

很烦这些虚头吧唧的。编导马上强调"故事原型全部来源于真人真事，剧中人物都是父老乡亲们自己出演的，我们村的人真的就是这么活

---

[5] 凤凰卫视，2011年11月8日《冷暖人生》；又请看，《电影〈光棍儿〉反应中国社会现状，主演遭地方官恐吓》，载http://news.ifeng.com/society/lnrs/detail_2011_11/10/10557797_0.shtml。

[6] 郎郎江湖：《〈光棍儿〉：中国影帝，咱点民间的吧！》，载http://lqclqr.blog.sohu.com/171709073.html。

[7] 郎郎江湖：《〈光棍儿〉：中国影帝，咱点民间的吧！》，载http://lqclqr.blog.sohu.com/171709073.html。

[8] 坝上老人：《张家口方言电影——〈光棍儿〉》，载http://blog.sina.com.cn/s/blog_3d124e710100pttm.html；夏阳：《真疼——热议电影〈光棍儿〉》，载http://blog.sina.com.cn/s/blog_4bfeaa510100q9c2.html。

的"[9];取材和拍摄据说都在导演的故乡,还有很难听懂的晋方言,还有在农村待过就知道的农民喜闻乐见的淫词浪曲。这确保你视听感觉真实。中国电影之前很少或从未触及的农村光棍和性,相好、性交易、调情和买卖妇女,还有首次以中国农村为背景展示的近年国际和城市艺术电影热门题材同性恋,而且是在老单身汉之间,这对当今电影观众主体(城市小资和白领)据说绝对有"真实的"冲击力(real impact);这在文字上乃至感官上也很容易混淆于"真实"的冲击力(impact of the reality)。

有人说该片一定真实,因为无人质疑。这说法让我敏感了。质疑少或没质疑不一定因为真实。质疑需要社会经验,得在贫困农村生活过较长时间。这种人也不少;但问题是,其中有多少人愿意看,有能力(通过网络视频)观看,而且还真看了?得知道点"文革"时期的农村吧,这年龄少说也得靠60了!就算能并愿意上网找个视频看看,人们也就就想找个乐,谁会看这种给自个添堵的电影?片名中隐含的性,也就对年轻男性可能还有点吸引力。[10]看完之后,还得惦记着,得有能力,把自个的看法系且有效地表达出来,表态还不能算。这门槛眼瞅着就一层层摞起来了,越来越高。那些能过了这些槛的,估计如今也还忙着,一摊子事,还可能是一摊子大事,也就不会出来为这事较真了。

有能力和资历质疑的被过滤了,这就为容易甚至愿意"上当"的腾出了地儿。愿看且能看下去的(不只是"点击"),也就是本片编导这样的人,加上部分愿意雕刻时光的小资和文青了。了解一下当年和今天的中国农村,不光为猎奇,顺带着也体验一下自己的、也感动自己的善良;当然了,还有"人文关怀"。这类观众从一开始就没打算,也没法子质疑该片的真实性。甚至,还有一句,也许本是打算用来赞美该影片

---

[9] 《青年导演郝杰启用本地光棍儿拍摄电影》,载 http://v.ifeng.com/news/society/201111/6c438edb-68b0-4e14-9f52-a3d8b099bd4a.shtml;《〈光棍儿〉解密底层农民性苦闷——导演郝杰专访》,载 http://culture.ifeng.com/renwu/special/haojie/。

[10] 由于青年男子通常性欲更强,却更少可能接近或更少资源吸引女性,因此可以推断,各国的色情或情色作品的消费主体都以中青年为主;从社会阶层来看,其消费群体也会偏向社会下层。这后一点或许可以用来解释民间更喜闻乐见淫词浪曲。

的,却揭出了一个秘密:"过于的原生态让人很难去怀疑它的真实性。"[11]

因此,很少质疑只表明:经过种种社会机制的删选,只剩下一个很小很特别的群体,他们在没有相反证据的前提下,愿意假定影片的表现为真,但这并非认定其为真。这也不全是推论。一网络影评人无意间透露:该片拍完后,"无人问津";如今网上点击多了,除了因东京电影节获奖外,主要归功于视频上传优酷后"多位影评人携众网友强烈推荐"。[12]

本文旨在论证该片虚假。目标能否实现,部分取决于对目标(虚假)的界定。我不质疑影片中的事曾以某种方式发生过;我也不质疑演员表演的真实性——尽管我认为不很真实,只是原生态演员的真实表演往往就是不真实,否则还要专业演员干嘛?我的论题是,即便如编导所称"故事原型全部来自真人真事",影片表现出来的仍然是个"真实的谎言"。我会用三节,以影片中的细节和自相矛盾为例,用经验常识来细细辨析人物身份和人物关系虚假;与电影故事直接相关的时间虚假;以及故事发生的地域空间虚假。

这只能算说好说歹,还不能算说出了好歹。我会以另外三节,仍然以该影片内外的材料,讨论为什么影片虚假。我不谈,也谈不了,电影技术层面的,只好往编导的思路上追。第五、六两节从正反两面探讨,执意求真的编导为何会把有真人真事打底的影片弄得很假且不自知?夸张一点,可谓为真诚的谎言。第七节,主要依据编导访谈和一些评论,则探讨另一种可能:即作为一种日益普遍的文化商品广告和市场营销策略,也许编导追求的就是这种所谓的文化冲击力,特别是对国外观众;因此,真假从一开始就不是其关注,真人真事这话只是针对愚蠢如我这般的批评者的盾牌。换言之,编导全力和刻意追求的就是这另一种真诚的谎言。

---

[11] 伯爵:《〈光棍儿〉:中国是撸出来的?》,载http://i.mtime.com/sharp/blog/5716412/。仅从字面上看,可以把这话理解为,该电影实在太不真实了,乃至于人们都没法或懒得说它不真实了。

[12] 夏阳:《真疼——热议电影〈光棍儿〉》,载http://blog.sina.com.cn/s/blog_4bfeaa510100q9c2.html。

无论对否，本文涉及的问题都已超出电影《光棍儿》。我会始终关注并尽可能贴近该影片以及相关的文本，避免空泛，却也避免过度依附文本。批评严厉，但并非求全责备，也不求面面俱到。我更希望通过对话式的质疑、细密的分析，能激发读者或多或少调动自己的经验、知识和感受，对影片和我的分析，乃至其他相关的问题，做出自己的判断，即便最后完全拒绝我！

人事之虚假

我始于影片表现的，在真实世界却不可能发生的事。影片中这种例子不少，我先只举两个。

第一，村长媳妇不可能长期"性接济"村里的老杨以及其他多个老单身汉。女性，可能同比自己丈夫更优秀但婚姻无望的男子偶尔私通，或在贫困时为了自己和家人获取生活资源而同占有资源的男子性交易（这一点与上一点有所重合）；基于同情心，她甚至可能从自己（但不包括家人）口中省下些许食品来接济穷人或地位低的人；但女性不会用性爱去"接济"穷人。[13]

不错，村长媳妇年轻时同老杨相好过；不错，如今的丈夫并非她当初的最爱。但毕竟时过境迁，除非已经吊死的，没有谁真是坚持在某一棵树上吊死的；而所谓"当初的最爱"，其实就意味着没有永恒的最爱。另一方面，如今，村长是她的丈夫，是她孩子的父亲；还是村干部，社会地位更高，据此也可以大致推定他的个人能力、魄力（否则人们会推他当村长？）、知识教育状况（否则上级会接受他当村长？）以及家庭经济状况，在该村，都比较好，至少比老杨好多了；影片也展示了其家境确实比老杨好。"权力是最好的春药""男才/财女貌""人往高处走"，以及近年流行的城市女孩择偶的"高帅富"，这类中外格言或择偶指南以不同方式共同表达了一个看似野蛮但很真

---

[13] 对这种现象的一种基于生物演化的"自然法"解释可以是，在自然状态下，或是在人类的生物进化进程中，"性"不是个体生存的必需品，不属于基本权利；可以说，性被自然从一开始就设定为一种奢侈品，是只有通过竞争并获胜才可能获得繁衍后代的"权利"，它基于"野蛮的"——即生意意义上而非道德意义上的——优胜劣汰，尽管这种原生的关联如今因为现代生殖技术的发展而大大弱化了。

实的"普世价值"。就算没法到世界各地考察，参考一下赵忠祥的《动物世界》也会发现，偶尔可能有个别能干的男人没娶上（不同于"没娶"）媳妇，但总体上，娶上媳妇的男子，在社会综合层面上，一定比娶不上媳妇的更优胜。

不仅有违社会生物学的规则，村长媳妇满村性接济老单身汉也有违社会政治学的规则，她丈夫还怎么干这个村长？尽管个体主义在当代中国发展很快，但农村至今不是个体主义的；夫妻各自独立，这说法也就是个——说法，无论当今中国农村还是城市，从中央到地方，包括外国，都还行不通。这就是治国（村）必先齐家的道理。老婆偷人，这证明了你对老婆都缺乏魅力，你怎么还可能在村里有威信；连自己老婆都"管不住"，你又怎么管别人？

更不可思议的是这种性接济居然数十年如一日。只要丈夫外出，家中没人，村长媳妇就忙里偷闲把多位老单身汉都接济一遍，不仅屋里炕上，而且田间地头。不知道的，还以为是干部下乡访贫问苦，只不过改色情版了。怎么就没点脑子呢？就这么丁点大的村子，即使是"人鬼情未了"，也不可能人不知鬼不觉，因此不可能不为村长所知，不可能不为家中正考大学的孩子所知。而一旦知道，这对她丈夫和孩子就是无法容忍的伤害！别跟我说什么"当地文化"特殊！在影片中我就看到：梁大头去看同村的当年相好，啥也没干，也干不了什么，却还是被他同相好生的儿子俏三打了出来。俏三清楚知道自己打的是生身父亲，也知道这么多年来，父亲一直省吃俭用接济自己，他还是无法忍受母亲私通，因为这让他在村里抬不起头来！[14]

也许村长，或即将上大学的儿子，会对妻子或母亲"性关爱弱势群体"更多理解，更为宽容？不可能。从社会学上看，这类行为会令社会地位高者受伤更严重，更无法忍受。[15]你可以与同事来来回回真真假假

---

〔14〕 这个细节其实很有理论意义。第一，它隐含的意味是，这种无法容忍是一个普遍原则，并非区别对待或歧视性的。其次，俏三要求的其实就是尊严；尽管程度有不同；可见尊严是普通人的自发需求之一，既无需"公知"的启蒙，也无需家宝的"更有"。第三，尊严的内容并非普世，也不绝对；不管你是否认同，许多人还是不时会以尊严换取他们认为值得的其他利益。

〔15〕 Donald Black, *The Behavior of Law*, Academic Press, 1976.

地"京骂",可你敢对自己老板或导师来句非常亲切的"京骂"?——除非你准备好了炒他的鱿鱼,或是不在乎他炒你的鱿鱼。村长媳妇哪怕再善良,也不至于仁慈到以伤害自己的亲人,牺牲婚姻家庭、夫妻和母子关系为代价来性接济这些老单身汉!这得有什么样的精神才能有如此无畏的牺牲?这又得有多么愚蠢才能构思出如此荒诞的情节?

我没说农村没有周旋于众多老单身汉的风流女性!我愿意接受导演在农村见过或听说过这种女性。但不会如同影片中出现的这种身份的女性。在农村,一般说来,两种女性(严格说来,也就一种)可能如此行为。一是男人特窝囊,不仅怕老婆,更得仗着老婆才能勉强撑起这个家,对自家女人的"风流"没法子,只好不管不问。另一种是寡妇,为了孩子,舍不得改嫁,或改不了嫁,甚或就是看穿了改嫁,没遇上个可以让她死心塌地的男人;但生活中又有求于人,只好在村里风流。有家有室的男人会被老婆看得比较死,这种女性也就只能或更多在一帮老单身汉包括老鳏夫中混,收点粮食、烧柴、钱什么的,至少一块布料或一件衣服。

但这两种女人,绝大部分也绝非生性风流,只是必须风流。风流是她在村里的谋生之道,战略策略,鼓励并创造竞争,借此来首先保持甚或提高自己的地位(价格或收入)。如果只和某一个男人好,她就是专用资产,经济学的基本原理,缺乏流动性的资产价值必定降低;由于没有婚姻做保障,她就很难掌控自己的命运,相反会被他人控制,意味着不知什么时候她就可能被人抛弃,随后的命运会很惨。周旋于多个男人之间,激发他们的性嫉妒,相互竞争,进可攻,退可守,狡兔三窟。

"矮子里面拔将军",偶尔也会有某个光棍让寡妇动了心。但即使你动心了,结婚也不现实。不能剃头挑子一头热;即便两情相悦,也未必导向婚姻。男性总的说来比女性更易变心;即使他是真喜欢上了,他也会考虑是否愿意以丈夫的身份帮助这个女人,特别是如果涉及抚养其他男人留下的孩子。因此,这种女人就不会轻易把自己全搭上,因为弄不好就是《非诚勿扰2》中的话,"谁动感情谁完蛋"。当然,如果条件具备,一种合适的居间方式,是"拉帮套"。[16]

因此,不管传说中某没娶上媳妇的老光棍何等勤劳勇敢,何等精明善良,暂不论其他社会根源(例如阶级或种族压迫)甚或其他偶然性(例如影片中梁大头的手被机器切了),真实世界中,还得相信婚配市场的生物竞争,相信有人类以来在竞争中演化塑造的女性眼光或辨别力。只有娶不上媳妇的男人,没有嫁不出的姑娘;中国老百姓说得好。总体而言,光棍群体必定属于婚配市场竞争的淘汰者;如果不是最穷,基本也就在那儿上下波动。

第二个例子有关梁大头与女子的调情,以及以此为代表的农村男女间的调情或吃豆腐。这类现象,在农村不少。看起来很乱,有评论者称其为今天职场潜规则的"先师鼻祖"。[17]但这不仅虚假,也有很多重大误解。

首先讲误解。这种吃豆腐调情,其实是社区内由一系列历史默契而构建的特定男女之间的一个游戏。说游戏,因为两个特点,第一是娱乐功能,即所谓"男女搭配,干活不累";第二是有明确且强硬的规则。规则一,任何时候,不能吃未出嫁姑娘或刚进村没生孩子的新媳妇的豆腐;否则你就是没事找抽,被人打伤甚或打残,也不得抱怨。你能吃的也就是某些生过孩子的嫂子的豆腐。后一个着重号隐含的是规则二:不能乱了辈分。而前一个着重号意味着规则三,即自愿原则。[18]换言之,并非是个嫂子你就可以吃她的豆腐,只有那些泼辣不太在乎的嫂子才会

---

[16] 是中国北方农村民间容忍的一种既非夫妻亦非情人但相对稳定的男女关系;由无家累且有一定经济能力的男子以劳动力或财物帮助寡妇、离婚女子或丈夫重病无力养家(需征得丈夫同意)的女子"拉扯"孩子支撑家庭,换取有限性爱。双方既非资助与被资助的关系,也不以夫妻相称。"拉帮套"者对女方不负丈夫责任,不留宿女方家,不对女方孩子承担家长职责和教育职责,女方孩子也不以继父身份来看待"拉帮套"者。尽管社会默认,但拉帮套对于男女双方尤其对于女方子女是社会耻辱。当女方儿女成人有经济能力后,或女方找到合适丈夫时,"拉帮套"关系即终止;但也有从"拉帮套"关系变成正式夫妻的。现今这种习俗已近绝迹。可参看,电影《三个人的冬天》(2006年),导演:张夷非;主演:蒋雯丽/赵军。

[17] 郎郎江湖:《〈光棍儿〉:中国影帝,咱点民间的吧!》,载 http://i.mtime.com/1034129/blog/5899216/。

[18] 还得说明一下。首先,也并非真的仅此三条。只是此处分析只触及三条,就足以说明了。此外,这三条也并非有顺序,至少不一定如此顺序。这只是我的表达便利,不可当真。

参与这种游戏；你摸她一把，抓她一下，她少不了肉。但也别以为真能吃多少豆腐！弄不好，伙同其他成年女性，她会把你的衣服扒光。

梁大头吃年轻女子豆腐那场戏，因此就完全是导演的想象（"瞎编"的委婉说法）。怎么可能，大庭广众之下，梁大头，从其身后搂着女子？那姿势怎么看都像是从《泰坦尼克号》拷贝过来的。梁还是队长，在农村，这立马就令他比同龄人高出了一辈。就为了"近则不逊"，这是乡村权威的必须，村里的人都懂，会自觉遵守。若调戏本村的年轻女孩，梁大头在村中就不可能有威信，甚至待不下去。

因为影片中被吃豆腐的女性是还未出嫁的姑娘。梁大头即便不是队长，也违规——该姑娘就警告说自己父亲会拿鞋底抽梁大头。真实情况会更狠。影片中就有可参照的例子：二丫头的父亲就以自己的老命威胁老杨，必须断了同二丫头的恋爱！也不是信仰"男女授受不亲"。农民考虑的道理都非常现实。你动手动脚出了格，小姑娘动了心，出了事，麻烦就大了。如果本家，没出五服，这是乱伦；若乱了辈分，问题就更大。即使不同姓，在一个村，也有虚拟的辈分，麻烦也不少。按电影中的线索，梁大头当时已30出头，如果已婚，你没法娶这姑娘（法律允许离婚，但农村基本没有离婚），这姑娘还怎么嫁人？她家人能饶了你？即便你梁大头还单着，也不能这样轻浮，哪怕钻山沟都可以，但就是不能在大庭广众下动手动脚。这当然是装着遮人耳目，但也不要看轻了这种装。因为谁都没法预判最后能不能成，万一不成怎么办，这种"装"从功能上看，就是双方都要给自己留个回旋余地。

我还要论证，即便她是个新媳妇，村长也不能动手动脚；因为我要反驳的并不只是电影中的这一情节，我想论说的是，当地根本不会有这类编造的乡土文化，无论是对大姑娘，还是新媳妇！很简单，电影表现很清楚，这么个穷村，娶个媳妇多不容易，全家人攒多少年的钱，花多大的劲，甚至买卖妇女！哪个丈夫能这么大方，任由别人调戏自己千辛万苦娶来的女人？他一定会跟梁大头玩命的。玩命，意思是即使打不过对方，社会地位不如对方，也一定要打。这有关荣誉——一个男人在村里像个人样活下去的基础，这更有关确保自己基因得以遗传的生存竞争——导演难道没看过《动物世界》？由于后一点，也可以想见，该男子全家甚或家族都会出手相助。其实影片中也有过这类事情的影子：四川女人与前夫老杨搞性交易，换笔路费，你情我愿，公平交易吧？但她现在的丈夫俏三照样把老杨打得头破血流！这就是性嫉妒！

这种虚假以及因虚假而自相矛盾的例子很多；我先打住，必要时，还会分析。但眼下，这就足以挑战编导的声称"我们那里的人真的就是这么活的"；不可能！

"延宕"与"穿越"

不仅是重要人物和重要人物关系虚假，有不少人和事的时间也很虚假。恰恰是时间以及下一节将讨论的空间地域的虚假，更强化了人物和人物关系的虚假。

先看时间。老杨和二丫头（即后来的村长媳妇）两人1975年就生米做成了熟饭，都怀孕了。两人那时至少得20吧——戏里戏外有颇多"证据"趋向如此认定：婚姻法规定的婚龄是男20，女18；二丫头爹妈正商量女儿婚事；当时是"文革"后期，已开始全面提倡晚婚晚育，有强制性，农村女性因此实际婚龄一般在20以上。[19]先假定20，那么到影片表现的2009年，两人至少54了。他俩在炕上地头性事频繁就不说了，村长媳妇又怎么可能频频性接济诸多老单身汉？

年龄不对还有其他"证据"。村长媳妇的长子，正复习功课准备再次高考，顶多也就20；村长媳妇手上抱着小儿子，看样子也就3—4岁。而如果1975年二丫头嫁给村长时是20，这意味着，她熬了10多年才要了第一个孩子，而到了50高龄又要了第二个孩子。这可能吗？

不仅仅是生物的不可能，也是政治的不可能。计划生育1970年代末80年代初成为中国国策[20]，汉族地区全面强硬地推行一胎化，党员

---

[19] 1971年7月，国务院以国发［1971］51号文件转发了《关于做好计划生育工作的报告》，认为："人类在生育上完全无政府主义是不行的，也要有计划生育"；并提出人口自然增长率力争到1975年，一般城市降到10‰左右，农村降到15‰以下。这个规划也被写入到"四五"计划中（1971—1975）。1973年7月，国务院批准恢复成立计划生育领导小组及其办公室；年底，"全国第一次计划生育汇报会"提出了"晚、稀、少"的政策。"晚、稀、少"政策是有强制性的，尽管其力度不比20世纪80年代。

[20] 1978年6月，国务院计划生育领导小组提出一对夫妇生育子女"最好一个、最多两个"。1980年9月25日，中共中央发表《关于控制我国人口增长问题致全体共产党员共青团员的公开信》，号召"每对夫妇只生育一个孩子"。

干部必须带头。村长已有了儿子，怎么可能 10 多年后又生第二胎。他还怎么在村里贯彻计划生育？会有人听他的吗？对了，也别跟我说什么"天高皇帝远"，这里离北京市中心也就 200 公里！

同性恋老单身汉六软的年龄也有疑问。影片提供的线索是，1942 年六软娶亲时 12 岁；那么到 2009 年，他眼看就 80 了。影片中的他却不只是同性恋的贼心不死，而且还真着要对老杨霸王硬上弓。即便是生在温柔富贵之乡，一直营养好，保养的好，这也不大可能；更何况在这贫困的华北农村，实在令人无法置信。

这两件事原型都可能真，只是时间错了。若提前十年，提到上世纪末，故事就可信了。这时，六软近 70，将就一点，还能对付过去；村长媳妇和老杨就 40 多，旧情未了，偶尔风流一下，也有可能。第二个孩子 3—4 岁也可以接受，但前提是她头一个孩子是女孩。否则剧本就得大改，反正这个女人不能是村长媳妇。

如果上述分析成立，影片展现的很可能是上世纪末或本世纪初导演离家上学前看到或听到的乡村故事。往事萦怀！令他对故乡的记忆定格在那一刻，直到 2009 年回乡拍摄此片。有首歌就这么唱的："星星还是那颗星星，月亮还是那个月亮"，村民们只要把 10 年前的故事重走一遍，就可以再现这个中国农村。但毕竟 10 年了，接下去歌词就是"星星已不再是那颗星星，月亮也不再是那个月亮"。旧梦重温的结果是，人物关系假了，人物也就全假了。

不仅大的时间出了岔，一些精心安排的时间也留下了无法解释的穿越，导致不合情理的情境和事件序列。

为回家奔丧，俏三的媳妇来找前夫老杨，以性换取路费；这时天幕黝蓝透黑，"月亮在白莲花般的云朵里穿行"。我想导演意图的时间起码是晚上八九点。很合理，干这种丢人事不能在大白天，也不能在人们还可能串门的时刻——毕竟她和丈夫俏三就住在这村里。交易结束后，由于性嫉妒，俏三把老杨痛打了一顿。头破血流的老杨没在家中歇着，跑到了六软家擦拭包扎。但出问题了！进门时，中央一台新闻联播结束，刚开始天气预报——这该是晚 7：30 呀！等擦洗包扎完毕，六软试图同性恋老杨，又怎么回事？中央一台（不是其他台！也不是重播！）刚开始新闻联播，是当天头条（但也许是第二或第三条）新闻：中法两国元首在纽约"深入交换了看法"——这只能是刚过7：00。怎么会时光倒流，怎么会有"穿越"？

不想较真，不值得较真，只是这会引发熟悉相应时间背景的中国观众直接质疑这段硬生生插入的同性恋叙事。这次纽约会谈是在2009年的9月21日，播报则应在北京时间次日。那天，张家口地区日落大约是下午6：20；但大晴天，日落并不天黑，秋分之前（尽管只前一天），加上张家口纬度颇高，从日落到天真黑下来，怎么也得一个小时以上。[21]观众因此会想，就算六软当过赤脚医生什么的，家里有点红汞、纱布、消炎粉之类的，老杨来上点药，也合理（但影片对此没给任何交代）；但完了之后，老杨你怎么了，也就7点，天还没黑，为什么不回家，还在六软家炕上躺下了？都是本村人，你老杨也知道，电影一开头也就说了，六软是同性恋。你这么一躺，就不只是给六软创造机会，你简直是设宴邀请呀！六软接受了邀请，想和你深入交换看法，可你老杨为什么突然道貌岸然起来，断然翻身下炕回家去了？

我也懂，编导就想用中法两国元首深入交换看法来调侃六软期盼的另一种深入交换看法。这也算"艺术真实"，是吧？得，王朔对这类手段的概括还真没错，但凡"艺术真实"，那就一假活儿。[22]

但哪怕只是号称追求真实，你也不应当，在中国人熟知的时间中，出现这种近似"穿越"的故事，误导了观众，也导致误解和委屈了老杨。

也很容易避免这种虚假。要么你不追求这种貌似原生态的时间环

---

[21] 从日落到天黑的时间的陆地计算有"民用昏光"和"天文昏光"两个标准（航海昏光标准则介于两者之间）。依据前者，只要太阳低于地平线以下6度，天就算黑了，但晴日里这时地平线与地面的景物通常还清晰可见。依据后者，太阳须低于地平线以下18度才算天黑，这时，天空不再受阳光映射，肉眼也可以看见肉眼可辨认的天体；民间说的法就是天全黑了。据此，可简单估算从日落到天黑的时间。如在赤道，春分或秋分时刻，太阳刚好处于天赤道，太阳下落速度是每小时15度。按民间标准，从日落到天黑约24分钟；按天文标准则1小时12分钟。若观测地纬度高，观测时间在春分至秋分之间，从日落到天黑的实际时间会比上面的计算更长。可参看，维基百科"曙暮光"，载 http://zh.wikipedia.org/wiki/%E6%9B%99%E6%9A%AE%E5%85%89。

[22] "一说某作品达到了艺术的真实，好了，这是一假活儿，一定是为迎合某种社会需要而造。"王朔：《我看大众文化港台文化及其他》，载《随笔集》，云南人民出版社2003年版，页183。

境，没人要求你。真追求，也容易。你可以把老杨进六软家的背景时间设为任何其他更适当的标志性声音或图画（例如，让宋晓军或尹卓或叶海林正和水均益侃《国际时讯》）。包扎之后，你编导也完全可以让六软说："就别回去了，黑灯瞎火看不见，别再摔了；好歹在我炕上凑合一晚"之类的。就这一句话，老杨上炕也就顺理成章了。若还想调侃六软，也很容易，凑个《午夜新闻》就成。多简单的事，你导演没想到，或是不想，你说该怨谁呢？

封闭与开放

只要敏感，即使年轻观众看完电影后也会疑惑，为什么这村子像是与世隔绝，恋爱、婚姻和性，全自产自销，无论如何折腾，全都窝在这个村里。

构成故事主线的核心两人物，二丫头和老杨，都出生在该村，年轻时相好在该村；鸳鸯被打散后，二丫头嫁人了，居然就嫁在本村，决心与老杨一辈子纠缠不清。只是这下决心的人是编导。

如果仅就这一件，还可以算是例外。但编导就怕人们高估了他的想象力，甚或智力。于是，梁大头当年调情的是本村姑娘；这姑娘最后也嫁在本村——梁大头不时探望的俏三他娘就是当年梁为之断手的姑娘。顺带着，编导还让俏三成了梁大头的种！也让俏三知道这一切！

也有点对外开放——老杨从人贩子那里买来了四川女人。但成亲后，四川女人喜欢上了邻居俏三；俏三也喜欢上了邻居的媳妇。来斡旋说亲的居然不是中间人，俏三他爹就直接找到了老杨。一狠心，老杨也不打折地把媳妇转卖给了邻居俏三。这还不够乱，为了回家探亲，这四川女人又回头同前夫老杨来个性交易，换了笔路费。接着俏三就把老杨给揍了。

显然，编导下了决心，就要在这相对狭小的空间和这高度压缩的时间内全面展示故乡农村众多复杂的恩爱情仇。这还能是发生在中国北方偏远农村的故事吗？即便时下的中国演艺圈也没法这么乱呀！不仅在中国，而且在世界。

由于避免近亲繁衍，也为了扩大联姻，人类自觉或不自觉地最终都采取了外婚制；在农业社区，为减少姻亲成员摩擦，为避免卷入其他家庭的纠纷，促成稳定有效的婚姻，人们也常常有地域性外婚的考量。在中国，除了泸沽湖的摩梭人，普遍都是从夫居，女到男家。即便目前中国有些比较富裕的大村，实际已成为城镇，才可能有女性会在本村寻夫婿，但这些村庄还是会，并因其富裕也很容易，从外部娶进女人。影片中的这个村子既穷，也不大。尽管影片丝毫没提女儿外嫁，但我相信这里一定有大量外嫁，不仅因为普遍的外婚制，更因为这是贫困村庄的宿命。甚至从该村众多老光棍（而不是年轻光棍）也可推断，该村历来嫁出去的女子远远比嫁进来的女人更多。

在这样一个村庄里，你就不可能不质疑故事主线的开头：被父母拆散姻缘的二丫头，没有远嫁他乡，最终还是嫁在本村。

这首先要了解二丫头父母为什么要棒打鸳鸯？绝不简单是不喜欢老杨。根本原因就是嫌贫爱富。老杨则用自己的大半生证明了并将继续证明二丫头父母判断正确。但嫌贫爱富也不像人们通常认为的那样充满道德贬义。无论是为女儿未来生活略微富裕，还是为今后自己少替女儿操心，甚或——在一个没有养老金的村庄——仅仅期盼老来能从女儿那多少得到点照顾，二丫头父母都有充分理由和权利嫌贫爱富，想把女儿嫁个家境稍好的人家。

从理论上看，在这个多姓村庄，因此二丫头也有可能嫁在本村，但前提是本村有她及其父母看着合适的人家，这人家也愿意娶她。但这基本不大可能。二丫头与老杨珠胎暗结，这个信息很难不在本村传开，这信息对本村求偶的男青年很有价值，而有需求自然就会有供给——村里的"八卦"也有积极的社会功用。甚至，为了自己的利益，老杨也会主动散布这信息，因为这会降低二丫头对本村家境好的男青年的综合可欲程度，降低二丫头在本村婚配市场的价值。只要二丫头嫁不出去，老杨就会渔利。

这取决于，对于本村其他男青年，二丫头是否仍然可欲？这不仅有关二丫头，还必须考虑老杨了。即便不在意（这其实已经很难了）二丫头和老杨的过去，人们却还是会考虑，都住在这个村子，低头不见抬头见，二丫头和老杨的关系能断掉吗？棒打鸳鸯会不会坚定他们的海誓山盟？娶二丫头是给自己娶媳妇吗？或是给自己找麻烦？弄不好，完全可能,先绿了自己,接着再替老杨抚养后代还不自知(影片中就有这种例子,俏三他爹就抚养着梁大头的后代?村长媳妇也不时对老杨暗示其长子是老杨的"种")。万一万一,"夺妻之恨"上来了,两人一联手,自己怎么死的都不知道。

这种问题是注定会引发激烈的个人之间,家庭之间,甚至更大的冲突(想想冲冠一怒为红颜的吴三桂和特洛伊战争)。一旦卷入,无人能幸免,还会殃及池鱼。当然,编导愚蠢可以理解,因为他置身其外,怎么编都不会威胁到他。问题是二丫头的父母会这么愚蠢吗?即便本村某男子喜欢二丫头鬼迷心窍,他父母也绝不至于如此愚蠢。但凡家境尚可(这意味着他们不会娶不上媳妇)的本村人家,出于理智,都一定会谢绝娶二丫头。

这就意味着,如果二丫头要嫁在本村,她只可能嫁给家境很差的,否则会娶不上媳妇的人家。但折腾来折腾去,女儿嫁的是这样的人家,嫌贫爱富的二丫头父母还有什么理由要打散这对生米已经做成熟饭的鸳鸯呢?

所有的推导都指向,二丫头最好、应当、必须甚至只能外嫁。只有空间才能最终切断二丫头和老杨的联系,消除可能引发的个人之间和家庭之间的潜在冲突,消除冲突的升级。此外,对外村人——娶二姑娘的男子本人、其家庭还是其所在社区——也比对本村人更容易隐瞒二丫头怀过孕的信息,也更容易限制这类信息的流传并为人知晓。这种信息不对称能增加二丫头在远方婚配市场中对于求偶男性的吸引力和相应的"市场价格",同时也可以保全双方在熟人社会中极其重要的资源——面子。

这就是为什么,棒打鸳鸯后,二丫头绝不可能成为村长媳妇。故事的原型一定和人间无数真实故事一样,以二丫头外嫁他乡结束,并且不会是"此恨绵绵无绝期"。

但是,都说追求真实,人能接受的更多是对别人严酷的真实,却很难接受对自己严酷的真实。此片的编导也不例外。如果接受这个真实,这电影就没了,连一个勉强贯穿始终的故事都没有,也就一堆没法串联、并联或关联的素材,连片子("骗子"?)也算不上。没了老杨和二丫头年轻时这段前缘,下面所有故事都得重编:不但得顺,合乎情理,还得让观众在世俗道德层面基本能容忍。成名导演，遇上这难题，一定会放弃，怎样也不能为多拍部片子就把好不容易攒下来的名声都搭进去。但对本片编导来说，情形完全不同。他的底线会是绝不放弃，因为这一放弃就可能就是永远。[23] 反正还没名，只有这身骨头，如果有人骂就很不错了，骂你也是瞧得起你了——电影圈，常常得求人骂，还得先给人送钱。这叫炒作或广告。

无论如何，活人也不可能真叫尿给憋死了！要让影片活下去，就要有个故事撑起来，那就别让二丫头外嫁，让她转嫁本村他人；不能嫁给一个家境和老杨差不多的穷人家，那就让她嫁村长。这也让作为二丫头的这个女人有了长期性接济老杨的感情连续性甚或正当性，即便这种接济会令更多的人无法理喻作为村长媳妇和孩子母亲的这个女人。而既然你已经承接了性接济老杨一个老光棍，艺多不压身，债多不愁，或规模经济，你就把性济更多老单身汉的工作全都承担了吧！这不又省下一个本来只能由丈夫无能或去世的风流女子角色。

人物线索就这样穿起来了，人物也集中了，影片人物简化了，时间和地域也会聚了，不用出村，好像就有了一个贯穿始终的电影故事了。太棒了！只是，这村长媳妇还是，或还能是，村长媳妇吗？甚或这还是人吗？甚至，这还是动物吗？

但只有理解了编导的苦衷，才可能理解前面留下的诸多疑惑。为什么老杨被俏三痛打后，会莫名其妙地跑到六软家，莫名其妙地，天不黑就上了六软的炕。只有这样——编，才能插入一个多少还同老杨联系起来的同性恋故事。也只有这样——编，这之后，才可能最后是老杨，而不是其他人，同本村的另一位男同顾林（硬插进影片的一个人，编导想不出能让他干些什么，影片从头到尾就将他丢在山上）讨论同性恋究竟先天的还是机会型的，然后以本片中唯一典型的农民粗野生动的语言表达的民间同性恋观来结束影片——尽管，我后面会论证，这并非必要，甚至有点多余。

---

[23] 大学毕业后，"怀揣着梦想，郝杰先后在网站、电视台和广告公司工作过，但几年的摸爬滚打，郝杰最终发现，当一名导演的梦想在现实生活中离他越走越远"。《电影〈光棍儿〉上映，主演遭地方官恐吓》，载 http: //v.ifeng.com/news/society/201111/c4a25c14 - 0fa4 - 4150 - 8686 - 3e66ec135052.shtml。

也只有这样，我们才能理解许多与影片完全游离的情节：老杨进城嫖娼，以及其他勉强算是光棍同城里人交往的故事，无论是被城里人欺负还是联手欺负城里人。这都是为了凑时间，对于这部故事影片，完全是不必要的枝枝蔓蔓——删了这些片段，丝毫不会影响这些光棍的故事！

真想跟着感觉走

我已经触及了为什么影片虚假的问题：没有足够的故事，却想拼出足够的故事；没有贯穿的故事主线，却想编出贯穿的故事主线；故事来自不同人物，但影片人物又不能太多；等等。编导就不得不对众多真人真事加以剪裁、合并甚至拼凑。抽象地，我完全认可这些，还会引鲁迅为编导辩解。[24]但得有个限度：无论何种处理，哪怕是明显虚构，都可以，但人物身份和相互关系，事物的逻辑一定不能错。《让子弹飞》[25]中，任凭张麻子激情洋溢气吞山河的宣传鼓动，尾随他攻打黄四郎的就一群鹅。这当然虚假，但就其表现或指涉的人物关系而言，可谓入木三分。一旦砍下了假黄四郎的头，留下弹孔无数却岿然屹立的庄园铁门立刻成了纸糊的，任由人们轻松穿越。这当然荒唐，但就《让子弹飞》反映的社会生活逻辑来看，严丝合缝。我不要求影片严格对应生活的真实。

但追求真实的编导，在他不断呈现的真实中，为何留下了如此的虚假呢？是剪裁、合并甚至拼凑的技巧不高，手法不熟练？如果不是，或不只是这些技术性问题，那又是或还有什么问题？我将在下面三节中试图论证，导致真实的谎言，根子不在技术层面，而在于社会经验和相关的社会科学知识。

好像我应当首先说说才华？没说是因为我没法说。一般意义上的才华，多少谁都可以说有点；但这就是个安慰奖。真能管点作用的必须到"天分"。这在任何地方都极少；这个词的字面已经说得再清楚明白不过

---

[24] "人物的模特儿也一样，没有专用过一个人，往往嘴在浙江，脸在北京，衣服在山西，是一个拼凑起来的角色"。《鲁迅全集》第四卷，513页，人民文学出版社1981年版。

[25] 《让子弹飞》(2010) 导演：姜文；编剧：朱苏进/等；主演：姜文／葛优／周润发／等。

了。因此，我只追究社会经验和相关的知识。

我觉得本片编导基本就是个文艺青年，但不是网络上与普通青年、二逼青年并列的那种。我对文青的界定可能有点私人化，其特点不在于爱好文艺，而在于只爱文艺；对其他社会科学、人文学科以及相关自然科学的基本知识不只是缺乏了解，最重要的是根本不愿了解。我不必然认为这就是问题，有人天分很高，能从很少甚至极少生活经验中迅速直觉把握艺术的分寸。但文青的"只爱"意味着他们仅生活在文艺中，缺乏足够数量的和足够真实的社会生活经验和其他相关的知识。他们强调、相信和愿意跟着艺术直觉走，但问题是艺术直觉不可能因某人自认为是文青就跟着某人来了，还有除了根据后果（成功或失败）谁都很难预先准确区分直觉和感觉（被人们记住的直觉都是成功的，没人记录的那些都是导致失败的），事实上文青热烈响应的都是苏芮——"跟着感觉走"。

也想着把自己了解和看到的事，即此片中村里这些与男人裤裆有关的事，通过电影真实表现出来。但编导不太清楚，事情似乎是一件件单独看到和听到的，生活却从来是作为整体呈现的，理解也从来必须是整体的。能否将看到听到的事"真实"再现于银幕，不取决于你能否将之搬上银幕，取决于选择将什么搬上银幕，以及将什么不搬上银幕。这个选择不仅仅是从看到和听到的人和事中选择，所谓看到听到的本身就是以往的一个选择，因此不仅仅是在以往的选择中再选择，首先要恢复（retrieve）当年看过但当时没看到和听过但当时没听到的那些人和事。必须知道的不是已经知道的，而是那些还不知道的、隐含在看到或知道的人和事之间，并一直制约这些事件发生或不发生或如此发生的所有主要社会条件和自然条件。

重要的也不是谁来表演，真实不仅仅取决于表演，而首先取决于你能否有分寸地把握主要人物之间的关系，把与特定条件、特定地位、特定人物性格相联系的故事同影片主要人物联系起来；这之后，才需要关注表演。有些事谁都可以做，但有些事则只能是某人做；有些事只能昨天做，有些则必须今天做。不要以为老乡不换服装，就在自己村里穿行，像平日那么说话办事，就可以让不合逻辑的变得符合逻辑，就能让编导的故事变成他们的生活。也别说他们是原生态演员，在这部影片中,他们更像演员,而不在原生态;甚至像是为创造原生态的道具,而不是演员。

知道编导很想讲农村的性故事;但由于缺乏足够的社会经验,也缺乏本来可以用来弥补社会经验的相关社会科学和自然科学知识,因此即便在个人生活甚至技巧层面他也许非常了解性,但在社会层面和社会生物学层面,我前面的分析就表明,他实在是太不理解性和性的复杂性,不懂这种复杂性在农村社会条件下的具体呈现。因此他才会乱点鸳鸯谱,把必须外嫁的二丫头留在本村,让不可能愿意娶二丫头的村长娶了她;把即使生性端庄也必须策略性风流的行为硬是栽给了即使本性风流也必须策略性端庄的村长媳妇。你看到了农村背景,也看到了参与演出的农民,但故事就是不符合农村生活的逻辑。

比方说,俏三对老杨买来的四川女人一见钟情,以及此后的发展,那根本只可能发生在城里,在20出头、多愁善感的文青身上。我不是说作为一个男人,俏三不可能对四川女人一见钟情,不会有强烈的性欲望。会有,这是生物性反应。但婚姻是社会制度,建立在生物性基础上,却还是社会制度。因此不意味,有了生物基础,随之而来就是婚姻。我不否认世界上有一见钟情终成伴侣;但更值得思考的其实是,为什么会有"愿天下有情人皆成眷属"这样的祝愿呢?

可以想象某文艺青年或大学生(如李甲)在城里遇到了一位外观非常艳丽或清纯内心也颇为善良的"小姐"(如杜十娘),有强烈性冲动,一段时间内天天去找她,直至允诺"非她不娶"。这完全可能。但如果真能付诸实践,那杜十娘就不会成为中国古典文学中的经典形象之一了。[26] 在这类问题上,一般来说,女性对自己渴望的男性还可能坚信"浪子回头金不换";但男性哪怕是对自己最渴望的女性也未必能做到。世界各地的经验都表明,生物学也能论证和解释,男性的生殖特点导致男子的性占有欲强于结婚欲。注意,中外到处流传的始乱终弃的故事,负心人都是男子,绝非偶然。

尤其在农村,还同村,像老杨和俏三这种情况,社会舆论压力会更

---

[26] 冯梦龙:《杜十娘怒沉百宝箱》,载《警世通言》,严敦易校/注,人民文学出版社1956年版。

明显，更强大（不就是因为要带杜十娘回家时，李甲才发觉问题严重，压力巨大，最终变心了?）。如今在城里，就算你娶了小姐，换个城市，特大城市甚至只要换个城区换个行当，就没人知道多少底细了；除非特别惹眼，或是自己不安生，不大会有人没事找事去查人家老底。但在农村，昨天四川女人还和隔壁老杨躺在一条炕上；今天你就娶回来了，成了你老婆，你不在意隔壁邻居怎么看你说你，但你得想想你的父母，以及之后的孩子，在这个村里怎么待下去？在农村，风言风语并非仅仅风言风语，八卦也不只是八卦，它们是真实的社会压力和社会约束，会影响个体的行为，更影响个体与他人的行为。走自己的路，让别人说去吧！说得容易，其实是一个无法与城市生活切割的（非政治化的）资产阶级的伦理。

　　这就是为什么"感觉到了的东西我们不能立刻理解它，只有理解了的东西才能更深刻地感觉它"。[27] 即便全部源于生活中的真人真事，无济于事，没有足够的社会经验，又不愿认真了解一些社会学、人类学、经济学、心理学以及社会生物学的基本理论和知识，一个文青就很容易以为，村里的人和事仅仅是偶然的；在裤裆问题上，只有年龄和性别（老，光棍）才影响或决定人们的行为，人的身份、关系和背景以及本文讨论严重不够的经济发展等变量可有可无。然后，就一定会出现这种看似纯技术性的不当剪裁、集中和拼凑。由于缺乏严密的理论逻辑，缺乏生活经验的矫正，不合情理自相矛盾也无从察知，甚至会不由感叹自己杰出的创造力、想象力和综合力，更渴望社会和业界认可。

　　特别值得指出的是，当今中国一些也算有些才华的文青还常常刻意拒绝相关的自然科学和社会科学的知识和理论指导。许多文艺人士曾正确认定，我前面也说了，在创作中，（天才的）艺术直觉常常比理论指导和分析更重要。这是经验概括，本不应，在逻辑上也不会，导致鄙视其他知识和理论。但如今不少文青却把自己给绕进去了，对其他社会和自然科学的知识和理论甚至有心理障碍。他们的逻辑大致是，1. 既然自己如此爱好文艺，自己大概是有文艺天才的，因此可以不管理论；2.

---

[27] 毛泽东：同前注1。

即便不确定自己是否天才，最好也先假定自己是天才，而注重理论指导等于从一开始就承认自己不是天才，自尊心会受不了；3. 既然艺术直觉比理论分析更重要，因此就要特别注意防止理论损害艺术直觉，安全策略就是尽一切可能避免接触理论。这都是"民科"的逻辑。这些逻辑看起来完全是为了艺术，透出来的其实是他们看似最不屑的短视的功利主义，甚至赌博，情愿以自觉的无知和惨败的未来来换取当下的虚荣心满足。

却挣不脱宿命

为收获此种快感支付的代价，不仅带不来天才的艺术直觉，而且无法避免，甚或更容易接受，种种流行思潮对编导的影响，把艺术创作变成对这类思潮的图解演绎。由于缺乏经验的矫正和理论的严谨，文青也往往无法消除这类演绎中的杂乱无章，自相矛盾。《光棍儿》中就有不少这类明显例证。

例如男同性恋问题。我个人倾向接受电影最后村里另一位老男同顾林引用的当地民谣，真正的同性恋是基因决定的，在娘胎里或生下来即如此。[28] 所谓真正的同性恋，我是指，即使有异性伴侣，其他各方面条件也相近，他还是喜欢同性伴侣。之所以接受这种观点，是因为，只有承认有先天型同性恋，即同性恋的发生不是因同性恋文化影响或"腐蚀"，才可能预期和解说同性恋的发生，特别是在完全没有同性恋文化、没听说过同性恋甚至自发顽强排斥同性恋的农村，为什么突然会冒出个同性恋。在先天性同性恋中，也还有比较显著的男角和女角之分。

---

[28] 参看，Donald Symons, *The Evolution of Human Sexuality*, Oxford University Press, 1979。最有力的证据当是一项男性同卵双胞胎研究，研究样本中，有88%，两人均为同性恋者；请看，Geoff Puterbaugh, "Introduction", in *Twins and Homosexuality: A Casebook*, ed. by Geoff Puterbaugh, Routledge, 1990, pp. xi, xiii。还有证据表明同性恋和异性恋男子大脑有生理差别，Ann Gibbons, "Is Homosexuality Biological?", 253 *Science* 956（Aug. 30, 1991）。另一项有意义的研究是，尽管为改变同性恋倾向有人设计过各种心理、行为主义的、精神分析的和药物的治疗方案，但未有成功。请看，Richard Green, "The Immutability of (Homo) sexual Orientation: Behavioral Science Implications for a Constitutional (Legal) Analysis", 16 *Journal of Psychiatry & Law* 537, 555–568 (1988)。

尽管如此，也得承认，社会生活中还有不少机会型同性恋者。这些人往往因没法获得异性，才选择了同性作为性对象。这种同性恋，更多出现在诸如监狱、远洋航船、寺庙（教会）或军队这样的男子高度集中且男女隔绝的社会环境中。

《光棍儿》中与这个问题相关的是六软，他是何种同性恋？先天型还是机会型？如果是先天型，他更倾向于男角还是女角？编导借最后当地的民谣认定六软是先天的同性恋；但影片选择表现的一系列情节又似乎暗示，六软的同性恋是后天"教育"的结果。

证据一是，六软之所以对女性不感兴趣，是因为从小到大，直到他12岁新婚之夜，一直跟他娘睡。编导在此演绎的是国内外关于同性恋发生的一种比较流行的民间心理学理论：与异性父母过于认同会导致性别认同障碍，成为同性恋。[29]中国人的说法则是：当妈的如果太惯男孩，把男孩当成女孩养，不让男孩独立、吃苦，就可能把男孩养成"相公"（同性恋）。

国内外都相当流行，似乎证明这个命题已经受了广泛的和历时的经验验证。但问题是，这个说法却不是一个经验命题，而是一个具象化的社会规范，其实际功能在于督促，尤其在中国，母亲不要太惯着男孩，因此虚构了这个因果关系。这种做法在各国传统社会都屡见不鲜。中国的，不孝会遭雷劈，说谎会天打五雷轰，等等；国外的，也有下地狱，或来生当牛做马的说法。母亲溺爱把男孩养成相公，当属这种传统说法中的一个。但如果不了解基于自然和社会科学经验研究发展起来的、如今已比较成熟的理论，因年轻而缺乏需要大量社会经验才能形成的判断力，一个人就很难拒绝这类似是而非的解释，相反会用影片来演绎这种解释。

根据接受心理咨询和辅导的同性恋者中绝大部分12岁前受过性侵犯这种现象，在国外民间流行的另一种解释认定：性侵与同性恋的产生

---

[29] 参看，"性别认同障碍"，载 http://baike.baidu.com/view/2597466.htm；"同性恋产生的原因"，载 http://cclw.net/soul/adxm/htm/chapter04.html。

有密切关系。[30]编导在影片中也图解演绎了这一理论：新婚之夜，12岁（！）的六软吵着嚷着要和他娘睡，被愤怒的新娘骑在胯下痛打了一顿。影像告诉观众，似乎是这种无情的性侵把六软打——另一种教育——成了同性恋。

图解前一命题，编导还可以声称有独立于观察者的但仍然不可靠的经验证据，图解后一命题则一定是编导愿意相信这种同性恋发生学，而不是什么经验。还别说这是六软的人物原型告诉你的，即便他亲口说的，银幕上的那场性暴力也是编导的想象。不会因为你想象的是真人真事，想象的还很真，想象就成了真人真事了。那个新婚之夜究竟发生了什么，已经过去70年了；即便今天，有谁真能重现他人的新婚之夜，而不侵犯其私隐呢？我们能相信六软的人物原型的告知吗？他不可能说出个究竟，道理很简单——谁能说出自己为什么是个男人（或女人，或同性恋）？更何况，生活在中国农村的一个老单身汉，他不可能承认自己生来"异常"，他必须为自己的异常找出个外部原因。也很容易，毕竟在他一生中是可以找到某个事件，视其为同性恋的原因；他很容易创造一个自己愿意接受的因果关系。许多人要能够活下去都必须为自己找到一个正当理由，我们可以也应当尊重，却不值得相信。

仅就影片展现的当地农村以及六软的生活环境来看，其实一个更可能的解释是，六软是一个机会型同性恋：因为社会变迁或家道衰落等，六软失去了妻子，却没有经济能力另娶，因此在漫长岁月中，他只能同农村其他老光棍以互惠的同性恋关系来满足彼此的性饥渴。

在这种机会型互惠同性关系中，六软因此必须既可以是女角，也可以是男角；至于具体何种角色则取决于具体两人的合约。这也才可以解说为什么老杨借宿六软家时，六软会想与非同性恋的老杨发生同性恋关系，六软在这里是主动的，是同性恋的男角。

---

[30] 参看，"同性恋产生的原因"，载 http：//cclw.net/soul/adxm/htm/chapter04.html；"性侵犯让我差点成了同性恋"，载 http：//www.39.net/aids/tongxing/xinli/133912.html。注意这里所谓的性侵犯常常被定义为男性幼年时被男性诱奸，或被女性强奸。前一种说法已经被田野调查研究证明是胡扯，请看，Gilbert H. Herdt, *Guardians of the Flutes*: *Idioms of Masculinity*, University of Chicago Press, 1981；该研究发现当地男孩均被迫同成年男子口交，但长大以后很少成为同性恋者。而后一种说法则不合常理，什么样的女性要强奸幼男呢，她为了什么？

我没说我的解释为真，也不说更真——这只是一部电影，即使全基于真人真事，也无所谓真，"真"也不是原来意义上的真。我说的是，就该片有关六软的全部故事情节而言，这个解释，比导演着意传达的无论是同性恋的生物解释还是文化解释，更有说服力。这个解释不拒绝生物学解释或文化解释；但这个解释至少更有社会意义：贫穷会使某些异性恋男子只能以同性恋来满足他们的性欲。

如果接受这个解释，我们就会发现，影片最后借民谚表述的同性恋生物学解释，单独看很精彩，精辟甚至惊心，却与整个影片游离。也就是一个断言，没有丝毫视觉形象的支持。导演之所以以此结尾，虽为表明本地对同性恋自古以来就有这种生物学解释，更重要的是，也许因为这一表达极为质朴、粗俗和野蛮，对日益当代资产阶级化和小资化的中国电影观众，有更强的冲击力。在记者访谈中，对当地民间所谓的生动表达，导演表现出最大且最由衷感叹的，其实也就这一句。〔31〕

另一个例子是文化关注和文化解释。这之前在文艺界就颇为潮流，近年来随着中国国力上升，官方也日益关注。因此，编导关注其故乡男人的"裤裆"，关心同性恋这些中国非独立电影很少关注的问题，不可能仅仅因为编导突然怀念故乡了，而是因为他相信那其中有文化，相信贫穷地方的文化更有典型性，这地方的性更有文化的冲击力，因此编导不但追求表达，而且追求文化解释。网络上一位评论人甚至认为，"在这种极端或者说较为恶劣的生存环境下，性成了推动文明发展的唯一动力"。〔32〕但这非但是大话，更是些神话。

首先即使故乡有文化，也不意味到了和拍了故乡，就有了文化或可以拍出文化。都说中国文化久远，但这些年来，我们都知道，并没拍出什么太有文化的影片。许多中外人士认为代表中国文化的影片，例如功夫片，不过以某种方式延续了中国 1930 年代中国电影首创 1950—70 年代李小龙予以推广的一个不满百年的传统，主要也不是因为其是中国文化，而因为其满足了外国人关于中国文化的想象。

---

〔31〕《青年导演郝杰启用本地光棍儿拍摄电影》，载 http://v.ifeng.com/news/society/201111/6c438edb-68b0-4e14-9f52-a3d8b099bd4a.shtml。

〔32〕伯爵：《〈光棍儿〉：中国是撸出来的？？》，载 http://i.mtime.com/sharp/blog/5716412/。

而性有文化，同性恋有文化，包括编导图解的两种同性恋民间理论，追溯起来都始自弗洛伊德滥觞的西方近代性文化。1980年代后中国文艺青年"迎头赶上"，但在西方，这基本被经验研究证伪了。[33]即便赶上了末班车，也很难说那是什么中国文化。

此外，不管怎么说，就《光棍儿》而言，编导真还没有展示多少文化，也没给出什么文化解释。仅就影片反映的诸多社会现象自身而言，例如买卖妇女、光棍、相好、风流女子或变相的一妻多夫等，我看不出其有何特别于其他贫困地区。影片中也没对这些现象给出任何像样的解释，无论是文化的或其他的解释，相反令人无法解释。编导就算是把这些现象都堆在一起了；但明明就这一堆白菜，你怎么前后就卖了两次——一次作为中国文化，另一次作为中国文化的解释。

文化是一个整体性的大概念，它最多只能引导求知者进入某个被标签某种文化的社会环境中对被冠以"文化"的某具体社会现象做出具体解释。就此而言，文化自身没有丝毫的解释力，相反，是有待解释的。即便编导把他看到听到的故乡的一切都搬上银幕，也不构成解释。用作为整体的现象无法解释这个整体现象自身，用整体现象来"解释"具体现象则根本就是对解释一词的乱用。如果有人对你解释美国的篮球，说这是美国文化导致的，你听懂了什么？除了听到了文化这个词外，没增加你对这个世界的任何经验理解。

各国各民族甚至各地的文化都会有特点，在特定意义上，当然可以说，这是当地人的创造，其中有他们的文化想象等等。但这不等于说创造和想象可以是专断的，可以旱地拔葱横空出世无所依凭无缘无故，可以背离甚至不顾天理人情。任何文化，哪怕再奇特，也都是生物的人对特定社会基本约束条件的适合，因此是在具体条件下呈现的天理人情。因此，不仅文化受制于天理人情；而且我们对文化的信任也同样受限于我们可感知和可想象的天理人情。这就是为什么影片表现村长媳妇长年四下里性接济本村的老单身汉，你说这是当地的文化，我只能回答四个字：我不相信！

---

[33] 对这种弗洛伊德式的同性恋说批评很多，可参看，Richard C. Friedman, *Male Homosexuality: A Contemporary Psychoanalytic Perspective*, Yale University Press, 1988, pp. 229-236.

也正因此，我认为，即便自幼生活在农村，看着农村长大，熟悉影片中表现的诸多人和事，但该片编导基本不理解农村，不理解人物相互间的稳定关系，不理解天理人情在这里会如何顽强地呈现自己。他缺乏分析地对素材剪裁反映了他根本无法思考其所见所闻，其表达因此注定与我们看到和了解的农村生活差距太远，与社会生活的规范和生物学基本原理相违。

作为商业策略的谎言追求

但会不会是我错了？突然发现，上两节分析批评的基本假定是：本片编导真诚追求真实，也追求艺术，追求中国文化的表达和解释；只是由于缺乏足够的社会经验，缺乏理论的指导才导致了影片的虚假。这当然是一种可能，留下的却是更多其他可能。会不会，会不会本片编导并不像我认为的那样，真的关心影片故事中的天理人情，也并不真的关心影片中每个人行为是否合乎天理人情。会不会从一开始，我就表错了情，却一直很傻很天真地误以为编导很傻很天真？

在回顾了《光棍儿》、有关的编导访谈和评论后，我发现这个诛心之论并非完全没有根据。确实可能，这部电影从一开始就不是以普通中国人为预期观众的，至少不是第一观众（事实也如此），而是以国际电影节获奖为目标，以国际电影节评奖人和外国人为预期的第一观众。本土文化关怀和原生态表演因此只是工具，为的是全力迎合并获取国际电影界的认可。本土的文化关怀与普世的文化关怀在此很有讽刺意味地得到了高度的统一。为实现这个统一，编导必须表现中国文化的令人不可思议的独特，尽可能以外观的真实（实地拍摄，原生态演员，真人真事打底）来传达一种不可能存在的独特，即虚假或即便虚假，才能令这一表达产生足够的冲击力。否则又何以理解，前面我几乎是信手拈来的、编导对人物和故事如此众多不合情理的剪裁，留下了在我这外行看来如此明显如此重大的虚假和不可能呢？

我这是诛心。但在今天的艺术世界，诛心能怎样，不诛心又能怎样？就这般策划的，就这么做了的，多了去了。就投机了，就不真诚，又怎样？真诚是艺术吗？能和艺术划等号吗？艺术的关键是能否成功，能否打动人，是否为市场认。成功，和英雄一样，是没人问其出身的。

而且，马克思当年讨论农民问题时就指出了其命运，一不小心也顺带指出了艺术的真谛，就在于"他们不能表现自己，而只能被表现"。[34] 既然如此，也就一定是为不同的表现者以不同的方式表现；在艺术市场以某种常规方式确认某种表现之价值前，所有的表现都有权竞争；即便有常规，也不能说常规就是定论，因此没有最后的定论：过程最重要，过程就是一切。我所关心的所谓符合天理人情，因此只是可笑的实在论。难道艺术的标准就是生活的逻辑，是经验？就算是，那也只属于一部分人。对于首先要在这个世界上活下去，渴望获得认可的年轻编导来说，眼下最直接、实在、有意义的标准就是国际评奖人的认可！

只有获得了某种程度的国际认可，编导才立马有了未来。他会有一个足够的身份，作为商标，为投资人提供了投钱的方向；也作为目标，为观众和媒体的眼球提供了聚焦；甚至在一段时间内它还可能为电影提供某些相对稳定的艺术标准，会减少市场的混乱，减少交易费用。

比方说吧，这部影片马上可以出口转内销，获得众多网络影评人的关注，无论是预约的"托"，还是我这种凑上来没事找抽型的"托"。无论最后观众多寡，也都可以轻松重新操作界定为成功。没人看，没票房，觉得怪，觉得土，没关系，因为恰恰是这些要素才构成艺术片的操作定义。也就靠着这些经验特点，才能迅速简便有效地区分艺术片/文青导演/艺术追求/独立电影，有别于商业片/商业片导演/票房中心/受政治和市场双重压迫。如果实在万一了，不幸了，观众来的还不少，也没关系，那就让我们共同感叹艺术的强大力量吧！

这是诛心之论。但在今天，不是有没有这种可能，而是非常可能，甚至已经是商业炒作的常规了。前面，我就说过，我很怀疑那位美国影评人的评论，他的眼光也就太差了！

不算是太努力，我一不小心还真查到了这影评，就一段文字，我把原文留在脚注中，试着翻译如下：

"看似平实，《光棍》展示了一缕社会现实：乡土中国老男人

---

[34] 马克思：同前注2。

的性苦闷,热闹不断并屡屡惊人,但一直令人感觉真实。这生动欢快的故事是编导郝杰的处女作,用的演员也来自其家乡,贯穿影片的是温暖、人性甚或一丝疼痛。力度、新鲜以及直白令该片在圣塞巴斯汀意外获得了观众好评,《光棍》得找法子上更多的电影节。"[35]

我自然也就找到了这位"美国影评人"Jonathan Holland,他扎在马德里,自1996年来一直为《variety》杂志撰写西班牙和拉美电影的影评。他白天在马德里Complutense大学教文学,也为各杂志自由专栏就西班牙文化问题写作讨论,还编了一份Puerta del Sol西班牙语言文化的音频杂志。入夜,他在一个出色但无名的摇滚乐队——Population 5——中弹吉他。1994年他出版了第一部也是至今唯一一部小说《脱逃的艺术家》。[36]我猜想他最有可能是一位为美国杂志写影评的西班牙人。

在了解这些之后,我曾想说服自己是凤凰卫视主持人及其团队英文翻译出了问题,但我无法说服自己;直到看到《光棍儿》编导欣然领受凤凰卫视的恭维,未作任何更正。这才让我警惕起来,也许这就是炒作。

还有,在本片导演的某些访谈中,在某些网上评论中,隐隐约约地,我也感到了以特殊方式展开的另一种市场炒作,力求贴近政治的炒作。

访谈中,导演特意提到,当地的县水利局长批评过这部影片"丢人",还说要把老杨的主演抓起来。凤凰网当即将之概括为"地方官恐吓"。[37]但这话靠谱吗?水利局长说抓人,这等于我自称是姜文。该局

---

[35] 英文原文如下,"A slice of social realism about the sexual frustrations of elderly men in rural China, the deceptively unsophisticated 'Single Man' is hilarious and appalling by turns, but it always feels true. This vibrant, rollicking tale from debuting helmer Hao Jie uses people from the writer-director's own community, allowing warmth, humanity and even a little pain to come shining through. Energy, freshness and directness helped to make this item an unlikely crowd-pleaser at San Sebastian, and 'Man' should find further fest partners.",载http://www.variety.com/review/VE1117943771/。

[36] http://www.variety.com/biography/1245/jonathan-holland。

[37]《电影〈光棍儿〉反应中国社会现状,主演遭地方官恐吓》,载http://news.ifeng.com/society/lnrs/detail_2011_11/10/10557797_0.shtml。

长就是该村人，认为拍该片"丢了我们顾家沟的人"。着重号清楚表明了他的认同：他是作为本村人，而不是作为水利局长，批评该片。我认为他完全有这个资格，即便他的艺术观的确陈旧和保守。但人家就一县水利局长，你丫还指望他从丫戛纳电影节评委的艺术观来理解这部影片？你丫不也没上戛纳吗？你也可以要求他说话慎重，尤其是批评；但他仍有权利批评，不因为他批评正确，而只因为他有权利。人家起码也是看过电影后才说的这话。难道编导希望人们都懒得看？记住，批评你也是看得起你了！

这水利局长只是出身该村的一位多少还有点能力表达自己的人，与编导提及的另一位当地中学教师看完电影后的质疑一样[38]，都反映了当地政治文化精英不能认同这部影片。都今天了，不要以为只有编剧导演演员或影评人才是精英。

这就值得问了，为什么放弃了"我们顾家沟"，反过来要强调水利局长的官员身份呢？这就是本片导演的精明，他在暗示：自己拍片不容易，受官方打压，有外部政治压力，一些不明事理的人也许跟着就同情导演和影片了。这或许是最好的商业宣传。但这也实在太不精明，主要是地方政府配合不够，让我们的导演为难了：怎么就来个县水利局长，为啥不是县文化局长或宣传部长，哪怕是副职，出来批几句，也行啊！

导演应当完全明白这就是一有县水利局长职位的本村人的批评。因此，这就是不择手段借助和贴近政治展开的商业性推销。在当代中国转型社会中，这是不少精明的导演在国际国内左右逢源长袖善舞追求综合利益最大化的基本手段之一。当然也许不应全责备这些导演，也应当责备转型中的中国社会。

还有一例证，网络影评。称该片"因为你懂的原因，没能登陆院线与更多观众见面"；如果进了院线，评论人"绝对相信［……］它一定会获得很多观众的支持"。[39]这是另一个借助政治而展开的商业性推销！

---

[38]《〈光棍儿〉参加国际电影节，3个光棍儿走红毯》，载http：//v.ifeng.com/news/society/201111/a05001cc-6426-4ee7-9267-9196f841d582.shtml。

[39] 郎郎江湖：《〈光棍儿〉：中国影帝，咱点民间的吧!》，载http：//lqclqr.blog.sohu.com/171709073.html。

我还真不懂。难道这部影片因政治原因被禁止商业发行了？我看不出它触犯了什么政治禁忌。它在当地公映过，网上到处都可以视频观看。从各方面来看，它都太政治正确了——不仅展现了编导充沛的人文关怀和文化自我表达的决心，还特意通过与影片游离的一些情节反映了农村真实的贫困和严重的城乡差别，甚至还道德无涉地展现了农民联手欺负外地人时同样的奸猾、无耻和狡诈。

另一个也算可以算与政治有关的原因则是它可能尚未送电影局的审查，或尚未通过。但这就应当说是还没能而不是没能进院线。是的，许多年来，有些影片，如姜文的《鬼子来了》张艺谋和葛优的《活着》，没通过审查，未能公映。但通不过审查的影片是极少数。[40]如果不是评论者的中文差劲，我只能说这又是在借助和贴近政治进行商业推销。

我很希望该片通过审查。这固然因为我觉得该考虑废除影片预审制；其实更怕读者低估了我的恶毒。我就想让电影市场来证明评论者忽悠受众的那个"很多观众"甚至还达不到令院线关注的"足够观众"；他的"绝对相信"不过是某些文人说惯的谎话和大话。电影市场竞争极其残酷[41]，不相信不接受任何修辞。这对制片人和编导当然很不幸，但你拼命挤，挤进厨房了，你就别再抱怨厨房太热。人在江湖，你就得按江湖的规矩。

当然，作为编导，你有权利责备中国电影观众对艺术电影鉴赏能力不足，并试图调教他们。但近年来中国的电影市场、盗版光盘市场以及网络视频都一再事先告知了你们，从大牌到新手，中国观众已不再是谁到外国某村举办的国际电影节忽悠个奖就会跟着上当的傻瓜了。中国观众已经成熟，有了相当稳定的判断标准，不管国内外文艺界定了什么样的艺术标准或创新标准，不管你在国际上获奖或没获奖，不管你导演或演员有名或无名，也无管你狂轰滥炸批评或吹捧，也不是说一点作用都

---

[40] "大凡送往国家广电总局电影局审查的影片，在作出修改后一般都能通过审查。以2004年为例，据电影局局长童刚透露，2004年一共有213部影片送往电影局审查，最后有212部拿到了'电影放映许可证'。"参看，《电影审查揭秘》，载 http://i.mtime.com/jianglihui5/blog/1754701/。事实上，大多数年份，所有送审的最终均能获得通过——尽管这并非支持审查制的理由。

[41] 据报道，2011年中国导演拍摄了628部影片，但能进入院线的也就100多部。请看，《别给姜文冯小刚留面子》，载《信息时报》，2012年1月10日，版C8。

不起，但基本原则是拒绝忽悠。

这当然令一些电影导演悲剧了，却绝不是中国电影的悲剧。这其实再次印证了我长期接受并信奉的一个信条：真正的文学艺术判断标准就看受众多少。[42]但不是一时，而是长期；因为人对艺术的基本感受力虽然会受社会影响，但其中基本和相当部分是天生的，内在的，并因此是持久的。天生的艺术感受力不是，也不应当是，全部，但完全背离普通人天生艺术感受力的，那就不可能成为艺术。中国的所谓艺术电影或独立电影之所以没赢得足够中国观众，因此与观众基本无关，原因是中国导演还没能力以浑然天成的艺术理解和表现来获得观众的青睐。你不要观众，没人批评你，但别因此还装得特悲情，好像受了观众多大委屈似的。

我其实尊重真正追求艺术的人。但在这个世界上，我看到的，更多人是看似关注艺术，其实更关注评价，特别是被称为艺术家或权威的那些人对自己的评价。人都有虚荣心，活得也不容易，我不苛求。我想说的只是，这种关注不但引出了而且会激发太多的赝品，弄不好会把一些本来或许还成的艺术品也攒成了赝品。我感到最奇怪的是，为什么这些人孜孜以求并声称文化自信，在很大程度却是文化上的泰国前总理——他信。

如果上述分析有点道理，也就质疑了国际获奖的意义；注意不是质疑获奖，而是其意义。多年来，各种获奖，包括诺贝尔，人文艺术类尤甚，都已表明，不一定就能证明获奖作品或获奖人的质量，它只表明某部作品或人获得了一些依据现有规则有权将自己的看法变为奖项强加于人的人有道理或没道理的赞赏。但有权力，却未必一定有能力，有时甚至未必有根据，评判诸如《光棍儿》这样的影片，无论是其艺术性，还是其真实性。

也不是质疑评委的权力、智力或艺术感受力，能到那个位置的人，

---

[42] George Orwell, "Lear, Tolstoy, and the Fool", in *The Collected Essays, Journalism and Letters of George Orwell*, vol. 4, ed. by Sonia Orwell and Ian Angus, Houghton Mifflin Harcourt, 1971, pp. 287, 290. 又请看，David Hume, "Of the Standard of Taste", in Hume, *Essays: Moral, Political, and Literary*, ed. by Eugene F. Miller, Liberty Classics, 1985, pp. 226, 231–233.

多少都有两把刷子。我只是说，要评判诸如《光棍儿》这种电影，除了某些普世标准外，还一定需要至少是某些地方性知识以及与之相应的地方性判断标准。我不反对艺术作品例如电影评价的全球化，我只是对评价的普遍全球化有所保留，甚至怀疑。有些作品在全球化中仍可能有效评价，但有些作品则一定不可能。

最后的说明

还有几个问题与《光棍儿》也有关，但更与本文和本文讨论的问题有关，最后一并说说。

第一，为防止误解，必须界定我的批评。批评固然严厉，但我并未指责编导丑化了中国农民。我的批评仅仅针对编导的命题，"我们那里的人都是这样生活的"。我展示的其虚假，却不否认有这种人和事。我丝毫不反对以电影展现真人真事，无论以艺术片或纪录片的方式。换言之，如果编导不藏身于真实，就说自己是编的，我就一点脾气没有。我批评了编导对国际电影界的迎合，一是批评其以赝品欺骗了国际电影界，二是批评国际电影节评奖者对电影消费者不负责任。这些批评属于"打假"，属于双重打假，既要打生产赝品的厂家，也打推荐这些赝品的不负责任的质检者。

如果我的分析成立，我的批评即便损害了编导的利益，也不侵犯其合法利益或名誉权。而如果我的分析判断失误，首先出丑的是我，受损的会是我的学术声誉。即便如此，这批评对于该片编导的未来（如果他还继续的话）甚或这部作品来说，仍然会利大于弊。我不是说我的批评都对，但至少到目前为止，甚或将来，恐怕很难有人，会细致如我这般全面分析该片的主要人物、故事及其内在逻辑。仅就这影片而言，真不值。但我相信一句英文格言，没有坏的争议。对于年轻导演及其作品来说，即便我的不当评论也只会增加而不是降低其知名度。其实真令我担心的是，有人会批评这就是一个合谋，指责我是一个"托"。并且，无论我如何声明，都无法消除这种怀疑。

尽管批评编导不关心相关的自然科学、社会科学理论和知识，我也间接批评了中国相关学界，确实没有为普通读者提供多少有关学科前沿的、可读性较强的作品。当一个国家沉浸在诸如文化这样的大词时，在我看来，其实是这个国家最没文化的时候，至少是之一。如同我在文中提到的，文化没有解释力，而有待解释，有待各个相关学科来经验地解释那些我们习惯用文化来解释，更准确地说是"忽悠"，的具体现象。

这也就可以解说为什么我会花费精力来批评这个我认为很一般很不值的作品？

我认为，学术批评应当并且可能具有相对的自给自足。其产生确实依附于，其价值却未必依赖于，受批评的作品。我力求创造超越被批评作品的价值。我也相信本文的意义已经超出了《光棍儿》，电影甚或一般的文化评论。

另外，尽管散落于全文，我的分析，在做出一些人物关系限定后，也对影片展示的一些现象或民间实践做出了我的解释或提示。例如，光棍多其实是区域内女性通过婚姻经济移民引发的社会现象；在贫穷地区的贫困人家，买卖妇女更可能成为常规的娶妻手段；更穷的光棍会有同性恋行为，基本是机会型的；由于穷，一些男子即便有能力娶妻，却还是很难养活老婆孩子，一些家庭有可能出现"拉帮套"或隐蔽的"一妻多夫"现象，等等。但所有这些现象都与文化无关，而与贫困直接有关，最多也只能说是贫困的文化表现。

这些解释也足以支持我前面说的，为什么我不认为影片展现这些现象有什么丢人。相反，在世界都只看到北京上海并借此来理解 GDP 位居世界第二的中国之际，我们更必须首先向我们自己展示这个太容易被遮蔽的中国。

我还有一个学术考量。随着视频摄影的大众化和普遍化，我相信在社会科学研究领域，完全可能，甚至应当，出现更多所谓展示原生态的视频作品，或配有视频的研究作品。社会学、人类学会首当其冲，但也完全可能出现在其他学科，包括法学的、商学的，例如司法审判和纠纷解决的视频作品，商业谈判的视频作品，可借此来教学。但也一定会出现或伴随了类似《光棍儿》中的虚假。

这类影片或视频作品已经出现。只是现有的学术研究传统还不习惯这类已经浮现甚至可能涌现的作品。如何分析、甄别和评价这类作品的真假优劣利弊，也许会是中国学术发展无法回避的课题。最大量的工作可能还不是评价好作品或优秀作品,首先要有能力甄别较差较弱或很一般的作品。本文力求踏出这第一步。这也是本文追求自给自足的重要理由之一。

第三,有读者会疑惑:你有无或有多少农村经验,令你足以评判这部影片的真实?即便你有,在什么意义上,你可以用彼时彼地的经验来评判影片展现的张家口一带农村的经验?你是否同性恋,或在日常交往而不是在同性恋的意义上你认识多少同性恋者?以及你有无或有多少与电影相关的经验。这类质疑的背后是一个言之成理的关于评判诸如电影这类经验作品的常识,一个人的评判能力取决于他/她的工作经历或生活经验。人们常常用诸如此类的替代指标来判断评论人的权威性及其判断的可靠性;进而决定这类评论的参考价值。

因此,一方面我必须报告读者我的相关经验,让读者评判;但另一方面,更重要也更有学理意义,当我的经历不能达到读者基本预期之际,我必须以读者可感知并接受的方式为自己评论的合法性和可靠性,做出令人信服的论证。

我没有直接的农村生活经验。这方面经验主要来自当年我在军中服役,时值中苏关系高度紧张,部队在胶东某农村住了两年,直到林彪事件之后。此外,我周围几乎所有战士和军官都来自农村;部队每年都要帮助农民干活;以及每年夏季、冬季野营拉练总共约三个月都住在农民家里。我阅读过不少描写北方农村的小说,虽然大多是革命文艺作品,《暴风骤雨》《创业史》《艳阳天》等,但作者还是杰出地表现了农民的生活思维习惯,更通过诸多细节和人际交往展示了民间的习俗,其细致和敏感大大有助于我对农民和农村的理解。之后的学术训练包括对相关文献的阅读和田野调查不过是梳理、丰富和强化了我之前的经验。

我不了解同性恋。之前只见过兄长的一个同学,据说是同性恋。在军中服役多年,我从未听说过有同性恋;询问当年战友,也不曾有任何此类信息。我有理由相信,这不因为消息的人为封锁。因为,每年多少都会听说一些特别是中青年军官,在驻地或在野营拉练期间,违反群众纪律——与当地女性的绯闻。

除看过电影外,我与电影的其他联系也就是还看过电视剧。我知道,两者的区别颇大。

但此种个人经历不足以剥夺了我质疑该片的资格。我从不认为只有妓女才能评论《日出》，或是强盗才能评论《水浒》；我还敢断定，《光棍儿》编导既非"光棍"（特指娶不上媳妇），也非同性恋。我也算一读书人。读得比较杂，甚至很杂，喜欢过文学，也曾算"文青"；但逐渐喜欢了各种与经验现象相关的社会理论，但不关心理论术语或理论家人名，我关心的是经验研究的思路，喜欢从极简的经验命题分析展开复杂的社会现象，包括之前没人分析过的现象。这意味着，我注意观察社会现象，喜欢并且自认为擅长这种"理论联系实际"。

我写的这篇文字似乎不能算影评，因为我没讨论什么电影特有的东西，只是谈老掉牙的抽象层面的"生活真实"。这种艺术观当然很有缺陷。但有缺陷的艺术观也还是艺术观，它构成了我判断文艺作品的一些底线。我还真感到，许多普通人分享的是我的这种残缺的艺术观，而不是什么先进的艺术观。

我不觉丢人。在此报告个人经历就是想说明，个人的切身经验重要，必不可少，但情况如今已有所变化。今天，我们已经可以，并且由于个体的时间经历有限也必须，大量借助第二手的经验材料，借助经验研究形成的理论。只要时刻关注经验，注重训练形成严谨的理论思考，人们完全可能对他只有少量一手经验的问题，仍然可以展开周密细致、鞭辟入里甚至令人信服的分析。

这是本文的追求；是否做到了，我留待读者评判！

2012年5月8—18日于曼哈顿纽约大学法学院

附录：电影梗概

张家口顾家沟，四个老光棍地头闲聊。

因为穷，老杨曾眼看自己的相好二丫头嫁给本村他人。六软1942年12岁娶了童养媳，却因和娘睡惯了，不懂也不愿同床，新婚之夜被媳妇揍了一顿，说是因此成了同性恋。顾林年轻时当着媳妇面对小姨子动手动脚，被二人永远告别。梁大头1966年干活时和本村姑娘调情太投入，左手不幸被打谷机切去……

二丫头如今是村长媳妇，不但旧情不忘，几十年来，一直和老杨维系"婚外恋";更避着丈夫,屋内屋外,田间地头,长期接济几位老单身汉的生理需求……

　　当然,为二丫头的长子(老杨的?)上大学,老杨也没少赞助……

　　众光棍劝说令老杨动了成家念头。六千元买回的四川女人,没想婚后,却与本村并不年轻的年轻人俏三对上了眼,老杨只能原价将其转卖俏三;进城找小姐,想占便宜不给钱,反被敲了八十块又被赶了出去;这还不算,四川女人回家差路费,与老杨性交易,其丈夫俏三又把老杨揍了一顿……

　　头破血流的老杨来六软家包扎过夜,不想同性恋六软居然对他图谋不轨,蠢蠢欲动;老杨只能夜奔……

　　梁大头又来看望嫁在本村的当年的断手情人,期待些许温情;却被完全知情的亲生儿子俏三打出家门……

　　夕阳西下,老光棍们聊着年轻时的故事……

喜欢什么期刊？能有什么期刊？*

《南京大学法律评论》出版了10期，编辑部来函要我写一点"希望"或"祝贺"的话。我没有当回事。因为，我历来将这看成是老先生或领导们的事；而且，我也确实不会写这种没有应景之作，我没有做过法学编辑，不知其中甘苦，说话难免不得其要。但是中秋君又打来电话，一定要求写点什么，比方说，喜欢读什么样的期刊，等等。

这个问题其实很简单，当然，喜欢读好的期刊。但，什么是好的期刊？其实，除了其他的外在因素外，最主要的不过是期刊里面有好文章，给人启发，令人激动。所谓启发，在我看来，就是触动了读者人生的经验，能就一些习以为常乃至于不以为然的法律现象或法律问题谈出一番道理，这些道理也许乍看起来违背常理，但细细想来却合乎情理，因此读者对法律问题的理解扩展了，思想深化了。因此，好文章并不只是告诉你一些你先前不知道的事情（因此，仅仅了解某个外国的法律做法或某个具体的法律规定，在我看来不是好文章），而必须是在了解事情的过程中思想获得了一种训练，因此对以后的法律思考甚至社会思考是有所裨益，有所警醒。所谓令人激动，一方面固然是文章中作者提出的问题是与人生因而也与社会有关，分析很严密、细致、周全，步步深入，使人感到逻辑的力量、思想的力量，但又不强加于人，很有节制。另一方面，令人激动也必须有文采，但是这个文采在法学论文中很大程度上是与逻辑的严密、行文的平易相联系的，是情理交融的阐述，而不是一味的宣传、坚持。一本期刊，其中只要有一两篇这样的文章，无论是学术论文，还是短论，或者是书评，这本期刊，对于我，就算是一本

---

* 原载于《南京大学法律评论》，1998年秋季号。

好期刊了。一种学术期刊，如果能每期保持如此，那就是一种好期刊了。坦白地说，能达到这种水平的学术期刊并不多，而且，这种状况也不仅仅限于法学领域。

学术期刊不耐读的问题可能是两方面的。一方面是作者的问题，作者写论文是否真正感到其写作的问题是个"问题"，值得一写，值得情感和理智的投入？或者仅仅是为了完成一篇论文，使自己的论文清单上又多了一列？这就是为什么我前面两次提到"人生"的原因。我还是比较传统的，认为文章是学人的"安身立命"的处所，因此相信，只有与学人的人生相联系，才可能成为好文章。当然，这里的人生并不一定就是"家事、国事、天下事"，也并非"风花雪月"（这也许是部分古代学人的人生），对于现代学人来说，由于社会分工，其人生在很大程度上是在一个学术实践的传统中形成和发展的，在这个学术传统中面对周遭的生活提出对自己因此也可能是对这个学科有意义的真问题，并以自己的观察思考和学识来回答，因此推进了这一脉络。近百年来，中国社会的巨大变革，学术传统的根本转换，使得我们往往处于错位、断裂的地方，因此，我们的笔下往往"找不到感觉"。

另一方面的问题，可能在期刊。这里的"期刊"应当理解为复数，因此，一种期刊实际上只是一个学术制度的标识之一。办期刊是否真正被当做一个事业，而不是一块本单位的自留地或者是私人非学术网络的基地？是否有真正的学术的竞争，因此有淘汰，因此其学术影响力不是由于其所处的地理位置（例如，北京大学、南京大学，当然其位置也与权力位置有关）或权力位置（例如，法学所或法学会），而是由于其学术累积构建起来的学术位置？当然，这也就需要一大批真正献身于研究问题把学术作为安身立命之地的学人，他们可以是读者、可以是作者，也可以是编者。于是，我的问题又转回到了前一个问题上来了。

如果从单线的因果关系上看，这似乎是无解的。但是，如果从结构上看，这也就是解。我们每个学人，无论是作为读者、作者还是编者，实际就是这个学术网络或结构中的一个联结点。我们个人能做的事是有限的，因为是在这个网络和结构中；但也恰恰因此，也就是无限的。我们只要把自己手头的工作当成一个事业，追求卓越，那么，我们就不仅是在塑造自己,也是在塑造这个学术制度。而这个学术制度作为整个社会的一部分,也在影响着社会,影响着我们的学术环境和生活环境。在这个环境中,我们会有更多更好的法学论文,我们也会有更多更好的法学期刊。会有的。

1998 年 10 月 17 日于北大蔚秀园

敝帚自珍

关于"本土资源"的几点说明[*]

读了朱晖和陈绪纲对我的《法治及其本土资源》一书的书评[1]，近来从其他渠道也听到一些评论，我感到有必要就"本土资源"谈几点看法。

首先，本土资源这个概念是当初我在谈论中国法治时为表述方便用的一个语词；后来在编文集时，还是因便利，再次使用了它。因此，这算不上是一个精心策划的对自己观点的概括，更不是一个必须固守的"核心"概念。如果需要且方便，我随时可以放弃。为了防止误导他人，也防止别人对我标签化或对这本书标签化，我在此声明，此书与"本土资源"的关系就如同此书与书中其他语词的关系一样，仅仅是语境化的联系，不具有什么特别的、重大的、内在的、固有的、不可分割的、恒定的、本质的或其他任何可能想象得出来的形容词的联系。语言和概念都是工具性的，不是本质性的。因此，如果我还有什么观点或思想的话，都在书中的具体论述中，而不是这个概念。

但这也不意味着，我当初使用本土资源一词完全是言不由衷、随心所欲，确实伴随了一种也许是直觉化的关于恰当与否的判断。它首先强调的是要研究中国的社会需要或针对中国存在的亟待解决的问题，而不能不考虑社会的实际需要试图论证或建立一种"理想国"的法治或法制，不能仅仅是为了建立制度而建立制度。其次，我是在谈论中国的"法治"或"法制"时提到本土资源的。所谓法治或法制，是一个社会

---

[*] 原载于《北京大学研究生学刊》，1997年3期。

[1] 陈绪刚：《"本土资源"问题与反普适论》，载《北京大学研究生学刊》，1997年3期，页63—67；朱晖：《从话语的权力到游戏规则的合法化》，载《北京大学研究生学刊》，1997年3期，页68—72。

的有序状态及其制度化,这种有序状态,依据我目前的观点,是一个民族的社会生活的创造,而不可能是任何法学家的理论创造(当然不排除法学家的努力)。我在《后现代思潮与中国的法制与法学》一文中就曾提到这一点。我总认为,法学家的努力最多是为一种为社会所接受的制度作出正当化论证,从长远来看,除了一个民族以他们的实际活动接受了某种制度外,任何法学家的理论论证,甚至政府的大力强加,都不可能有效建立某种制度。因此,就事实状态来说,法制或法治的形成必定是建立在本土资源之上的。由于本土资源着眼的是社会实际生活中秩序的形成,法律在实际生活中所起的作用,因此,第三,它也就不是要在某个或每一个具体的立法或做法上仅以追求"中国特色"或"中国古已有之"为目的,这种做法在我看来都忘记了法律的真正目的和动力。此外,在自序中,我还特意根据本书的三编对本土资源作了一种不以追求完整为目的的描述,大致包括:针对中国实际存在的问题和可能的开放且(即强调公共选择和反复博弈的,而不是"一语定终生的")且有效率的立法,为法学提供理论发展之素材和动力的司法,以及由此形成的法律职业共同体和法学学术共同体。我认为,这三个方面的互动一起构成中国法治的本土资源。在这个意义上,本土资源更多是一种描述性的概念,不是规范性命题。

　　说"更多",当然也就意味着我不排除其中也许有某些规范性的意蕴。特别是在我的书中分析了一些中国的案例,可能许多习惯于从书中发现作者作为真理奉献读者之主张的读者会认为,我试图从中寻求"本土资源"。因此,这很容易成为某些人"影子拳击"(shadow boxing)的一个靶子。但如果阅读细心一点,读者也许可以看出,我并不一定或总是认同我所分析的那些案例中的具体做法,即使我认为其中有一定道理;自然,我也就不可能希望将这些做法强加在变革中的中国。这不仅因为,我知道,任何个案研究总是不可能涵盖中国社会的,因此,我不曾企图从这些个案研究得出一个关于中国社会的一般概括;而且我知道,法治的形成是一个公共选择的过程,过强的理想主义和因此而来的强加于人是于法治有害无利的。我想做的并可能做的,毋宁说,是试图通过分析这些案例讲一些也许是老生常谈的道理,诸如法律是解决世俗问题的,不要以为民众无知愚昧,等等。这些道理由于已经成为"常识"，而常常或容易被人忘记，特别在实际立法、司法、执法中忘记。我还试图通过分析这些案例使我们能从更多角度考察一些问题，使我们从居高临下的"法学家"的视角或"某某法之父"的自我膨胀中摆脱出来，使我们能从道德"表态"或思想"站队"走向"理解"和"研究"现实，使我们的惯习化的耳朵能听见另一些因我们忙于表态而可能被忽略的声音。毛泽东同志早就批评过，教条主义是最容易的。的确，世界上没有比不考察实际情况就表态更容易的事了。我不敢这么做，因为法律关系的不仅是我个人的偏好，而是关系到至少一个时期内许多普通人的事。只是这个意义上讲，本土资源的概念也许有某些规范意义，即希望人们关注现实，实际地研究现实；同时我还多次强调，这个现实是流动的，是在中国市场经济形成的历史大背景下的现实。

而且，作为描述性概念，当我说本土资源概念时也就必然意味着我承认有外来资源，因此，这里不存在什么学术或研究上的民族主义情结（但不排除我在其他某些场合可能有这种情结）或试图标新立异的问题。但我更认为，对外来资源的利用，首先是要看看自己需要什么；如果我现在吃饱饭了，那么我需要的就不是如同他人一样再来一盘红烧肉——假定现在流行吃红烧肉，而可能是来一杯茶或咖啡。因此，任何时候都不能忘记自身，仅仅用流行的或看上去漂亮匀称的理论和做法作为"法治建设"的评判标准。此外，无论就法治还是就法学研究来说，对于外来资源的利用，重要的也不是重复外国人说过的话或外国人做的事，而是看你会不会用其中的道理具体地分析、理解、解决你所面临的问题。我是否会游泳不能光听我是否能熟练地重复别人说过的关于游泳的理论和原则，而是下水试一试；并且在有些时候，例如水草缠住腿因而可能溺水时，我还不得不自己凭着我实际的水性来解开水草。

这些话，当然不是针对朱晖和陈绪刚的书评，而是从他们不约而同对"本土资源"本身能否解决中国法治问题之怀疑中得到的启发。我觉得他们的这种怀疑或"挑剔"是很恰当的，及时的，我甚至不认为他们在"挑剔"这个概念。相反，我倒是感觉到，在怀疑和"挑剔"这个概念时，他们也正在创造着和利用着本土资源，因为他们在反省这个概念会不会，如同"普遍真理同具体实践相结合"或"中国特色"这样一些很有意义的命题那样，在一些人那里会流变成或被一些人当做一种口号、一种标签、一种时尚、一种套话、一种意蒂牢结。他们以批评和怀疑的行动显示出，他们不相信任何概念、原则或命题本身能解决实际问题，他们知道在中国近代以来任何本来有意义的概念或命题都可能因为"流行"但没有实践而失去活力。因此，他们的批评和追问，在我看来，恰恰是在努力保持这个概念本身可能具有的某些学术活力，保持其作为学术分析工具得以存活下去的可能性。特别在目前仍容易为口号激动的中国法学界，概念或命题僵化的危险完全存在。这种危险既可能来自一些简单的赞同者，也可能来自一些简单的反对者。正因为此，我非常感谢他们的批评；我的这种理解就足以为证，我这种感谢并不是故作姿态。当然，我也不是说，他们写作时就一定完全清醒地意识到了我在此的分析。其实，即使是我自己，也仅仅是在写到这一段时才突然悟到这一点。然而，也许正是由于这一点——他们并不必定出于清醒的意识，而更可能是出于他们养成的学术思考、追问的惯习——我才深深感到他们至少比当年的我或我们那一代人更多一份学术反思的自觉。为此，我甚至感到一种庆幸，不过不是为了我自己，而是为了我们民族的法学事业。作为对具体的学术批评之回应，这些话也许有些离题，但对中国的学术讨论中存在的问题来说还是切题的。

如果要回应他们的批评，我对他们的批评还有些不满意的。我觉得批评得不够。这不是说批评得不严厉，而主要是指不够深刻，我从批评中可能的获益似乎不够。例如朱晖的批评似乎是借题发挥，更多谈论了他自己对某些问题的看法，而没有抠住这本书必定存在的某些问题；陈绪刚的第二点批评则似乎要为我反普适提供更佳的论证武器。究其原因，除了批评者的理论资源上可能还不足外，更大的可能是，在今日中国，给老师留点面子不论怎么说都难免。因此，意思到了，也就行了；也许我应当更多地自我反省。看来，中国的学术批评还必须走一段路，我不应当苛求这些跋涉着的批评者。

1997 年 5 月 18 日夜于北大蔚秀园

关于法治的本土资源[*]

什么是本土资源？我在《变法、法治及其本土资源》一文中说："寻求本土资源、注重本国的传统，往往以被理解为从历史中寻找，特别是从历史典籍规章中去寻找。这种资源固然重要，但更重要的是要从社会生活中的各种非正式法律制度中去寻找。研究历史只是借助本土资源的一种方式。但本土资源并非只存在于历史中，当代人的社会实践中已经形成或正在萌芽发展的各种非正式的制度是更重要的本土资源。传统也并不是形成文字的历史文献，甚至也不是当代学者的重新阐述，而是活生生地流动着的、在亿万中国人的生活中实际影响他们的行为的一些观念；或者从行为主义角度来说，是他们的行为中体现出来的模式"（页14）。在"自序"中，我又写到"之所以关注中国的实际，是因为就总体来说不存在普适的法治模式；而法制是否存在在于实践，在于如何做，而不是懂得如何做；因此，法律职业共同体和法学共同体的形成又是极为重要的。关注这些问题，研究这些问题，在实践上改进这些方面存在的问题，就是中国法治建设的本土资源"。（页 XI）

因此，所谓本土资源就不是中国古代的文字传统或规章典籍，甚至不是近代、当代中国社会的一些通常的或习以为常的做法，而是要"在市场经济建设过程中形成新的习惯和传统"。我特别强调市场经济的条件，强调市场带来的人员和信息的流动，由此带来的社会组织结构的变化，以及相应的社会交往的普遍规则的变化乃至法律制度的变迁。因此，我不是严格意义的保守主义者，我并不努力坚持任何一种做法，如果这一做法不合时宜的话；我也并不试图大力推进什么，如果这一推进

---

[*] 这本是给一位学生的回信。

本身不是为社会接受，或者社会的物质条件尚不具备的话。

法治的本土资源在我看来至少有三个方面，研究中国问题、注重司法和建立学术传统。

因此，所谓法治本土资源如果从社会生活和社会实践上看，是社会经济生产方式乃至社会结构的变化；从法学家的角度来看，从法学研究上看，就是对社会生活中的具体问题的研究，就是我们的研究活动、我们的反思、我们的建议、我们的具体对策。坦白地说，本土资源只是对中国社会生活变迁的一个概括说法，也是对我们自己每一个具体努力的一个概括说法。事实上，我不坚持本土资源这个词，这个概念；也不想指给大家看，这个或哪个具体的东西是本土资源。在开掘中国的法治的本土资源之际，我关注的是一个个具体的问题。例如，秋菊的问题（她的生活环境与现代法治得以存在发展的社会生活环境之间的冲突）；山杠爷的问题（国家缺乏财政、物资能力将现代法律实践传送到许多村庄，但农村又需要法律）；法律规避的问题（用意良好的法律给普通老百姓带来了弊端、人们并不因为某个规定被称为法律就会自觉遵守、用意良好的法律在社会生活中实际会如何发挥作用，良好的国家法会以何种方式渗透到中国社会中去）；立法和市场的问题（立法的效率和操作问题不解决，往往会使一个意图良好的法律得不到落实，因此要注意法律与市场的问题）；在城市化、工商化过程的社会中如何认识犯罪违法，传统治理违法犯罪的手段是否可能继续有效；司法独立和司法专业化的问题；如何在冲突的权利之间保持平衡；如何反思我们法学界的一些习以为常的概念；如何理解法律制度变迁及其原因，如何评价，如何考察其后果；在学术上，如何发现值得讨论的中国的法学问题，如何重建中国学术传统，如何改善法学教育，如何对待西方学术思潮。当我研究这些当前社会生活的具体问题之际，我就是在开掘中国法治的本土资源，也是在累积中国法治的本土学术资源。这些问题之所以能够至少让一些读者感到有点新鲜，感到有点新东西，甚至引起许多批评，在我看来，就因为这些问题实际是我们在某种程度上都已感受到的现实问题，不是书本上的或我个人编造出来的问题，而且还确实很难解决。我不认为自己的观点或结论就一定正确。其他人可以反驳，甚至凭着直觉来反对我的结论，但是如果你面对这些问题，你很难用一个法治这样的词来令人信服。如果真正论说这些问题了，那么我们就是在讨论许多真问题了。

正因此，我几乎从不为"本土资源"这个概念辩护，不在抽象层面上讨论中国有没有本土资源，而是讨论具体问题，看具体问题中人们的行为中哪些规则是我们可以接受理解的，哪些是必须改善的。抽象讨论本土资源是空洞的，没有意义的。资源是在使用中发现和确认的。

应当注意的是，我提的是本土资源，而不是本土化，而且我说的还是"法治"，不是具体的某个法律。之所以不谈本土化，是因为不加界定的本土化很容易给人一种倾向：强调甚或固化中西的差异，强调中国与世界的根本不同。但是，在我看来，所谓法治建设就是一个秩序和规则在社会生活中重建的问题，秩序和规则都必须解决中国当下和未来一段时间的问题，法治没有固定的模式，因此要把中国的法治当做一个正当的问题，当做我们这些法学人最重要的人生问题来解决，来理解，而不是要将中国的问题当做世界现代化的一个特例，一段弯路来理解。每个人都不是一样的，每个家庭都不一样，我们不能因为我与他人长相身高不同，就以为自己是畸形儿。也许我不漂亮，但这不意味着我的问题就是按照某个美男子的模样生活；我还是必须在我的条件下完成我的学业、事业、婚姻。中国的问题是具有正当性的，中国的法治问题也具有正当性，不能将必要的借鉴和比较当成一种压制人和知识的工具，当成一个自我贬损和摧残的工具。

中国的问题具有正当性也不意味着中国法治的最终结果一定追求与外国不同。正如你的升学就业的问题具有正当性，却不意味你就只能上北大并当教授。法治形成是一个历史的过程，是一个公共选择的过程。如果最终结果同或者不同，这也只应当是一个自然发展的结果，而不是为了不同而不同。如果仅仅以与他人不同为目标，这就是另一种不自信的表现。在我看来——也许这个判断是错误的——随着世界经济的发展，随着市场经济发展，中国法治的最终很可能与许多发达国家的法治有许多甚至更多相似之处。但完全相同不可能，因为西方各国的法治也各不相同。这种相似之处一方面是国际交往（商业、文化、人员）的结果，因为交往必须有相互理解的大致相似的规则——足球队员不可能按照自己的规则同篮球队员打球；另一方面也是社会生产力带来的社会物质条件变化的结果（例如市场经济带来的信息流动，人员流动，陌生人社会等）。一个典型例子是婚姻制度的变化，在城市和工商社会中，自由婚姻（包括择偶和离异）越来越多，并占了主导。因此，我们最应关心的也许不是我们的法治是否同他人相同，而是这个法治是否得到中国社会最大多数人的认可，是否符合中国人的长期利益，以及我们是否生活幸福。以我们的婚姻为例，难道我们不是更关心自己是否感到幸福，而是关心我们的婚姻是否如同钱钟书与杨绛或周恩来与邓颖超？

我说也许最终中国的法治与世界发达国家有许多相似之处，因此毕竟现在还有许多不同之处。那么如何面对这种种不同呢？就算是西方发达国家的法治是好的，并且将来就算我们也会到达那一点，甚至就算是应当到达那一点，也不要忘记两点。一是法治要解决现实的实际问题，我们不可能跳过目前。我们要过河，就要首先解决桥和船的问题。今天中国的问题如何解决，这是学法律的人如果想有所作为或能够生存下去不能不考虑的。有人批评我说，秋菊的困惑是历史进步的代价；他也许对，但是问题在于是否必定要付出这个代价，能否少付出一点。我们不能因为我的目标是未来，因此就为了未来而牺牲当下。因为未来并不那么确定，因为我们自己的生活就在这当下，我们的同胞兄弟姐妹就生活在这当下。如果我们作为法律工作者不能解决我们自己的问题，不能解决我们的同胞的问题，不能解决大多数人日常生活的问题，我们不仅会问心有愧，而且我们可能无法生存——谁来雇用我们呢？为什么人们要雇用那些不能解决他们问题的人呢？我们的眼中必须看到整个中国，而不仅仅是一个城市，一个地区。第二点要注意的是，法律的有效性必定受到各种社会环境的限制，总是受到人们行为习惯的限制。法律的力量不是万能的，也不应是万能的，一个好的法律，一个好的法治，最根本的是要基于人们的下意识的遵守，要有"守规矩"这样的基本社会规范；尽管另一种说法就是"法律必须信仰"。法律当然可以且常常依靠国家强制力来保证执行，但并不永远并总是依靠国家强制力来保证，而必须是法律给许多人带来了方便和好处，只有在这一基础上，当有人不遵守规则时，国家强制力才能保证。如果所有人都不遵守法律，可能连国家强制力都会丧失，更不用说保证法律遵守了。如果一个路口总是有很多人随意穿行，不顾红绿灯，国家的强制力还会起作用吗？"法不责众"作为一个事实的描述,而不是作为司法的规范,这一概括是正确的。只有当仅有少数人不遵守交通规则时,警察(国家强制力)才能保证规则遵守。

谈本土资源时,我的定语是法治,因此我说的是一个社会的秩序和规则体系,而不是某个具体的法律。因此,仅仅用个别法律作为例证来反驳我,其说服力有限。事实上,一些读者就混淆了法治与法律这两个概念。同时,我还只是说资源,而不是产品;资源只是一种可能性,而并不等于法治产品,从资源到产品是需要一个过程的,需要摒弃,需要提炼。

我在这本书中的一篇文章中说过,创造一个民族的法治的是这个民族的生活,而法学家创造的只是法制的理论,即对形成的秩序的正当化。[1] 从根本上看,法治是一个全民族的事业,但这个事业不是普法,不是某个或一些甚或所有的法学作者写几本法理或民法学之类的书就可以完成的,它是一个民族从上到下、里里外外的运作方式,是在这种运作中体现出来的那种秩序。一个民族也许没有伟大的法学家,但这并不意味着这个民族就没有伟大的秩序。法学家、法学理论与法制的关系并不像我们想象得那么关系紧密。

如何发现本土资源。最重要的是要研究日常生活中的法律问题,或与法律有关的问题,乃至一切与社会生活有关的问题,甚至是纯知识的问题。在研究这些问题中,你会发现,人们在不同的规则中会做出各种选择,她们是有理性的,她们懂得自己的利益,她们希望有秩序,有规则,因为没有规则,没有秩序,就很难有确定的利益。因此,这些人的活动就是法治形成的真正的、最根本的力量。这种力量有时可能会受到压制,但是不可能长期压制,总会在社会生活中体现出来,以各种方式,并努力寻求各种正当化的根据。因此,在研究日常细小的法律问题、制度问题时,在提出解决问题的办法和各种解决办法之优劣利弊时,这就是在促进中国的法治,就是在开掘和发现法治的本土资源。

那么学习外国经验起什么作用。首先我们要看到,我们可能学习的国外经验大多是(毕竟只有少数人能出国并在那里生活较长时期)通过

---

[1]《后现代思潮与中国的法学和法制》,页289。

书本或其他传媒方式进行的，因此，我们获得的经验在某种程度上都是同当时当地的生活切割开来了，脱离了其"语境"。这种学习往往是不深刻的，"纸上得来终觉浅"，这些书本上的规定不大可能轻易潜入我们的生活，融入我们的生活。我们也不可能将大批人长期送到国外生活，因此，书本、媒体在这方面所能起到的作用势必相当微弱。

这并不是说学习外国的经验就不重要了。事实上，本土资源，往往在外国经验的参照下，才更容易看清楚。一个人到了国外，或通过读书了解到国外的情况，特别是了解了其制度的一些原理、功能（而不是其结论）之后，往往会对中国的许多做法有新的理解，一些不起眼的东西可能会引起你的注意。我们生活在一个环境中太久了，太熟悉了，往往看不出其中的奥妙，看不出其他的可能性和制约。更多了解国外的成功和失败经验，可能使得我们对自己的生活世界陌生化，拉开距离，更容易看到中国的问题，发现中国解决这些问题的方法，发现这些方法的合理性和局限性，发现其他可能的方法，其他方法的合理性和局限性，我们会因此看到一个新的世界。我自己就是到了美国才了解和注意到中国社会的许多特点，也是在那个环境中读了一些西方学者的著作之后，才发现自己的生活世界也很精彩。注意本土资源丝毫不意味着我们要关起门来，相反，只有我们的思想更为开放，有了更多参照系，你才可能在你的目光所及之处看到"本土资源"，值的研究的问题、有趣的问题很多，有学术意义和实践意义的问题很多，而不会得出我们没有本土资源的结论，更不会为自己发现不了有意思的学术研究题目而感到苦恼。就认知的层面来看，学术的本土资源往往是在对外开放中才能被看到、才能被理解的，越是具有广泛开阔的学术视野，越是对外国的法治有原理上的和功能性的理解（而不是法条化的理解），才越是可能看到、理解到并从中开掘出本土资源。这种对中国问题的细致深入研究也会使我们的研究更有助于中国的法治。这就是辩证法，这就是注重本土资源和保持思想开放的辩证法。没有对本土问题的关注，实际上你甚至不可能理解外国的经验。请想一下，我们对他人的所有理解都大致基于我们对自己的理解，我们对外地的理解都基于我们对本地的理解。我们说广东热、湿，是因为我们的经验和判断标准是我们在北方的生活（一个长期生活在热带雨林地区的人可能会觉得广东不那么湿热），而我们也只有理解了感受了广东的热和潮湿之后，我们才真正知道北京的干燥。一个仅仅生活在北京的人实际上并不知道北京是潮湿还是干燥（尽管他可能知道北京的某一段时间要比另一段时间更潮湿或更干燥），任何知识都是在对比中才突现出来、积累下来的。关注本土资源与放眼世界的关系也是如此。

1999 年元月 7 日于北大蔚秀园

《阅读秩序》序与跋[*]

川上曰（代序）
——一个学术反省并答友

《法治及其本土资源》出版之后，一些朋友侧面或直面地真诚批评和建议说，这两年你是否写得太多了，你也许应当三年不写文章，坐下来认认真真读书，理清学术脉络，写作一些真正属于你的、具有内在的理论连贯性东西，提出一个理论硬核。这样可以为后人的前进铺一块真正的基石。

朋友的话是令人心暖的，尤其是真诚的批评和建议。但不知是出于直觉还是出于掩饰，我还是为自己做了许多辩驳。我说，学术成就的问题有许多时候基于学术自身之外的东西，我从事学术更多出于一种社会的责任感，从长远来看（这个限制句很重要），任何学术都没有重大意义；在现代，已经无法在理性上发现一个坚实的学术基础，学术也许只是去研究、回答一个个具体的问题，因为没有什么放之四海而皆准的普遍真理，尽管理论的解释力有不同；但也因此越是有解释力的理论和学术，对于人来说，也许越没有用，因为这样的理论只是给我们指出一个方向，提出一种对待世界的心态，它或它们无论如何都不能替代对具体因素的分析；因此，对外国学者的理论，我从来都是将其作为我的研究的注……说到这里，一位朋友打断了我，说，注了你什么？你有什么可注的？

我哑然了。是的，几年来，我究竟说了什么，除了依据一些理论对中国的一些问题作了某些分析之外，我提出的"什么是你的贡献？"这

---

[*] 原载于，苏力：《阅读秩序》，山东教育出版社1999年版。

个问题反过来向我提出来了。作为一个追求某种程度上学术理论确定性的我来说，我不能不接受这位朋友以及其他朋友提出的建议。在这个意义上，我被说服了。

然而，我不是那么容易真正接受别人的观点的人。我更注意自己对生命的体验，注意所见所闻与我的那些从生活中积累起来的"不得不"是否兼容。任何论证和观点，都会由我个体的生命体验来检验，最后或被纳入我人生经验的某个部分中，或被拒斥。其实，我想，每个人都大致如此，理论论证的说服力总是有限，只有与自己人生体验相融贯的建议、批评才能被接受。这也许是人类的一个通病，也是人为什么难以真正在行动上接受他人批评或劝告的根源。

那么，我何以不能接受朋友们的这些不仅是善意的、而且更多是期待的批评和建议呢？是什么样的"不得不"阻碍了我。难道我已隐约感到自己能力的局限，因无法承担起沉重的期待而虚伪地为自己的局限性诡辩吗？难道我已成了那只踢了两脚、吼了两声之后的"黔之驴"吗？面对自己的追问，一种沉重地压迫自己的道德化的追问，我几乎有无地自容之感。这倒不是因为我在自觉地掩饰自己、为自己辩护，而是因为我不清楚我的辩护是否在潜意识层面是出于这种"黔驴"之感。每个人在自己心目中都是一个好人，因此人的清醒意识往往不反映自己潜在的意识。我痛苦，因为我在反省。

归国几年来，我写下了一些文字，也获得了一些朋友和读者的好评。然而，我也深知，许多东西也许算不上学术，并不深刻，也许仅仅是因为目前"世无英雄，遂使竖子成名"。另一方面，我也渴望学术名声和社会反响，渴望能像《一千零一夜》中的那位故事叙说者以自己的言语来延续生命，如果不是能获得不朽的话。但是，在学术的追求中，在对自己人格的道德反省中，我也知道这不是全部的我。我有强烈的社会、民族责任感，我是一位很有责任感的中国共产党党员。我始终敬仰毛泽东、周恩来、邓小平，他们对于信念和理想的坚定始终令我激动。我希望中华民族繁荣、强大，并常常在一些相当平常的时刻（例如升国旗）动情并泪流满面；以至于我爱人常常说，你这样的人太容易当"叛徒"了。作为一个男子，我也常常为自己这些无法自制的似乎是"女性化"的举止而自惭。但是，"无情未必真豪杰"。

这些宣言式的话和自述也许与学术拉远了。也许并不远。一个人的学术活动仅仅是他生命存在方式的一个构成部分，永远不是他的全部。尽管事实上我甚至无法不借助注释阅读许多古文，尽管我的写作中常常借助于西方学者的思想和理论，甚至在文法上也时有显露，但我感到自己在情感上、心态上具有更为浓厚的中国传统文化色彩。人也许不能完全为他的思想情感的言语表述方式和所利用的理论资源所决定的（萨皮尔和沃尔夫认为语言会决定人的思维方式），而更多是为他的生活感知方式和综合表达方式所决定。

如果这一命题成立，这也就在很大程度上决定了我的学术研究将呈现的风格——如果可以用这种通常只能同大学者相连结的概念的话，并构成了我学术理论生涯的那些"不得不"。

那么，究竟什么是中国传统学术的特点呢？这肯定是一个无法给予全面回答的问题，这也是一个无法在这个传统之内——即以这个传统自身作为参照系——而给予回答的问题。我几乎完全不了解印度文化、伊斯兰文化和其他文化，而只是对欧美文化有所了解。若是同欧美现代主流文化相比，我感到欧美主流学术就是罗蒂在《哲学与自然之镜》中所批评的基础主义，其核心隐喻也许可以说就是柏拉图的"穴中受缚之人"（《理想国》，卷7；圣奥古斯丁在《忏悔录》卷4，节16也曾提到这一隐喻）；而中国文化学术的特色是多视角主义，其核心隐喻也许就是孔子的"子在川上曰"（《论语·子罕》），是"行吟"，是"边走边唱"：

> 茫茫江水，一叶扁舟顺流而下，船上立着一个人，面对大千世界，或歌，或吟，或沉默，而即使沉默也是这天地间的话语。两岸山冈林木都瞬息即变，似乎只有那遥远的日月星辰永远驻留，可以成为他的终极关怀，却也在流变着。面对这一切，这个人的歌、吟或沉默都存在，却又都在消逝着，甚或消逝也是一种存在……

这就是我们每个人的存在方式，无论他或她是学者、思想家，还是普通人。

比喻总是跛脚的。但正是在此，我忽然形象化地理解了据说是现代人才有的、其实每个爱自省的人都会有那种"孤独"，涌起与他人交流的渴望；理解了为什么孔子"述而不作"，理解了"屋后有两株树，一株是枣树，另一株还是枣树"的描述和它的作者。我理解了为什么中国传统文化中没有产生过，也从来不需要那种大写的"真理"概念[1]，理解了为什么中国传统学者很少精细严格的论证，而更多是平和地说出一些他们的即刻感悟，而后来者只有在到达人生的某些阶段才能体悟到其中的睿智。我理解了为什么苏东坡的诗文中至少对我来说最动人的始终是《赤壁怀古》和《赤壁赋》，是《夜游承天寺》那个"积水空明""藻荇交横"的水中境界。我甚至理解了中国戏剧（尽管我并不喜欢），和中国画的所谓"散点"透视，理解了陈寅恪、钱钟书这些中国学者不追求体系化的著作方式。

我也——至少在一些点上——理解了另外一些西方学者的思想，理解了帕斯卡尔关于人不过是一根"能思想的苇草"的命题，理解了尼采关于"个人是命运的一个片断"的命题（《偶像的黄昏》），理解了维特根斯坦对不可言说物所保持的沉默，理解了所谓的后现代学者的反基础主义、反本质主义、反哲学、视角主义、反方法论，理解了海德格尔、伽达默尔的此在、传统和偏见，理解了福柯那摧毁性的"考古学"。

正是这样，我才敢在这条川上的我的这条船上说，从形而上的层面上看，也许中国传统文化要比西方现代主流文化更为坚实，因为它并不追求那无法追求的扎实基础；也许因此中国传统文化会更为恒久，因为它理解个体的生命如白驹过隙。

正是在这条川上我的这条船上，我也才理解了我自己，理解了我可能做的和应当做的。我更准确地更深刻地理解了我先前仅仅是凭直觉说过的话，"人其实都是机会主义者，实用主义者"；并因此，至少在这一刻，在某种程度上，我也超越了和摒弃了机会主义和实用主义。

人（是我，而又不仅仅是我）只是在他作为"脆弱之苇草"的限

---

[1] 见，Chad Hansen,"Chinese Language, Chinese Philosophy, and 'Truth'", *Journal of Asian Studies*, 1985, 44: 491–519。但这并非为中国传统思想的特点，西方的一些学者也曾对柏拉图的知识论和真理观提出过挑战，例如，尼采就说过："虚构一个'彼岸'世界是毫无意义的……把世界分为'真正的'世界和'假象的'世界……只是颓废的一个预兆，——是衰败的生命的表征……""'真正的世界'是一个不再具有任何用处的理念，……是一个已经变得无用、多余的理念，所以是一个已被驳倒的理念，让我们废除它！"〔德〕尼采：《偶像的黄昏》，周国平译，光明日报出版社1996年版，页24、25和26。

度内努力。

如果我们都在川上,各自都乘坐着不同的扁舟,那么我们何以建立一个坚实的体系,难道仅仅是为了使我们的歌、吟、沉默都显得更为坚实,更为系统?无论我们如何心比天高,我们都不过只是在流动的川上言说,沉默,言说,沉默,直至个人的永远的沉默;所有的言说和沉默都只是一种情境化的反应,都只是在言说的那一刻对自己具有其真正独特的意义。只有这样理解了学术和人生,我们才会"勿必、勿固、勿我"(《论语·子罕》),才不至于为了理论的融贯、体系的完成而牺牲了人生的融贯和思想的完成,为理论的构架而牺牲了人生的智慧,为进入某一个学术流派或"与世界接轨"而牺牲了你的独特感悟,一句话,为了"永恒"而失去现在。我们又何以可能重建理论与学术的统一,学术和人生的统一。

当然,上面的这些问题也都可以反过来追问,反过来思考——既然我们都是在川上。因此,上面的论说并没有回答什么,也许只是提醒我,要像行云流水地那样生活,对一切,"耳得之而为声,目遇之而为色"(《赤壁赋》),不刻意求"功"和"工";提醒我,重要的也许是在兴情所至之际歌、吟、沉默了些什么,而不在于以某种方式歌、吟或沉默过;提醒我,在川上,可以只吟一首长歌,但也可以吟数首短曲,甚至可以像黔之驴那样"吼上两嗓子"。也许这些歌、吟、沉默或"吼"之间并不融贯自洽,但它们是在这个人身上融贯起来了,在这个人所经历的川上自洽起来了。学术的融贯性和系统性也许总是在一种思维方式指导下的构建,而不是学术理论的外在或内在的逻辑结构。

这也许是我面对朋友批评的自我辩解,甚或一种委婉的拒绝?但又确实不是,至少不全是辩解和拒绝,而是对自我、对人生、对学术之"基础"的反思。我感谢朋友的批评和期望,我会从各个方面自觉实践,包括系统理论构建的努力;这并非出尔反尔,因为构筑更完整的、更融贯的体系本身也可以是一种"川上曰",因为朋友的批评也是触动你川上行旅的那一缕江上清风,那一片山间明月。我想说的只是,人贵有自知之明,不想对自己要求过高,委屈自己,强迫自己为人之不能为之事。更何况,我的专业是法学,一个在我看来,更多是实践而不是理论的学科，而一个学科对一个人往往就是一种命运。说句我现在并不真想这样做、但以后未必不会这样做的话：这也是在为自己通融，为失败准备了退路。事实上，我此刻的想法是，如果我此生并未完成一个理论，没有提出一个有坚硬内核的理论或学说，那又怎么样？也许我会后悔。但如果我的某些"川上曰"，在曰的那一刻是精当的，对这个民族的学术理论或者社会实践有某些无法固定下来、不为人所知甚至不自知的影响，那也就足够了。当然，是否真的精当，这不是人的主观可能把握的，并且也不重要。再退一步，即使并不精当，也只是我人生那一刻的偏好之反映，那又有什么后悔的呢？无数的人不都这样过来了吗？还有无数的人也将这样过来。

其实，我们每个人——无论是谁——都是时时刻刻在以不同的方式"在川上曰"。这是一切学术文化乃至个人的存在方式。

正是在这一点上，我们也许无法论东西文化之高下。

然而，作为绵延2500余年的中国传统学术文化的一种自觉，作为中国一代代学子的一种自觉，这也许才是中国文化的特征、它形而上的"基础"和它的高明之处。

1997年元月14日晨于北大蔚秀园寓所

跋

这是我的第二本文集，虽然是自己编选的，但称不上自选集。

本书中，除《代序》外，其他文字或全文或部分在有关刊物、杂志上发表过或即将发表，但均不曾收入我的第一本文集。这次编集出版，除恢复了发表时被删节的文字外，各篇文字都作了订正或略有改动。最后的一篇访谈是应出版社要求而编入的，其实，没有多少实质性的内容。如果有些读者真想了解，可以找我的第一本文集《法治及其本土资源》看看。《代序》本是自言自语，只在几个年轻朋友中传看过，并不曾打算发表；也只是出版社要求"写一篇有关自己思想学术历程及国家、个人学术命运的散文体自述作为序言"，不得已，我才以此凑数。

说到"不得已",是因为,我从1992年9月留学归来开始发表学术性论文或短论刚满五年,若现在就胆敢写什么"思想学术历程",不仅太有点"那个",恐怕自己今后也会痛苦万分。历程似乎总意味着已经有了某种可以辨识的路线,至少也有了确定的起点和目标。我固然经常自我反思,有时甚至是自我反诘和拷问,却不敢肯定自己走到了什么地方,是怎么走到这个地方的,下一步又该走向何处?借用汪丁丁的一篇短文的题目,是《怀着乡愁,寻找家园》。大约是一种"糊涂的爱",一种比较单纯的求知欲和好奇心,包括好抬杠,终于,如堂·吉诃德,迷失在词与物之间;而"比较单纯"是由于作为一个中国人无法、也不应抛弃的对于当代中国社会生活的关切,正是这种关切构建了这种求知欲和好奇心。

书中的文章大致地分作三编,标准是形式上的,但不严格。第一编的文字带有随笔、议论的性质;第二编主要是书评类;第三编是三篇较长的学术性的论文。

大约与人们(包括我自己)对中文"法"这个字的习惯性理解有关,法律、法学类书籍的书名历来不好起。切题就不容易有"灵气";轻灵一点、听着"亮"一点,则容易离题,或误导读者。我选择了《阅读秩序》作书名,就可能会有这个麻烦。书名源自本书的第一篇文章,该文可作为书名的一个注,这是其一。其二,秩序和法律历来难以分开,如今人们几乎将法律完全理解为政府的理性创造,秩序是法律创造的,因此,强调阅读和理解社会中的"自然"秩序,以此作为法律之基础,本身具有意义;这是我近年来一直主张的观点,也贯穿在本书诸多文字中。据此,我自认为"阅读秩序"不仅切题,而且是对本书的一个不错的概括。也许读者会望文生义,误认为这是一本关于如何读书、如何欣赏或文学批评的理论书;结果可能是两头(法学的和非法学的读者)都不讨好。尽管如此,这种状况如果不触动一下,法学的作者就将永远这样"痛苦"下去,法学给社会的面目也将永远是严肃的、死板的,只有法条和逻辑(其实这是一个误解),缺乏智识和情趣。如果有谁连目录都不看(例如,有某法律系图书馆将陀斯妥耶夫斯基的长篇小说《罪与罚》列入刑法类;因此,有人"建议"最好将学友蒋庆的著作《公羊学引论》列入畜牧系至少是养羊专业的教科书或参考书),购后又声言上当，那么，就让庄子来代我回答吧："让我试着胡乱给你说说，你也胡乱听听吧。"（"予尝为汝妄言之，汝亦以妄听之"《齐物论》）其实，就算书名与内容更为贴近，也未必就不是"妄言之"；这种事如今并不少见，而且也不限于哪一个学科。

是为跋。

1997 年 9 月 2 日于北大蔚秀园寓所

《20世纪的中国：学术与社会》（法学卷）前言[*]

一

在一个匆忙无定的世纪末坚持一种大约是农耕社会的冬闲留下的习惯，要对本世纪中国社会的法律发展进行一番回顾总结，也许是不适宜的。这不仅因为世纪仅仅是人们为了便于计时的另一种方式，甚至它对于我们并不如同具有自然季候的"年"对于农耕时代的人有那么大的意义。因此，世纪末的反思也许仅仅是一种未加反思的习性，仅仅是时间的长度有所扩展而已。在这个匆忙的年代，我们其实无法安静地坐下来、从容不迫地清理和反思。更重要的是我们的反思也未必可能对于未来有很多指导。如果历史曾经告诉过我们什么的话，那么就是个别人——无论其是伟大的政治家还是学者或是一个平民百姓——的反思都不可能影响历史的进展，因为历史并非某个思想、理念的展开。因此，我们也许不必将世纪之交那么当真。当然我也不否认，附着于这种计时，也会有种种其他的因素。包括我们的努力就附着于这一计时方式得以出现。它也许并非非常有用的反思和回顾，尽管两年前山东人民出版社就启动了这一项目。

尽管开头就是一个怀疑，但平心而论，20世纪对于中国来说确实是一个重要的世纪。在这个世纪中，中国所经历的确实是一个翻天覆地的变化，一个"数千年未见之奇变"，无论是中国的政治、经济和文化，都发生了空前的变化。每个时代的人都会将自己的时代看得特别重，正

---

[*] 原载于苏力、贺卫方主编：《20世纪的中国：学术与社会》（法学卷），山东人民出版社2001年版。

如每个人无论多么欣赏林黛玉和贾宝玉或罗密欧与朱丽叶的爱情,他事实上都将自己的爱情看得特别重一样。但是如果就我们这个时代的中国人来说,对于我们这些人来说,这种看重是完全有道理的。用电视剧《英雄无悔》的主题歌的语式来说,那就是,除了20世纪我们还真正能说些什么呢?即使,在久远之后的历史学家或外星球的某个智能生物(或全知全能的上帝)看来,20世纪对于中国其实并不最重要,但是对于我们这些20世纪的中国人来说,它就是最重要的。

二

这里汇集了部分作者对于中国20世纪的法律问题的一些反思和总结。它并非试图而且也不可能对这一历史时期的中国法律和法学进行总体性的回顾和思考。但是,我们试图从几个方面进行。苏力和强世功的论文可以分别视为重构中国近代"法治问题"的两种努力。苏力的论文采用的是一种相对说来更为传统的进路,他主要将中国近代以来的法治问题同现代化联系起来。当然现代化并不仅仅是经济现代化问题,实际上涉及了经济转型带来的其他社会转型,例如文中涉及的民族国家重建、国家机器强化、治理地域扩大以及社会流动性增大带来一系列的问题。特别是他提出了法治的5个悖论(当然并不仅仅是这5个),实际提出的是一个现有的法律知识与中国社会变迁之现实之间的一种紧张关系,标志了现有法学理论在中国实践中的困境。强世功的论文将中国当下法治建设所面临的困境概括成呈现为合法性危机的"制度断裂",他根据中国百年来的经验,在分析了各种理论的基础上,力图在国家与社会的理论框架下来理解中国法律史上这一危机的缘由以及为克服这种危机而进行的合法化重建。他认为这样合法化重建不仅仅是西方文化对传统文化的改造(如文化论范式所主张的),也不单单是现代化过程中对传统的简单取舍(如现代化范式所主张的),即使在国家与社会的理论架构下,我们所看到的合法性重建也不仅仅依赖于国家对社会的采取意识形态灌输和法律制度的强制。他的分析结论认为,合法化绝不是在国家通过对社会的意识形态灌输和制度强制,或社会通过对国家的自由批评和制度约束这种单向度的结构运作中建立起来的,而毋宁是国家与社会、"大传统"与"小传统"通过历史行动者在公共领域进行双向沟通和交涉，从而相互让步、妥协、分工、合作、支持和浸透而建立起来的。他认为西方各个法学派对"法律是什么"的解答仅仅给我们提供一种可供研究的知识，它无法直接转化为我们对历史和现实的经验，因此，他的这一重构是一种发现我们的现实问题的努力，因此也是为发展中国法理学的努力。我们不认为这两篇理论性的论文是唯一的进入20世纪中国法学基本问题的进路，因此它们肯定不是绝对意义上正确的。但是我们认为，这两篇论文都是试图突破现有法理的规范性框架，试图将20世纪中国的经验问题提升为法学的理论问题。

其实，也许更为重要的法治问题是制度问题，制度也不仅仅是一个制度，而是一套制度，一套相辅相成的制度。因此，本书的其他四篇论文都从某个侧面回溯了20世纪中国的一些相对说来比较具体的制度，例如司法制度、例如律师制度、法律教育制度以及法学学术传统。我们放弃了更为宏观的、如今更为常见的那种以立法为主的进路，不仅因为这种著作已经比较多了，因此不想仅仅为了本书的全面而增加一章，而是试图将那些容易被人们遗忘、忽略至少也是看轻的制度带到学术与社会的中心来。并且，我们还认为，在中国的立法已经获得较多重视的情况下，司法、律师、法学研究和教育的问题可能更有助于中国的法治的形成和发展。

贺卫方的论文仔细考察了特别是本世纪前30余年中国司法制度的形成、发展、演化甚至是"扭曲"。他在中国社会政治发展中展现了中国司法制度如何同中国的现实政治交织起来，显现出许多看来与西方传统关于司法理论和制度不"规范"的现象，其中某些特点在某种程度上还影响着今天中国的司法制度，比如说执政党对司法的高度重视和控制，执政党政策对司法的影响。这种谱系学分析所展现的问题因此有助于我们理解今天的问题，甚至是作者自己没有提出的问题。比方说，为什么中国的司法会采取这种方式发展起来，难道仅仅是由于中国传统吗？也许这会有助于读者重新理解强世功文章中的某些问题。张志铭的文章重点在时间跨度上几乎与贺卫方的文章相反，它简略考察了中国的律师制度的历史变迁，集中分析的却是20世纪末中国律师制度的发展和问题，之所以这样处理，重要的原因是，可以说直到20世纪末，律师才作为一个制度在中国普遍建立起来,而不是如同 1930—40 年代,律师仅仅局限于沿海的一些大城市。方流芳和李贵连各自的论文都触及了中国的法学教育制度,但侧重点有不同。方流芳简略但全面地考察了 20 世纪中国法学教育制度的几次重大变迁,在此基础上展开了其对中国当代法学教育的关注。我们能从中感受到的却不仅是法学教育,而是中国的社会变迁、政治变迁对于法学教育的几乎是决定性的作用,例如,法学教育的出现与近代移植西方法律,1950 年代的法学教育向政法教育的转化和对苏联法学的搬用等。李贵连的论文则主要是细致分析了本世纪上半叶法学学术发展的一些问题,法学教育仅仅是作为一个学术部门来讨论的,他的关注更多是历史。相对说来,法学纯学术的研究似乎与社会变迁关系不那么巨大,但是,在字里行间,我们仍然可以感受到 20 世纪学术与社会的密切联系,有时甚至是一个专业术语的出现和引介,也是如此。

三

应当说,我们的这一努力仍然有点"太大",因此也许不深刻,也不全面。各篇论文的关注点也有所不同。有的更侧重历史演变,有的则更侧重当代问题。而且各文也都没有相对统一的理论框架甚或是没有注重理论框架的思考,在这一点上,大约只有强世功的论文是一个例外(强世功的论文也因此更像一篇理论思考)。

但我们必须在此作几点说明。首先,追求统一的理论框架是否必要,有无可能,甚或是有何利弊。我将主要为自己作出一些辩护。我们采取的是各人自己做主的态度,这种态度并非是一种自由主义,而是因为说实话,这是我们在现有的状况下必须采取的立场。对于中国 20 世纪的法律发展,在法学界至今尚未形成一种学术共识可以作为统一的分析框架,而且即使有,也未必适合分析每一个具体的问题,弄不好反倒有削足适履之弊。因此,以论文的共同指涉作为论文的组织者,而不是以研究的共同进路作为论文的组织者,在这种状况下,是一种比较便利的做法。对于 20 世纪中国法学的反思和回顾也许仅仅是开始,一种框架的确立固然有其好处,但其弊端也可能由此发生。

其次，本书几乎没有涉及具体的部门法。这可能是本书的一个弱点。但是作为编者，我们认为这种选择是必须的，因此是有意的。在我们看来，在20世纪尽管部门法有重大发展，其中也有许多对于这些部门法非常重要的问题，但是对于本书的主题"学术与社会"来说可能相对不那么重要。对于20世纪的中国，可能最重要的问题是社会转型、秩序及合法性的重建，相关的法律制度框架和学术传统的创立。部门法在这一重大的历史变迁中相对说来意义有限。本书不打算作为一本20世纪法律史小百科，那也超出我们的能力。因此，学术上的有所不为，也恰恰是为了有所为。此外，这种取舍也有读者的考虑，我们的预期读者并非律师，而是一般的读者，我们希望他们了解的是中国法律的基本线索，而不是一些部门法哪怕是主要的部门法（例如民法、刑法）的发展线索。

第三，即使如此，本书还是有许多不足。例如，本书似乎看不出其他学科的那种"学术性""理论性"，以及学术的累积和发展；又似乎无法给人某些学术历史经验的总结，没有新的学术命题，等等。我们也的确常常为自己职业的学术感到某种惭愧。但是，我们必须请求读者原谅或请求读者理解。必须按照法学的可能性来理解我们，而不是按照其他某个学科的标准来衡量法学。法学是一个非常实际的学科，它的主要问题是实践的，而不是思辨的，它的问题是由社会构成的、给予的，而不是如同许多其他学科一样，可能形成高度形式化的命题和概念体系。特别是20世纪，可能也不允许中国的法学家构建这样一个体系。

又如，本书尽管冠以"20世纪"，但许多文章并没对20世纪进行全面回顾和分析，而是侧重于本世纪上半叶的分析。这固然可能有某些政治上考虑，例如如何评价新中国建国头30年的法学研究，什么可以作为法学研究的资料，这些问题本身就很难分析，也难有定论。但是，更重要的是，坦白地说，对于近几十年的历史也很难作出令作者自己信服的分析和结论。例如法学学术的发展，究竟近50年有哪些真正重要的成果和著作，这就很难评价。有些问题可能当初颇为轰轰烈烈，例如1970年代末80年代初关于法律本质的讨论，但是这种讨论的意义也许更多是政治上的思想解放，未必是学术理论上的推进；与此同类的还有关于法治与市场经济等问题的讨论。司法制度的问题同样如此，如何评价新中国成立头30年的司法制度的成就和不足，如何分析今天很热的司法改革，这些问题实在是当下的学者很难把握的。这里的问题倒并不仅仅在于涉及政治问题，而在于对于制度的评价不是一个逻辑分析的问题，而涉及更多的相关社会实践之评价，这可能更需要时间来拉开距离，才能使我们有一个可能的透视。因此，学术上的这种"避重就轻"，也许是一种更为现实、更尊重自己和读者的态度。其实，所有的研究在一定程度上都是如此，而且也必须如此。"知其不可而为之"是道德的、政治的态度，却不是学术的态度。

最后，我们必须指出，20世纪的中国取得的法律成就，无论在制度上还是在学术上，与其他科目相比，都是相对落后和薄弱的。如果说法律是同秩序相联系的，那么中国20世纪的种种秩序更多不是通过狭义的国家制定法实现的，而更多是通过政治性强力和民间秩序之结合完成的，就其学术而言，更多是译介和移植，一部分是用引入的理论对史料的整理，很少创造性的研究。在这个意义上，有学者称中国的法学是"幼稚"的，话虽难听，但不无道理。当编辑完这本书，甚至我们自己也感到惭愧。法律和法学的这种状况，固然有法律家和法学家的责任，但也许我们更应当从历史的角度来理解。当20世纪中国的主要任务是变革和探索时，那么我们就很难期望法律制度的稳定和法学研究的昌盛。也许这可以从另一个角度提醒了我们本丛书的题目《20世纪的中国：学术与社会》的更深刻的意蕴。

1999年5月3日于北大蔚秀园

你看到了什么？
——《道路通向城市》《也许正在发生》（代序）*

一

25年前的那个秋天，你来到了北大法律系——那时还是法律系。懵懵懂懂中一转眼，就1/4个世纪了。如今北大的绝大部分学生那时都还没有出生呢！而如今，你已是满头华发。

你是同当代中国法学的恢复、发展一同成长起来的一代法学人。

按理说，你早就不该感叹人生了，但你还是常常感叹。因为这1/4个世纪至少是近代以来中国变化最大的一段时期，尽管不是动荡最大的一个时期，却是变化最深刻的一个时期。中国的经济高速的发展，社会结构发生了巨大的、根本性的转型。中国的法治在发展，法律职业在发展，法学也在发展。你当年的文学梦已经远去；你也许暗自庆幸自己当年被"计划"进了法律系；你已爱上这个行当。

生活在这样的一个时代，不知道你是什么感觉。反正你多次说起，一个世纪之前的中国学人，他们面对当时的中国，至少有些人只有"绝望"。而你哪怕再"愤青"，对现实再多不满，也正目睹着中国的崛起和复兴。

于是，有了这本书，你想勾勒转型时期中国法治和法学25年发展的一个轮廓，一部当代的法律简史。

二

当代史是难以勾勒的。身处其中，犹如在暗夜，何方是你的希望所

---

* 原载于，《道路通向城市》《也许正在发生》，法律出版社2004年版。

在;又如在白日,周围无数景色都会吸引你,信息太多同样会令你迷失方向。更何况,由于"上帝"的死去,你不知未来会如何,应如何?也许你只能如鲁迅笔下的"过客",只是要到一个叫做"前方"的地方去,不知是茫然,还是必然。一切都还没有确定。

意义和确定性都是语境的构建。因此,你在《道路通向城市》的导论中首先勾勒了你心目中关于中国的社会变迁的基本脉络,试图以此赋予你的前后左右发生的诸多事件某种融贯的意义;同时也为后面各章节的整合提供一个理论框架。把所有的变化都与这一社会变迁相互关联,又将之视为这个社会变迁的构成部分。

你说的是"构建",而不说(尽管企图如此)描述或展示。发生在这片土地上的事件太多了,每个人都会赋予这些事件一些特定的意义。但是它们是否具有一个整体的意义?这个问题至少是开放的,是供人们不断解释和建构的。你和其他人一样,似乎总是需要生活的融贯意义;你试图从"零乱"的历史中整理出线索。

尽管有人说你是后现代,但即使从这一点上看,你就注定不是也不可能是一个后现代主义者。"我们这一代都是现代主义者。"你需要意义,并且你已经不会像更年轻的那代人一样,能且会从琐细的个人日常生活中寻求意义。就你们这一代人中的绝大多数而言,你们都只能,也习惯于从社会、历史和民族中发现你作为个体存在的意义。

你注定会被下一代的学人嘲笑。但你不担心,因为正如霍姆斯所言"就实践而言,人都注定是地方性的"。你"深深嵌在这个世界之中",但又何止是你呢?你们的前辈,你们的后辈其实都会这样。因此,你没有尼采批评的那种迟到感,也不感叹"我的青春一去不回来"。

三

在这样一个理论的框架中,针对着一些你关注的问题,你追求对中国问题的思考,追求"大气且无所偏倚,……有能力批评[你]所敬重和热爱的"。

第一本《道路通向城市》侧重法律实践问题,分为两编;书名来自凡尔哈伦的一句诗"所有的道路都通向城市",一个朴素但仍然令人震撼的关于我们这个时代和社会变迁的隐喻。你关注的正是这一背景下的法治实践。第二本《也许正在发生》则集中关注法学研究的问题，同样分为两编。

第一本第一编的三篇文章可以说都是宪法和立法问题。你关注实在意义的（effective）宪法，而不是规范意义的宪法。第一章讨论中央与地方关系，因为你认为，就制度问题而言，这个问题对于现代和当代中国的重要性，要超过其他宪政问题，包括更流行的民主问题；现代化和民主的问题首先都需要现代民族国家（对于中国，则是统一的多民族国家）的建立，而这个问题必须在统一民族国家这一前提下才可能完成。分权当然也很重要，因此地方要有权力。但不仅如此，还必须对社会最底层力量的尊重，因此，你把习惯［法］的问题提出来，提升到宪政的框架中来讨论。在我看来，习惯可能是比一般的民意或舆论更持久稳定的地方性或民间力量，是更持久的民意和民情。你隐含的是，希望这个制度能更多的包纳和整合习惯，尤其是在这个转型时期。因此，从这两个极端，你获得了一种张力。

第三章似乎讨论的是司法问题，但它涉及了多个宪法问题。最高人民法院作为国家机构的一部分，本身就是宪法规定的；它会通过司法解释和决定实际参与构建国家的政治结构；它的活动不可避免地涉及立法权和行政权的边界界定；在转型时期，它的地位和功能决定它必须关注公共政策问题。因此，尽管许多人会认为这一章仅有关司法制度，但你还是将之纳入了这一编。你希望突现其中的宪法意义。

你希望通过这三个研究补充——而不是替代——如今更为流行的规范性宪政研究，希望回归一种亚里士多德时代的宪法和法律问题的研究传统。你不排斥或贬斥规范研究，但你的学术研究进路让你认为，真正的宪制和法律必须是从一个民族的实践中长出来的，而不可能是一纸文字规定出来的；并且，既然中国处于转型时期，法学家关心的也更应当是变迁社会中的实在的宪政问题。

第二编讨论了司法的一些非常具体甚至琐碎的问题，但你的关注仍然是理论的，当然其中也有宪政问题，因此是第一编的继续（与这一关注相联系的其实还有《也许正在发生》一书的第四章）。你分析了法院系统的制度定位和制度逻辑问题、法院体制改革中对制度的关注、当代中国法官的教育培训，特别是司法改革中的法官遴选问题。尽管针对的是诸如判决书之撰写、统一司法考试这般的细小问题，但你追求有所超越和丰富，试图揭示这些细小问题中隐含的当代中国司法改革的制度性问题，因此也是中国宪政制度发展完善的重大问题。

结语中，你则简要分析了2003年两件轰动全国的法律事件，从另一侧面提出了转型中国的法治问题：中国的社会转型要求法学的回应，中国法学必须回应中国的问题。

四

因此也有了《也许正在发生》，集中关注了转型中国的法学研究问题。在你心中，法学研究就是中国法治实践和制度建设的一个重要组成部分。

然而，你关注的不是当代中国法学的话语层面。你没有梳理法学各次学科的文献。因为你关心的不是这些文献都说了些什么，而是怎么说的。你关心法学的总体格局和基本走势，以及支持这种格局的潜在制度社会背景。

你从五个方面概括了中国法学的发展和现状，包括法学知识类型的转变、地域分布和学科现状、学术产出、学术翻译以及法学主流意识形态的变化。你没有采用传统的关于法学的叙述方式——梳理各法学次学科的文献，而是力求在宏观层面，同时也是在实证层面上勾勒法学学科的现状和某些变化。你追求对法学现状的一种总体把握，一种独特视角，因为只有在这样的透视中才能看出流变的格局，才能看出制度问题，才能看出社会变迁与法学发展变化的关系；当然，这也才能融入你。

你甚至把眼光放得更远，在第二编中考察了与法学研究似乎相距甚远的中国学术界的三个问题。你还是认为法学并非一个完全独立自足的学科，而是嵌在当代中国学术制度和社会制度之中的；尽管不能等同，但这个学科必然受制于同时也反制着这个更大的制度背景。你考察当代中国的一般的学术知识环境制度，只是希望从这个角度理解和发现当代中国法学弱点和欠缺。

你关心的是宏观层面，切入点却是在实在和微观层面。你把法学研究的一些现象视为症状，试图诊断其中隐含的学术制度问题。

你把"语境论"作为附录，这是你对法学研究方法的思考，展现了你对转型时期中国法律问题的基本思路和方法，其实这一线索贯穿了全书，也许你是想提供有关本书的另一种结构方式或阅读方式：把这一附录视作导论，而其余各编则是对你的方法的展开和实践。

你知道你的关注、分析和概括并非确定，不确定不仅因为中国的社会转型，而且因为你所勾勒的只是《也许正在发生》。

五

从总体上勾勒当代问题，容易流于空疏，甚至大话连篇；而你不喜欢宏大话语。为了避免这一点，你总是从非常具体实在的问题，甚至非常细微的问题，入手。你希望这种处理问题的方式能更好地发挥法律人的精细入微，至少使大部分文章对法律人也会有用——如果不是结论，那么至少是思路；如果不是观点，那么至少也有一些分析、论证和表述方式。同时，你又希望不局限于实务法律人的技术层面，你渴望将政治学家、社会学家、经济学家等社会科学家的关怀也或多或少地带进来；认为这不仅有利于法律人，而且也许有助于其他社科学人的阅读。甚至，你试图把人文的关怀也带进来。包括写作方式和论证方式，都追求一种个性化——因此在这个意义上是人文化——的风格。你力求把这些追求都融入一个有机的整体。

尽管集中关注的是中国的具体问题，但并不封闭。你隐含了跨文化的比较和参照。你感到庆幸，发达国家的历史变迁以及外国学者的许多研究已经为你研究中国的许多问题提供了一些可能的参考，其中也有某些因果性的规律总结。由于时空的变化，历史决不会如同文件拷贝，但是，你知道，它们仍可能帮助我们预知或至少是预测某些问题。在这个意义上，中国当代社会的变迁为中国包括法学在内的社会科学提供了一个空前的检验和发展理论的实验室和观察室。中国学者理应充分借鉴这些人类的共同财富。但根子必须是中国问题。

在一定意义上看，这也是一本关于当代中国法律史研究，但结构本书的并不是对与法律有关的各个方面的全面描述。你不可能全面描述。这也是一部法律理论的著作,但你并不从一些主导的关键词切入。与通常的法律史著作或法律理论著作结构不同,结构本书的不是时空(法律史)或理念(法理学),而是一条理论的线索,这就是贯穿全书各章的那个社会变迁和"制度进路"。你试图论证,制度环境(包括自然和天时)如何影响和制约人;随着一些变量的改变,这些制度环境又如何需求着新的知识和现代人,包括法学人;而人又如何改造着、创造着制度,创造着与这些制度相应的新的知识。你的这一思路来自马克思的历史唯物主义,来自毛泽东的著作;也来自当代的制度经济学、法律经济学和法律社会学研究。

你追求一种社会科学的分析,但不是价值中立,而是冷酷却不冷漠的面对现实。"好的分析必定是残酷无情的",你又提起了波斯纳。但是,你更知道,你冷酷的分析和叙述之背后是你激越的热情。冷漠不可能引发分析。谁会去猜测一个与己无关的人的心思呢?哪怕你在调侃,那也因为你对被调侃的人和事有一种强烈的关切。

六

你的所有这些说明都就注定了这不是"全面"的书,因此,也必定不是"正确"的书。但你想过追求全面和正确吗?你记录了你对当代中国法治的一些问题的观察和思考,希望同中国的法律人和法学人分享,希望在某些问题上或许有助于人们感受和理解转型时期中国的法律和法学或某些寓意。因此,你的预期读者并不是那些追求"真理"的法律人或法学人;万一他们不慎碰上了,要看完书后,骂你两声,你也接受,只希望他们别说自己上了当,受了骗。

其实,你只是听见有谁在问:"你看到了什么?"

2004年2月10日改订于北大法学院

"上载"与"下载"

——《北大法律网苑》序*

这两年来,我们在看到越来越多的书刊文字"上载"时,也看到越来越多的网上的文字"下载",变成了纸上的文字,无论是杂志上还是报刊上,均如此。本书是后者中的一个范例,并且还可能是一个典范,因为除了本书的几篇序外,几乎所有的文字都首先是在网上发表的。

曾几何时,由于网络的发展,许多人,包括我自己,都曾预言网络将替代书刊,"无纸办公"的时代即将到来。但是,面前的这本书似乎是一个反例,似乎是这段乐曲中的一个不和谐的音符。但是为什么?

网络时代的到来已经突破了先前一些人对文字发表的垄断,展示了,在那些由于种种原因而没有能力使文字变成"铅字"的人当中,其实有许多文字和思想的高手。确实,网络上有许多很漂亮、很动人的文字。教育的普及以及网络的发展让我们看到了"山外青山",体会到了"藏龙卧虎"。这是一个市场的时代,竞争的时代;这也是一个垄断被颠覆、权威被颠覆的时代。网络创造了另一个思想、情感得以交流的市场。

这种状况也许可以解说为什么会有许多"上载",但是无法解说为什么会有"下载"——如果网络真的并完全如同我们假定的那样,使(而不是可以使得)思想传播得更远,交流更方便,交易费用更低的话。文字下载的现象表明了网络——至少是目前的网络——作为思想情感交流之工具和市场还有很大的局限,它也有自己的、有时甚至是高不可攀的(prohibitive)费用。我们必须修改自己的预言。

---

* 原载于,《北大法律网苑》,中国民主法制出版社2002年版。

网络阅读的费用首先是先期投入太大。要购置计算机，要连网络；在一个不通电或/和不通电话和光纤的地方，这种费用则不是任何个体可能承担的。其次，有时搜寻费用还是很大，尽管有了Google和百度之类的搜寻引擎。第三，已经形成的阅读习惯构成了人们的路径依赖，人们很难在计算机面前正襟危坐多少个小时"一页一页"地阅读。第四，网上阅读有各种各样的诱惑，人们很难集中精力，因此，"浏览"这个词确实是更准确地描述了人们网上阅读时的行为和精神状态。第五，网上也有各种形式的商业的或非商业的垄断和竞争。且不说如今一些网站已经采取种种法律的和技术的措施禁止或限制免费阅读、浏览和欣赏（Napster是例子之一，另外的典型例子就是那些色情网站），而且，即使是你在阅读一些很常规的网上文字时，屏幕上也不时冷不丁跳出一些广告或其他信息，干扰你的正常交易，诱使你进入另外的窗口。我倒没要求网络提供免费的而且是最好的午餐或晚餐，我只是作为一个偶尔的网络浏览者的如实描述有哪些因素可能不利于网上阅读；我也知道，所有这些因素都可能从另一个方面便利了人们今后的网上阅读。并且，这也还只是此刻来到我指尖的部分因素。

因此，我们就可以看到"下载"的不可避免；就可以看到，在相当长的一段时间内，网络不大可能取代传统的书刊，而只可能是相互作为补充；因此，在我看来，没有围墙的大学或研究生教育至少在我这一代人最多只能是一个补充，尽管是一个重要的补充。

其实，这种性质类似的情况已经不止一次发生过了。就阅读而言，想一想，今天的书的形式也已经使我们失去了阅读线装书的某些便利和好处。线装书分订成册，一般都比较轻（就册而言），可以卷起来一只手拿着读，因此可以斜着、倚着、靠着、甚至躺着很轻松地读。而今天的横排本书，大多很厚，一般都要放在桌子上或要两手拿着阅读，谁要想躺着读，那会很累，很麻烦。我想我们这一代人中，如果就比例而言，老来读书的人一定会有比先前时代更少。除了知识对于一个人的效用会随着他或她的年龄增长而降低以及有了其他信息渠道（如电视广播）等原因外，很重要的一个原因是，现在的书实际上更多是为年轻人设计的，不像线装书那么便利老人阅读（希望有些出版社会从我这里得到一些商业的启示，其实未来20年中，这个老人读书市场会增大）。我们在得到一些的时候总会失去一些，尽管失去也许要少于得到的。

当一项便利人的生活或满足人的欲求的新技术、新东西来到世界时，人类的天性似乎总是容易乐观，夸大其对社会的影响，尤其是它对人们的有利的方面。个中的因素有人类对于未来和未知的好奇和向往，也有利益的因素，因此也就必然有权力和意识形态竞争的因素。网络阅读就是如此；奥运会、世界杯以及时下的 WTO 其实也未必不是如此。指出这一点，并不意味着拒绝和反抗，而只是希望自己冷静和平和。生活将继续下去，任何新的东西都不能替代或湮灭自己的生活；而生活不是一个或一些分散的激动人心的重大事件，而是源源不断让你品尝的琐碎问题和麻烦。

网络阅读也许不能取代而且也不应当取代书刊，就像——如果可行，并就书的形式而言——今天的书也不应排挤线装书一样。真正的市场是增加人们的选项，也就是增加人们的自由，而不只是用一种东西替代另一种东西，用一种垄断替代另一种垄断；并且如果前一种垄断还可能是不得已而为之的自然垄断，而后一种垄断则有可能是不正当竞争的产物。因此，如果就技术的层面来看，《北大法律网苑》编辑部把原来网上的《北大法律周刊》部分还有点意思的文章"下载"出书是一个倒退，但是从满足人类生活的需求来说，这个倒退更是一个进步。

我原来一直以为为别人写序的事都是老先生的事，或当官者的事，与自己无关；也曾经对这一规矩挑过战；没想到，不知不觉中，在年轻人的眼中，在学生的眼中，我如今也正向着我不习惯的角色靠近。尽管我知道这只是形式，这种文字也不大可能有人看的；但是，我还得写。

是为序？

2001 年 11 月 17 日于北大法学院

法学研究的对外开放*

位于北京特别是北大这个位置是有很多便利的。就法学的对外开放而言，北大法学院和她的学生、老师就占了许多便宜。许多外地学校可能会专门请外国学者来作一些讲座，而在北大法学院，每年来访的外国学者、律师已经很多；访问其他学校和科研机构，例如社科院、人大、政法、清华的学者也往往会托人或主动请求到北大访问；而且来了之后，只要可能就会做一个讲座。乃至在北大法学院，有时外国学者的讲座几乎安排不开——在另一个意义上，开个玩笑，成了"人满为患"。

这种学术的交流和开放的状况，当然是好的，对北大法学院特别是渴望了解世界的学生是有利的。但是世界上所有的事都会有机会成本，只有好处没有弊端的事是从来不存在的。

除了外事活动繁忙、需要大量临时安排教室外甚至要组织学生听讲座等预备性工作外，就学术而言，一个重大弊端就是这种学术交流的水平到底如何？当然，来访的学者本身，就总体而言，学术都很不错，准备也颇为认真，他/她们大都把在北大这所中国名校举行讲座看得挺重，甚至会出现在他/她们的简历上。但是鉴于种种原因，例如他/她们对我们学生的状况不了解，对他们而言这是些外国听众；各国的学术传统以及问题往往不同（许多学术问题只有在一个学术传统中才能了解），等等，他/她们的讲座事实上基本上不可能讨论比较深的学术问题，而只能是一般性地介绍本国的某个法律领域，某个法律问题，甚至只能讨论一些流行一时的问题，诸如法治、司法独立、人权、WTO之类的，不可能太深入。我记得当年我回国不久，有一次威斯康星大学法学院教

---

* 原载于，北京大学法学院编：《秩序的正统性》，法律出版社2003年版。

授、批判法学的领军人物之一特鲁拜克（David Trubek）来作讲座，原定的题目是有关法律的不确定性，后来则改为一般性地介绍介绍批判法学。我没问改动的原因，原因是明摆着：在当时中国法学界，面对大学本科二年级学生，他不可能讨论那样深入的学术问题。因此，这种学术的对外开放就可能停留在低水平重复建设，总是"三来一补"。而这样的开放在起初对促进中国法学发展还有所裨益，但长远看来，则可能沦落为一种友好姿态。友谊仍然很重要，但若是从学术上看，则达不到开放的真正目的。

另一个弊端，"对外开放"挤了"对内开放"，或者根本就不"对内开放"——相对而言，北大法学院以及北京地区的其他法学院都比较少请国内其他院校的出色学者来作讲座。有时也做了，由于匆忙或者是准备不充分，因此讲座也只是重复这些学者在本校的教学内容，而不是把他/她最新研究成果作为讲座内容；或者更少请与法学研究相关的其他学科或交叉学科研究的学者来作讲座。这其实形成了另一种学术上的"闭关锁国"。在学术上，我们必须在市场经济的条件下重新理解对外开放，从信息经济学的角度来理解对外开放。在这个意义上，对外开放的这个"外"字其实不是以国家或语言为界限的，就学术而言，这个"外"就是自己没有的学术信息，就是自己尚未研究但与自己的研究有密切关系的学术领域的发展。从这个意义上看，对外开放不仅是中国经济发展的一个国策，也是法学发展、学者个人研究发展的一个永恒的同时也是根本的问题。作为研究者，必须准备对一切与自己研究有关且自己不了解的信息和知识保持一种开放的心态，无论这种信息和知识是以什么文字和语言——中文的或外文的，学术的或通俗的——表达的。也正是在这个意义上，"对内开放"其实可以说就是对外开放的另外一种形式。

正是基于这样的考虑，北大法学院在法律出版社的支持下举办了每月一次的"北大法学论坛"，其目的主要是让更多国内但不限于国内的、主要是法学的但又不限于法学的学者的比较深入的研究成果能够通过论坛形式在北大法学院传播。我们相信这种形式将会促进学术的交流、发展和深入，尽管目前还只是一个开始。这里汇集的文章就是这些论坛的忠实记录。

所谓忠实,在这里是一个限定而不是一个修辞。我想说的是,这本文集不仅记载了我们的成功,而且更重要的,对于明眼人来说,它也记录了我们的某些不足。这里汇集的讲演,就总体来说,在我看来,题目可能还偏大,而题目一大就难以深入讨论;这里的讲演讨论的问题中的理论闪光点不多,挑战性不强,思维的细致和精密还不够;有的更多采取了一种就事论事的进路,而缺乏理论的整体思路和严密逻辑(林毅夫的讲演由于其经济学传统可能是一个例外);大约出于客气,评论者与演讲者的理论交锋不够,不够犀利和无情(例如何勤华教授讨论法律移植时对我的观点就比较留面子);学者对自己的观点也不够坚韧(例如龙宗智教授主动给他自己的"相对合理主义"加上了一个"局限性",其实讲的就是"相对合理",局限性是必然的,因此问题不在于有没有局限,而在于是否相对合理);从许多提问者提的问题也可以看出至少某些听众还比较缺乏对理论的关注。重要的也许不是看到成就,而是看到不足。也因此,重要的不仅是要培养法学理论家,而且要注意同时培养关注且能够理解和分析法律理论问题的批评者和听众。所有诸如此类的问题,都有待我们完善。

但是,这一步已经迈出去了。今后的路会继续走下去,我们也会坚持下去,为了提升中国的法学,为了中国的法治事业。

最后,还必须强调,这一论坛是在法律出版社支持下才得以举行的,我们除了感谢法律出版社社长贾京平先生,社长助理蒋浩先生以及其他编辑外,重要的是,在这里,我们看到了法律出版界与法律学术界之间的又一种学术合作,并且这也是一种学术制度的创新。

"我们正在前进。我们正在做我们的前人从来没有做过的极其光荣伟大的事业!"

2002 年 10 月 17 日于北大

序四篇

《燕园法学文录》序

又一卷《燕园法学文录》编辑完毕，即将出版了。这项持续了数年的事业又向前迈出了一步，它已经近乎常规化了。

说到常规化，我是说同数年前初次编辑《文录》时，这两年的编辑已经不那么兴师动众了，似乎也不那么引人注目了（尽管我在网上看到有学生讯问购买前几年的《文录》）。生活会使一切平淡化；时间的流逝，会使仇敌"相逢一笑泯恩仇"，也会使炙热的恋情变成淘米、洗菜等家务事上的默契。但是就是在这种平凡的持续中，才有所谓制度。制度不是广场大道的阅兵，而是润物无声的春雨，制度不是激动人心的变革，而更像诸如日日相见时的寒暄。就在这些平凡的累积中，北大法学院在成长，我们的学术规范在形成，我们的学术事业在发展，我们的学术传统在延伸。

感谢我们的老师们年复一年的辛勤努力；也感谢赵焕老师以及其他编辑人员承担的琐碎编务工作。

2002 年 4 月 23 日于北大法学楼

《江流有声》序[*]

今年是北京大学法学院 100 周年纪念，严格说来是北大——同时也是中国——正式开始设立现代法学教育 100 周年。我们编选了这部法学院纪念文存，作为一个纪念。

---

[*] 原载于，北京大学法学院编：《江流有声》，法律出版社 2004 年版。

文存的编选应当说是颇费了一番心思。从道理上说，而且我们的本意，都是想编选一部在和曾在北大任教的教员的文选。但这个任务实在是太难了。首先由于百年来的社会动荡和变迁，许多资料都不完整了。其次，百年来教员的人事变动很大，曾有多次院校的合并和分立，因此谁算谁又不算都很难确定。第三，即使这都不是问题，我们也很难确定一篇论文是否是在北大任教期间撰写的，如果放弃或放宽这个界限，那恐怕就得把全国各地许多法学院教员甚至律师、法官、检察官的论文都得收入。而这是一部纪念文集无法做到的；另一方面，也说不定还会有人说北大法学院今天在"拉大旗当虎皮"。第四，但是最重要的是要把一些最好和最重要的论文——无论是学术意义还是社会意义上的——收集起来，令这部文集足以反映我们过去的 100 年。但这就不是一般的难，而是特别的难；因为"重要"和"好"，都是相对于时代、情境和学科发展而言的，而不是绝对的，本质主义的。法学，作为一门更重视实践的学科，不仅有许多部门法分支，而且至今也不如同自然科学或诸如经济学这样的社会科学，有一个基本稳定的学术范式可以用来对法学著述作出统一的学术评价。有鉴于此，我们采取了一种更为经济因此而省心的选编做法，大致是，由"文革"后在较长期北大法律系和法学院任职之教员每人提交一篇自己认为最好的论文。即使如此，仍然有不少麻烦。例如，一些老先生已经去世，如何选择他们的论文？又比如，一些曾经在北大法律系任教数年但后来离开北大法律系的教员的论文又如何编选？此外还有其他一些比较琐细的技术性问题。但不管怎样，我们还是努力完成了这一纪念文集的编选，尽管因此这一文集就一定存在种种不足和问题。

如果放眼看来，上面所说的这些问题其实都与中国社会近百年来的现代化和法治问题有关。例如，为什么要划定选文的边界？这个问题的前提不就是一个（学术）社区之边界以及规则（法律）面前人人平等的问题吗？这个边界之所以难以确定，在一定程度上不就是因为现代社会中人员的高度流动吗？论文的学术意义和社会意义之所以难以判断，在一定程度上又是与中国的社会转型和知识转型、与学术的传统变迁和发展（学术的多样化或异质化）有关，也与学术判断标准的多元化有关。如果是在一个传统的（因此是高度"静止的"）社会，无论社区还是社区人员，无论是学术传统还是学术判断标准都会高度稳定且相对单一，因此，这些"麻烦"都可能不存在。我们社会百年来的发展不仅意味着我们必须接受这种社会变迁带来的"麻烦"，而且这些"麻烦"也都在一定程度上意味着中国社会的发展，意味着中国法学的发展。

正是在这个意义上，这部文存更多是一个纪念的符号或象征，而不是追求展示北大百年法学发展的历程或主线。它主要展示的是最近20多年来北大法学院（法律系）的学术变化，更多是1990年代以来的学术变化。事实上，也主要是到了1990年代，随着中国的社会主义市场经济的发展，随着中国的全面的改革开放，也随着中国法律作为一个职业的全面发展，法学才开始一个稳定的且相对全面的发展时期。这其中教训是值得我们反思的。从当年北大设立法学门之际的涓涓细流，到今天中国法治和法学发展的大江东去，这是一段艰难跋涉的历史。

不再有溪水的喧闹，也不再有峡谷中的咆哮，但从大江东去的那似乎喑哑的拍岸江声，从那从容坦荡的韵律节奏中，我们更能感到它如今的自信、倔强和力量。

2004年3月20日于北大法学院

《法治中国丛书》序[*]

《法治中国丛书》集中关心当代中国的法律问题。

这因为中国问题的特定性。这些问题发生在当代中国，一个迅速转型并从容崛起的统一多民族大国；这些定语，以及因中国的崛起而不断改变的中国所处的国际环境，都决定了当代中国的问题以及中国回答这些问题的具体办法，不可能从一般的法治理论中推演出来，也不可能套用某一或某几个外国以往的法治经验。

主要还不是出于知识或思想的考量，而是生存的考量。这些问题就发生在我们周围，直接影响我们，就是我们的问题。它们便于我们接近，也需要我们理解。扎实地理解这些问题，有效解决这些问题，不仅

---

[*] 原载于，《法治中国丛书》，法律出版社2009年版。

塑造我们生活的物质世界，也会塑造我们生活的意义世界。

这不意味着本丛书将无视一般的法治理论或外国的法治经验。相反，我们考虑到并坚持两者有重要联系。第一，只有在一般法治理论或外国法治经验的关照下，我们才能理解中国问题的特定性和回应方式的特殊性。第二，研究中国法律问题的特定性注定将修改而不只是充实所谓的一般法治理论，改变目前主要是基于外国法治经验而得出的法学的天经地义。

这就规定了本丛书的总体追求和倾向是经验的、实证的和社会科学的；即使运用或触及历史文献资料或学术思想，也趋于以社会科学视角的处理。因为只有基于经验、实证和社会科学，才可能在经验层面发现而不是想象层面塑造中国问题的具体性/特定性，才可能追求有效的法律实践的回应，才可能有可观测的后果。

基于社会科学的另一个意味则因为我们认为，只有在这一框架内，才可能把中国问题的特定性变成可为人类分享的知识，使中国经验有可能成为中国的软实力，而不是一种学术标榜或风味佐料。

更重要的是迈出步伐。

2009年7月20日于北大法学院科研楼

《北大评案·法律思维》序*

"像法律人那样思考"是中国法学教育界长期以来追求的教育目标之一，但究竟如何才能在法学教育上落实？这其实是中国当代法学教育恢复发展30年来一直令人困扰的一个问题。传统的法学教育集中关注的是有关法律的"系统"知识，分门别类，实体法、程序法，刑法、民法、行政法，等等。这种系统的教育非常重要，尤其是对于法学研究，对于初入法学的人；但在法律实践中，则暴露出一些问题，因为现实中的立法和司法问题从来不是分门别类的，而是混杂在一起的，因此学院内的系统知识在法律司法实务中反而变得不系统了，零碎了。当代中国法律人的实

---

* 原载于，北京大学法学院编：《北大评案·法律思维》，北京大学出版社2010年版。

践能力其实更多是在法律职业市场上培养的，法学院似乎没有尽到应尽的责任。

说似乎，是因为，按照原来的法学教育规划，无论是影响中国法律最大的欧洲大陆法系的法学教育体制还是改革开放之初的恢复性法学发展，法学院确实没有多少责任和义务教授实践中的法律；也没有能力——在一个没有多少司法实践和律师实践的社会条件下，不可能获得这种能力。

但近10多年来的中国法律职业的发展已经改变了这种状况，对法学院提出了这种要求，并且日益强烈。1995年开始的法律硕士的教育培养就是基于这一社会需求的回应。然而要转变、改善这种法学教育传统是需要时间和积累的。尽管所有的法学教师都指向案例教学，指向美国式的所谓苏格拉底教学法，但实践起来也是问题一堆。

首先是案例的问题。由于教义学的传统，至今为止法律教学中使用的所谓案例大多是高度简化的，是为了说明并帮助学生理解某个已有的法律概念或命题，而不是借助案例来发现复杂的法律问题，拓展法学的视野。借助美国的案例也有困难，毕竟法学传统不同，法律制度不同，许多概念和命题也不同，很难直接搬用或套用。

但更重要的是教师的问题。当几代学人都已经习惯于法律的教义学传统，那么这种传统就是一种稳定和保守的力量，有好处，也有不利。我们这些教师更习惯于也更愿意从案例中抽象出一条或几条原则或规则，而不是首先关注案情的事实细节；更习惯于从某一个部门法，无论是实体还是程序，来处理这些案件，而不是将案件中涉及诸多法律的所有法律争点全部提出来；进一步，也就更习惯于案件中抽象出来的某一正确规则，而不是这一规则在实际生活中的适用边际和弹性。

也还有其他的问题，例如，教学计划和教学"体系"问题，包括中国学生历来对"学科系统性"的要求。我还记得自己当年上研究生之际，一位美国老师以案例方式讲授美国法律后，学生的一个基本评价就是"不系统"。还有教学经费，教学评估，考试制度的问题。放得更大一点，如果某校或某位教师采取了案例教学，而其教学内容不符合全国的统一司法考试的要求，那么这个学校或这位老师就会面临巨大压力。

所有这些因素构成了法律教学改革的阻力；但所有这些阻力都不构

成不改革的压倒性理由。法律和法律教学必须回应中国法律和司法实践的要求，回应中国社会的要求。

也正因此，将多年来北大法学院一些老师针对中国法律和司法个案分别撰写的论文汇集起来，是一项非常有意义的工作，是旨在推动中国法学教育发展完善和转型的重要努力。

这些案例都来自当代中国社会，不仅都曾引发了社会的广泛关注，并且在撰文的作者看来都具有重要的司法实践和学理意义。作者基于自己对社会和法律问题的理解，力求鞭辟入里地展开法律人的思考，即关于一系列法律制度、原则和规则的思考，展现他们对案件事实的敏感和细致，以及这些事实与法律的精细和微妙联系。将所有这些分析汇集于此，不是因为这些分析和理解都符合某个超越我们社会之外的真理，并因此是正确的；事实上，即使针对的同一案件，本书的作者也可能得出了不完全相同的却同样有道理的结论。这一汇集只因为它们都展示这些法律人对案件中复杂法律问题的独立思考。这些具体的分析判断是个人的，但它们的分析思路是属于法律人的，其产生的思维训练的结果则属于社会。

甚至，我还可以说，正因为这些分析没有终结真理，或终结于真理，它们才展示了法律思考的巨大空间，展示了我们社会和学术的巨大空间，才可能激发本书的预期读者（主要是但不仅仅是法学院的学生）展开自己的独立思考，也展示了法律问题和法学问题研究的固有特点。

这仅仅是第一步，但是重要的一步。希望以此来推动中国法学教育的回应社会需求的发展和变革，进而促使中国法学研究贴近中国社会并最终形成中国气派和中国风格。也许，这也是大国软实力的一个小小的组成部分。

让我们共同努力。

2009年11月17日于北大法学院科研楼

丰富对法律的理解[*]

法律是一个世俗的事业，首先是要解决问题的，否则，不仅法律人活不下去，而且作为职业的法律也活不下去，因此法律是非常世故和功利的。但，首先并非全部，法律同时也是对人的生活意义的寻求和理解，因此，法律就具有了另外的一面，非常人性的一面。法律与文学可以说就是要突现法律的这一面，这里的几篇文章也都是法律与文学的一些努力。

法律与文学作为法理学的系统努力肇始于 1970 年代的美国，但是法律与文学的关系却源远流长。如果把法律作广义界定，使之包括人类对于公平、正义的直觉追求，包括了日常生活的规范，那么大多数文学作品都在一定的层面涉及法律。可以说，我们的最基本的法律常识的教育，其实有很大一部分来自广义的文学阅读和欣赏——无论是《秦香莲》还是《水浒传》，无论是《西游记》还是《窦娥冤》，也无论是《卡拉马佐夫兄弟》还是《1984》。这些作品——特别是一些经典的作品——或者隐含着某些时代或人们对法律的非论证的但并非不系统的思考，或者隐含了可供我们分析的某些时代的法律制度的特定信息。这就意味着法律研究有一个更广阔的天地；而文学研究也有一个广阔的天地。

中国目前还没有出现一个法律与文学的运动，人们对法律的理解还比较狭窄，法律在人们心目中还是一副冷冰冰的样子，甚至——至少在目前中国人心目中——越是理想的法律，就越应当是公事公办。这种对法律的理解，至少反映了我们社会中的两点；一是法律还没有融入我们自觉的生活，因此，我们常常以为我们的生活——违法除外——是远离

---

[*] 原载于，《北京大学研究生学志》，2002 年 1—2 期。

法律的；其二是我们的法学学术传统的薄弱，我们法律人往往还缺少一些从法律视角对生活的观察力和分析力，我们还无法把法律同日常生活在智识上勾连起来，我们不但缺乏对生活的法律观照，而且我们对法律也缺乏生活的意趣。在这个意义上看，我们也需要一个法律与文学的努力。

这些论文就是这样的努力。它们让我们看到的不只是对文学作品或文学形象的重新理解，而是法律人视角中的重新理解，它们在一定程度上正在重塑着我们习惯了的文学世界。它们不仅让我们看到文学中的法律，更让我们看到了生活中的法律，并且到处都有；不仅是在外国，而且也在中国；不仅是在当今，而且是在古代。它们不仅拉近了法律与普通人生活的关系，也拉近了文学与法律人的关系。它们的出现不仅意味着法学的发展，也许还意味着法律的发展，甚至还意味着法律人的发展。

这还是起点。法律与文学的道路还很漫长，领域还很开阔。不仅大量的文学和生活故事中的法律意蕴还有待发掘，而且法律中的大量文学意蕴也有待开拓。只要想一想，我们有多少法学论文论著缺少文采、不善叙事、词不达意、让人难以卒读，就可以了；只要想一想法律人在中国民众中的形象就可以了；甚至我们只要想一想当代中国民众对一些所谓的法律文学、影视作品的感受就可以了。

而现在，情况正在发生变化。我欢迎这种变化。

2002年5月4日于北大法学院

法学的前沿？*

法律本是无所谓"前沿"的。法律的最初关心就是如何解决普通百姓日常生活的事务，而日常生活又有什么前沿后方？有的只是一件件平凡但有可能重要甚至性命攸关的事；尽管事情有大有小，关涉的人和利益有多有少，但大小问题都得解决，小问题在特定人身上在特定时候就可能很大，涉及的利益也可能很多。因此法律从一开始就是平凡的、琐细的，甚至是很俗气的，说穿了就是要争名于朝、争利于市的，用洋人的话来说就是"为权利而斗争"。也因此，法律强调常人的理性，强调实践理性。

但是，哪怕是最平庸的事情，做多了，也会累积些许经验；哪怕是最琐细的经验，累积多了，也会唤起人们些许灵感，引发诸多联想。这就是知识，一种相对稳定的并有用的经验，因为有社会需求而变得有市场价值，美其名曰：法学。但这也还是无所谓前沿。我们能说刑法或民法是前沿吗？宪法或行政法是后方？或者是相反。

甚至法律中的新问题，偶尔遇到的特例也未必是前沿。这样的问题，如果不具普遍性，可以由破例——特事特办——来处理，英文中称之为 ad hoc；如果日益频繁，那么就一定会逐渐形成一种新的处理这种问题的定式，形成一个新的门类，例如当下的网络法，可能很新，有可能但仍然未必是前沿。

前沿之出现与法学从一种职业性的知识集合体（a body of knowledge）到系统化、理论化和形式化有关，与其试图学术化有关。任何一个学科，一旦开始系统化、理论化，就必定要概括、抽象，也就是要排斥一些东西，突现一些东西。没有这样一个过程，法学就一定只是停留

---

* 原载于《法学前沿》，法律出版社2003年版。

在具体经验的层面，就只有一些诀窍（know-how），而不可能提纲挈领，抓纲举目，便于他人学习和掌握。也正是在这一知识概括的过程中，我们才看到法学家关心的问题总是与法律人关心的问题有差别：前者总是更关心一些概括的原则，而后者更关心如何把一个个具体的问题解决了，处理好——尽管在实践中一个具体的人总是可能两者兼备。因此，我们才有了犯罪构成的"理论"，才有了合约的合意、客观"理论"，等等。因此，法理学家关心钻研的总是一些"只要有点基本常识并且要养家糊口的人连一分钟也懒得去想的问题"（波斯纳：《法理学问题》）。也正是在这个过程中，法学形成了一个学科，尽管还不是一个高度形式化的社会科学。

前沿之出现同时也与其他学科或知识集合体的竞争发展有关。现代社会的知识劳动是高度分工的，由此形成了不同学科以及有时也冠名为学科的知识集合体。不可避免，这些学科以及知识集合体之间展开了竞争，在竞争中不可避免地你中有我，我中有你，出现知识的混杂和交错，这是另一种前沿，因为在英文中，前沿（frontier）的另一个含义就是边陲、边疆。边陲是受中心控制比较弱的地方，那里地广人稀，有可能是穷山恶水，但也可能资源丰富，前途远大。因此至少值得开拓一下，哪怕最终结果是一无所获。"激起［法学家］最强烈兴趣的不是那些人们认为是伟大的争议和伟大的案件，而是一些渺小的决定，……其中有某种更为广阔的理论酵母，因此可能给法律的肌体组织带来局部的深刻变化"（霍姆斯：《约翰·马歇尔》）。

上面这些话并非闲话，而是对本刊追求的一个说明。本刊不拒绝小问题的研究，但它必须至少是隐含有某种程度的普遍性的理论追求，或者必须是对边陲的开拓——追求将其他学科的知识和理论运用于分析法律问题。在此基础上，我们才谈到创造。

如今大家都在说"与时俱进"，在法学研究中，与时俱进就是追求对具体经验、零碎知识的系统化、理论化，使之具有一定的普遍性；与时俱进就是对其他学科的知识之借鉴和运用，扩展法律研究的深度和广度。这应当成为法学人的追求，事实上，这也是之所以被称之为法学人的唯一标识。

2003 年 6 月 13 日于北大法学院

法学的借鉴与发展[*]

这是一个老问题了，断断续续至少争论、讨论了有百余年了，而且是中国学术界的一个普遍性问题。然而，这个问题之所以一直没有解决，也许并不是因为原则不清楚，而是因为中国近代以来"现代化"的梦想还没有实现。在我看来，只要中国现代化的问题没有完成，或者更准确地说国家还没有足够繁荣富强，以至于中国人的自信心还没有能够真正确立起来，这个问题就会像个幽灵不断纠缠我们法学人，因为，中国近代以来的最根本的问题（而不是"之一"）就是学习西方、赶上西方。这是中国人的一个几乎难以排解的情结，也是许多中国学者的一个情结。

这种情结不是没有理由，却未必是正确的。至少我现在有些怀疑，或者说很糊涂。我们都是从结果推原因的，我们先后几代人看到西方国家很富裕，很强大，而中国人先是弱而挨打、然后弱而受欺，我们感到要发展中国，但是我们并不知道西方究竟是如何强大起来的，中国又是如何衰落的。我们推测这一原因、那一原因，先是"坚船利炮"，然后是"民主科学"，如今又是"制度法律"。这些推测也许对，也许错了；据此进行的学习和社会变革有些可能有成效，有些也许有成效，有些则没有成效，可是究竟哪些因素是最主要的因素，或者究竟是不是这些因素，都很值得怀疑。因为西方过去曾经很不发达或不很发达，而中国曾长期相当繁荣、强大。为什么18、19世纪以后会有一个大变化呢。先前的决定这些态势或格局的原因或因素都上哪儿去了呢？

特别是所谓的"文化"因素，包括法律和法学的因素，我更怀疑。

---

* 原载于，《外国法译评》（《环球法律评论》），1996年1期。汇集时恢复了初次发表时编辑的调整。

近年来，我作了一些西方法学上的一些谱系学或知识考古学的研究，我发现一些被我们看得很重要的、被认为对西方社会经济发展很重要的法学理论因素其实是经不起推敲的。比如说，美国的司法审查制度，许多学者都认为不错，并被论证为或描述为对美国社会发展起到重要作用，被认为是美国宪法创制者的天才和远见。可是稍微看点美国宪法原文，就发现这个制度几乎是一种偶然的产物，是一个政治斗争的副产品，后来才成为一种制度。还有三权分立制度，其基础是一种西方的心理学模式，一个长期以来都争论不休的模式。这种例子不胜枚举。我日益感到，"尽信书则不如无书"，因为任何关于事实的著述都是一种再现，没有一种再现可能真实显示出其力图再现的本体。从哲学上看，从一定层面上看，每一种再现都是一种歪曲，每一种解释都是一种误读，每一种界定都是一种压迫。我感到知识传递的艰难，我甚至怀疑有那么一种抽象、普适的知识。我总想起美国联邦最高法院大法官斯图尔特关于什么是淫秽物品的定义——没有办法定义，只有我看了具体的物品之后，我才知道它是否淫秽物品。这个例子也许有些荒谬，但知识是具体的、直观的，这一点不荒谬。

因此，在这个意义上，我很怀疑所谓知识传播的可能，因此，有时也很怀疑我自己工作的意义。也正是在这个意义上，我反对那种中国法律和法学要"同世界接轨"的说法，我认为对外国法学只能借鉴，而且事实也只是借鉴。这里面的问题很多，说起来也很复杂。轨是什么？西方的法律制度各种各样，法学流派百花争艳，什么是轨？接主流派？你就不怕"河东河西"之变？而且世界就是西方吗？说实话，西方在今日世界上只是少数。那么西方是否代表了世界的未来，我也怀疑，因为我不敢追问下去：今天西方的富有是否就一定代表了世界的轨，中国历史上也曾长期比西方更为富有，但为什么没有代表后来的"轨"？这整个就是一笔说不清的糊涂账。当然，人如果想太多了，也许什么事都干不成了，现在不少人是"我把青春赌明天"，随潮流。可我不敢那么干，这既不是为了赶潮流，也不是为了反潮流，而是对自己负责。

看到过去十几年中国社会的发展，我有时候深深感到其实理论没有太多作用。中国社会公民权利的发展，在很大程度上不是由于理论的作用，不是所谓启蒙的产物，而是社会经济发展的产物。比如说，现在择业自由了，

"人才"的单位所有制基本上不存在了,这固然有当初提倡"人才"流动的这个因素影响,但更重要的是社会经济发展的需要和产物。农民可以自由进城做工了,不仅仅是因为政策放宽了,而是因为城里要搞建设、缺少劳动力,城里的许多人又吃不了那种苦,同时也因为农业经济发展了,粮食相对多了,无需凭粮票供应了。所有这些都主要不是由于某个学者或学派的启蒙。当然,这不是说学者的工作就完全不曾起过作用,学者的论述至少为政府有关决策以及当事人的决策提供了一个正当化的根据;根据是很重要的,特别是当人家有其他对你不利的根据和理由时。但也仅此而已。又比如现在人们的确有了更多的隐私权,但这是由于人们的权利意识增强了吗?懂得尊重他人的权利了?我很怀疑,我倒更倾向认为这是由于人口流动多了,因此陌生人多了,又归因于市场经济中人们太忙了,顾不上管他人的闲事。伴随而来的所谓的理论繁荣,我也就说不清是由于社会发展的结果,还是社会发展的原因。

另一方面,西方学术理论的引进,有时造成的错误、误解更多,望文生义,择其一点,不及其余,有时令人惨不忍睹,实在令人无法和那些认定四七等于二十七的人争论下去。例如,最近读一篇"学术"文章,说中国也有个人主义的传统,但都是"各人自扫门前雪,莫管他人瓦上霜"的消极个人主义,而不是西方的那种积极的个人主义。这种东西被当做"学术成果"发表,令人瞠目。中国人不提倡"天行健,君子以自强不息"的精神吗?孔子不是说过君子"和而不同"而小人"同而不和"吗?再说各人自扫门前雪难道不对吗,为什么要管他人瓦上霜才是积极的个人主义呢?这种思想难道没有隐含着一种"产权"明确、责任自负、不干预他人自由的积极因素吗?这种对中国文化的解释过于随意化、简单化,似乎中国近代以来的不发达、不富裕,就是因为中国的"文化"中有什么问题,这个学术研究的前设本身就值得怀疑。

我不是说介绍、研究西方法学没有必要;仍有必要,但我感到只能是借鉴,不要唱高调"接轨"。这种工作也许对中国的现代化并不直接有用,只是作为一种话语,连接起许多对这些问题感兴趣的人,形成一个职业的或学术的共同体,对社会的影响也许需要很长时间。说实话,我现在对那些实质性结论对社会的作用日益抱怀疑态度,而更注意获得那些结论的过程,论证的过程,并且不是为了获得一种"知识",而只是为了回应一种智识的挑战，满足一种思维训练的快感。

这样给学术研究定位或定调是否过低？过分不负责任了？也许如此。但为什么只有豪情满怀才是对社会负责任，为了知识而求知本身就没有价值了？首先，知识可以也应当与政治信念分开，知识可以保持其自身的独立性，保持其自身的价值，而社会发展也许更多是一个自然发展、磨合的过程。其次，这种为了学术而学术也许更可能出有用的结果。用中国俗话来说，这叫做"有意栽花花不开，无意插柳柳成荫"，后现代的说法就叫做历史不是一种核心观念或思想的平滑展开。第三，假定研究的结论不重要，而思维方式、分析角度和过程更重要的话，那么这种为学术的学术也许对中国更有用处；学会思维方式，分析角度和过程也许对研究中国、发展主体的知识更为有用。因此我认为，应当关心中国，但也许更重要的是要把学术同社会政治略为拉开一点，而不是更贴近（关于法律的学术和法律实务是不同的，前者在一定意义是出世的，而后者必须要入世）。

正是在这个意义上，我希望我们的《外国法译评》杂志能更注重学术化，注重论证而不是注重研究结论，注重过程而不是结果，注重学术思想而不是社会潮流。这一期望的调子也许太低，但要真正做到也不那么容易。

1995 年 12 月 18 日于北大蔚秀园

《送法下乡》及其他[*]

编者按：苏力老师最近出版了一本新作——《送法下乡》（中国政法大学出版社，2000年10月版），为此记者特采访了苏力老师。访谈中，朱老师谈了他这本书的大体的理路及构架，阐明了他通过研究中国基层司法制度所得出的一些结论，并回答了记者的问题。钱锺书先生尝言，吃过鸡蛋之后自不必再见下蛋的母鸡，朱老师也婉转地表示不愿意将这次访谈的书面记录公之于众，以免有卖瓜之嫌。编者却以为，刊登这份记录或许还是有一定的意义的，至少在最低限度上能为对这本书感兴趣的读者提供一个可供参照的文本，因而还是决定刊发这篇访谈录，在这里也再一次向朱老师致谢和致歉。

记者（以下简称"记"）：朱老师，首先感谢您接受采访，第一个问题不妨就从您这部新作的书名开始吧。您讨论了"送法下乡"，题目本身似乎就蕴涵了这样一种假设——乡中本无法，所以才需要送法下乡，送法上门；或者说，乡土社会有自己的村规民俗，而这类规则并不是和（现代国家意义上的）法律同质的。那么，对此您是怎么看的呢？

朱苏力（以下简称"朱"）：是有这么一个问题。我只是借助了这个人们习惯的"说法"，在这里的"法"是国家制定法，现代民族国家追求的那种秩序。但是乡下本来也是有其秩序的，尽管是不完美的，有些可能已经过时，或即将过时，但也有些会保留比较长的时间。我实际并没有过多涉及制定法在乡土社会运作过程中与地方性秩序的冲突；或者说即使有所涉及，这一问题也并非我注意力之所在。我所关心的、所想考察的是中国的基层法院制度以及这一制度所包蕴的知识、技术与人

---

[*] 原载于，《北大法律人》，2001年6月1日，页5。

等要素。因此本书的副标题是中国基层司法制度研究,强调司法制度,当然制度研究不可能完全不涉及这些问题(事实上有)。

记:这也正构成了这本书大致的框架?

朱:是的。《送法下乡》第一编谈的是制度的问题,我着力揭示的是中国的司法制度是如何建立起来的,为什么会建立,形成这种制度的原因又是什么,这是我的研究进路。细致一点看,第一编实际上谈到了司法制度的三个方面——国家、法院的行政制度以及基层法院的(请注意这个限定语)审判委员会。从这三方面入手,我力图从宏观、中观、微观三个层次描述中国司法制度的社会背景,尝试着将司法放在社会制度的背景下加以考察。

我还想特别指出的一点就是,研究中国的司法制度,必须认真对待上诉法院和基层法院的差异:基层法院的功能重在具体地解决问题而不在于或主要不在于确认或创造规则。经由这一重要的事实,我们也就可以理解,与传统的对于法院的规范性论述相比,为何中国的基层法院在工作作风、行动原则、工作重心、对待事实问题及法律问题的态度、处理规则与习惯的关系等方面有许多"独特"之处。我也希望通过一些个案分析,能使这些特点得以显现出来(编者按:参见《送法下乡》第五章)。这些分析(包括对于法官技术、司法的格式化等问题的讨论)组成了这本书的第二部分。

书的第三部分或许会引起比较大的争议,因为牵涉到已被很多人讨论过的"复转军人进法院""司法腐败"等问题。这里就不对我的看法作介绍了,书里都有具体的论述。我只想阐明我的一个基本观点,那就是法学家始终面对的都应该只是事实本身,而不能仅仅凭理想就作出什么制度设计。事实上,在写关于"司法不公"的那篇文章之初,我的原意是想通过材料来透视中国的司法腐败问题,但动笔之后,通过分析材料,我却得到了与原先的想法完全相反的结论——司法不公和腐败至少在基层法院并不如人们(包括我自己)所想象的那样,愈演愈烈,实际情形很可能恰好相反。既如此,那自然就应当让事实说话,而不是再坚持我原来的想法,这么做也是为了保持学术的尊严。

记:讲到司法不公正,有一个问题,近年来流行这样一种看法,认为基层法院的法官的职业素质相对不高(与中、高级法院的法官相比),

而且，中、高级法院又有较严格的内部监督，因此，司法腐败更易发生在基层法院。您怎么看这个问题呢？

朱：我不太同意这一判断。一个明显的事实是，牵涉较多利益（因而双方也更有动力去贿赂法官）的经济案件都是在中级甚至高级法院审理的，与那些在基层法院审理的普通民事案件相比，到底司法腐败更容易出现在什么地方？进一步地看，你所谈到的这种观点的前提是知识与道德挂钩，认为受过大学教育、文化水平高的人道德水平也一定高，这显然犯了一个错误。有一些实证研究甚至已经证明，知识人很可能比受教育少的人更缺乏道德（编者按：关于文化素质、专业水平和道德的关系，请参看《送法下乡》页338，注释9）。认为基层法院更易发生腐败，这种观点的另一问题是在于对监督严密与否的认识。决定监督效果的，不是有多少字面上的规章制度，而在于现实中有多少双眼睛在注视着你——想一想吧，为什么熟人社会中私隐少而陌生人社会私隐多？法官究竟是在基层法院受到的制约多还是在中、高级法院受到的制约多？

记：朱老师，从您早些时候的论文——比如《秋菊的困惑和山杠爷的悲剧》——到这几年您写的《为什么送法下乡》《乡土社会中的法律人》，我有一个感觉，您学术研究的一个切入点始终是中国农村，那么您为什么如此"偏爱"农村呢？

朱：其实谈不上什么"偏爱"（我对农村其实并不特别熟悉），如果一定要用什么措辞来表达的话，那或许应算是对于中国社会的关心。理解中国的制度一定要了解中国社会。之所以讨论了一些农村的问题，一方面是因为今天中国虽然已发生了很大变化，但农村的影响却还在，即使在大城市，小社区的思维方式实际上还支配着很多人；另一方面，我们不应遗忘农村，或许在转型的进程中秋菊的困惑是免不了的，但难道就可以因此而放弃他/她们，不去关心这些个体，这些活生生的人？

记：是否还有这样一种考虑：研究农村可以开掘出很多"中国的"问题？

朱：也可以这么说，但我想换用这样一种表述：有一些问题只有在某个环境中生活之后才能体会得到，感受得到。实际上，实地调查确实能发现很多问题。譬如我在《乡土社会法律人》这篇文章中曾经提到过，在很多地方，村子里的居民住户是没有门牌号码的，这样一来，在有些基层法院，文书送达的工作只能交给专门的人——文书送达人——去办，这其实也促成了司法分工的形成，同时也使得法官与乡民拉开距离，而这些对于法治在乡土社会的形成都是有积极意义的。其实，分析一下农村里居民住宅没有门牌号码这一事实，可以开掘出一个在我看来非常重要的问题：治理与空间（locality）的关系（迪尔凯姆、福柯对此均有过论述）。由此，也可以联想到吉登斯描述过的现代国家的形态——"有边陲，无边界"。这样的事实，在书斋里能设想得到吗？这样的问题，这样的理论分析，在家做学问能提得出来吗？

记：朱老师，在我看来，您的很多论证、分析带有很强的功能主义的色彩。给我留下深刻印象的一个例子就是您在讲授法理学时提到，之后又在《语境论》这篇文章里详加分析的中国古代的一项婚姻常规——"七出三不去"。但是，功能主义的解释似乎总是会导向"存在即合理"这样的结论。

朱：在某种意义上，确如你所说，存在的即有合理性，关键是如何理解这一点。在我看来，"存在即合理"谈的是因果关系上的合理，不是正当性或可欲不可欲上的合理。许多人把这两种合理混为一谈，就容易出问题。这里实际上牵扯到一个如何看待现实的问题，是否要面对现实的问题。我主张首先要有一种社会科学的态度，直面问题，不回避问题，发现其中的因果关系，然后你才有可能去实际地从因果关系链上去解决这些问题，而不是空谈理想和可欲。我所努力分析的是一项制度（比如"七出三不去"）形成的原因及其存在的因果合理性（经济、技术诸方面），我并不试图做什么正当化的论证工作。如果读了我的文章就认为我赞同复转军人（确切地说，应当是军转干部）进法院，那是对我的误解，其实我在书中就提出了另一种解决的思路，不是派大学生下去，不是训练，而是通过制度促使司法分工的细化，这种做法也是一种普遍的经验。

记：我还想提一个关于"送法下乡"的问题。如果从成本角度来考虑，送法下乡这样的权力运作方式是很不经济的——倘若确实如此，那么这样的一种很可能是难以持续的方式真能使现代民族国家的权力有效地向下延伸吗？

朱：成本收益在这里很难计算。但中国的现代化已经带来了送法下乡的现象，并且是一阵一阵的，出现"运动"。然而，在我看来，也许正是这样一张一弛的方式将对在中国农村建立现代法律制度有一定的积极作用，当然法治在社会中形成的最重要条件是社会的现代化，社会现代化才可能有司法的现代化，老百姓也才需要现代化的司法。

也因此，我认为，中国的基层法院除了纠纷解决和规则之治两项职能之外（这几乎已成为西方学者的经典论述），实际上还担负着一项或许是更加基本的功能：建立民族国家，代表着国家的权力向下延伸。这一功能其实并不是中国基层法院所特有的，而是比较普遍的现象。不妨回忆一下普通法的形成历史——11、12世纪时英王向全国各地派遣巡回法官处理案件，普通法的法院系统随之建立，与此同时，一项整合国家的工作难道不是也在进行之中？可见，在当时的英格兰，法院同样也具有上面提到的延伸国家权力的职能，只不过这一点现在已经被英美法学家当做天然的制度框架，因此被遗忘了。研究中国的问题，不仅可以唤起人们对中国问题的理解，而且可以重新唤起人们对历史的理解，在这个意义上，开玩笑地说，一不小心，就对西方发展起来的法学理论作出了一个修正，也是一个贡献。所以，对于司法的实际功能，从来不能作简单的理解，一种所谓的定论的理解。

记：朱老师，最后想请您对同学们的读书提一些建议。我知道这让您比较为难，毕竟，读书是一项非常个人化的活动。

朱：确实不知该说什么。只有很短的几句话：读自己喜欢的书，带着问题读（也就是要和作者以及自己抬抬杠，我是一个喜欢抬杠的人）；此外，同学之间要多进行交流，对于北大的同学来说，尤其如此，同学之间读书后的交流和讨论，常常比老师讲更有效，因为同学之间的交流更少一些知识权力的关系，读的书也可能更新，更杂，因此收获会更大一些，等于有人帮你挑选了书，作了概括，这种方式的"读书"，老师们会很少。

2001年5月

就《走不出的风景》答《华商报》记者问[*]

华商报：从 2001 年到 2010 年，你在北大法学院担任了 9 年院长。如今卸任了，觉得习惯吗？现在主要做什么工作？会转型做公共知识分子吗？

朱苏力：没什么不习惯的，在学校，当不当院长，主要的工作都是教学科研。只是如今没有什么会议，外事接待和其他公务，生活简单多了。教书，看书，写文章，这本来就是我喜欢的生活。

我不会做公共知识分子。我怕"公共越多，知识越少"，这会令我很讨厌。在我看来，仅就目前中国公共知识分子的表现来看，其实不缺这种人，也不比媒体记者或公众更高明。现在缺的是能坐下来，认真研究中国问题，有自己独到的思考和见解，哪怕可能有错，这样的学人。

华商报：在很多普通人看来，北大法学院的院长也是个官。你觉得你当院长是在当官吗？我们不得不承认，很多院长、校长就是把自己当行政干部的。

朱苏力：我从来没觉得自己是个官，你会认为在班级上当个课代表，或班长是个官吗？这不过是人生的一段经验，为单位服务而已。至少在北大，没几个学者或学生认为院长或系主任是个官。一位院长听完同事发火后，对这位同事说："老子以前也是可以骂人的。"这大约就是高校里的官。社会上许多人不很了解，用当地的县长，或行政机关的领导，或公司企业的领导来看高校，其实是有很多误解的。

华商报：介绍你，如果可以选择的话，你是选北大教授还是北大法学院院长。为什么？

---

[*] 原载于，《学人要有童心，成就只是副产品》，载《华商报》，2011 年 5 月 21 日，版 B5。

朱苏力：当然选择当北大教授，当老师，更简单一些，也更轻松自由一些。但我也不会说什么讨厌当院长之类的，那太矫情。人还是应当有点社会责任感，也需要积累各方面的经验，否则既有点自私，也容易视野受限制。如果在任上，你尽可能创造一个比较自由、比较宽松但又有更大学术竞争的环境，哪怕得罪了一些人，并且肯定会得罪人，这就是尽责任，也会增长自己。就此而言，做行政会耽误个人的学术研究。但一个人不能光想着自己个人得利，还得想到这个学术集体，这个学术单位。对这种经验的反思和自觉，也可以成为另一种学术研究。学术其实并不限于"学术"，高明的学者会从日常生活中发现新的学术问题。

大学里很多学人都会面临这样的选择，我想还会越来越多。重要的是别把职位当成个官，作为一个学人，保持清醒，要有自己的判断。不能固执己见，否则什么事也做不成；但随波逐流，也做不成事，甚至失去自我。因此要有良好的分寸感，这也是人生的经验之一，还只能通过"当官"才能有所长进。

华商报：将来，你希望被后人记住是一个什么样的朱苏力，是北大法学院院长朱苏力？还是一个致力于送法下乡的法律专家朱苏力？还是一位有儒家文化情怀的法学家？

朱苏力：这种希望，无论是哪一个，都太自我了，都是一些自命不凡的知识分子的坏毛病。其实，真实世界中，没有哪个人是这样生活的——成天自我期待？我是当过军人的，哪个军人上战场是为了让别人记住的？像黄继光，董存瑞？学人不过是有自己的兴趣、爱好和追求，有自己的好奇心，甚至会对一些别人看来很没意思的问题较真。至于有没有别人说的成就，那其实都是一个副产品。真正做出成就的学人其实要有点童心，好奇心。

再说，记住不记住，那是别人的事。记得不记得，其实你都不可能知道。你不可能死后还总站在一边看着自己。我只要求自己做一些别人还没做的，做些别人还绕不过去的，并因此在这个意义上可能不可替代的研究。但我特别讨厌"装"，我特别欣赏王朔，他把知识分子的这个毛病看得太透了。

华商报：你的新书《走不出的风景》，收集了诸多你在北大法学院院长10年任期内的各种致辞。很多人评价说，你的致辞，一洗官腔套话之陈腐，让人耳目一新，脍炙人口。你的致辞，是情之所至，还是刻意为之呢？

朱苏力：其实，也就是说了一些人话而已，像兄长、长辈那样，像过来人，将自己的人生经验、感悟和判断告诉他们，希望他们有所领悟。没什么刻意的，甚至事先都没什么准备，就从自己看到的、想到的，甚至是刚刚发生的事情说起，只是觉得这些话该说，才真心，这些话才是对学生有用的话，同时也才能让他们感到这是个大学，是个学术机构，才是个家。

华商报：每年至少要致辞两次，每年都不一样。需要绞尽脑汁吗？

朱苏力：如果需要为此绞尽脑汁，那就表明他的情感不够真挚和饱满，或他的思路不清晰，或者是不太聪明。父母或朋友会为［对孩子或对朋友］说话绞尽脑汁吗？辞绞尽脑汁的，就一定造作。

致辞别复杂，别讲太大的道理，简单来说，就是别说教，无论是哪种说教，无论是官员的还是学者的，无论是所谓的理想还是所谓的人生。其实知识分子也爱说教，事实上是"他们特别爱说教"。我很少对学生谈理想，因为我从来不担心北大的学生没有理想，其实我最担心的是，他们在谈不动理想时，是否还能感到幸福。

这也不是说要迎合学生，让自己的致辞很小资，忒"鸡汤"，假纯情，伪天真，刻意和学生"心连心"。其实你就算想，很努力，你也无法混同于学生，因为你都四五十岁的人了，人家根本就不带你玩。那是另一种刻意，甚至是虚荣，贪慕虚名和掌声。既然是大人，是老师，是长辈或兄长，就得像大人的样，说自己该说的话，你要体谅学生，宽容学生，但更得恪守自己和自己的职责。有距离其实不是坏事，有这种距离才可能和而不同。

华商报：通过你的致辞，我们发现，其实高校领导也是可以通过致辞打动学生的，或者说，至少在某些角度，让学生觉得，原来我们的校长、院长并不是高高在上，总是保持一副官样。但在中国高校，更多人依然官腔套话。你怎么看这种情况？

朱苏力：当然有官僚主义的因素，有政治正确的因素，但我认为原因是多方面的。有遵循先例，有不自信，不重视自己的日常经验，或是找不到恰当的表达，缺乏创造性，还有忙，靠秘书写，等等。因为，说不好听点，毕业典礼，你学生觉得是自己人生的大事，但对于院校领导来说，这其实就是一种公务。你能把请假条写得怎样？热恋中的男女，说来说去，不也就是"我爱你"？因此并不全是官腔套话的问题。别什么觉得不舒服，就都往政治上、人品上甚至制度上找问题。

当然，我们这些"当官"的人也可能确实有问题，到了一定年龄后，到了某个职位上了，就不大相信自己的感觉了，不知道如何表达自己了，甚至懒得表达了，有时还怕说错了。

华商报：读你的这些致辞，内容充满激情和励志，我觉得你是个理想主义者。你觉得呢？

朱苏力：什么是理想主义？我们社会会把一些人的理想称为理想主义，另外一些人的理想叫做没有理想，甚至世俗（挣钱升迁之类的）。我觉得这不合适，你必须保持一颗平常的心态，尊重所有他人的哪怕是渺小的追求，只要他不伤害他人。因为每个人只能根据自己的现实来确定理想，来追求他可能追求的。许多人会觉得自己的父母没有理想，成天忙忙碌碌，但他们把你抚养成人，进了大学，这不是理想？而且还实现了！等到你到你父母那么大的时候，你的孩子就一定能进北大、清华？到底是谁有理想，谁没理想？

在某些程度上，我是个理想主义者，因为我只会读书，不大会做事，不会同人交往，很"宅"。因此，我才根据自己弱点，告诉学生，有时做事要圆滑一点，要长袖善舞，否则会伤人。这样也可以有效伪装自己，把自己打扮成个没理想的人。哈哈。但，我其实这也是在挑战我们社会的一个广泛分享的政治正确：好像理想主义就是好的，务实的人就是不好的，就是低俗。

我一向认为，真正的理想主义者就应该是现实主义者。因为没有理想的务实，就一定会随波逐流；而缺乏务实的理想，就不但会空话大话连篇，而且最容易流变为意识形态，政治正确。我坚持一个观点，一个真正成熟的人，可以甚至必须为了理想而苟活。想想司马迁，在受了宫刑之后还能活下来，许多人都会说他是苟活，但只有这样他才留下了一本《史记》，要知道，这是在别人不理解之中甚至鄙视之中完成的。这才是我推荐的理想主义。

华商报：2004年，你招收博士生时，与落榜考生甘德怀发生纠纷，遭到后者的指控，引起舆论界的热烈关注，你一时间成了争议人物。不过，话说回来，这件事之所以至今都还偶被提及，其根源是社会"正当红"的文凭学历崇拜，以及丑闻不断的学术腐败。你同意吗？

朱苏力：这些因素都有，"城门失火，殃及池鱼"，在一定意义上我就是那条鱼。但这种解释是不够的，学人还要考虑其他难免的社会因素。我认为，主要是社会太相信书面考试，把书面考试的制度作用无限放大，对博士生选择的标准不清楚，甚至社会尚未对此形成恰当的标准，在一个社会转型期，人们有理由多疑，这种疑心对社会转型发展也有积极意义。还有其他原因。

在这种条件下，重要的是，你是否问心无愧，是否坚持了学术的标准？这种坚持你可能受伤。但如果不坚持，自己逃脱了，受伤的就会是学术，是教育，如果人人都怕受伤，那就很难甚至不可能逐步形成一个判断标准。这其实考验一个人的责任感，学术的和社会的。受伤怕什么？误解怕什么，在这个社会中，谁能不受伤呢？谁没受过误解？我不会为此抱怨社会，因为社会从没允诺我们公平！

文凭崇拜、学术腐败，都是这个社会在转型过程中难以避免的"病"。我们生活在这个时代，就在这个病堆里，因此可以理解。但，一个人，不管你是教师、学者，还是农民、工人，最终，都要有自己的那一份自豪感和骄傲感，这样才可能"虽千万人，吾往矣"。

华商报：你担任院长期间，因为您的地位身份，有网友认为，从人类崇拜权力的奴性角度来讲，无法公正评价你。你同意这种观点吗？

朱苏力：在这个问题上，我其实有点反智，我不认为人做事就是为了得到一个所谓的公正评价。得到了又能怎么样。这种追求的背后还是太把自己当什么了，还是想装真理的孙子。从我开始做院长时，就想清楚了这一点。做事，做成事，以及在某些事情上，不做，就是做事。我知道任何人能做的事不多，有先后顺序，重要的是把能做的事做成，向前哪怕一步，并在这个意义上做到了不可替代。

我说了院长真不是官。抽象来看，说这个话的人，可能是自己太看重院长这个职位了，或者是他不相信自己的眼光和判断力。这种话只是看起来深刻。

华商报：法律界很喜欢将你和贺卫方做对比。有观点认为，当院长的你是社会风气的牺牲品,当个院长,有些话就不敢说了。

朱苏力:呵呵,我没觉得自己不敢说呀,我得罪太多人了。也许有些人希望我说某些话,他们想说的话,还有人不希望我说某些话,他们讨厌的话。他们自有他们自己的理由。但我的追求是,别成了别人理想中的自己,我要成为自己理想中的自己。只好对不起各位了。

其实我很警惕自己犯知识人的通病,才读了几本书,就觉得"半本论语治天下"了?其实把电视下面或报纸上的他的头衔去掉,你发现他说的话就是一堆放之四海而皆准的话,但因此也是废话。我认为学人一定要思考成熟,一定要有自己的见解,而且要尽可能有效行动的。我讨厌大合唱,讨厌重复真理,那就不是学人,不是研究者。

华商报:你曾在致辞中提及,希望北大的毕业生有"精英意识"。但这句话,在网络上屡被商榷。很多网友认为,往往是名牌大学的毕业生,"精英意识"有余,自认为高人一等,但在人文关怀上却不足。你怎么看?

朱苏力:我说的"精英意识",不光是聪明、成绩好等等,其实首先需要的就是"以天下为己任""先天下之忧而忧,后天下之乐而乐",是责任意识。北大毕业生,博士,学者这类标签,不等于"精英"。"精英"必须活在民族的血脉中,在人民群众中,才可能是精英。精英意识首先就是要有社会责任感,历史或学术的使命感。

而我认为这种精英意识本身就是一种人文关怀,甚至是最根本的人文关怀。人文关怀不应当是一种文化的装饰品,会几句老子、庄子,会几句杜牧或辛弃疾的诗词,或者更冷僻一点的,杨万里、范成大的诗词,或者再往深里去,《尚书》什么的。人文关怀最根本的是有广阔的社会和学术视野。凭什么喜欢文学、历史、哲学或美术之类就算有人文关怀?喜欢别的,就不算,喜欢政治学、社会学就不算?喜欢电子技术、互联网就不算。我对这类大词太反感了,总觉得有人就是拿着自己的尺子在衡量别人,要求别人,而且变成了一种道德评判,政治正确。我们必须尊重每个人的自我偏好和选择。人文关怀其实更要看一个人如何做人做事。

人文关怀在当代中国还应当包括一种历史感和使命感。中国正在发展,中国目前遇到了二百年来难得的机遇。我们可以创造些什么,这也是人文关怀。注意，有这种机会，并不因为我们比前人更优秀，更忠诚，更有才华，而只是因为我们遇到了，在前人的努力基础上。而遇到了就是一种幸运，但仅仅感到幸运是很不够的。

华商报：你是一位法学家，却撰写了一些研究中国传统文化，尤其是儒家文化的文章。是什么让你对儒家文化浓厚兴趣并进行研究？

朱苏力：我从小喜欢的就比较杂，今天也拒绝接受学科体制的规训。我对传统文化其实了解很少，更非情有独钟，在说话办事，分析问题进和论证等方面，我甚至很西化。但在学习研究过程中，我还是能从儒家经典中或中国传统和普通人的日常生活中发现一些道理，一些中外相通的地方，一些可以借助西方研究来阐述的中国经验，一些中国经验可以用来挑战或推进现有的研究结果的。我喜欢这种来回的沟通，让人着迷，让人快乐，让人视野开阔。

华商报：你一直坚持认为，儒家的意义在于制度。"制度"一词，更接近于你的专业"法"，这似乎和儒家所坚持的"礼"是相对的？

朱苏力：其实，儒家的"礼"可以说就属于现代意义上的"法"，就是制度；只是在春秋战国时代，当时的"法"一般仅仅指刑法。今天如果光看一个"法"字，就以为儒家不重视规则、法律和制度，那就是望文生义了。

早期儒家面对的问题其实就是法律制度问题，就是在一个社会正转型的春秋战国时代如何建立或重建社会秩序问题，所谓君臣，父子，三纲五常问题都是法学和政治学的问题，不仅是统治者的也是普通人的问题。想想，生活在小型社区的普通人，没什么流动，国家不可能提供什么制度支持，他们必须自己活，就得从自己周边的各类资源中创造出一系列实用并管用的制度规范，来规制他们相互间的关系。用冯小刚说的话，就得把周围那十来个人的关系摆平了。然后，儒家又把这些关系准则扩展开来，"老吾老以及人之老"去了。

二十世纪后，中国的社会变迁使得儒家传统的制度意义不大看到了，最主要还不是西学的进入，最主要的是因为社会日益陌生化了，日益工商化了，国家和社会提供的制度也越来越多了。想想，有了社会养老保险，孝的制度意义显然就不那么显著了，就只是"文化"了。儒家的那些制度对于城里人的意义越来越小，甚至有时看不到其作用了。现代知识分子基本上都住在城里,或者批判儒家,或者集中关注儒家的思想、文化或哲学等学科意义,而这样的研究就会使得儒家变成只是文化和思想了。从这个角度看,对儒家的这种研究或赞美和批评儒家,就结果而言,是差不多的,都是促成了儒家的"文化化",而容易忽视儒家在历史上的制度意义。我希望首先在智识上让人们理解儒家曾经的制度意义,这是很有学术意义的。

华商报:学术界一直在讲"文化自觉"。你也对一直对强调"文化自觉"的费孝通先生推崇有加。那么,在你看来,什么才是真正的"文化自觉"?我们做到"文化自觉了"吗?

朱苏力:自"五四"之后,中国文化一直主要在批评传统文化。很多人一直缺乏"文化自觉"。

真正的"文化自觉",不仅是要浸淫其中,在我看来,今天,更要重新审视,提高到理性高度进行思考,多问"为什么",为什么"士不可不弘毅",为什么"亲亲相隐,直在其中",等等?我们现在已经不迷信传统文化的权威,所以我们迫切需要在理性思考的基础上重建我们文化的正当性和权威。

"文化自觉"的更重要的方面是要求创造,如果仅仅讲中国古代怎样怎样,西方以前怎样怎样,西方今天如何如何,其实都属于"山寨",只不过是山寨的对象不同。我们要向前走,要在这个时代创造和发展中国的文化,我们这一代学人才能对得起下一代人。

华商报:在散文《上海人》中,余秋雨曾感慨地说:很多中国文化人作了些学问,生命就枯萎了下去。这是一种固步自封,缺乏激情的状态。你同意这种说法吗?

朱苏力:我不同意余秋雨的这种说法。坦白说,我们现在很容易看到的文化人,也许未必是真正的文化人,其实只是在文化界谋生的人,许多是媒体人,公共知识分子,是文化商贩,他们对知识缺乏情趣,成天匆忙于酒桌或电视台或报纸。这很自然,也没有太多值得责备的。社会各种人都要有,也都有,真得有。社会中总有一些学者,真正做学问的学者,很有情趣的,充满童心的,充满好奇心的。也许还会是大隐隐于市呢!只是我们不太看到他们罢了。一个人生命枯萎不枯萎与做不做学问无关。

当然，也有些做学问的人，到了一定年龄，有了教授、学者的地位，从而选择保持原状；或者是说天赋本来不够，好奇心本来也不多，无法再继续创新。这都是可以理解，也都是难免的，事实上这可能才是绝大多数学人生活的正常现象。人才辈出其实是一种修辞，真正的人才特别是天才辈出的现象是很少的，甚至不可能，因为有了一个人才或天才，就会让其他人才或天才得不到这种称号了；通常的说法是"你还让不让我们活了"。天才这些称呼是社会保留给极少数人的。但说到底，所有的人最终都会枯萎，像鲁迅先生说的，死亡是所有人的去处，不是吗？

2011 年 4 月 15 日

谈转型背景下的中国司法
——答《南方周末》记者任重远

卸任北京大学法学院院长后的三年多时间，朱苏力在北京待的时间并不长。赴美访学一年后，又到新疆石河子大学和西藏大学分别支教一年和半年。支教源于十年前他与妻子的约定。作为一个少年从军、具有"强烈历史使命感"的人，苏力说要珍惜现在的转型时期和中国各地的丰富实践，多做点事情。他认为学者每天仅仅吃饭，或者再发点微博，是不够的。他对媒体通常保持着距离，很少接受采访。

在当代中国法学界，苏力属于影响最大也最具争议的学者之一。他自认为比较中间和务实，更关注怎样合情合理地解决问题，很少讨论意识形态上的概念。但由于与很多右派知识分子的一些见解不同，他常被认为偏左。不过，上世纪九十年代，他是最早将哈耶克引入中国法学界的学人之一；而他最喜欢的法学家波斯纳，也被公认为是个右派。

近日，译著的《波斯纳法官司法反思录》出版之际，苏力接受了南方周末采访，谈转型背景下的中国司法裁判。在代译序中，他认为，波斯纳讨论的复杂性问题，也是中国法官和法院系统必须面对的严重问题，这一问题在中国甚至更严重。

法官面对着复杂的社会生活

1981年起任美国第七联邦巡回上诉法院法官的波斯纳，是美国有史以来著述最丰的联邦法官。若以印证率论，他是在世法学家中影响最大的一位，也挨批最多。

作为法律经济学的奠基人，波斯纳关注法律规则对行为的影响，并把这套实用主义的方法用于无穷无尽的法律课题。

晚年之后，波斯纳的兴趣紧盯前沿，科技、艾滋病、老龄化问题无不涉猎。写作不迎合社会，自然会是"既遭左派骂，又遭右派恨"，乃至于不可能被任命为联邦最高法院大法官。

这些特点，有的在苏力身上也能看到。

南方周末：之前你已经独自翻译了七部波斯纳的著作，这次为什么又是他？

苏力：我翻译其实比较挑剔，其实也翻译过其他人的，但波斯纳的为主。最主要的原因，我不是为了翻译而翻译，对我来说这是一个阅读和精读的过程。为什么读他的著作呢？最主要的是，他每本书都真的是新作，都会让人接触到新的问题，甚至新的领域，从不重复；他的思路比较精细、务实，学术进路又稳定，坚持了法官的思维，同时保持了学术的开放，从不意识形态，或教条。还有，他的知识丰富，文字也非常出色。我虽然专业法律，但仍然对文字有很自发的兴趣。这本新书提出的问题就是，法律人要关注这个日益复杂的社会，每个领域、具体行业的特点，要关注各行业所涉及的具体的复杂知识。

社会是很复杂的，不止是谁对谁错这么简单。它也不是一成不变的，昨天划定的界限，今天还是这样。比如说微信、余额宝带来的巨大变化，这些知识都是超出法律人想象、在学校中没有学过，甚至是超出我们这些文科生的能力的。必须坚持观察这些复杂的事物，才能知道法律的一个基本的平衡应该在哪儿。

南方周末：霍姆斯法官曾有句话，"法律的生命在于经验而非逻辑"。但波斯纳这里强调的和他似乎不太一样，不是日常生活方面的经验。

苏力：对。波斯纳讲的不是人心的复杂性，是制度的复杂性，科学技术的复杂性，全球化带来的复杂性。在有些领域，比如传统的民法和刑法，法律规则适用是比较清楚的，也有不少变化，但许多问题是自古如此，是可重复的，是常规的。但有些领域，比如互联网金融，国家还没有制定专门的法律，甚至这个行当里的人看法都不一致，都不知道明天如何，其中的利益分歧也很大，后果究竟如何也不确定，一旦出现纷争，就要法官去解决，这等于是把法官架在火上烤，这就必须要有人了解和面对这些复杂问题，必须有人能从专业知识上来支持他。律师、学者是有这个责任的。

在这里也可以看到,现在的法律已经不再只在法院或司法层面了。由于许多问题事后的救济,即司法的救济,会很难,没有效果,甚至可能是灾难性的,例如2008年美国雷曼兄弟出了问题,金融危机这种问题。也因此,世界各国有许多法律问题都采取了事先规制的方式来处理,知识产权、银行业、环保,工商管理,产品质量,食品药品安全。这就是随着社会变得越来越复杂,整个法律制度也发生了变化。

南方周末:波斯纳提出的复杂性问题,似乎不是中国当前司法领域最核心的问题,也许人们现在更关心公正?

苏力:我不认为这是目前中国司法最大的问题。但不排除在解决主要问题的时候,其他问题也进入我们的视野。学人也要有所分工,可以关心最大问题,也可以关心一些不那么重大的问题,重要的是这些问题要有意义,对社会,对学人自己,并且是真的问题,就可以了。而且有些最重要的问题也并不是研究就能解决的,至少不全是靠研究来解决的。

南方周末:那你觉得中国司法现在最大的问题是什么?

苏力:我觉得还是司法公信力问题,还有防止司法腐败和司法专断。

注意我区分了这两个问题。有人认为司法公信力问题就是司法腐败或专断造成的,但我不这样认为。有交集的,即司法腐败导致司法公信力不足。但并非司法公信力问题全都是源自司法腐败。其实有一部分与司法公信力有关的问题与时下的社会转型有关,是个社会问题。最根本的是,我们正在进入一个陌生人社会,但很多人的思维和行为习惯还是相信熟人,不信任陌生人。而法官甚至必须是与此案无关的"陌生人",因此当判决对一方当事人不利时,即便判决是公正的,该当事人仍不相信判决是公正的。比方说,如果我俩是村民,如果我借了你的钱没还,但当初借钱时,你也没让我打借条,你没证据,法官可能判你输,说你没完成举证责任,你很可能猜测,是不是我给法官塞了钱或是找了某个熟人。这种普遍的不信任,在当代中国各行各业,其实都相当普遍。

司法公信力：不是说光廉洁了就行了

中国作为一个大国存在的地方性差异，城市化进程中的社会转型，农村和城市的差异，是朱苏力思考法律问题的大背景。他倾向于认为，司法领域的很多问题都受到社会发展进程的限制，应当努力，但很难单独解决。

南方周末： 司法程序的技术性、程序性，有时确实离人们的生活经验有点儿远，让普通人感到"陌生"。

苏力： 打官司输了可能有很多原因，却有可能有司法不公甚至司法腐败的因素，但也可能是因为确实是你做错了，甚至就是你错的比对方多一点，或者是因为没有证据或证据不充分输了，或者因为你的律师不行输了（律师和律师的能力是不一样的，否则为什么有的律师会收费更高，甚至很高？），甚至可能因立法不合理或滞后但法官本人又改不了法律，输了。但在很多中国人看来，都很容易归结为在法院不认识人，输了。

我曾经在讨论医患冲突时也谈这个问题。许多人去看病时一定要找一个熟人。开刀的时候一定要送一个红包。并不一定是医生想要钱，而是他给了钱才安心。因为他和你不认识，不信任你。我们看到有些人见到医生会跪下来，但是治不好马上站起来打这个医生。对于熟人人们通常就不这样，有几个求熟人办事跪下来的？跪下来求人的首先是陌生人，跪，是一个符号，希望让对方了解自己很真诚地拜托他什么的。这些都说明在这个社会转型过程中，我们很多的人际关系还没有调整过来。

因此，即便在北大这样的学校都可能出现这样的问题，比方说有的硕士生是从外校考来的，或是本科不是学法律的，就会想学院会不会歧视他们。这显然是瞎琢磨，那么多学生，哪个老师可能记得住每个人是谁，本科哪个学校毕业的，是法律硕士还是法学硕士，甚至是本科还是硕士，是硕士还是博士？

但这也不是批评谁，社会变化太快了，我昨天还在村里，今天就进城打工了，上学了，求医了，我习惯的世界就是熟人世界，你不能苛求我不用熟人世界的思维和行为方式来面对这个陌生人世界。要改变社会心理和行为方式，需要制度的公正，但也需要时间，需要制度的设计者和执行者的努力，也同样需要制度中每一个行动者的努力。

南方周末：那应该怎么面对这些问题？

苏力：比如从北大的例子我们可以看到，一个人从另一个专业、另一个学校考过来，他会敏感，有担心，这很正常，我们要考虑到他们的感受。但另一方面，（这种意识）也需要自我调整，改造自己的心态。

但在这个过程中，由于熟人社会的因素也真的普遍存在，就一定会有人是利用（老百姓对司法的陌生）谋求个人好处的，腐败，但肯定有好多人也是受了委屈的。因此这种对陌生人，对司法或法官的不信任，客观上也有监督司法的效果；但有些无辜者也会因此受委屈，因为这种怀疑是普遍的，不会区分你是廉洁的陌生人，他是不廉洁的陌生人。因此，对于司法来说，要培养其对于整个社会公信力，这注定会是一个非常痛苦的过程，痛苦是因为许多人会为此受折磨，付出很高的代价。这是法院强调廉洁，搞点制度建设都无法真正解决的，这可以用一句很拽的句式来表达，"我爱你，与你无关"，"我不信任你，与你无关"。

这需要不断磨合，老百姓慢慢建立起对法官的信任感，法官也要建立起对老百姓的信任感。会很痛苦，但只有慢慢磨。

南方周末：但司法腐败也是存在的。

苏力：那当然，每年都查出来那么多，也肯定有许多没查出来。腐败肯定严重影响了司法的公信力，但这不意味着缺乏司法公信力全源自法官腐败。那种做法其实是试图找一个什么替罪羊，认为都是人的问题，而且都是某些人（法官）的问题，而没有其他值得关注和调整完善的问题；这是一种只有道德问题或好人坏人问题，没有其他问题的思路。

防止和减少司法腐败，其实一定要多管齐下，多方面的工作。例如，这个社会要有多种纠纷解决方式，无论仲裁、调解，甚至私了，与法院司法有竞争，打破司法的"垄断"，这就是一条。因为，如果我发现去法院打官司拖得时间又长，服务态度也不好，还不公平，不那么讲道理，甚至还可能得贿赂法官。那么我可能会去找调解，或者找仲裁；甚至就是我们坐下来谈判，私了了。现在各地商事仲裁的数量就增加了,也许就与商人的这种社会需求有关。因此,在一定意义上,司法腐败甚至是与纠纷解决的"垄断"相联系的。

不要求所有的案件都去法院解决,给人们更多的选择,也是加强法治的一种方式;事实上,这也是人们自由的增加。我比你自由,最简单说来,就是我比你有更多的选项。

南方周末:法院毕竟有国家强制力作保障,可以强制执行。私了答应你回头还钱,还是可能再赖,说没钱。

苏力:如果确实没钱的话,法院也没办法强制执行。这也就是为什么现在法院要在媒体上公布很多"老赖"的名字。他在意这个,可能借钱也要还上。

所以一定要有相应的社会制约机制(让民间的调解、仲裁能够落实)。比如过去商店偷了东西规定假一罚十。后来说不行,商店没有这个权力。那不罚了,公布偷东西人的姓名,又说侵犯个人隐私。如果什么有效措施都没有,这就没有办法了。

司法要避免"不能接受的专断"

有人认为法官只需正确适用法律,不用在乎普通人如何看,不用照顾"人民群众的感受"。只要依法裁判,整体效果一定是好的。苏力认为问题不那么简单。

南方周末:你刚才也提到司法专断,对这个问题你怎么看?

苏力:司法权作为裁判权肯定是要有决断的。所以问题只是要避免不能接受的专断,就是法院的判决要通情达理。其实有许多情理,特别是天理,也就是所谓的自然法,即便没写为法律,也要必须高度关注,甚至很难逾越。这些年有极少数案件判决不合理,引发了社会关注,对这些案件必须具体问题具体分析,即便有些不合某些人的看法,只要不是太离谱,也不能简单责备法官或法院。

为什么这么说,首先,公众往往只是粗略了解案情,对许多影响法官决策的法定因素不关心不关注,例如证据问题,这对法官判决影响很大;但公众一般不大考虑这些问题,媒体报道也不会关心这个问题;但法官则必须关心这个问题。其次,我们这个社会也变得日益多元了,对许多问题的处理,大家看法不一致很正常,但只要其中有一些人意见表达特别强烈,就可能给社会或给媒体留下这样的印象,这里的问题很严重。这种例子挺多的。

但也必须承认,目前也有些法官过于年轻,缺少职业的和社会生活的经验,对该考虑的因素考虑得不够,或者是对自己所在的特定社区的人的经验不了解,因此判决可能引出非议。这种问题在跨文化中可以看得特别明显。比如在美国,死者是没有名誉权的;这与这个社会的个人主义传统有关,父亲和儿子没有关系;但在中国,即便你若说某人祖上某人干过什么坏事,或是生活作风不好,也很可能引出诉讼,因为中国人觉得你这就会影响我的声誉。

城乡之间的差别也很重要,在城里生活时间长了,会把某些本来很多具有文化意义的问题变成没有意义了,纯粹当做一种个人偏好。比如同性恋问题在过去是有道德意味的,甚至在农村至今还有意义。但在大城市,至少知识分子中,基本认为这没有道德意味了,只是个人的一种性偏好,和你左撇子没太多差别。但在一个特定社区当中,它就可能就是有意味的。

再比如一个人交女朋友,总不结婚,老换。或者总是离婚结婚离婚结婚,在城里,至少在某些圈子内,这就是个人私事,没什么意味。但是在一个小城镇里面,或者农村里面,这就是一个人的道德品质很坏的标志,甚至就是一个流氓。这时候你作为一个法官,不可能不考虑自己是在一个什么地方思考这些问题,我不是说你要把法律扭曲了来适应它,但是至少你在表达的时候,要注意这些因素。即便你允许陈世美离异秦香莲,至少在某些社区,你也就是不能对"秦香莲"说:"陈世美"有恋爱的自由,他拿起了法律武器,为权利而斗争,维护了法律的尊严,等等。

南方周末:可是法官也不全是来自城市。

苏力:现在中国的知识分子,即使绝大多数来自农村和小城镇的,也因为后天的教育和训练,已经脱离了他成长的环境。从小学到大学,到研究生,基本都不是在农村或小城镇社区生活的,他的思维方式,思想情感,通过各种教育以及通过他交往的人,更多属于都市了,属于陌生人社会了。

对于中国现代化的发展来讲，这是件好事。大家相互的差别越来越小，是社会平等化的一个标志，你来自农村还是城市变得不重要了。但在司法领域，至少在未来一段时间内仍然会是一个问题。因为中国还有大约45%的农民，即便已经进入城市的人，许多人也仍然分享了农耕社区的某些价值。甚至我认为，继续分享也未必丢人。难道"执子之手与子偕老"这种典型的农耕社会的价值真的就比"我把青春赌明天"的婚恋观低等吗？对于中国的法律人来说，他可以在个人生活上坚持自己的价值观，但在法律实践上，他必须要尊重所在地区、人民的背景、想法和情感，他必须懂得，并不是自己喜欢的就一定是适合这个社会的，就应或可以强加于这个社会的其他人。

所以中国的知识精英至少要承担两项基本任务，一方面是脱地方化，不是狭隘的，但另一方面他又必须关心那些生我养我的地方。这才是真正的精英意识。否则仅仅把自己变成一个城里人，是不够的。

法官是社会的精英，至少应当是，因此他不能只是拿着书本上的法条闭着眼睛来裁剪，他要试着超出自己利害、情感去做判断。既要理解别人的情感，要有自己的情感，同时又要超越这种情感，这是最难的。

南方周末：快速的社会变革，城市化进程让这些差异变得更明显了？

苏力：欧洲、美国可能两百年、十代人完成的社会转变，在中国是五十年、两代半人。可能刚刚学会的东西马上就要改变。

我们上大学那时，在社会上，高中生就算知识分子，现在可能本科都不太够了。这个社会变化太快了，生活习惯，情感，文化氛围，都会产生很大的差距，容易产生社会矛盾。这些都会在法院里面体现出来。你会感觉昨天这么做的能够接受，可能现在就不能接受。

南方周末：比如？

苏力：比如我昨天在电影频道看了一部电影。一个人去当兵的时候，因为某个场景想到自己小时候看到的一幕，意识到父亲是被母亲和她现在丈夫合谋杀害的。然后去报案，后来两个人都被判了死刑。

在当时会认为这两个人都是该死的，是特别恶毒的。但今天肯定不可能两个人都被判死刑，甚至两个都不被判死刑也是可能的。因为报案是在将近20年后，已经不是即时的犯罪。

这就是在中国为什么很快就会出现的一个问题，就是关于死刑的分歧。可能一些事情城里人觉得不必判死刑。

最典型的就是贪官，可能许多法律人都会觉得贪官不需要判死刑。非暴力犯罪，而且他们贪污的财产基本上都能拿回来的。但是普通老百姓可能会觉得贪官太可恶了，自古以来都是如此。这种分歧就出来了，而且你没法说服对方。现在关于死刑最典型的可能就是贪官的问题。

社会更安全，死刑适用会更少

在中国法学界，苏力是少有的坦白支持死刑的人，这也让他更具争议。

虽然学界主张立即废除死刑的也是少数，但大部分人会认为废除是趋势，只是现在还不是时候。

苏力说，自己这么讲是因为诚实。别人那么讲可能也诚实，但也可能不诚实，只是不想和他人的观点直接冲突。他更关心一个具体案件要考虑哪些因素，怎么处理才是合情合理，不主张杀人一定偿命，也不认为一定要废。

南方周末：你为何会坦白支持死刑？

苏力：我是基于人的生物本能认为死刑可能永远不会废除。但这不影响我在很多具体问题上主张尽可能地少用死刑。一般的暴力犯罪我都能理解，关键是不能接受谋杀。

比如药家鑫案，没有人站出来为他说话的时候，我说话了。因为我发现他是独子。

当然他杀人是罪恶的，判死刑也没错。但是他有一个自首的情节，也还算是一个冲动型杀人，不是谋杀，不属于非杀不可的情况。此案中，在我看来，一个重要因素是，他是独生子，杀了他，他父母亲失去了生活的盼头，而且国家政策也鼓励只能生一个，而且中国古代对非十恶的犯罪就有"存留养亲"的司法制度。我不是说这些因素就决定不能判药家鑫死刑，但对于一位生活在当下复杂转型中国社会的审慎且负责任的法律人，一位法官，至少有义务考虑这些因素的。

但是对李昌奎这样的案件，我是坚决主张使用死刑的。

南方周末：李昌奎案当时改判死缓舆论反弹很大，以至于一段时间内法院对不判死刑都很慎重。

苏力：从李昌奎案可以看到，当法律人过分努力以所谓的法律人的观念来改造这个社会的基本价值判断时，违反了民众心目中"天理"自己，就更可能出现更大的反弹。必须坚持严格依法，该判死刑的判死刑，不该判的就不判，人们才会慢慢理性起来，才可能培养出对法律、司法的信任感。

许多人主张废除死刑是所谓的历史趋势。这种说法没法成立，没有任何说服力，因为人性不听从历史趋势。每个人的趋势都在变老，但有几个人心甘情愿的接受这个趋势，那些天天锻炼的、染发的、美容的，不全都在反抗这个趋势?！我们要说服别人，首先要看看这一点在经验上是否成立，是否能说服自己，否则，就拿书上这么说，来骗自己，那就真是骗自己了。

我个人认为，最影响死刑存废的可能是怜悯，但是怜悯并不是一种普通的情感，也不是只是善良，怜悯是在一种特定位置上产生的情感。这种地位就是安全。比如一只老虎就在我旁边，张着大嘴，露着牙齿，我就没法怜悯它了，我只能希望它怜悯我。

这其实可以解说为什么女性主张废除死刑的在各国都比男性更少一些，女性法官对暴力犯罪判刑通常比男法官更严厉。这不是女权主义，而是因为男性自觉不自觉地总是处在一种优势、强势的地位，而女性更容易受暴力犯罪的伤害。

所以当一个社会的治安情况更好，更安全，我们的怜悯心、同情心都会增加。死刑的适用就会变少，甚至"废除"。

但我觉得死刑很难真正废除。所谓的废除也不过是在一段时间不适用，这在中国唐代就有过；但只要社会一动荡，一战乱，死刑就会恢复了。其实欧洲也是战后（才普遍）废除死刑的，它在战后经历了将近70年的和平时期。但有可能为万世开太平吗？这可以是个人的追求和理想，但法律人必须务实和清醒。

对话苏力：什么是你的贡献[*]

对话者：苏力、陈柏峰、桑本谦、成凡、侯猛[2]

陈柏峰：社科法学连线系列活动，今天是第3次，之前两次算是预热。我们准备做与知名学者的系列对话，今天苏力先来，以后我们还可以继续访谈其他老师，比如冯象教授，顾培东教授，强世功教授，等等。现在这个"社科法学连线"，就是我们一群年轻人倡导用社会科学的方法来研究法律现象，研究法学问题，倡导交叉学科这么一种研究的方式。这种研究方式最早主要是从苏力老师那里学来的。这是一个简单说明，现在我们的对话就正式开始。

一、学术渊源

侯猛：我记得第一次听朱老师的讲座就是在中南的教室，没想到十几年之后我和其他诸位又能在这里和朱老师对谈。主题就是他在《法治及其本土资源》里提到的，"什么是你的贡献"。[3] 今天实际上是跟苏力对话。除了苏力和我之外，还有成凡、陈柏峰、桑本谦。本谦实际上是做法律经济学，柏峰是做法律社会学，虽然两位都不是苏力的学生，但都受到苏力很大影响。所以，难得几位都非常合适和苏力对话，这样

---

[*] 原载于，《法律和社会科学》，2014年1辑。

[2] 苏力系北京大学法学院教授，陈柏峰系中南财经政法大学法学院教授，桑本谦系中国海洋大学法政学院教授，成凡系华中科技大学法学院教授，侯猛系北京大学法学院副教授。此次对话（2014年3月26日）由中南财经政法大学副校长刘茂林教授致辞。文字由姚璐、李倩、徐凯、褚俊整理，刘磊校对，由陈柏峰、桑本谦、成凡、侯猛最终审定。

[3] 此为朱苏力老师《法治及其本土资源》一书的序言标题。参见苏力：《法治及其本土资源》，中国政法大学出版社1996年版。

能够把对话讨论得更深入。而且今天和苏力对话不是要恭维他，有挑战性、批评性的问题，提问提纲事先朱老师也不知道，所以朱老师你要有心理准备。（笑声）这次对话会有一些分工，我主要是负责提问，另外三位老师是负责追问。我先问第一个问题，我直接叫苏力啊，虽然我一直这么叫，就是您的研究进入法学界大概有20年了，觉得你的研究当中受谁的影响是比较大的？那根据我的了解，是不是有费孝通、毛泽东、尼采、福柯、波斯纳。

朱苏力：我觉得你概括得挺准的。我喜欢毛泽东，是因为首先我觉得毛泽东著作中讨论的问题都有关整个中国全局，有关20世纪的中国以及中国在近代崛起过程当中、从中国本土中产生的力量。他对中国问题很关切，最关切的是中国农民，而不是所谓中产阶级或小资或白领这个阶层。为什么要关心中国的农民呢，因为中国农民占了绝大多数。关心农民并不是因为农民就都是好人，或是其他阶级或阶层比较差，而是因为当时以及之前整个中国社会的文化都是从农民当中生发出来的，最基本的制度是从农民中产生的。我后来为什么写《送法下乡》[4]，也都是因为这个原因。

在这个意义上我自然也就会喜欢费孝通。费孝通也关心中国的农村。大家注意，其实我是没在农村生活过的人，我一直在城市长大，我父母亲是国家干部，我是当兵以后才接触到农村，我才接触到在部队当兵的农民家的孩子，我才开始理解农村。但我觉得作为一个中国人来说，有责任关心农民，因此会喜欢费孝通。

喜欢费孝通另一原因是他经验调查。我最早读《毛选》那还没感到毛主席做了多少经验调查。多年后，我重读《毛泽东文集》时，才发现毛泽东原来对经验调查那么重视。他在有些地方调查当地集市上都卖些什么蔬菜，一样一样记了有几十种，市镇上有什么商店，商店里卖的什么东西，多少钱。[5]细致得简直不可思议。大家注意这是在20世纪20—30年代，也是整个中国社会学研究刚草创的时代，他就做了这么细

---

[4] 参见苏力：《送法下乡》，北京大学出版社2011年版，页5—10。
[5] 毛泽东所做过的经验调查，比较突出的体现在其早期的诸多调查报告之中，如《中国佃农生活举例》（1926年）、《寻乌调查》（1930年）等。

致的调查。喜欢费孝通先生的另一点，也是他和毛有相似之处，文字非常通俗易懂，以普通人可以感受的生动语言来写他个人的经验。

我最近在看《毛泽东年谱》[6]时，觉得毛泽东有许多地方真是非常细致。在修改起草1954年宪法时，他把文本中所有"但"都改为"但是"，就因为老百姓听不太懂什么叫"但…如何如何"，老百姓都说"但是……如何如何"；又比方说"土地改革"这个说法，人人都懂，但显然不太准确，他又都改成"土地制度改革"；再比如，某某"与"某某某，他都改为"和"。他就想让老百姓也能听得懂《宪法》文本。这么一位领袖去修改这么细小的东西，就为在文化转型的时代使中国的文字更贴近老百姓。但我们今天不太注意这类问题，许多法学论文，总想模仿台湾学者的表达，很糟糕的汉语表达，而且似乎就不想让中国老百姓看懂。

其他学者，我喜欢过福柯，一直都喜欢尼采。我喜欢尼采的那种犀利，用格言式的精炼来表达一个思想。比如说"没有任何一种制度建立在爱之上"[7]，这个话是太明白了；"真理的最大敌人不是谎言，而是信念"[8]，这说得多好！谎言毕竟还可以揭穿，但信念你就没法对付。这种语言，像诗又像格言一样的语言，非常出色，非常生动有力。

另外一个比较系统影响我的学者是波斯纳。之所以我翻译他的很多著作，就因为我觉得翻译这样的作品很好，一字一字的翻译有助于你整个地并细细地了解他是怎么写作的，选择什么词，怎么去表达。我的许多写作，包括早年写诗，都是从抄书开始的；抄一本自己真正觉得好的书。如果有人想学写作的话，一种办法就是找一本你认为非常好的书，从头到尾抄一遍，你可能就会知道怎么写作了。我早年写新诗也是这样。没人教我，也没有这种关于写作的书。我看见写得好的，打动我的，我就一本一本地抄，我至少抄过七八本，渐渐明白了。我写文章也可以说是通过翻译，其实是另一种抄书，然后学会的。

---

[6] 中共中央文献研究室：《毛泽东年谱》(1893—1949)，中央文献出版社2013年版。

[7] Friedrich Wilhelm Nietzsche, *The Will to Power*, trans. by Walter Kaufmann and R. J. Hollingdale, Vintage Books, 1967, n. 732.

[8] Friedrich Wilhelm Nietzsche, *Human, All Too Human: A Book for Free Spirits*, trans. by R. J. Hollingdale, Cambridge University Press, 1996, n. 483.

波斯纳对我的影响比较全面，我觉得他是美国法学界的一个天才，甚至是美国思想界的一个天才。有人甚至认为，波斯纳一个人就是一个智库。到目前为止，他大概出了六十本书；这个数还不惊人，更惊人的是这六十本书还往往是跨领域的，跨越还特别大。包括情报工作，包括老龄化，还包括地球可能出现的灾难，小行星撞地球之类的。[9]这后一本书写完后，是麻省理工学院物理系教授（John M. Deutch）给波斯纳的这本书写了书评；这起码表明波斯纳写得还算靠谱吧。

我一直读书比较杂，长期见异思迁，跟着感觉走，不能专心致志地读法律。我一直以为这是坏毛病，很痛恨自己。读了波斯纳才让我对我的知识结构，有了自信。我先前读的书，表面看起来与法律无关，其实是与法律有关的，读书中的一些想法其实是有道理的。只是当时中国法学界不用这类知识，所以我就真以为无关。看了波斯纳的著作之后，发现我当年感兴趣的一些知识甚至学科其实是真有用的，我才发现我当初的学术直觉是对的。

我们每个人都有不自信的时候，重要的是深刻影响你的那位学者，那个在你不自信的时候让你自信的学者。原来你以为自己独自走的那条路是错的，而看了这个人的书，他告诉你你没错。这对你会很重要。波斯纳就是对我影响非常重大的学者。他还是一个不断学习的人，这也影响了我。他今年75岁了，他现在每年基本上还出两本书，做着法官，每年还在法学院教课，还写七八篇论文，他的引证率还是美国最高的。不但是学术著作引证率，每年判决的案件也最多，撰写的判决书因此最多，判决书引证率也最高。

他给我树立了一个榜样，什么是学者。我觉得他是促使我去做研究不敢停步的一个榜样，尽管我在智力上能力上比他差远了。这并不是一定推荐你们去学，一个学生如果想做学者，你就得去寻找或发现你自己最喜欢的学者。因为学者也不是只有一个模式。但如果你不做学者也可以，学者一般是没什么其他本事的人才只能做学者。（笑声）当校长也可以，但不是贪图当官，而是做校长可以帮助其他学者去做事情。有些老师就可以这样成长起来，当了校长。不一定都要做学者，但也不一定

---

[9] Richard A. Posner, *Catastrophe: Risk and Response*, Oxford University Press, 2004.

都要去当官，做法官，做律师，都可以，只是一定要找到适合你做的，找到你自己比较喜欢的这么一个职业。（掌声）

桑本谦：好，我说几句。刚才朱老师说的一番话，我很有感触。朱老师说他每逢没有自信的时候去读波斯纳就获得了自信。我恰好有个相反的感觉，每当我有自信的时候读到苏力的作品就没有自信了。（笑声）确实是这样，如果恰好和朱老师思考一个问题，就会"撞车"，每次"撞车"，我都会发现，苏力的思考总是覆盖我的思考，这个结果很让我受挫。去年曾经有一次开会，我知道苏力老师提交了一篇论文叫《作为宪法制度的书同文和官话》，其实我预先已经知道了这个论文的题目，也很想知道他写了些什么，但我就是不想看论文，尽管完全可以跟张芝梅要过来看一下。我为什么不看呢，原因是我试图自己去想假如让我来写能写出个什么样子，结果几天之后我看到了苏力的论文，又让我受挫了。

刚才朱老师提到尼采说过的一句话："真理最大的敌人是信念"，我深有同感。苏力写作有一个特点，大家发现没，就是他从来不受任何教条的束缚，时刻对教条保持警惕，他从来不认为我们已经确信的教条是对的。我不是说教条不是个好东西，教条是个好东西，因为我们根据教条去思考的时候能够节省成本。但无论从生物多样性还是从社会分工的角度考虑，这个世界上就应当至少有一部分人的思考不能跟着教条走，否则这个世界上还需要学者吗？

但是，我觉得信念就是一种隐蔽的教条，根植于心灵深处而不易被察觉。按说一个优秀的学者应当把信念稀释到最低的程度，你越没有信念，你就越可能揭示真相。但是我在读苏力作品的时候，却有一个感觉，不知道这感觉是不是对，我现在就要问他。我觉得苏力老师，从《送法下乡》《法律与文学》[10]到他即将出的一本书，尽管其学术思想似乎经历了两次转折。但是我觉得他始终有一种信念，我说不清楚是什么，但是我觉得好像是有，您说呢，苏力老师？（笑声）

朱苏力：人是有信念的，每个人做事情其实要有某种做事的信念。我自己觉得好不容易活这辈子，你总要做点什么事情，不是说"雁过留

---

[10] 苏力：《法律与文学——以中国传统戏剧为材料》，三联书店2006年版。

声,人过留名",而是说当你发现你自己还可能做点什么事情的时候,你就要去做。另外一个就是说,中国处在文化转型和社会转型这个时期,中国这么长的历史当中它不可能对社会的规范、法律没有创造,只不过是我们没有人能够表达它,或者说没有人能够把这里面的道理说清楚。这使我感觉自己太幸运了,处在这个转型时期,古代人是不需要去说的,它是要强调只要懂怎么做就可以了,而现代人需要不但你要懂得怎么做,你还要知道怎么去表达它,怎么去跟人家说清楚。我处在这个时代,我能去表达它,这是非常幸福的事情。我记得塔西陀有句话,我好像也引用过这个话,就是说"当你……能够说出你所感觉到的东西的时候,这是非常幸福的时候"。[11]因为一个人非常痛苦的时候,当你感觉到什么东西但你想表达你没办法表达,或者找不到对象表达,就是说你爱上一个女孩子,你没办法对她说,这时候会非常痛苦。对一个事业也是如此。

还有一个问题是赶上了这个时代,早在二十年前的时候,包括我在写《法治及其本土资源》的时候,所有人都觉得我是在痴人说梦,写什么中国的本土资源,但现在大家可以看到,几乎所有人研究法律的时候都不再简单套用外国的,不同程度地,都在关心中国的问题。无论是以公知的方式(还是其他某种方式),公知的方式大家不要简单贬低它,它也是在关心中国的问题,虽然有的公知的方式是意识形态的方式,但它还是关心中国的问题。也就是说,它和过去二十年前我提出来时被当做逆流、当做危险的思潮来对待一样。大家注意不是右派而是左派说我是危险思潮,右派说我是后现代,左派主张我是危险思潮,说我主张法律多元化是不合适的,但今天我们可以看到所有人都处在这样一个过程当中,关心中国的法治问题。

另外就是开始试图把它以学术的语言表达。刚才像刘茂林校长已经讲了,包括桑本谦老师也写了很多这个东西,包括侯猛、陈柏峰他们都在写这一问题。这些东西,令我感觉到在这个意义上,我不过是最早把我自己其实也不太自信的东西以某种方式讲了出来。后来随着中国经济

---

[11] 转引自,〔英〕休谟:《人性论》(上),关文运译,郑之骧校,商务印书馆1980年版,页12题记。

的发展，随着整个学界的智识提高，能力提高，我们开始有越来越多的自信。当然中国，坦白来说，这方面的学术研究仍然处于一种起步阶段。至于说遇到覆盖的问题，或者是撞车的问题，其实我从来没觉得特别沮丧，因为我一直不自信。大家很多人觉得苏力你怎么不自信呢，很多人说我很骄傲，遇到人从来不主动跟人打招呼。说得没错，我确实如此。但我后来看了冯小刚的书我才知道，我这毛病不是骄傲，别人都误解了。冯小刚讲过，文艺界有两个人，一个是王朔，一个是王菲，也是从来不跟人家打招呼，但别人都以为他们骄傲，其实是因为他们自卑，他们都是不敢跟人打招呼。我才发现，我就是这种人（笑声）。但别人可能就误解了，觉得这个人一定很骄傲，如何如何。一旦我遇到撞车时，我得到的是鼓励：原来我的想法不异端，原来很多人跟我一样想法。我跟桑老师的感觉不太一样，我希望大家也要自信。

我为什么讲这一点呢，就因为我们的教育一方面是鼓励大家学习，另一方面，也就是教育的一个很大弱点，就是也会压抑大家去思想，这是一个非常麻烦的问题。教育既有激发你思想，因为知识多了你敢于挑战，但另一方面就是教育多了，这么多有名的人又会使你不敢去独自想象。如何在我们的学习过程中，不断把握好这个分寸，其实是我们学习中必须注意的。还得注意，中国是一个大国，中国已经走到这一步了，它不可能完全或仅仅借鉴别人了，法学怎么发展还可以借鉴外国，更多的可能还是要去创造。今天在座的每一个同学，你无论是做律师、做法官、做学者，都有可能遇到这个问题，并不一定都要写出来，但起码你要知道有些东西你不一定是错的，要培养这种自信，这种文化上的自信，制度上的自信和理论上的自信。

二、社科法学的研究现状

陈柏峰： 朱老师刚才说他不骄傲，是自卑，我给大家举一个他骄傲的例子啊。2004年，我在学校读研究生，朱老师来做讲座，我就请范忠信老师引见了一下，然后和我同学尤陈俊一起去学校招待所拜访朱老师，朱老师很骄傲地跟我们说的话至今记忆深刻。他说，在写《送法下乡》时，他就说十年内中国没人能写出这样的书来。他前不久修订了这本书，十年已经过去了。我看了一下这本书，确实十年没有人超过。他说再放胆预言，再过十年，还没有人能写出比这更好的书。你们说朱老师这句话是不是比较骄傲？那么，我想请朱老师谈一谈，对最近这十年，学界中与社科法学研究相关的状况您是怎么看的？

朱苏力：首先回答这个骄傲的问题，不然很容易误解。其实这不能算骄傲，只是当初对自己有一个追求，实现了这个追求，自然会自豪。每个人做事情一定要尽力做好，做到你能够做到的最好。针对学生写论文，我有时就会说，这也许是你一辈子唯一写的一篇论文，老师不会要求太高，但你要做到对得起你自己，不然会心里不舒服的。很多学生刚开始入学时都决心好好努力，一定要写个好东西，但到毕业时，因为要找工作，就马马虎虎过去了。我们一定要知道，我们其实都可能写一些自己内心比较满意的东西。我写完《送法下乡》全书那天，写完序言，是1999年12月31号早晨6点半，我从哈佛燕京学社一路走回家。一路走的时候，我就想这个书十年至少没有中国学人能超过，外国人一辈子也写不了这个书（因为他们不可能这么了解中国基层的司法）。学人必须要有这个自信，学术就应朝这个方向发展。我也不是说每个人都能做到，但如果你要想成为一个优秀学者，你就要朝这个方向去努力。每个人都如此努力，中国才能发展起来。

我坦白说，有时候我觉得中国法学是很有差距的。波斯纳一个人每年写两本书，没有重复，每本书都有相当水平，你会感觉到这样一个差距。尽管在美国像波斯纳这样的学者也很少，甚至可以说就没有，但它还有很多优秀的学者。中国要成为一个思想学术文化的大国，就需要很多人。当然，也可能，说一点不好听的话，如果眺望前景，学术也可能会慢慢消亡，因为今后的学术也可能会以电影、电视、纪录片啊，或者是实地摄影这类形式来表现，以视频的形式出现。在这个意义上，书籍文字作品就可能慢慢消亡。即便如此，却要有一种信念，这么大的一个国家，你在文化上必须保持一些东西，有一定的高度，有一定的魅力。我觉得这一点不全是骄傲，人从事一种事业，是会有得意忘形的时候，每个人都会有。我自然也会有得意忘形的时候。以后，我再告诉大家我的这个得意忘形的时候。

过去十多年，我觉得中国的法律社会科学的研究，包括法律经济学、法律社会学、法律人类学等方面的研究，是取得了很多进步，尽管跟我想象的状况还有点差距。我原来想象学界有很多人都有很强的知识兴趣，会很快加入这个激发学术兴趣的行当中来，使学术推进更快。现在我发现，我是比较天真的。因为，作为法律人来说，很多人并不一定是追求知识的。他首先要谋生，首先要找一个职业，因此他不一定会喜欢法律与社会科学或社科法学的这种东西。我觉得这是对的。以前在毕业致辞中我也讲过，首先你要能养活自己，不能让父母操心，不能让丈夫或者妻子或者孩子替你担心。这就要找到一个职业，因此专研民法、刑法或知识产权或公司、环保的法律，这些更实在；很多人都首先会想到谋生，追求个人事业上的发达。这样一来，社科法学就不那么吸引人，发展就不可能很快。换言之，学法律，不像我想象的那样，都是出于纯粹追求知识的个人偏好。

坦白地说，能够按照自己知识偏好去追求，既是幸福的，其实更是一种幸运。起码不会因生活所迫。如果我是出生在一个农民家，家里还有弟弟妹妹要上学，我就可能不会也没法有这么多兴趣爱好；恰恰因为生活在城市，尽管也会有甚至不少不顺心的事，但或多或少还是可以比较从容地去做一些选择。大家注意，对知识的兴趣并不完全源自我们的偏好，我们热爱知识，实际上影响我们的知识偏好的，会有种种其他社会力量。

另外一点是说，在社科法学的发展中也有一个问题，这就是，社科法学相对来说是有点"异端"的，是在法理学的架子下面，其实与法理学已差别很大了。法理学是不强调这个经验研究的，更强调理论和逻辑推理，有时甚至不讲逻辑，甚至是讲意识形态的。比如说法治是不容怀疑的，所谓"法律必须信仰，否则形同虚设"，就是讲你不能怀疑法治，你只要怀疑它，你就错了。但我们还是把社科法学都藏身于法理学这面大旗，包括法经济学都在这下面。整体而言，这可能不利于法律和社会科学的发展。

还有一个影响社科法学发展的问题，是整个社会的学术竞争和学术需求。中国的法律相对来说还比较简单，尽管遇到很多问题很难解决，它向学术界求教，还不大向搞理论法学求助，更多是向部门法学求助。它觉得你那个东西跟我那个环保或知识产权啊没什么关系，因此它不向你求助。

就此而言，社科法学发展得还不够好。但从另一个角度上，也应当说是做得很不错了，特别是很多学者是独立的发展的。比如说桑本谦老师搞法经济学，就是他自己在山东，跟经济学者交往也不多，他基本上是独立自己读书，加上聪明，自己想，逐渐发展起来的。大家注意这种学习的方式，是一旦你会了，你就不会忘记。凡是听讲学来的，你可能会忘记，但如果你自己独立去琢磨发现的，你是一定不会忘记的。最初我写新诗的时候，我不知道押韵，后来我突然发现原来写诗是有韵的，就会了，我没读过什么诗韵，也没听人讲押韵，就会了，就知道哪些音押韵，念起来合适。有导师好，没有导师也挺好，因为这是处在一个转型时代，给我们留下更大的空间去创造。但若是有导师辅助的话，也会有很多好处，可能会少走弯路。这是我对社科法学的一个简单评价。

桑本谦：我就插一句啊，我可以举出一个例子来证明苏力老师其实不那么骄傲。我读过他的一本书的前言，其中有句话大概是这么说的，他说我这个人其实是不很自信的，我写过的东西一般不愿意回头再看，因为我很担心，我很恐惧。我不知道别人看到他这么说是不是觉得矫情，我自己却认为他这么说是很诚恳的。

成凡：刚才几位都问过了，比较正式的问题。我呢，就一直想问些比较刁钻的问题。第一个问题是您刚才提到了社科法学发展，说这和法理学很不一样。我记得刚才刘茂林老师临走的时候还说到，学术也是江湖，也是山头。您觉得这个社科法学或者这个进路缺乏一个独立山头也罢，或者其他什么也罢，是不是对这个领域发展不利？这是第一个问题。第二个问题是，您刚才两次提到写诗的经历，后一次说的是押韵，前一次是抄书。我觉得有一个特别的现象，您在一篇文章中提问：社会科学需要人文底蕴吗？[12]说这种类似人文的知识对于社会科学研究，意义不大，也可能没有。我就想问，您是因为原来是诗人才有这样的结论，是不是觉得诗人的思维对于社会科学的研究不

---

[12] 此为朱苏力老师一段演讲，题为《社会科学研究需要人文底蕴吗？》。参见 http://law.hust.edu.cn/Law2008/ShowArticle.asp?ArticleID=9063，2014年5月21日最后访问。

利？有没有这样一种感受？

朱苏力：这两个问题都不太刁钻。（笑声）第一个问题是说要不要拉一个山头，我觉得是不太需要的。要拉一个山头或是一个江湖的话，这其实是不太自信才会这么做的。我个人比较倾向于个人主义，有些同气相投的学者能在一起聊聊天就行了。拉山头是一种没有多少学术意义的竞争。若把学术研究变成了一个山头或江湖，会失去很多乐趣。在一个比较好的学术环境中，学术应当是一个比较从容不迫的东西，不是像现在我们搞什么什么工程的那个东西，那就让学术变成了一个负担。我比较喜欢，比如说，过去和侯猛啊，桑老师啊，过去的某一天曾在哪个地方聊天，一聊聊到晚上很晚。我年轻时，和同班同学，一聊聊一个晚上，也没刻意想聊什么，慢慢就有了一些启发。人年轻的时候应该有这么一些经常长聊得好同学。

大家要注意，这不是讲这个学科，而是讲学习。每个人真正能学到东西的时候，往往是从同学，不是从老师那里。因为老师更可能对你说，这是对的，那是错的。即便对同学，我经常也不会扮演老师的角色，扮演不了，我会更多试图把学生当朋友。当然，这常常会失败，就和王朔小说《我是你爸爸》[13]里面马小军和他父亲之间的麻烦一样。但我试图这样做。因为当你是一个同学的时候，你会跟他辩论，你会调动自己的全部精神和知识；但你面对老师很难这么做。而且，许多老师的知识总体而言相对陈旧，你从同学那里获得的知识更可能比较前沿，包括新闻事件和社会感受。我觉得我还算比较跟得上社会的，但很多老师不太跟得上社会变化，他觉得那是年轻人玩的东西。我觉得这也是一个问题，因此我不觉得江湖特别重要。

有了江湖，可能会让一些人便于生存，学科能名正言顺地发展，但在某种意义上也是一个不利的东西，它会使一些不善于竞争的人也在江湖上存活下来了，还有可能是，到最后变成了你被江湖推着走。这也是我为什么不太愿意去形成或者努力组织一个什么派别或者山头的道理。在座的都是一些很好的学友，但我从来不想这么做。是有过这种机会的，有人找过我让我牵头组织一个什么学会。我谢绝了。我觉得那不是

---

[13] 参见王朔：《我是你爸爸》，十月文艺出版社2012年版。

真正的学术,一定会被一些繁琐事务纠缠而没法好好做学术了,不能捡了芝麻丢了西瓜。你要知道学术上的轻重。在这个意义上我也不喜欢管理,我喜欢学术。

关于人文底蕴是否有利于社会科学研究,我仍然认为不必须,也未必需要。有,当然好。是个 plus,多一点也不坏,但它本身不能带给你思想,未必能增加学术的分量,尽管它可以给你某些文采,让你雄辩,还可以用隐喻、用简练的语言把同样一个道理讲清楚。我为什么喜欢尼采,喜欢波斯纳,尤其是他们的表达,这也是一个方面。比如波斯纳说:"不忠实的配偶,就是,(破折号),不忠实的。"我觉得这话,咋看起来,同义反复,什么都没说,但感觉是,说得特别好。前面这个"不忠实",是从行为上讲丈夫或者妻子的不忠实;后面这个"不忠实"则是对这一行为的道德判断,有强烈的贬褒意义。一般人说这句话,都会换一个词,表达这个意思,波斯纳没有,他这句话就把"不忠实的"这个词的双重含义都展现了,这种重复尤其凸显了不忠实的这个词的道德判断。这样的表达让你看一眼就记住了。这种表达很人文,却不是通过人文本身能获得,而恰恰是通过敏感以及理性思考获得的。之所以不必须人文,道理就在这里。

我不懂得历史不代表我不能去研究,懂点历史可能对我的研究有好处,懂得历史我可能用历史材料做例子。但如果只能讲历史上的某件事,这件事没有更为一般的道理,那么这事情就没有意义,因为它今天不会发生了,明天也不会发生了。文字表达上也有这类太"人文"的倾向。有些人总想表现自己文字不错,就容易装腔作势,还爱写点假古文,四个字一句四个字一句,以为那就是古文了。在我看来,这是因为他写不出一个能让人看得下去的白话文,就只能用假古文来装。写诗,在一定意义上看,律诗更容易像诗,因为人们更多按音律评判,诗意不诗意更难察觉,也没法争辩。但你要写一首新诗,用口语,写出来还不能是"梨花体",不是缺乏诗意的大白话,还真有点诗意,让人能看下去,这非常挑战你的感受力和想象力,也挑战你的语言表达力。但没有诗意,表达能力弱一些,并不意味着写不出好的社会科学的文章;尽管文字上功夫好些,文章会写得更可读。哲学对于学人来说,功能也是如此,没有哲学思考并不一定代表你不能发现和系统思考生活中的问题;

但有点哲学思考，有点人文的，也不错，或许能深化一点。这意味着，在我看来，文史哲，对于社会科学研究，更多是一个plus的东西，属于个人学术修养，也与个人情趣相关。但如果我这个人就是没有情趣，我一见面了就只同你分析科斯定理，谈帕累托最优，分析哪一个事情可以用帕累托最优解释，哪一个事情可以用科斯定理解释，这也没什么问题。这也会有很大智识乐趣，尽管有的人会觉得太过分了。其实我平日，和侯猛、桑本谦谈这方面就比较多。别人听了一定会觉得很烦闷的，我们基本上从不谈什么房价、物价、股票，什么评职称啊，获奖啊，也不说明星八卦。我们也就偶尔调侃，但从不会讨论。我们会说，最近这个问题，张三讲得不错，李四的文章有毛病；几乎就是学术讨论。别人看来，会说你们怎么都能把这样的问题讨论得这么有意思，但我们就是觉得有意思。

在这之外，在写作的时候，有时会冒出来一些小小的修辞啊，所谓神来之笔，那也会洋洋得意啊，有些骄傲啊。现在我告诉你们一件我自己骄傲的事。我写过一篇《戴安娜之死》的文章，有关公众侵犯名人的隐私问题。[14]文章都快写完了，但就不知道题目该怎样；但写到文章的最后一句"我和你都深深地嵌在这个世界之中"，我一拍大腿，"什么叫才华，这就是才华！"（笑声、掌声）这就成了这篇文章的题目。为什么呢，不是觉得这个句子好，而是觉得这句话概括了名人的人生困境，反映出名人隐私权法律保护中的各种利益的纠结，我们每个人都深深嵌在这个世界中；隐私问题包括名人问题，也完全可能是我们自己的问题；而且我分析这个问题，写这个文章的时候，即便有了结论，却还是纠结，因为这里全都是分寸把握的问题。这句话提炼的问题已经超越了文章本身，具有了一般性，就这一句话，在这一刻几乎变成了一句诗，有一种诗意。这句话时时刻刻提醒我自己，对于一些敏感的读者来说，也可能提醒他。这时我觉得写得太好了，这超出了我自己原来的想象，这是神来之笔。这一点太值得骄傲了。

陈柏峰：成凡刚才的问题，我觉得还是挺尖锐的，我想把它进一步尖锐化吧。我觉得您有一点个人英雄主义。我想提一个什么样的问题

---

[14] 参见苏力：《制度是如何形成的》，北京大学出版社2007年版，页24—35。

呢，就是我觉得您的研究做得很好，社科法学的研究我也觉得比一般的法理学论文要写得好。而且我也不觉得我们是边缘，我认为我们应当成为主流，法理学就应该像这个样子，这才叫正宗的法理学。当在江湖中没有位置的时候，你看到那种教材毒害青年时，你难道不会痛心吗？那些教材就变成一个非常尖锐的问题。

朱苏力：这确实是个问题，但我为什么没写法理学教材也因为这一点。虽然我幼稚，我也注意这个问题。但问题是有许多东西不是个人可以改变的，必须靠一个群体来慢慢改变，大家都悟到，意识到，这才能改变。但我还有其他的考量，比方说现在法理考试，统一司法考试，它考的那些东西，如果你写的跟考试标准不一样，学生用了你的教材，他最后考不过司法考试怎么办？或者是各校录取研究生，也有这个问题。对于一个学者来说，不是说我是不是想做个人英雄主义，如果个人英雄主义可以改变这个世界的话，你是可以做，也应当做。但如果你发现这个结果很可能是使别人状况更糟，那你就必须慎重。做学者，做老师，都必须要有这个东西。

我从来认为一个学者要有社会责任感。但社会责任感并不是说有社会重大事件发生，你就要站出来表态。说话表态很容易，但对实际情况不了解，结果有时很糟糕。起码得要了解前因，预判大致的后果，并尽量争取好的结果，因为你的言行可能对别人产生影响，他会付出代价，你不用，你还爽了。现在统一司法考试考的许多内容，你怎么办；你写了书，别人看了你的书，就照着这个路子答了，最后考不上，那些不看你的书的考上了，这就是个逆淘汰。这时，你就要作妥协，这种妥协不是为我自己谋什么利益，而是对别人利益的关注。有时这也是个痛苦的事情，说痛苦有点矫情了，有点夸大了，但至少心里会有点不安。

桑本谦：我接着说两句。我觉得苏力老师刚才说的这种现象，恰恰是过分蔑视了学术圈江湖规矩的结果。在这里，我更赞同柏峰的说法。因为如果学术市场的竞争是完美的，那么我觉得按朱老师说的这样去做就很好，我们也希望这样，但现在的问题是"市场失灵"，"市场失灵"导致了朱老师说的这种状况。写一本法理学教科书是苏力老师该做的事情，他没写是他的失职，但是，他却利用这种不正当的现象把他的失职给正当化了。好了，不扯这个话题了。

读朱老师的作品，我印象非常深的一篇是《窦娥的悲剧——传统司法中的证据问题》。[15] 这篇文章我从头读到中间，到快结尾，都没有太多惊奇，直到最后一部分"为什么超自然力量"，这个问题提出来，才让我真正感觉到什么叫才华。苏力说，真正的悲剧不是人物的不幸，而是这种不幸的无可逃避，这是一种希腊意义上的悲剧。把这套关于悲剧的理论用在"窦娥冤"上，不仅使文章一下子升华了，而且强化了它原来的论证，真是太巧妙了！

我觉得朱老师的写作有一个特点，他的文风基本上是"手段—目的理性"，他的目的是要把道理讲清，然后选择最合适的手段，他不考虑排比呀，对仗呀，他很少使用这些句式。他还有额外的追求，那就是，他不仅要讲清楚道理，还要让我们记住，所以，他喜欢尼采式的表达，格言式的，非要那个狠劲儿，那样才好。比如说，他不大喜欢用成语，更喜欢用俗语。他宁愿用"活人不能让尿憋死"，也不会用一个现成的成语——"削足适履"。苏力老师，我不知道您对您的这样的语言风格有什么想法？

朱苏力：我不喜欢用成语，确实是个问题。我觉得成语，当每一代人都用的时候，用起来很顺手，但读者就不能产生早先的那个感觉了。我喜欢追求尼采式的那种语言上的感觉，有意避开使用成语。但是偶尔我也会发现成语特别好。最近在翻译波斯纳的一本书的时候，我把其中的一个短话翻译成一个词，叫做"不明觉厉"。[16]（笑声）原意是什么呢？这句短语就三个词，意思就是："令人印象很深刻，很高深，但是人们看不明白，很深奥"。这不就是我们通常说的"不明觉厉"吗！这个词太合适了。我觉得我追求的就是贴近普通人的理解，而成语的最大问题就是读者不容易直接感知成语的真正意思。至少我阅读很多人的书的时候，用到成语时，眼光直接就跳过去了，我感觉不到一种力量。成语还有一个不好的地方是，用成语很难串成一个长句子，成语都是一个个单独的词，最多构成一个短句，这使得整个句子逻辑上容易出岔子。

---

[15] 参见苏力：《窦娥的悲剧——传统司法中的证据问题》，载《中国社会科学》，2005年2期。

[16] 〔美〕理查德·A. 波斯纳：《波斯纳法官司法反思录》，苏力译，北京大学出版社2014年版，页8。

我更喜欢那种语言更紧凑的那种逻辑的表达方式。也可能我个人的素质比较差，小时候没读过、没背过成语词典。小时候真有不少同学背过成语词典的，往往文章中写了几个成语，老师会多加分的。我不大喜欢背这类东西，不生动；包括我写诗，写新诗，不写旧体诗，重要一点就是不愿意用过于死板的语言写作，这都可能影响了我后来写作的风格特点。现在偶尔发现特别合适的时候，也会用一些成语。

三、研究方法与研究问题

侯猛：那我接着问下面的问题。因为朱老师从第一本书《法治及其本土资源》开始，然后后面有《送法下乡》《道路通向城市》[17]《也许正在发生》《法律与文学》，还有还没出来的关于中国古代宪制的研究。这么多专著里面，其实横跨了法律社会学、法律与文学、法律经济学，那这个几个领域虽然统称为"法律和社会科学"，或者是"社科法学"，但你会发现，这些不同的研究进路、方法是不一样的，差别是很大的。那你觉得你的研究中横跨那么多领域里面有没有一以贯之的东西？当然，以前听您说过方法并不重要，方法是取决于问题，根据问题来选择方法。但是我怎么知道这个问题应该用法律社会学的方法，那个问题应该用法律经济学的方法？所以我还是想问一下，在您的跨学科研究中，不同领域中有没有一个一以贯之的思路？

朱苏力：好像是，我自己还是有意的，稍微有点跨领域，包括法律文学；包括写毕业致辞的书，最后写了两篇关于修辞学的[18]，都是希望跨。为什么？因为我觉得现在法学涵盖领域太窄了，我试图通过这么去做，让大家看到，哦，原来我们法学界也可以搞一点"帝国主义"，侵略人家一点。（笑声）其实，经济学经常侵犯到法学。我也不是说反对经济学侵入，我也不反对社会学侵入。但是，你能侵犯我，我也能侵犯你，是吧？就是说我们在这个过程中是学术竞争的，没有说这是谁的领地，这是我的一个想法。侯猛老师讲到的这个问题，我自己有的时

---

[17] 苏力：《道路通向城市——转型中国的法治》，法律出版社2004年版。
[18] 苏力：《走不出的风景：大学里的致辞，以及修辞》，北京大学出版社2011年版，页225—296。

候，我也会意识到这个问题。但我觉得这个问题比较难回答。我一般来说，遇到一个问题，我感觉这个问题比较有意思，可能能说出一番道理，我就会去研究。我更关心这个问题对于我的意义，而不一定是对于整个社会的意义。

因此，有人批评我，苏力你不写一些重大的问题。我想，问题是什么是重大问题？对你重大，可能对别人不重大。对于你重大的问题，可能是找个女朋友，而对另外一个人，重大的问题可能是如何把这个女朋友甩掉。（笑声）因此，对于什么是重大的，并没有统一的标准。对于我们来说，我们只能选择对于在自己来看有意思的问题。这不是说没有社会关怀，我的学术会关心很多中国问题，但不是别人规定的所谓重大问题。我甚至会写一些在许多人看算是比较小的问题。我最近写的一篇文章，关于西藏地区一妻多夫制[19]的问题，我津津有味地讨论这个问题。在写作的过程中，我会努力把这个问题的各种学术可能性都展开，让大家感觉到这个可能与我有关。确实有学生说，你讨论的这个问题跟我们没什么关系。但是，我觉得我们讨论问题的时候，在很大程度上既为读者写，也为自己写，这个写作过程既锻炼我自己的视角，也锻炼别人。

至于说，怎么选题？我会有个基本的想法，写《法律与文学》的时候，我会以一系列文学作品来写这个；比如说送法下乡，我围绕中国基层司法制度的一些问题来写；比方说，正在写的关于古代中国宪制，也这样。写这个问题，有一个想法，这是一个领域，是还没有人从这个角度去开掘，我写，希望能引出一批这样的著作。还有一点是，每个人的写作方式，会有一定之规的，并不是说我写另外一个东西，风格就完全变了。所谓比较成熟的学者，尽管他写不同的题目，他大致的研究风格、切入角度、表达风格，会始终保持的。一般来说，我写作切入的角度都相对小，从小事情切入，慢慢剖开。这个风格不会因为我换了一个研究，写作风格就完全变了。一个人的风格如果变化太大太多的话，其实证明的是他的风格还没形成。我觉得对我来说真正有意思的是，研究一个问题时，一定要我能想象的各种可能性都想出来。我在其他地方曾

---

[19] 苏力：《藏区的一妻多夫制》，载《法律和社会科学》，2014年卷13辑2。

经讲过一次,写作其实是个力气活、体力活。真的,大家不要以为写作是一个非常轻松的活,写作是非常耗费体力的,写作有时候需要很多想象,其实也就是推理,要设想一个新变量加入进来会引起哪些变量之间的变化,这时候,很耗费体力。写作需要一个好身体。你看到,中国学者一般到50岁就不大写了?一般体力都比较衰弱,我们这批50—60年代左右出生的人,从小营养不好,一般到50岁左右就不大写了。美国学者为什么60、70岁还写?也许一个原因是吃牛肉的。(笑声)

成凡:上一拨问题不够刁钻。我提一个我自己感兴趣,我猜测大家也许感兴趣的问题。我记得在《法治及其本土资源》的扉页,您用的好像是袁可嘉的诗?我大概记得好像是扉页这样写着"面对这一地斑驳,我看到了根本中的根本"。[20]时间过去差不多二十年了,您觉得根本的根本是不是改变了?或者,我再附加一个跟这有关的,十八大以来,改革啊,如何改革啊,这样的话题声音都很大,改革是不是和这个问题有关联?

朱苏力:说实话,我引用那个诗以后,把那首诗"救活"了。(笑声)袁可嘉的诗写得非常好,他是非常现代派的诗人,但很多人不容易注意到他。但是他那首《母亲》我引用后,就是他写母亲从远方回来以后,看到母亲满脸都是笑容。然后写,在母亲面前,什么功名利禄啊,像树叶都吹散。我见到你,才知道根本中的根本。我觉得,面对中国本土的问题、现实的问题、必须解决的问题,这才是根本中的根本,我觉得这没什么改变。

至于十八大以来的许多话语,我觉得跟我的学术研究基本没什么直接关系。大家会觉得我很政治的一个人。我也非常注重政治的问题。十八大提出的深化改革,制度改革,对于整个中国当然很重要。但我觉得这跟我的学术研究课题基本没什么关系,我关心政治是关心中国的独立,中国的富强,中国的安定,老百姓能够得到公正的保证;制度上别

---

[20] 迎上门来堆一脸感激/仿佛我的到来是太多的赐予/探问旅途如顽童探问奇迹/一双老花眼总充满疑惧/从不提自己,五十年谦虚/超越恩怨,你建立绝对的良心/多少次我担心你在这人世寂寞/紧挨你的却是全人类的母亲/面对你我觉得下坠的空虚/像狂士在佛像前失去自信/书名人名如残叶掠空而去/见了你才恍然于根本的根本。——袁可嘉《母亲》

出现像乌克兰、俄罗斯，像叙利亚这种问题。我事实上会非常关心这些问题，但我一定会从学术的角度切入。我写过中国司法当中的政党问题，分析中国是个"党国"，我不太会忌讳。恰恰是往往是别人认为非常敏感试图躲避的问题，我会去触及它。但是从学术层面切入。这不意味着，开次党代会就对我有什么影响。十八大的报告我也没细看，我只知道现在全面深化改革。会不会写一些有关改革的文章呢？至少目前我不会去写。

不是瞧不起，也不是与法学无关，而是说法律人关注改革不能也只是从规划层面去讨论。有些问题可能是可以从规划层面推进的，因为需要预测这些改革，哪些可以成功，哪些不能成功，有些不可能成功，也需要去讨论，也需要去研究推断，但更需要积累经验来验证。有些东西，看起来不能成功的，可能实践起来成功了；有些看起来非常应当成功的，但实践起来，因为有些变量你没考虑到，结果不成功。这类事情太多太多了。比方说，有些男孩或女孩，觉得自己这么优秀，我去追对方，一定追得上，可是就是没成功；有的人觉得这两个人怎么也不合适，但她就是一朵鲜花插在牛粪上了。对于改革问题，我抱这种态度，支持改革，也允许它犯错误，但是在我不太明白的时候，我不会轻易去发言。千万不要因为你写过几篇法律文章，你就觉得你们什么事都能发言了。公知太容易犯这个错误，觉得自己当了律师了，或者当了一个什么了，能写小说了，写了什么几重门了，就可以指引革命、改革、民主了，什么问题都能讨论了。公知们面对永恒，面对无限之时，他们会觉得自己特别强大。当然，这也是获得"公知"身份或知名度的一种方式。但我会感到特别困惑，因为我不了解情况。

讨论改革，还有一个问题就是，现在的司法制度改革问题。这个问题是，我可能会、可以发点言的，但我也会比较慎重。因为毕竟还没推进下去，毕竟我也不处在改革者的那个位置，我不了解他能获得的那些信息，某些改革为什么要向某个方向推进。大家注意，千万不要以为学者特别神圣，学者同样会有很多偏见，他不在那个位置上，很多信息获得不了，你就不知道哪个改革非常必要，即便是不太成功也必要。

当然，如果你要我提意见，我肯定会提。前几年，河南省高院决定判决书上网，征求我的意见。我就从利和弊两方面分析；后来就写了一篇文章,表明为什么我不太赞同判决书上网。[21] 现在最高人民法院绝大部分判决书上网,但我还是坚持那个观点。但这并不代表反对改革,可能判决书上网对于中国社会也许非常重要。只是说我自己觉得好像不那么重要,因为我觉得没什么人看,当事人也不大看,当事人只要赢了他也不看,输了,他看是挑刺,不是看你怎么说服他的,是吧?不是说你写的很长,引了一堆人,就说服他了。律师也不看,学者也不看——基本上都不看。因此,既然没人看,那么我觉得,这就是做形象工程。但有时候,你得知道,形象工程也是工程的一部分,如果实事大事做不了,不做形象工程,又能做什么呢,是吧?(笑声)因此,你也要能理解,他必须做形象工程,起码这个形象工程也让老百姓觉得他都公开了,有点透明也好,即便很少有人关心判决书,人们关心的是判决。

我其实是一个不自信的人,也在这方面体现出来。但我觉得这也不算不自信,而是说一个知识分子,一个学人,或者一个人吧,一定要理解别人做什么事情的话,也许在社会层面未必是理性的,但对于做事的人很少可能是不理性的,你不理解他,你就很难设身处地去替人家想。所以在这个意义上,我不大会去积极主动地去评价一些我不了解的问题,特别是当我有其他工作要做的时候。只有当我发现了一些比较重大的问题,对整个社会重大的问题,我也了解理解相关的道理,我才会写。大概是十多年前吧,十一年前,我写的那个关于奸淫幼女的司法解释[22],我写了五万字,那个解释完全没有什么道理,但是我觉得这个解释一定会出错。结果引起刑法学界普遍批评我,说苏力搞法理,还搞起刑法来了?但我没吱声。实际上当时我准备再回应的,为什么我不能谈这个问题?即便我是一个普通人。但是过去十年当中,我们这个社会已经多少次为奸淫幼女,14岁,12岁,以及嫖宿幼女罪等这类问题争论,一次次地,中国的法院系统因为这个东西,已经丢了太多太多的脸。做这种事情,是因为我觉得对整个社会会有意义。但即便在写这样的文章,我也努力使学术思考超越具体事件,不是这个事情过去了文章

---

[21] 参见苏力:《谨慎,但不是拒绝——对于判决书全部上网的一个显然保守的分析》,载《法律适用》2010年1期。

[22] 参见苏力:《司法解释、公共政策和最高法院——从最高法院有关"奸淫幼女"的司法解释切入》,载《法学》2003年8期。

讨论的问题就过去了，我追求的是，文章附着于这个具体事件，但是文章提出的问题仍具有一般意义的，超越了这个具体事件。（掌声）

陈柏峰：刚才我们本来是讨论苏力老师的具体研究的，扯到现实里去了。我现在改回来，具体研究。苏力老师的书很多，我觉得有两本，出版的和即将出版的，我评价是非常高的，比别的书更高。一个是《送法下乡》这本书。其实要我去看，因为我做农村调研比较多，《送法下乡》里面有很多缺点，但是这本书我觉得我非常喜欢，我觉得它的话语平台很高，它把送法下乡这个现象，与国家政权建设联系在一起。这样它的境界一下子上去了，这就是一个在中国非常现代性的问题。那么，另外一本书，也是我要追问朱老师的，我在07年还是08年，我记不得了，当时看你"礼仪纲常称呼"〔23〕那个文章的时候，我就意识到你可能有个研究的转向，这个伸向了一个新的领域。我跟本谦也有聊到，苏力老师不断超越自己，别人超越不了他。那么这一系列的研究，包括您手头上没有发表的，关于中国古代宪制的，应该说是一个系统性的东西。我个人的看法，结合我跟您的聊天感受，我觉得您比较低看、不大看得起新儒家，然后我觉得您这个研究倾向，往前数的话，可能就数到费孝通那里去了，再往前，可能就是儒家了，这样一直下来的话，您自己怎么看您的研究在这个谱系里面的位置？会不会过50年之后，别人说，苏力是新儒家的代表人物之一？

朱苏力：我觉得陈柏峰这个评价，从学术谱系来说，我会承认。哪些问题重要，有学术意义？我通常会把很小的问题放在一个比较大的社会语境当中来看：为什么我要去研究这个问题？基层司法制度为什么对中国很重要？为什么不研究最高法院，为什么不去研究中级法院？因为我觉得中国老百姓纠纷是在基层法院解决的，90%甚至95%以上的纠纷都在基层法院。这就太重要了，老百姓感觉到的法治不是你最高法院如何如何，也不是说我们写几本书或翻译几本波斯纳，他们就看到一个基层法院的法官，而且是特别辛苦的基层法院，特别被人瞧不起的。我在书里面写了法官，他老婆养猪来供养家庭，这个法庭没有钱，电话都锁

---

〔23〕 参见苏力：《纲常、礼仪、称呼与秩序构建——追求对儒家的制度性理解》，载《中国法学》2007年5期。

着，不让人打长途，交不起电话费。就要通过这些事情让大家意识到，在一个宏大历史变迁中基层制度对中国社会的重要性。

我现在写的这个关于中国宪制[24]的问题，我试图讨论古代中国这么一个大国是怎么整合起来的，靠着什么制度。中国是个农耕社会，农耕社会自给自足，本来是注定不大可能成为一个大国的，但在这里居然慢慢成立一个大国，是哪些因素促成的？那在这个意义上，我觉得是很重要的。这个书当中只有一两章讨论儒家的重要。我觉得儒家最重要是解决了中国农村村落这一层面的建设，也就是齐家的问题。因为古代一个村落就相当于一个家族，怎么在一个家族里面治理好？但这个问题直到今天还都是一个大问题。大家注意，最近讲的那个乌坎村两个村主任给抓起来了，贪污腐败。近代以来，中国的农村基层政权建设的问题一直没有能解决。毛泽东时代是把国家基层政权的权力末梢通过党组织往下伸，一直伸到公社、大队。公社相当于乡，大队实际上相当于（行政）村。但是毛泽东之后把它撤了，包产到户，但县政府也没法直接面对一个县的 10 万甚至 20 万户农民啊，因此又尝试用彭真的思路来解决，就是村级选举、乡村的民主选举、乡村的基层政权建设。但这实际上三十多年过来，我们发现是失败的，至少是不成功的。为什么呢？

有很多原因，但其中一个重要原因就是，农村的年轻人，精英，上学的上学，打工的打工，农村的熟人社会中选举就一定会被家族控制，在城市周边地区，也很容易被黑社会控制。目前针对中国的农村基层政权做的研究调查，得出的结论都说中国基层政权的选举基本失败了。两年前，一些媒体还大肆吹捧过乌坎村，民主选举，仅仅两年后发现问题就特别大。那么"齐家"或乡村治理或基层政权的问题还没有解决。我当初写这个问题，还没意识到这么清楚，只是说儒家是怎么处理乡村问题，没有国家政权介入，如何来处理基层治理问题。我没有把它写得特别神话，只是说它大致解决了这个问题，并且通过村庄家庭的训练还为整个国家，一个大国，提供了一种意识形态的制度框架：在家为孝子，在国为忠臣，以及把同辈的关系、兄弟的关系延伸到官僚阶层，同僚都

---

[24] 参见苏力：《何谓宪制问题——西方历史与古代中国》，载《华东政法大学学报》2013 年 5 期；《作为制度的皇帝》，载《法律和社会科学》第12 卷。

是兄弟,四海之内皆兄弟,也就把它延伸到大国这种关系,包括用这个通婚和亲,用来建立与少数民族的关系。

但儒家提供的还只是一个想象,还不是一个真正的架构。真正的架构,其实我现在写的基本主意大致都是法家提供的。之所以要写这些东西,就是要把中国古代制度的合理性写出来。历史上没有哪个国家像中国一样的,能保持这么一个大国的。印度古代不是一个大国,印度是个文明,一直没有统一,是英国人、帝国主义帮它统一起来的。所谓四大文明古国,都更多是文明,并非古国——古代的大国;或只古代是国,后来就不古代的国了,像埃及,是后起的伊斯兰文化,就不是古代那个国。希腊文明也是,希腊如今要么东正教,要么伊斯兰,与苏格拉底、柏拉图、亚里士多德;与雅典、斯巴达、特洛伊没什么关系的。只有中国既是文明又是大国,并持续至今。但为什么,这是一系列制度促成整合的,把这个制度讲清楚,这就是宪制,就是constitution。

在这个过程当中,是不是讲儒家的东西呢?我不想把自己说成是新儒家,我也不想"兴灭国,继绝世,举逸民"。[25]这话是孔子讲的。我觉得这没多大意思,对我来说,重要的只是能把这个东西解说好,为后代学者做更好的研究时提个醒;或是,让那些不太有勇气的人能有勇气去做。我做这个研究的时候,许多人讲,中国古代哪有宪制,苏力这就是胡扯!我真就遇到过这样的人。但我一定要做好,做好是超越自己,也是超越别人的预期。这是我的一个追求。

至于说苏力是不是新儒家。说实话,我不太瞧得上新儒家。我觉得新儒家表面上坚持国粹,其实并非坚持什么国粹。新儒家把儒家思想变成哲学、文化、思想,那还是儒家吗?我认为新儒家就是在给儒家包括给中国文化"去势"。孔子那里面有多少哲学呢?那就是你说它是哲学就是哲学,说它是文学就是文学,说它是美学就是美学,说它是教育学就是教育学。我觉得,孔子,或是儒家,包括孟子,当时想的就是要解决当时的问题,农耕中国的问题。后代中国农村社会的人们发现这点东西你别看它好像没多少学问,但它就是管用,因此坚持下来了,也有许多学人不断阐释。但我关心的是,它为什么管用?这就是把它恢复成制

---

[25] 参见《论语·尧曰》。

度,恢复它的语境,因为有了这个历史社会语境,才看得明白它为什么有用(以及什么情况下会没有用)。尽管这个制度已经过去了,进入博物馆了,我还要说,它这个制度原理上仍然是有用的,就像欧基米德原理是希腊的,但是到今天,欧基米德原理还有用。我就是要把这个东西提炼出来,即便是错的,也可以告知后人,苏力犯了什么错误。

我这个人有点尼采主义者,就是说,我觉得错没有什么的。我觉得每个人来到这个世上都难免犯错,甚至不是错误,我们就不会活在这个世界上。但错误告诉别人这个地方是走不通的。在我们文明的发展中,在很大程度上,我们都是中继者,特别是在历史的转折过程当中。我们因历史转折过程失去了很多东西。像新中国成立以后第一代领导人,他们对古籍还很清楚,对古代的制度的道理也很清楚,后代领导人基本上不太清楚了。这时候文化上就会出现断裂。我想做的事,就是要在现代社会科学传统中将历史中制度道理接受过来,另一方面就要尽可能避免制度的断裂。这是我想做的一个事情。是不是新儒家,我觉得其实不太重要。

说老实话,今后,随着中国的强大,会有许多外国人来中国学习,我相信会有很多中国学者发现,我们自己的历史中有价值的东西太多太多,都是没有展开阐述的。我曾经有段时间发现,中国历史上没有地缘政治学,后来我才发现,其实只是没有这个词罢了。其实中国古代地缘政治学的著作太多太多了,只是今天没人从这个概念切入来把相关文献资料都考察一遍,因此更多直接从20世纪瑞典人契伦的著作中借用地缘政治学概念。但是,中国古代战国时代,讲合纵连横,不就是地缘政治学吗?诸葛亮三分天下,不是地缘政治学吗?中国历史上都有,只不过没有系统去梳理分析掌握。后代还有十几卷的著作都在写中国历代的山川、地势的东西。我自己想做的,可能做不了那么细,我只是试图就大国怎么形成作一点研究。因为它是第一本,它很可能就获得一种殊荣。这其中也有一点出名的这种欲望,但也不坏,如果每个人都有这种思想的话,整个社会的研究和学术就会发展起来。

陈柏峰:我补充解释两句,我觉得刚才没有说明白、没说得更清楚的一点。我在说新儒家的时候,其实说了两个不同的新儒家,一个是被哲学化了的、甚至是玄学化了的那个新儒家。另外一个我觉得儒家本来就是应该回应现实问题，阐释古典、回应现实的。一般不会认为费孝通是新儒家的，但我觉得费孝通是。比如《乡土中国》就是用现代社会科学的方法阐释了中国古代的人的活法。所以说，我觉得您现在干的这个活，在这一点上可能和费孝通是类似的。所以说，我在这个意义上说首先是把费孝通当做新儒家，也许他们是真正的儒家，那么，苏力会不会也是这样？其实就是这个意思。

朱苏力：我其实写过一篇文章，有关费孝通与文化自觉[26]，文中我说了，觉得费更像儒家，务实、注重制度的功用，他对儒家的解释全都是制度性的功用的解释，而不是上升哲学、美学、教育学、人类思想、人类大同，他非常务实。此外，儒家其实也非常务实，讲足食足兵，解决问题。我有另一篇文章《儒家的人性论》，也梳理这个问题。在这个意义上来说，我试图是追寻费孝通的学术传统。但是我也不想一定要沿着某个传统，这种坚持也会变成一个负担的。为什么？若坚守一个传统的话，就可能拒绝其他东西，我希望保持开放。不因为喜欢某个东西，就拒绝其他。其实我也是非常喜欢西方学术的，像福柯、尼采啊，帕斯卡尔，包括马克思、波斯纳、霍姆斯，像这些学者，我都特别喜欢。但我也不会因为喜欢他们，就把中国的忘掉。我也不会因为喜欢儒家，把法家给忘掉。

我觉得要保持一个开放的态度，所以我不太想坚持哪个学派和传统。为什么？我其实也讲过一句话。就算那一派是对的，你加入了，并不代表你赶上了那趟车，你就到达真理去了。万一赶错了呢？你准备上北京，结果到广州去了。所以你搭得上搭不上那辆列车，没什么关系。有时候，人要想得通透一些。我不大相信历史潮流，我觉得就是逆着历史潮流活这一辈子，有什么关系？（笑声）这个时代其实已经允许我们可以这么做了。这是我们前一代人，或是前两代人做不到，因为中华民族面临危亡，他们没有办法，那个时候你必须放弃个人加到入到民族和国家的事业中去。在当代中国，比较而言，最多最多，你逆着历史潮流，大家不读你的书，不理你，那有什么关系。我自己做一个小众的，也没关系。你可以看到，现在什么"中国好声音""中国好歌曲"。那

---

[26] 参见朱苏力：《费孝通、儒家文化和文化自觉》，载《开放时代》，2007年7期。

些人,有好多,我觉得确实不好。(笑声)"卷珠帘",我没觉得有什么意思,还不如什么"要死一定要死在你手里"这个歌好——可能我太关注歌词了。(笑声)但有人就是喜欢那种怨妇的感觉,卷珠帘就是那种感觉,但歌词又写得很糟,太假的怨妇感觉;以为这就很有文化了,一种晚唐的霉味,怎么办呢?就让他去做,没什么了不得的。

四、想象力、修辞与经验研究

桑本谦:既然话说到这儿了,我就特别想问我感兴趣的一个问题。也是为我即将要做的一个工作做准备,因为打算明年写一篇关于苏力的文章,也可能是我、柏峰我们几个人合写。[陈柏峰:"这点子最先从我这里来的。"(笑声)苏力:"知识产权。"陈柏峰:"但是他思路已经完成了,我还没思路。"]我们商量了一下,当然也没有征求苏力的同意,因为不需要征求他的同意,因为毕竟,明年苏力60岁了,到了理论上的退休年龄。我们写这样的文章,目的不是歌功颂德,甚至也不是为了表达我们对苏力老师的持久敬意,不是这样的目的,肯定还有额外的目的。所以,我就会关心一些很细节的问题。

苏力老师近期发表的系列论文,涉及中国古代的宪制。他说的宪制不是"三权分立"意义上的那种宪政,他说的宪制,最基本的含义是如何把这个国家组织起来。但是有一点我敢肯定,这个文章发表出来,很多老史学家肯定是不喜欢的。因为这个路子和他们都是不一样的。比如,他们不允许你在一定的素材的基础之上作过多的推测,甚至是猜测。尽管我们都知道,猜测也是有意义的,因为至少作者提醒我们注意到一个概率很高的可能性,这是非常有意思的。所以我有时候会想到一个问题,那种所谓的严谨和学术想象力之间是不是有一种紧张关系?换句话说,就是过度的严谨有没有可能会折断想象力的翅膀?

朱苏力:我觉得学术是需要想象力的。我认为学术是非常需要想象力的。比方说,我们都知道两个铁球同时落地,伽利略的那个伟大实验。但是注意,这个实验并没有发生过,它其实是想象力的产物。就是他想象两个铁球同时着地,按照亚里士多德的观点,一个10磅的铁球10磅的速度落地,一个1磅的铁球1磅的速度着地。但是,他是怎么去解决这个问题？他不是做实验，他是想象。他说我把10磅的铁球和1磅的铁球绑在一起，那不就11磅了吗。那从道理上来说，就应当是以11磅的速度向下降。但是，如果把这两个绑在一起的铁球分开来看，一个铁球是1磅的速度，另外一个铁球是10磅的速度，那么这个1磅的速度落得慢，就会带着这个10磅的速度只能也要放慢，就是最多粗略地算下9磅的速度，那么从逻辑上来看，不可能既是9磅又是11磅。那么，他就说这两个铁球必定是同时着地，这样才能解释说亚里士多德说的是错的。因此，你可以看到，完全是想象力的东西。

另外一个，我觉得古希腊人，据说是古希腊，因为古希腊现在有些人认为是一个虚构的东西，因为古希腊的最重要的文献，包括亚里士多德的文献，柏拉图的文献，都是到后代发现的，不是从原始发现的，包括有许多是从爱尔兰发现的，这就是为什么何新曾经讲为西方人编造了一个古希腊的历史。我们不讨论这个问题。就是说我知道的那个所谓的古希腊，他们发现为什么地球是圆的呢？他们并不是像麦哲伦或者是谁走了一圈，然后才发现的。他发现了地球如果是平的话，他们发现月球是绕地球转的，而月球有时候会出现月食，月食是因为地球在当中，他们说，地球在当中的话，比方说这是太阳，如果地球是平的话，那么有的时候如果地球是这样的话，那么，在月球上就可能是一条线，或者是一个小小的枣核一样的，但是所有的月食都是把整个月亮给遮起来，或者是月环食，那么，就是说一定是整个地球是圆的。这是一种需要非常大的想象力的。大家还想一下，爱因斯坦的想象。爱因斯坦想象说，假如人以光的速度去行走，会看到什么？这种想象力是非常可怕的东西，你怎么能想象一个人按照光的速度去行走？！所以我觉得社会科学同样需要想象力，但是这与严谨并不矛盾。

所谓现在有些人说的史学的严谨，就认为一定要有材料，有一分材料说一分话，有十分材料说十分话。关键就是说什么叫一分材料说一分话？想象力的推断的问题，逻辑上可以推断的问题，比如说，我就曾经想象，我到美国看了，美国学校有早读，但是，不是大声阅读，但是，中国学校，大家想想，你们小学的时候一定是早上去大声朗读。我就想不可能中国的朗读是没有意义的。那么，为什么呢？这是学校为了校正学生的读音而创制这个制度。它这不是拼音文字，而是有各地方言的时候，阅读的时候必须要通过这个方式，老师才能听出来哪个人的读音是对的，来校正他。实际上是一个微观的制度来保证全国的学生读音一致这么一个制度。那么这个想象有没有道理呢？也可能是错的，但是现在至少提出来一种想象比从来没有人去想这个问题总是要好一点吧，是吧？之前从来没有人去想过的问题，为什么要大声阅读？然后我就提出来，在一个村子里面，如果一个母亲听过她的弟弟曾经读过，他弟弟上学读过"有朋自远方来，不亦乐（yue）乎？"结果这个人在她儿子读书的时候，听到"有朋自远方来，不亦乐（le）乎？"她直接说："你读错了，我弟弟当年读的是乐（yue）乎。"你可以看到一个没有读过书的人都可能变成一个校正者。那么这种想象可能并不真实发生，但这种想象的推理，逻辑是成立的。而这就是我想做的东西。

我觉得中国的学者是可以做这个东西，而不应当拘泥于太拘泥于。不是说我们可以编造历史，这是不行的。但可以想象历史。事实上我们许多最著名的一些学术著作或者最经典的著作都是有很多想象的。我举个最典型的例子，就是项羽看到秦始皇来了以后说："彼可取而代之"。大家注意，如果习近平来了，我跟桑本谦说，"彼可取而代之"。（大笑）大家想想这是什么事情。陈胜吴广说"王侯将相宁有种乎"，谁见过？当时还有谁记录，陈柏峰去调查过么？那不就是说老实话就是司马迁想象出来的，但是我们觉得古人是可以想象的，假定古人这种想象不会错的。但是我们就苛求于今人。

事实上，这里的关键是你这个想象有没有道理，想象并不是真理，想象最多是探求"真理"的一个步骤。这是我自己的一个追求。别人批评我，我根本不怕，死猪不怕开水烫，骂过我的人批评我的人太多了。说老实话，我被人批评的，都让别人妒忌。（大笑）学界人太多妒忌，苏力怎么这么多人批评啊。有时候以至于我说别人批评我的时候，我都觉得自己太矫情了（笑声），身在福中不知福，做这种矫情的事情。这是我对关于想象的看法。我这个书写完了，我会讨论一个问题，方法论的问题。在这本书中，我会用外国的、后代发生的事情来印证中国古代的事情，来说明古代的道理。为什么？因为我觉得这不是一本历史书，而是一本理论书，是从理论上讨论国家构成也即宪制在理论逻辑上的可能性,但这种理论上的可能性不可能仅仅存在于过去的某一时刻,而是今天或以后都有可能成立的。这是我的追求。这种书写起来是很怪的,因为没有历史了,历史就全摊在你面前,让你从中找出相关性和逻辑,但我觉得这没什么。我们人类在这个地球上,人类活了这么几十万年,上百万年,也许没有什么终极的意义。既然我们活在这儿了,我们就做点智识的游戏,自己开心,别人也开心,我觉得也挺好的。大家看吧,稍微把自己放开一些,实际上你会获得比较多的想象力和更为从容不迫的应对能力。

侯猛:讲到想象力,我就正好接着再问下面的问题。因为社科法学基本上还是要做经验,那对于经验研究者来说的话,田野是非常重要。我想一流的研究可能是特别需要想象力,但是我觉得对于很多人来讲,他达不到一流,如果想要达到二流的话,至少你得做田野。所以当你在强调想象力的时候,我们会感觉到,那你怎么不去做田野,或者说你怎么来平衡这种想象力跟田野之间的关系?特别是对于初做研究的学生和学者来讲,我觉得处理这两种关系其实是非常重要的。然后紧接着就是我们会认为研究的思路和写作思路是不一样的。那你常常会讲到说,在你的写作中,你特别强调,写作也会强调想象力,特别会强调修辞。我以及很多人都会觉得说,那你这种写法我们会说你是做社会科学研究,但是你过于强调修辞和想象力的话,那岂不是又变成了人文?

陈柏峰:我举个例子,印证一下师兄说的。苏力老师在《送法下乡》里面讲了这么一个东西,他想象的是错的。我讲个错的例子。他讲早上八九点钟乡镇政府里面就没人了,所以乡镇是国家权力薄弱的地方。我觉得这个想象是没道理的。为什么八九点钟没人了呢?因为大家早上八点钟集合,分配工作,然后八九点钟全部下乡去了,那个镇里面就只有一个人在看门。我觉得这是由于他的工作方式决定的。我觉得这个地方就是想象的。

朱苏力:这不能算想象,如果说是调查或概括不当。我记得也不是这么说的。[27] 即便我们调查的情况跟湖北某地的经验不符合,但在有些

---

[27] 苏力书中原文是"我们的调查者就发现,乡政府常常是上午9点上班,但10点半以后也就找不到人了"。《送法下乡》,页32。

地方，乡里10点多11点，在1995年，乡干部上午没事就回家做饭或者家里有事情，还是可能的。在湖北这个地方可能会是干部下乡了。有的地方就是说，反正也没啥事了，回家做点事情完全可能。甚至有的县也是如此，前不久《焦点访谈》就报告安徽省某些县里的办事机构，临近春节时，或春节刚过，干部上班就出现了这种情况。所以我不认为，我的概括是想象错了。做实证研究，我觉得任何时候也都需要想象力的。从同样的实证调查中，田野研究中，能不能抽象出一个有意义的问题，这其实还是需要想象力的。所谓想象力，就是把一些之前人们认为不相关的因素从理论逻辑上勾连起来，然后从经验上验证，或理论上分析其联系。

做实证研究一定要严谨，要踏实，比如说我们做这个审判委员会的调查的时候，我就访问了大概一百多个法官，一个个的访谈，问他们这个问题，而且一定避免诱使他朝着某个方向给回答。更重要的是观察，观察中的发现。因为访谈和提问很受提问者的前见影响，因此提问是容易有偏见的，看起来问了很多问题，其实错过了真的问题。因此观察很重要。有的时候，你看到了，你也意识不到这里有问题。只有把一些看起来不相关的事情放到一起，也就是想象，才可能看出问题。我到湖北恩施咸丰县去看人民法庭审理案件的时候，看到很多现象，但当时并没什么感觉。会突然一下意识到，这里有个问题，然后才去想这个问题。但能从现象中抽象出什么问题，能提升到什么程度，这是很需要想象力的。我看到一位法庭庭长，他的妻子就在法庭墙外破棚子里养了7头猪，除了家务以外，这就是她的工作，没有其他工作。我会想象基层法官家庭生活非常艰苦。我看到法庭的电话里面用木头盒子锁了起来，可以听到来电话，但是不允许打电话，因为电话费太贵；这会让我理解他们的经费紧张，比和我说有多少办公经费，办案经费，要实在得多。想象力包括了不相关经验的相互勾连。

又比方我调查家族势力对司法的压力，在江汉平原地区家族影响很大，但在咸丰那带就没有这种影响。这似乎表明家族影响司法与经济落后没什么关系；但恩施是少数民族地区，与民族有关系吗？后来才发现其实与人口聚居程度、村庄内部通过血缘关系的组织化程度高度有关。这是我在从恩施去咸丰的路上突然觉悟的。我就看到那里土地特别贫瘠，许多地里甚至一半是石头。土地这么贫瘠，就养活不了多少人，人们就不能高度聚居，那样种地走路太远。我看到一半就只有两三家住在一起。距离远了，人际关系就淡了，就不容易形成家族，要组织家族人员到法庭闹，组织成本太高。这就是我从地里有石头联想到的。不去田野，不可能看到，就不可能想到。但很多人也都去过，也看到了，但没看"见"，为什么？这就是想象力的用途。这是费孝通的长处。费孝通带他的学生一路走，他的学生回来什么都没写，费孝通到一地方写一篇，到一地方写一篇，为什么呢？费孝通看到了，他的学生也看到了，但他的学生没有想象力。不是说只需要田野调查，不需要想象力，你能提出什么问题，这与想象力有关。

刚才柏峰讲《送法下乡》能把一个基层政权基层法院放在国家建设当中，这也是一个问题。这也就是说，我看到这个问题之后，我会去想象这个问题在中国为什么会重要？因为在"文革"以后，国家政权从基层退到乡这一级，那么基层政权怎么办？国家政权另外一种方式下乡的话，就送法下乡把国家的力量送下去，除了村民自治或者是等等其他方式以外，送法下乡其实是国家权力向下延伸的一种方式，这种想象力使这个经验研究有意义，能够放到一个更大的学术环境中去理解。这种类型的研究我还做过很多。[28]

另外一个关于修辞和社会科学的关系。修辞不会影响社会科学。社会科学的基本思想，基本逻辑结构，是需要社会科学经验研究为基础的，修辞更多有关如何有效表达，让人们更强烈地感受到你试图传达的结论，或是颠覆一些想当然。比方说，几年前，恢复高考 30 年前后，不少报刊媒体赞扬 77、78 级尤其是法学院的学生。他们当中确实出了不少人才，有些后来当了院长、部长甚至总理。但说什么什么"黄埔一期"就有点俗了，至于"78 级神话""难以复制的辉煌"诸如此类的[29]，就过了。不仅每代人都有自己的辉煌，而且在我看来，77、78 级，我们这代人的弱点非常显著，只是赶上了改革开放的时代罢了。

---

〔28〕 可参见，苏力：《好的研究与实证研究》，载《法学》2013 年 4 期。
〔29〕 王健、邱春艳：《78 级神话，法学教育难以复制的辉煌》，载《检察日报》，2007 年 5 月 18 日，版 5。

"神话"这个词夸大了这一代学人的贡献,遮蔽了一些后辈学人应当审查并避免的问题。因此在文章中,我写了"乃至有记者撰文赞美法学界,题目是78级神话";紧接着,我另起一段写到,"也仅仅是个神话"。[30]借力打力,一句话就颠覆了原作者赋予"神话"这个词的褒义。让读者能从神话的另一含义来理解这些学人,从赞美之词中转到严苛的经验分析上来了。以一种简单的方式,把人们带回到现实,开始审视作为经验现象的77、78级现象了。在文章中我会不时写出些诸如此类的句子,也不是刻意,自然就冒出来了。这种表达常常让我得意,因为这体现了冷静对待经验,不被语词带着走。这是我骄傲的一部分。(笑声)

也因此,我不认为修辞不利于经验研究。恰恰相反,会有利于经验研究。修辞不在于修饰。有些人说:"废除死刑是人类潮流。"这种说法很容易激动人心,一激动,脑子就不转了,不从经验层面上考察了。直接就上了人家的车了,觉得自己总算赶上一班真理直通车了。我的修辞很简单,就问,到底谁看到这个人类潮流了?凭什么你就看见了,我就看不见?这一经验层面的质问,会让人冷静一下,想想自己是否真看到了,因此就理解历史潮流这个词究竟什么意思,别让历史潮流这类太烫的言辞裹挟了自己,让传闻证据变成了无可置疑的证据。今天许多年轻学生和学人一般都不会质疑这类修辞,因为这会让人们感觉良好,自己已经顺应历史潮流中了,因此可以进入历史了。在毕业致辞里,我也说过,在这个时代,很多人都太愿意同真理挤在一起,但就那么点地方,别哪一天,你把真理挤掉下去了,就你自己站在那里。[31]这种表达,就要让大家发现,同真理站在一起,这种修辞在经验上很没意思;不是那么了不得的事,就是一个修辞罢了。你就真同真理站在一起了,也并不等同于真理。用平实的经验的语言,一种最直白朴素的修辞,来应对那种煽情的修辞。但培养这种修辞对于人们思考,对于真实准确地表达自己会有好处。

但有的时候,不一定是社科研究,在必要场合,也需要一些修饰,

---

[30] 参见苏力:《80学人与30年人文社科发展》,载《开放时代》,2009年1期,页33。

[31] 同前注14,页86。

主要是让受众更容易接受。作为一个律师,作为一个法官,必要时需要修辞,但不是虚张声势,只是说使他的语言更加能打动人。有的时候修辞恰恰就是说非常平和的,娓娓动听的这种方式来修辞。我觉得修辞是一种策略。我甚至讲过,在那些看起来最没有修辞的地方都可能有修辞。比方说"无可奉告,NO Comment"。比方说把经济发展的目标从"又快又好",改为"又好又快",这就是修辞,以很简单的方式表明这个国家经济政策发展重点改变了。千万不要以我们通常理解的修辞来概括所有修辞,有什么华丽、煽情才叫修辞。"修辞立其诚",修辞在于准确有效表达思想,分享感受,影响受众。

成凡:我继续看看最后一个是不是刁钻一点。我读过您的论文里头,感觉有点震撼感的是有一句话,记得是您形容人和人之间的关系,是一种利益争夺,这都是嘴角流着血,牙缝里有肉。当时我看着觉得这感受很深啊。这是一种修辞还是说您对这个确实有一种切身的经历?(笑声)因为刚才您也提到法家。我附加的一个问题是,这种情况是不是在发生改变呢?因为我看您文章里也提到过,中国和美国很多的社会科学不一样,原因有一个是我们的资源争夺太厉害,所以很多问题没法像他们那样。但是随着我们现在经济上已经比较有实力,在座的大多应该是"90后"了,对他们来说,这个问题是不是在发生改变?对这个,您是不是也有这方面的感受?

朱苏力:我一直觉得当没有一个国家主权权力来治理这个社会的时候,这个社会很容易变成一个一切人对一切人的战争,就是霍布斯讲的一种状况。生物进化其实就是如此的。我们都知道中国的北京人、山顶洞人。现在的研究推断当时的山顶洞人是吃人的,因为从周口店发现的人骨化石都是残缺的,更多头盖部分,却没有多少头颅面部和底部骨骼,因此科学家推断,北京猿人是食人族。[32] 人类曾经是那样的,一旦资源极其稀缺的时候,这种情况还可能发生的。比如说在五胡十六国,有时胡人进入中原地区,不带粮食,没有食品就抓人就杀了吃。当时中原地区汉族几乎灭绝了,丧失人口90%以上。有些人则迁移到南方去了。人类历史上,"马前挂人头,马后载妇女",这种情况曾经多次出现。

---

[32] 张双权:《北京猿人的食人传说》,载《化石》,2011年4期,页34—37。

我还不认为这种时代真的就一去不复返了。只要是,比方说,来个小行星撞地球,甚或战乱,资源一旦极为紧缺,就可能出现这种情况。近几千年来积累的文明就会毁于一旦。因此,我对人性的这个东西其实没太高的那种期望。我知道人会善良,在有资源的时候都会善良的,但没有资源就会变。我在 2008 年毕业致辞中写到汶川地震时,我讲我们现在确实能为汶川地震捐很多钱和物,不再像 1990 年的时候中国大洪水,很多人只会拿家里破旧衣服,破旧棉袄捐出去。18 年以后,有些人甚至是"打的"到汶川救灾,什么带来了改变?难道中国人变善良起来了吗?我说,不是我们人变善良了,而是因为我们富裕了,才使我们可以向世人去展示我们的善良。一个人贫穷的时候,你甚至没有机会去展示你的善良。当我家里孩子都没饭吃的时候,我怎么可能把唯一的窝窝头给一个非洲难民吃?这不是说我们不善良,而是说我没办法善良。这是我对人性的一个基本判断。我写的许多文章背后都有这个关注,包括关注中国古代,这也是一个要点。

中国现在经济发展越来越好了,但世界上没有长治久安,没有不散的筵席,没有千年王国。中国现在发展起来了,也许持续 100 年,200 年,300 年,但也可能会衰落。因此,每代的知识分子,真正的精英,都要有这种忧患意识。历史上,中国这种周而复始很多次了。美国,俄罗斯或英国都曾有过辉煌的时候,美国也有可能从此往下走。美国也有人担心,很可能 2050 年前后,美国就分裂成几个国家,因为各地方的利益分歧,因为移民,因为中央的控制力弱化。不是说一定会发生,但每个国家都应该有人去做一个有忧患意识的人,愿意为这个国家和人民始终怀有一种忧患意识。即便我不大可能遇到这种时刻,也许有责任把前人的经验转告后人。

我曾经在非常艰苦的条件下生活过,当过兵,当过工人,各种各样的环境,我知道生存竞争非常残酷。比较而言,在部队当兵和当工人还算不错,还能吃饱。但我当兵的时候穿的衣服比叫花子都破,因为我们要烧砖、搬砖,盖营房,衣服全部都磨破了,裤子破得一塌糊涂,我只能用铁丝把衣服拧在一起,简直是散兵游勇。即使如此,还是很多战友千方百计节省一套衣服,留着。那也就是 40 年前的经历。再过 30 年,中国可能非常富裕。但还是要有忧患意识,有飞来横祸的。我们有责任要传递一些经验知识，千万不要觉得富裕了，人性就会改变。

而且，我们事实上也常常人性不善良。现在可能每过几个星期就会有一件事，"碰瓷"这类的事，某个老人诬告一个年轻人。如果有摄像头监控的视频，他会辩称："我看错了。"没有视频摄像的时候就咬定没错，有就看错了。这就是人性。许多老人都老到那种程度，别人救他，他还能做那种事情，你说能相信人性吗？但他不就是想用这种方式从社会或别人那里捞点资源吗？这就是孔子为什么说"老而不死谓之贼"。（笑声）大家一定要对人性要有一个务实的认识。我曾经写过文章，说孔子对人性并没有什么太高的评价，不像我们强加给儒家的什么"人性善"。孔子觉得人就是可以善也可以恶，利益驱动，这取决于环境。这就是我的一个社会观吧。

桑本谦：对人性我也深有感触。黑格尔曾经说过一句话："当人们提出人性善论的时候，他提出了一种伟大的思想；当提出性恶论的时候，他就提出了伟大得多的思想。"实际上性恶论符合社会科学的基本假设。当然，我关心的是苏力老师刚才回答我问题的时候涉及一个实证研究的问题，我发现苏力老师的研究方法有个特点：他更加注重的是自己的观察、访谈和洞察力，他不做问卷。（苏力：做过一个，关于法学教育的。[33]）（笑声）哦哦，做过一个。他也不搜集数据，哦，不，也做过一个，是关于引证率的。

我想到多年前深蓝和卡斯帕罗夫的一场国际象棋比赛，那是人工智能的一个里程碑式的事件。卡斯帕罗夫是俄罗斯的一个国际象棋冠军，深蓝是一个计算机，卡斯帕罗夫赢了两场之后，第三场输给了深蓝，总体上两者算是势均力敌吧。做个总结的话，就是深蓝的计算能力更为强大，因为它计算每一步棋的所有结果，从中选择最优，而卡斯帕罗夫是做不到的，他为什么能和深蓝抗衡呢？因为他的计算更有效。但是，深蓝和卡斯帕罗夫下的是国际象棋，如果它和聂卫平下围棋，它就不可能赢，以它的计算速度用一百年也算不出和聂卫平抗衡的一步棋来。因为围棋比国际象棋要复杂得多。从这个事件，我就想到，哪怕是实证研究，您也更加强调的是洞察力，而不是通过数据分析来获得结论。这是

---

[33] 苏力：《法学本科教育的研究和思考》，载《法治及其本土资源》，同前注2。

不是有点像人机对弈中的卡斯帕罗夫，而不是深蓝？

朱苏力：这个问题我稍微先放一放。黑格尔的话很了不起。但我觉得讲的比他更好的是刘慈欣的《三体》，他讲过，"失去人性，失去很多；失去兽性，失去一切"。[34] 这句话让我感受深刻，迟早哪天，我会把它写进我的哪本书或文章的题记。（笑声）一个人没有人性非常糟糕，但没有兽性则不可能在世界上生活下去。这是一个非常有洞察力的人写的。

我不是说洞察力就一定比数据好，数据会发现洞察力没办法发现的东西。但现在是我这个具体的人。我学过统计，学过用统计数据做研究，现在数据也很多，但是对于我来说，我更擅长的是洞察。我可以做一些统计的东西，甚至也可以做得像模像样，但是我做不了特别特别出色。这就是我为什么会更多依靠洞察力。但我知道大数据可以告诉我们很多在微观上仅依靠洞察力没办法发现的东西。一个人不可能在所有地方都非常优秀的，因此在学术研究过程中要注意自己扬长避短。我之所以之前还做了些统计此类的，事实上只是以事实来告诉学界同仁或年轻学人，现在中国已经有了很多数据库，可以利用数据库做这样一些研究。后来也就有了其他一些学者做这些研究，法学包括成凡去做过研究，冉井富做过民事诉讼率变迁研究，凌斌最近也刚出了一本书也都在做这些研究。[35] 也就是说，其实我更愿意去用行动来告诉学友和学生，现在有些新资源可以去做。有人会说"你为什么做了一个就不做了？"东一榔头西一棒的，刨个坑就走。我会说，像这种研究，只要告诉别人，别人马上就可以做得远远超过我，这时我就没必要做。应当发挥自己的比较优势，这就是发现新问题的洞察力。我这方面受费孝通的影响特别大。这是我的一个回答。

2014 年 3 月 26 日

---

[34] 刘慈欣的科幻小说三部曲。引文出自，《三体III：死神永生》，重庆出版社 2010 年版，页 382。

[35] 成凡：《从竞争看引证——对当代中国法学论文引证外部学科知识的调查分析》，载《中国社会科学》，2005 年 2 期；以及，《从引证看法学——法学引证研究的三个基本方面》，载《法商研究》，2005 年 1 期；冉井富：《当代中国民事诉讼率变迁研究》，中国人民大学出版社 2005 年版；凌斌：《中国法学时局图》，北京大学出版社 2014 年版，上篇。

图书在版编目(CIP)数据

批评与自恋：读书与写作/苏力著. —增订本. —北京：北京大学出版社，2018.5

ISBN 978-7-301-29100-9

Ⅰ.①批… Ⅱ.①苏… Ⅲ.①法律—文集 Ⅳ.①D9-53

中国版本图书馆 CIP 数据核字(2017)第 328880 号

书　　　名	批评与自恋：读书与写作（增订本） PIPING YU ZILIAN：DUSHU YU XIEZUO
著作责任者	苏　力　著
责 任 编 辑	柯　恒　田　鹤
标 准 书 号	ISBN 978-7-301-29100-9
出 版 发 行	北京大学出版社
地　　　址	北京市海淀区成府路 205 号　100871
网　　　址	http://www.pup.cn　http://www.yandayuanzhao.com
电 子 信 箱	yandayuanzhao@163.com
新 浪 微 博	@北京大学出版社 @北大出版社燕大元照法律图书
电　　　话	邮购部 62752015　发行部 62750672 编辑部 62117788
印 　刷 　者	三河市北燕印装有限公司
经 销 者	新华书店
	965 毫米×1300 毫米　16 开本　29.75 印张　452 千字 2018 年 5 月第 1 版　2021 年 2 月第 2 次印刷
定　　　价	88.00 元

未经许可，不得以任何方式复制或抄袭本书之部分或全部内容。
版权所有，侵权必究
举报电话：010-62752024　电子信箱：fd@pup.pku.edu.cn
图书如有印装质量问题，请与出版部联系，电话：010-62756370